はじめに

三四年前の一九七五年、旧版の『古事記成立考』（大和書房・刊）を刊行し、松本清張に送った。二年後、松本清張の自伝的随筆集を大和書房と共に私がオーナーである大和出版から刊行した。大和出版の社長と編集部長が印税をもって松本宅へうかがった時、私の『古事記成立考』にふれて、更に研究・勉強をして、「続古事記成立考」を出すべきだと語り、その時は、「自社で出すと自費出版になってしまうから、私が有力出版社を紹介する」といい、同じ内容のことを、印税を入れていった封筒の裏にも書き、私に渡すようにと言った。このように拙著『古事記成立考』を評価し、続編を期待されたが、新版の『古事記成立考』を書きあげるまでに、三〇年かかった。その間、私説への批判に反論して雑誌に発表した論文をまとめた著書（『古事記偽書説の周辺』一九七九年・名著出版）。太安万侶墓誌出土をめぐって発表した拙稿などをまとめた著書（『古事記偽書説は成り立たないか』一九八八年・大和書房）は刊行したが、書き下しの新版『古事記成立考』は書けず、松本清張の期待には答えられなかった（私にとっては松本清張ではなく松本先生だが、「先生というな」といわれているので、「松本さん」と書く）。

松本さんはある時、江上波夫・大野晋先生と共に、なぜか私を赤坂の料亭に呼んでくださった。この招宴の狙いは、江上・大野の両先生から、専門の話を聞くことであった。なぜ私を呼んだのか。私が松本さんと同じ「学歴なし」を知っていたから、碩学の話を私にも聞かせようとしたのである。

松本さんは「中学校に入った小学校の同級生と、道で合うのが一番つらくかなしかった」と「半生の記」で書いている。向学心がありながら、ただ家が貧しいために小学校の高等科に残り、就職しなければならない境遇が、子供心につらく、かなしかったのである。私も松本さんと同じに中学校に行けず、名古屋の三菱重工業発動機製作所の旋盤工に、十五歳でなる予定であった。しかし小学校高等科の担任の教師から、授業料がいらず、国から給費まで出る師範学校を受けたらどうだ、とすすめられ、長野師範学校を受験し、師範学校の予科（本科は中学五年卒で入る）に入学したから、私は松本さんと違って、いささかの学歴はあるが、専門の研究者・学者でない私の日本古代史・考古学・上代文学などに関する著書に、松本さんは関心をもってくださった。

松本さんは、大学教授という肩書に畏敬の目と反撥の心をもっていた。そのことは、私に語った話題からもいえるし、在野の考古学者の森本六爾を主人公にした初期の小説からもうかがえる。森本六爾の縄文農耕論は今では通説化しているが、松本さんが私の古事記研究を応援してくださり、有力出版社からの出版の労をとるとおっしゃったのも、私が専門の学者でなかったからである（『古事記傳』の著者の本居宣長も、小児科の医者である）。


松本清張の激励を受けてから三十年たって、ようやく新版の『古事記成立考』を書きあげた。

拙著を、今は亡き松本清張の霊前に、つつしんでささげる。

新版 古事記成立考

目次

序章　『古事記成立考』を書くにあたって　25

第一章 『古事記』偽書説をめぐって 53

第二章

『古事記』に新しい表記・記事を指摘する説　83

第三章

旧版『古事記成立考』への批判と反論　113

第八章 『古事記』に載る平安時代初期の記事　289

第九章
『古事記』に載る平安時代のオホ氏関係記事　321

第十章 さまざまな異本『古事記』 357

第十一章

女性・母性的視点で書かれた原『古事記』 387

第十二章 原『古事記』と仲臣（なかつおみ）のオホ氏とワニ氏 423

第十四章
原『古事記』成立時期と息長氏　491

第十五章 『弘仁私記』序と『姓氏録』と『古事記』 535

第十六章
現存『古事記』を世に出した理由

終章　『古事記』の本質とはなにか　597

新版

古事記成立考

大和岩雄

序章

『古事記成立考』を書くにあたって

平安時代から江戸時代までの『古事記』研究

現存『古事記』を最初に紹介しているのは、平安時代初頭の文献からである（『万葉集』巻二・九〇歌と巻十三・三二六三歌の注に、「古事記曰」とあるので、この『古事記』を現存『古事記』とみるが、この『古事記』は異本『古事記』で現存『古事記』でないことは、第九章で詳述する）。その文献はなぜか現存『古事記』の序文に、『古事記』の撰録・撰上者として載っている太安万侶のオホ（多・太・意富）氏が関与している文献である。

一つは多人長は弘仁三年（八一二）に『日本書紀』の訓み方の講義を高級官僚にしているが（『日本後紀』弘仁三年六月二日条）、弘仁四年には外記の役人や文章生にも講義をしている。この三年・四年の講義を記録した『弘仁私記』序に『古事記』のことが載る。この序文つき『弘仁私記』は弘仁年間の後期から天長年間の前期（八一五〜八二八年）頃に書かれたと一般にいわれているが、『日本書紀』の講義の記録なのに、『日本書紀』よりなぜか『古事記』をくわしく紹介している。

もう一つの書はオホ氏の家のみに秘本として伝わっていた『琴歌譜』である。なぜオホ氏の家のみに伝わっていたかというと、多人長のオホ氏本宗家は大歌所の大歌師で、平安時代初頭に天皇が臨席した「琴歌神宴」に和琴を演奏したからである（宮廷神楽は琴歌神宴が発展した神事）。したがって宮廷神楽の主役（人長）もオホ氏がなっている。

このようにもっとも早く現存『古事記』を紹介している文献の『弘仁私記』序と『琴歌譜』は、いずれもオホ氏が関与していることが無視できない。以後は『新撰亀相記』（天長七年〈八三〇〉）、『尾張国熱田太神宮縁起』(寛平二年〈八九〇〉頃)、『承平私記』(承平六年〈九三六〉)、『本朝月令』(天慶～天元〈九三八～九八一〉)、『政事要略』(寛弘五年〈一〇〇八〉頃)、『長寛勘文』(長寛元・二年〈一一六三・六四〉)の書籍以外に、平安時代初期とみられる『旧事本紀』も『古事記』を見ている。以上のように一部の神祇関係・古文献研究家の間で秘かに読まれていたに過ぎない。

鎌倉時代に入って神祇官を中心に神道研究が興った時も、その中心的文献は『日本書紀』であって『古事記』ではない。わずかに卜部兼文が『古事記上巻抄』や『古事記裏書』等に、注を残したにとどまっているから、現存『古事記』の最古の写本も、南北朝時代の真福寺本以前にはない。

江戸時代に入ると寛永二十一年(一六四四)に『古事記』全文が木版本として出版され、元禄時代には契沖が『厚顔抄』で『古事記』の歌謡のすべてを、『日本書紀』の歌謡とともに取り出して注解を加えている。また荷田春満の講義を甥の荷田信章が筆記した『古事記箚記』が刊行されている。この荷田春満の研究は賀茂真淵に影響を与えたが、江戸時代中期までは『古事記』の全文の訓読も充分でなく、寛政十年(一七九八)に本居宣長の『古事記傳』全四十四巻の刊行後から、『古事記』研究は本格的におこなわれた。『古事記傳』完成の三年後の享和元年(一八〇一)に七十二歳で宣長は没したが、『古事記傳』全四十四巻の刊行終了は文政五年(一八二二)で、『古事記』が本格的に研究されたのは『古事記傳』完結以降である。この事実を『古事記』を論じるときには確認しておく必要がある。

江戸時代の序文偽書説と本文偽書説

本居宣長の『古事記傳』が全巻刊行され、世間に知られる七十年ほど前の寛延年間(一七四八年

〜一七五〇年）に、多田義俊は『日本神代記』を刊行している。この書で『古事記』にふれて次のように書く。

序ノ文章ト本文ト文勢甚相違シテ同作トハ見ヘガタシ。（中略）案ズル所、序ハ後ノ者ノ加ヘタルモノニテ、本文ハ朝撰ノ書ニアラズ。古伝ノ侭ヲ昔咄ノ様ニ民間ニテ書キタル書ト見ヘタリ。然レ共質素ノ書太古ノ記録ト見ヘテ古風ナルコト多ク、日本書紀ヲ読ム者ノ指南トナルコト多シ。信用シテ可ㇾ取。序ハ疑ハシキモノナリ。異国ニテモ如ㇾ是記録ヲ野史ト号ス。朝史ニアラサルモノ也。古事記ハ太古ノ野史トミレバ能クス。

この多田説は『古事記』の本文は「太古ノ記録ト見ヘテ古風ナルコト多シ」と書くが、序文は「後ノ者ノ加ヘタルモノ」とする序文偽書説である。したがって本文についても序文の書く勅撰の正史（朝史）とは認めず、「太古ノ野史」と書いている。

多田義俊の『日本神代記』が刊行された二十年ほど後に、本居宣長の師の賀茂真淵は宣長宛の書簡で次のように書いている。

……惣て古事記は序文を以て安万侶の記とすれども、本文の文体を思ふに、和銅などよりいと古かるべし。序は恐らくは、奈良朝の人之追て書し物かとおぼゆ。……此序なくば、いと前代の物と見ゆる也。

この手紙は明和五年（一七六八）に書かれたとみられているが、この手紙を受取った五年前の宝暦十三年（一七六三）五月二十五日に、伊勢の松坂で六十五歳の真淵と三十三歳の宣長は初めて会っている。宣長に序文は偽書だという手紙を書いた明和五年に、真淵は『祝詞考』を脱稿しているが、この著書でも、「古事記は、和銅四年に、太朝臣の書し事、其序にあれど、彼序は、奈良の朝に至りて、好事の書しもの也」と書き、序文は太安万侶筆ではないと断定している。しかし本文は、「恐らくは、舒明の御代歟、下りては、齋明天皇の御代をば、過べからず。末に崇峻推古の御代の事を、わづかに擧たるも、御代の近ければ也」と書いている。

賀茂真淵の『祝詞考』が書かれた明和五年（一七六八）より五十年ほど後の文政二年（一八一九）に、沼田順義は『級長戸風』を刊行し、『古事記』を論じている（本居宣長の『古事記傳』が全巻出版されたのは文政五年で、全巻出版後に『古事記傳』は世に知られたから、沼田順義は『古事記傳』は読んでいない）。その著書で序文の疑わしい事を書いている。

理由の第一は、元明天皇の勅命で撰録され、和銅五年（七一二）に勅撰書として天皇に献上されたとあるが、『日本書紀』は『古事記』をまったく参考にしていない。『日本書紀』の神代巻（第一巻・第二巻）は、多くの一書の記述を取り上げているが、『古事記』の記述を一書として取り上げている例はない。したがって序文の和銅五年成立は疑わしいと書く。

理由の第二は、『日本書紀』の引く一書は『古事記』に似た文章は稀で、百に一つ『古事記』に似た文があっても、それは『古事記』が基づいた古記に拠ったものであること。

理由の第三は、序文は和銅四年九月十八日に元明天皇が太安万侶に詔りして、稗田阿礼の誦む旧辞を撰録するよう命じ、和銅五年正月二十八日に『古事記』三巻を献上したと書いているが、このことが正史の『続日本紀』には載っていない。ところが『続日本紀』の和銅七年二月十日条には、紀清人・三宅藤麻呂に詔りして国史を撰せしめたという記事は載っている。同じ和銅年間の歴史編纂でありながら、『古事記』に関する記事は正史に載っていないから、この事実は欠落ではなく『続日本紀』の撰者が『古事記』の撰録・撰上を知らなかったからである。したがって知らなかったのは、このような事実がなかったからだと結論し、沼田順義はさらに次のように書く。

和銅四年のはうちうちの詔なれば、世に知られざりしなどもいふめれど、そは証もなき妄言なり。国史をえらばしめ給ふは天皇の功にして御代の誉なるに、かくし給ふ理やはある。たとひ詔は世にしられずとも、古事記をだに見給はば、などか記るさざらむ。意ふに、天武天皇の詔をしるせる書もありしによりて、安萬侶になずらへ、なまさかしきをのこのつくりいたし偽書なりけらし。

多田義俊も賀茂真淵も沼田順義も『古事記』の序文の太安万侶による和銅五年成立を疑っているが、多田義俊は本文は「太古の記録」とし、賀茂真淵は本文は舒明～斉明天皇の頃に大部分はまとめられ、崇峻・推古天皇の頃に補足された書とみる。しかし沼田順義のみは序文を疑うことで本文も新しいとみているのである。

本居宣長は序文を軽視し本文のみを重視する

本居宣長は『古事記傳　巻之二』で『古事記』の序文について、師の賀茂真淵や他の学者の説を意識し、

序は安萬侶の作るにあらず、後人のしわざなりといふ人もあれど、其は中々にくはしからぬひがこころえなり、すべてのさまをよく考るに、後に他人の偽り書る物にはあらず、決く安萬侶

朝臣の作(カケ)るなり。本文に似ず漢(カラ)めきたることはこよなければ、そのかみさばかり、漢學(カラブミマナビ)を盛(サカリ)に好(コノ)ませたまへりし世の事にしあれば、序の文は必如此(ズカク)さまに書(カキ)つべきわざなるをや。

と書いている。この本居宣長の見解以降は、中沢見明の『古事記論』（一九二九年刊）まで百年以上の間、偽書説は出ていない。但し序文について宣長は「ただ文章のかざりのみに書(カク)るところ」とし、「其はみな漢(カラ)ことにして、要(エウ)なければなり」と書いて無視している。宣長にとって『古事記』本文の「フルコト」こそが大事で、「漢意(カラゴコロ)」で書かれた序文は「フルコト」でないから無視したのである（但し末尾の表記についての記述は「文章のかざり」でないから重視している）。

宣長の「漢意(カラゴコロ)」は中国から入ってきた文字による「コト」をいう。この文字になった「コト」は「事」だが、文字以前の「コト」は「言」と宣長は書き、『古事記』序は文字表現（漢心）の「事」を述べているから無視し、本文は「古語(フルコト)を旨とする誦(ヨミ)」だから、「古事記(フルコトブミ)」でなく「古語記(フルコトブミ)」と書いて、この「コト」を漢心(カラゴコロ)に対して大和心(ヤマトゴコロ)と書いている。一之巻の「訓法の事」では次のように書く。

其口(ノ)に誦(ヨミ)うかべさせ賜ひしは、いかなる故ぞといふに、萬(ヨロヅ)の事は、言(コト)にいふばかりは、書(フミ)には書き取(リ)がたく、及ばぬこと多き物なるを、殊に漢文(カラフミ)にしも書ならひなりしかば、古語(フルコト)を違(ク)へじとては、いよゝ、書取(カキトリ)がたき故に、まず人の口に熟(ツラツラ)誦(ヨミ)ならはしめて後に、其言(ノコト)の随(マニマ)に書録(カキシル)さしめむの大御心にぞ有(リ)けむかし。

このように書いて、「古語(フルコト)のなほざりにすまじきことを知(シル)べし、これぞ大御國(オホミクニ)の學問(モノマナビ)の本(モト)なりける」と結論している。「古事(フルコト)」でなく、「古語(フルコト)」と書いているところに、本居宣長は『古事記』の本質を見ている。

『古事記』上巻には、「豊雲上野神」「宇比地邇上神」「答下曰吾身者」「刺下塞汝身」と、注に「上」「下」がついている。この注について宣長は「古言(フルコト)の聲の上(アガ)り下(サガ)り」と書き、「記中に讀音(ヨムコエ)を示したるを考るに、上巻に多くして、中下巻にはいと〱稀(マレ)なり。上巻には神名(ノ)に多し、其(ソ)は常言(ツネノコト)と異(コト)にして、唱(トナヘ)を訛(アヤマ)ること多きが故なるべし。（中略）抑(ソモソモ)神名などを讀(ム)にも、古(イニシヘ)はかく其聲の上下(アガリサガリ)をさへに、正(タダ)し示(シメ)したるを以て、すべて語(コト)を厳重(オゴソカ)にすべきことをさとるべし」と「訓法の事」で書いている。このように「唱(トナヘ)を訛(アヤマ)る」ことのないように『古事記』が注をしていることに、宣長は『古事記』の本質を見て、「古事(フルコト)」は「古語(フルコト)（言）」であり、「言(コト)を以て傳(ツタフ)るもの」が、「フルコトブミ」だと一貫して主張している。

私は序文の記述は疑うから、『古事記』の最終成立は和銅五年より後代と推測するが、本文は原『古事記』の「フルコト」を伝えているから、日本最古の古典とみている。本居宣長はその原『古事記』の「フルコト」（文字にした「事(コト)」でなく、文字のない時代から語り伝えられてきた「言(コト)〔語〕」）の唱(トナヘ)を心で聞いて『古事記傳』を書いたのである。したがって『古事記』の序文を無視、無視がいい過ぎなら「軽視」している。『古事記傳』は『古事記』を論じる時、もっとも重要な著書だが、その著書で宣長は「漢心」の序文を軽視して論じている事実を無視してはならない。

小林秀雄が『本居宣長』で述べる『古事記』観

「唱(トナヘ)」としての「古言(フルコト)」の書が『古事記』だと宣長は主張していると、小林秀雄は大著『本居宣長』で的確にとらえて小林流に述べている。本居宣長の学問を一般に「国学」という。しかし小林秀雄は

「古学」と書き、宣長は「古人の心をわが心としなければ古學は、その正當な意味を失ふといふ確信に根ざして、『古事記傳』を書いた」と書く。(1)『古事記傳』では「古学」と訓ませているから、「フルコト」を学ぶのが「古學」である。小林秀雄は本居宣長の『古事記』の理解について、次のように書く。

古學の上で、『古事記』を、「あるが中の最上たる史典」と定めるのは、「上代の清らかなる正實」が、熟らに見る事が出來るからだ。具體的に言へば、その文體は、「漢にか丶はらず、たゞ、古の語言を失はぬを主」として書かれてゐるからだ。さう言つて、宣長は直ぐ次のやうにつづける。――「抑意と事と言とは、みな相稱へる物にして、上代は、意も事も言も上代、後代は、意も事も言も後代、漢國は、意も事も言も漢國なるを、書紀は、後代の意をもて、上代の事を記し、漢國の言を以、皇國の意を記されたる故に、あひかなはざること多かるを、此記は、いさゝかもさかしらを加へずて、古より云傳たるまゝに記されたれば、その意も事も言も相稱て、皆上代の實なり、是もはら古の語言を主としたるが故ぞかし、すべて意も事も、言を以て傳るものなれば、書はその記せる言辭ぞ主には有ける」(2)と。

このように宣長の文章を引用して、人の「意」も、『古事記』の「事」も、「言を以て傳るもの」であるから、「言辭」こそが『古事記』の「主」と『古事記傳』で一番主張したかったのだろうと小林は書き、(3)この「言辭」を宣長は「いともあやしき言靈のさだまり」と呼んでいることから、「この『あやしき言靈のさだまり』が、文字を知らぬ上代の人々の口頭によつてのみ、傳へられた事についての宣長の關心には、まことに深いものがあつた」と書く。(4)そして「文字を知らぬ上代の人々の口頭によつてのみ、傳へられた事について」、小林秀雄は斎部広成の『古語拾遺』を取上げて、「『古語拾遺』序に『上古之世、未レ有二文字一、貴賤老小、口口相傳、前言往行、存而不レ忘』（引用者注「上古の世、未だ文字有らざるとき、貴賤・老小、口口に相伝へ、前人の言・古人の行跡を存して忘れず」の意）とある」と書き、「上古之世」の「口口相傳」が「書契以來、不レ好レ談レ古」（引用者注「漢字ありてより以來、古を談ずることを好まず」の意）となったことを、『古語拾遺』の筆者の斎部広成が嘆いているが、「この古い嘆きを、今日、新しく考へ直す要がある事を、宣長ほどよく知つてゐたものはゐなかつたのである」と書く。そして、「宣長に言はせれば、この上古の人々の間に、生きて働いてゐた口口相傳の言が、文字に預けられて以来、固定した知識となつて、死んで了つたことを語つてゐるのである。教養とか知能といふものを測る標準が、基本的には読み書きが出来る出来ないで定まつて了ひ、誰もこれを疑はない世となつては、そのやうな事を気に掛ける人もない」と書いている。(5)

本居宣長は読み書きの出来る人たちがあらわれる以前の「古言（語）」の「記」を、現存『古事記』と見ていると小林秀雄は認識して、その宣長の見識に同調している。私も『古事記』本文の大部分は「口口相傳」の「古き語り」の書とみる。したがって大部分を私は原『古事記』というが、現存『古事記』の最終成立は序文の書く和銅五年（七一二）を認めないのである。

柳田国男・折口信夫の『古事記』観

本居宣長は『古事記傳　巻之一』で題名は「古の事をしるせる記といふことなり」と書くが、「事」は「言」で「古言を旨とする」と書き、この「言」を「語」・「唱」だと書いている。そのような見解に小林秀雄も同調しているが、柳田国男も『古事記』について同じ見解を述べている。文字以前の昔は「フルコト」を言葉でのみ伝えていたと書き、「文字の使へないアイヌ人や文字無き遠近の民族の中」では、今でも昔話としてのみ伝えていた例が、「数多く見出される」と書き、「信州には諏訪大明神御本地と称して、地方限りの語り物がある。甲賀三郎大蛇の形に化して地下の諸国を巡り、後に地上に戻つて来て諏訪の大明神になるといふ飛んでも無い話である。諸処を尋ねて十種に近い写本を見たが、何れも百年そこ〳〵より古いものは無かつた。しかも意外なことに南北朝の末、延文年間に書いたことの確かな、安居院の神道集といふをかしな漢文に、同じ筋の話がちやんと出て居るので、つまり農民の隠居などに仮名文字が書けるやうになるまで、三百年近くも本無しで元の形を保存することが、昔の人には出来たのであつた。それが又古事記の精彩ある神代の記録を、世に留めた理由でもあるので、現にアイヌの中の稗田阿礼などは、今だつて文字を利用しようといふ念は無いのである」と書いている[6]（傍点引用者）。

「本無しで元の形を保存することが、昔の人」に出来たのは、「言」「語り」「唱」によるからである。この「フルコト（古言）」を「記（ふみ）」にしたのが、「誦習」による『古事記』と柳田国男は見ていたから、以上のように書いているのである。

　このような見解は本居宣長や小林秀雄と同じだが、柳田国男は「語り」の主体を女性と見ていることが違う。その例として沖縄の宮古島では「アヤゴ」と呼ばれる女性たちが、島の歴史を伝えていたが、彼女たちを「此島の稗田阿禮」と柳田は書く。そしてこのような女性は沖縄の島々のどこにもいて、文字を書かず読まない女たちが、文字無き昔の事を、「島々の稗田阿禮として語り伝えて居た」

とも書いている。(7)また「宮古島のアヤゴ」と題する論考では、「歌を以て事蹟を語り傳へる」歌女や、その歌を「アヤゴ」といったと書き、この歌語りは「短い抒情詩」と書いて、「アヤゴの傳承は本朝の稗田氏と同じく、神に仕へた優良な女人の掌る所であつたらしい」と書く。そして「元は尋常の島民はこれに參與せず、ヨカルビト即ち貴族の家に、大切に保管せられて居たことは、ほぼ其證據があり、しかも貴族の妻・娘は常に高級の巫女であつたから、其章句に宗教上の重味が添ひ、平日は輕々しく口ずさまれて居なかつたことが察せられる」とも書いている。「大切に保管」は文書としてでなく語り伝えられていた事をいう。この「アヤゴたちの歌語り」の「古言（語）」を、漢字を読み書ける人が宮古島にもあらわれて、「記」になったのが『宮古島由来記』だが、この「記」は宝永二年（一七〇五）に完成したと柳田国男は書いている。(8)

『古事記』は「日本島由来記」といえる。この「記」は古代の宮廷や貴族の間で語り伝えられていた「フルコト（古言）」が、「フミ（記）」になったのだが、この「フミ」がオホ氏の家に伝わっていて、安万侶の孫とみられる多人長によって平安時代初頭に世に出たのが、現存『古事記』だと私は推測している（そのことは第一章以降で詳述する）。

小林秀雄は『本居宣長』で折口信夫が書く論考を取上げて、「折口信夫は『古事記』を『口承文藝の臺本』（上世日本の文芸）とまで呼んでゐる。語部の力を無視して、わが国の文學の思想には、あらがへぬものがあるだらう。少くとも、極く素直な考へで、巧まれた説ではない」と書いている。(1)折口信夫は語部について三つの系統があるとし、第一は猿女、第二は中臣女、第三は天語部だが、「天語部は後のわりこみ」と書いているから、(9)もっとも古い語部は女性である。そのことは柳田国男も「稗田阿禮」と題する論考で述べている。

前述した「アヤゴ」も女性の語りで「歌語り」だが、折口信夫は「古事記の本質」で「古事記は歌物語の前型だ。……後の歌物語の要素が多すぎるほどある。……歌物語の書物のなかで最も古いものが、今日の古事記といえる」と述べて[10]、古事記の本質を「古事（ふること）（語）」とみているのは、本居宣長・柳田国男・小林秀雄と共通している。なお折口信夫は猿女君を語部とみるが、序文に記されている猿女君の稗田阿礼という特定の個人の存在は疑っている（その事は第一章で述べるが、柳田国男もアイヌや沖縄の女の語部を稗田阿礼と書いているように、折口信夫ほどはっきりとは書かないが、稗田阿礼を個人名より女性の語部の象徴的人名とみている）。

松本清張の『古事記』観と『平家物語』

松本清張は「『古事記』は、ある意味では「語り」の台本だったのである」と『古代探求』で書いて、「稗田阿礼は語り部（「部」を単純に職能集団と解して）の代表である。阿礼だけが『口演』者ではなく、そういう芸能人はたくさん居た。稗田阿礼の名がしるされているのは、その芸能人の代表格だからである。（中略）『稗田阿礼』とあっても、これを個人名とみるよりも、語部集団という芸能人群の代名詞と考えたほうがよい」と書いている[11]。稗田阿礼は実在しないと書く松本清張の主張は第一章で詳述するが、この著書（『古代探求』）が刊行された翌年拙著（『古事記成立考』）を刊行した。拙著を読んだ氏は、松本宅に参上したわが社の編集者（私の経営する出版社から氏の著書を出していた）に、拙論に賛成すると私に伝えるよう言っている。というのは私が清張説を採って、更にくわしく論じたからである。

氏は第一章で詳述するが藪田嘉一郎の序文偽書説に賛同し、「強い説得力がある」と書いている。しかし本文については原『古事記』を設定して、その古さを認めている。私説は原『古事記』に具体的に関与した氏族を明記して示し、現存『古事記』の最終成立を序文の書く和銅五年（七一二）より百年後と推論しており、中沢見明のような平安時代初期に書き下された偽書説と違い、本文は日本最古の古典と旧著で主張している。この主張は氏の主張と重なるから、氏の共感を得たのだろう。

序文の「誦習」の「誦」について松本清張は、「誦」は節をつけて歌のように語ることだから、「思い出されるのは『平家物語』の成立である」と書き、「阿礼のような（実際の存否は別として）語部が宮廷や諸家の集会に語ったことと、琵琶法師が貴族の家や武家の家庭や村落の集会の席などで一曲を弾きながら語ったことと、その説話の『語り』性については共通するところがある」と書いている。(11)

山上伊豆母は「古代芸能の成立」で、「『古事記』が発生において口誦文芸であったことは疑いない」と書き、「原始いらいの口誦伝承を『語りごと』とよび、それを『もの語り』化したのが『古事記』ならば、古代末の「語りごと」を集大成したのが『平家物語』であった」と書く。(12)『平家物語』は琵琶法師によって語られていた。松本清張は琵琶法師による『平家物語』の「語り」・「誦」を、稗田阿礼の「誦」に重ねて論じているが、『平家物語』の「誦」には琵琶という楽器がともなっているが、この楽器と語りの関係についてはふれていない。私は『古事記』を「口誦文芸」というなら、その「誦」には琵琶より古い琴（琴を演奏する埴輪が出土している）がかかわるとみている。『古事記』に関与したオホ氏は、平安時代の初頭に書かれた『琴歌譜』という私家版を伝えている。平安時代初期の宮廷で、天皇・親王・左右大臣・大納言らによる琴歌神宴に、オホ氏が大歌所の大歌師として参加し、琴を演奏していたからである。折口信夫は『古事記』を歌物語集と見るが[10]、琴は歌にかかわる。その事は平安時代初期の宮廷神楽が「琴歌神宴」から発展している事実からもいえるが、宮廷神楽には序文に登場する太安万侶のオホ氏と、稗田阿礼の猿女氏が関与しており、序文の太安万侶や稗田阿礼はまったく理由もなく登場しているのではない。

第一章以降でくわしく述べるが、私は現存『古事記』の序文を書いたのは、弘仁三年（八一二）に『日本書紀』を講義した多人長と推測するが、なぜか弘仁三年のちょうど百年前が、『古事記』を撰上したと序文が書く和銅五年（七一二）である。この事実も意味ありげである。

稗田阿礼の「誦習」と稗田氏とオホ氏

本居宣長は『古事記伝　巻之一』で「古事(フルコト)」は「古言(フルコト)」で「古言」は「唱(トナヘ)」であり、「言(コト)を以って伝(ツタフ)るもの」が『古事記(フルコトブミ)』だと主張している。単なる「言」でなく「唱」であるから、稗田阿礼が「誦習」したと序文が書く「誦」は「唱」であり、そのことに習熟するのが「誦習」の「習」である（誦習についての諸説は第五章で述べる）。

『旧事本紀』（天皇本紀）に次のような記事が載る。

鎮魂祭の日、猿女君等、百歌女(ももうため)を率いて、其言本(ことのもと)を挙(あげ)て、神楽歌舞(かぐらうたまふ)。

「言本」は猿女君（稗田氏は猿女であることも第五章で詳述する）等が、大勢の歌女を率いて挙ているから、単なる語りではない。折口信夫はこの歌女の言本を「歌の本(もと)」「歌物語の前型」と書いている[10]。

『北山抄』は語部の語りを「古詞(ふること)を奏す」と書く。「フルコト」は単なる語りではないから「奏す」と書き、「其の音、祝(いはひ)に似て又歌声に渉(わた)る」と書く。「祝」は祝人のことだが、語部の語りが祝人の祝(のり)詞(と)や歌声に似ているのは、猿女が歌女を率いて「言本(ことのもと)を挙(あげ)て」と同じである。『北山抄』は長和から寛仁年間（一〇一二〜一〇二一）成立だから、文書を松明(たいまつ)で照して読むことを「古詞(ふること)を奏す」と書くが、文字（漢字）が伝来する以前の古代では、文書を読まずに「フルコト（古言・古詞）」を奏したのである。その古代のやり方を猿女君は「百歌女を率いて」おこなっているのであり、「言本を挙て」とは「古詞(ふること)を奏す」ことである。

この「言本を挙て」を前述したように折口信夫は「歌の本(もと)」と書いているが、「歌の本」は神事としておこなわれたから、「神楽歌舞」という神事芸能をともなっている。この行為は猿女（稗田）氏の始祖天宇受売命(あめのうずめのみこと)の天石屋戸の前での行為と重なる。『古事記』は天宇受売命は「神懸(かみがか)りして」、「遊(あそび)」をしたと書くが、この遊びが「神楽」であり「歌舞」であり、猿女（稗田）の始祖伝承は後代の猿女の職掌を示している。『古語拾遺』は猿女君は「神楽の事を職とする」とも書いているが、この神楽は「言本を挙る」のに伴っての神事なのは、猿女が神がかりして古言(ふること)（言本・神語）を発する（挙る）巫女だからである。したがって「古事」を語る誦習者として『古事記』序文に稗田阿礼という人物が作られ、登場したのであろう。

稗田阿礼という人物を作って登場させたオホ氏は、稗田氏と強い結びつきがあることは第五章で詳述するが、西郷信綱も「稗田阿礼――古事記はいかにして成ったか――」で、稗田阿礼は猿女君で神楽の祭事にかかわる氏族だが、オホ氏も『記』『紀』の始祖（神武天皇の皇子神八井耳命）伝承によれば神事にかかわる氏族で、平安時代初期には宮廷神楽の祖といわれた多自然麻呂が活躍していることをあげて、宮廷神楽で稗田氏とオホ氏は結びつくと書き、「記紀歌謡とよばれるが、雅楽寮の宮廷大歌は多氏の管理するところであったのではなかろうか」と書いて、記紀歌謡を管理していたことが『古事記』に関与した一因と書いている。[13]

折口信夫は「国造本紀の伝へる所を信じれば、語部の語るのは『歌の本（ウタノモト）』であつた」と書き、語りは本来（文字のない昔）は歌語りだから、「古事記は歌物語の前型」だと書く。[10] また歌には大歌と小歌があり、「大歌と言ふ名は、民謡・童謡を小歌と稱したのに對した官家の歌、即、宮廷詩と言ふ事になる。形式の長短に關係なく、公私の區別を大・小で示したものに過ぎぬ」と書く。[14]「官家の歌」の大歌は舞が伴うが、舞が宮廷神楽に発展する。オホ氏が宮廷神楽にかかわるのは、大歌にかかわる大歌所の大歌師だったからである。

志田延義は「記紀に曲名あるいは場合を示して載せられた歌謡の大部分は、第一次の大歌と認められる」と書く[15]が、大歌師のオホ氏の勤める大歌所は、折口信夫[16]も林屋辰三郎[17]も歌舞所（うたまひどころ）が前身とみている。「歌舞」は猿女（稗田）氏もかかわるから、オホ氏と稗田氏は「歌舞」で結びついている。

語りとしての「フルコトブミ」とオホ氏

大歌師のオホ氏の家のみに『琴歌譜』が伝わっているが（『琴歌譜』については第十章・第十六章で述べる）、大歌師は琴を弾いて歌語りするからである。琵琶法師は十世紀の後半頃から登場するが、九世紀の文徳・清和天皇の時代（八五〇〜八七六）に、外来楽器の琵琶と琴の合奏が文献にあらわれるから、琵琶の語りの前は琴の語りである。平安時代の宮廷神楽の元は「琴歌神宴」であったが、琴は単なる楽器ではない。『古事記』の琴の初見は上巻の大穴牟遅神の受難の神話で、「天詔琴」とある。本居宣長は『古事記傳』で「詔琴」は「詔言と云ふことなり」と書き、「神の言」を聞く所とみて、「まず古に何事にまれ、神の御心を問むとて、其命を請申すには、必琴を弾り、于時其神、琴上に降来坐て、人に著て命を詔たまふ」と書く。

『古事記』の仲哀天皇記には、天皇が「御琴をひき」、建内宿禰が「神の命を請ふ」と、大后息長帯日売命が「神を帰せたまひて、言教へ覚し詔りたまひしく」とあり、「神の命」を「請ふ」ために、天皇は琴をひいており、神は皇后に憑いて皇后は神の命を「教へ覚し詔りたまふ」のである。神の言が命（御言）だが、神名を『古事記』は「天つ神諸の命以ちて、伊邪那岐命・伊邪那美命、二柱の神……」と書く。「命以ち」は「御言以ち」だが、日本古典文学大系『日本書紀　上』の補注は神名の「命」について、「津田左右吉・武田祐吉らはミコトを御言・命令者が原義と解している」と書くが、神名だけでなく天皇・皇子・皇女・皇族・有力氏族名にも「命」がつく。この「命」の原義が「御言」であることは無視できない。

この「命」は「御琴」がかかわるから「神の命を請ふ」ために天皇は琴をひく（仲哀天皇記）。山上伊豆母は『日本後紀』第三十二（逸文）の天長四年（八二七）十月十九日条に、

御㆓紫宸殿㆒賜㆑飲、群臣酔舞、帝弾㆑琴而歌

とある記事を「琴歌神宴」と書く。(18) 宮廷神楽は琴歌神宴が発展したのだが、天皇が琴を弾いている。古代は「神の命を請ふ」ためだったが、後代になると「神宴」のために天皇が琴をひく。しかし単な

る「宴」でなく「神宴」であることが無視できない。

『古事記』にのみ「神語（かむがたり）」という長歌が四例載るが、末尾に「許登能（ことの） 加多理其登（かたりごと）」とある。一般に「事の 語り言」と書かれているが、山上伊豆母は『古事記』の仁徳記の歌謡に「許登爾都久理（ことにつくり） 加岐比久夜（かきひくや）」とあり、雄略記に「加微能美弖母知（かみのみてもち） 比久許登爾（ひくことに）」とある「許登」は琴だから、神話の「許登」も琴と解して「琴の語り言」と解す。[19] この「コトノカタリゴト」は神話のほかに天語歌三首の末尾にもついているが、合計七首はすべて『古事記』のみに載る。この『古事記』にはオホ氏が関与しているが、『琴歌譜』がオホ氏の家に秘本として伝わっていたのは、大歌師のオホ氏が宮廷の琴歌神宴に和琴歌師として奉仕していたからである。『西宮記』（巻十一）に「大歌御琴師調㆓倭琴㆒」とあり、同書裏書の元慶六年（八八二）八月二十九日条に、「大歌師安雄於㆓堂上㆒弾㆓和琴㆒」とある。「安雄」は多安雄であることは、大歌師の多氏は代々「安」をつけていたことからいえる。一例をあげれば『琴歌譜』の裏書に、「安家書。件書希有也。仍大歌師前丹波掾多安樹手伝写」とある。多安樹が伝写した多氏の家に伝わる「希有」の書を、多安家が写したのであり、安雄も安樹も安家も大歌師の多朝臣だが、彼らは御琴師でもある。

平安時代の文徳・清和の両朝（八五〇〜八七六）頃から琴の演奏家は琵琶の弾き手になる。『三代実録』（貞観九年十月四日条）には、『当道要集』に「琵琶之祖」と書かれている藤原貞敏について、

好学ㇾ鼓ㇾ琴、尤善弾㆓琵琶㆒

と書き、同じ『三代実録』（貞観十年閏十二月条）は、琴の名手の左大臣源信は琵琶を太上天皇の前で弾いたと書く。この頃から琴の語り言は琵琶の語り言になり、十世紀後半には琵琶法師が登場する

（平兼盛の『兼盛集』には「びはのほふし」の記事が載る）。松本清張は前述したように琵琶法師の語りを稗田阿礼の「誦習」に結びつけて『古事記』を語り物と書くが、[11] 柳田国男は『古事記』の歌物語を、後代の漂泊巫女の語りに結びつけている。[20] 琵琶法師も漂泊者だが、いずれも語部であるから、『古事記』のみに「コトノカタリコト」の神語（かみがたり）・天語歌（あまがたりうた）が載ることは無視できない。

武田祐吉は『琴歌譜』を伝えていた大歌師のオホ氏の家には、神楽の名人が居ることから、「上代にあっては職能は世襲されていたものであるから、太安万侶にさかのぼって、宮廷の歌曲をつかさどっていたものと考えられ、『古事記』の歌謡の源流を、この線に沿って求めてゆくことも、試みられてよいことであろう」と書き、オホ氏の始祖で神武天皇の皇子の神八井耳命が弟に皇位を譲って祭祀に専念したとある『記』・『紀』の記事から、「大歌師の多氏の家は神事に関する歌謡を扱っており、歌曲の詞章の文献をもっていた」から、『古事記』にかかわったと推論している。[21] また山上伊豆母は多人長が『日本書紀』の講読の講師になっているが（『日本後紀』弘仁三年〈八一二〉六月二日条）、「人長」という名は「宮廷神楽における〝舞人の長〟をさす呼称」だから、オホ氏は「古くから宮廷芸能（大歌所・雅楽寮）の要人を兼ねながら、古代伝承をつたえていたのであろう」と書く。[22] また「神語から神楽へ——楽家多氏の成立——」と題する論考では、「古代オホ臣族とは呪禱の『カタリゴト』の氏族であったのではないか。『カタリゴト（古語継承）』とは王権祭儀にかかわる『古語（ふること）』や『神語（かみがたり）』であり、それらの奏上が『コトノカタリゴト（古語継承）』である」と書き、この「カタリゴト」は「節」がつき「歌」のようで、更に「舞」の加わる「古代芸能で宮廷神楽の祖型」と書いている。そして結論としてオホ氏は、「古くからカタリゴトの芸能を代々継承していた家」と書く。[18]

古くからのカタリゴトは「古言（ふること）」だが、「古言」は「コトノカタリゴト」だから、この言葉が末尾につく長歌を、『古事記』は「神語（かみがたり）」「天語歌（あまがたりうた）」と書き、「神語」の四つの長歌を『古事記』の最初に載せている（歌謡番号二〜五）。神の語り歌の重視は、『記』『紀』に載るオホ氏の始祖伝承によれば、始祖は神武天皇皇子で皇位継承者であったが、皇位を弟に譲り神の祭祀に専念したとある。「神語」がトップに載るのはオホ氏の始祖伝承と無関係とはいえない。

「マツリゴト」は二つある。一つは神まつりで、二つは政治（まつりごと）だが、古代にとってもっとも大事なのは神まつりである。オホ氏はその役についた初代天皇の皇子を始祖とする氏族だから、「オホ（多・太・大）」という特別な名をもっているのであろう。『古事記』は「太」「意富」と書き、『日本書紀』は「多」と書き、『出雲国風土記』『常陸国風土記』は「大」と書く。いずれにせよ特別な名である（『風土記』はオホ臣を「大臣」と書き、左右「大臣」と同じ表記である）。

以上述べたように『古事記』に関与しているオホ氏は神まつりや大歌・琴歌にかかわり、序文に登場する稗田（猿女）氏も神まつりや歌舞にかかわることは、『古事記』を論じるときに無視できない。

現存『古事記』の最終成立時期について

『古事記』の序文は天武天皇の時に稗田阿礼の「誦習」を撰録したが、未完であったと書く。この「未完」の書を私は原『古事記』というが、原『古事記』の存在については、私以外に多くの『古事記』を研究している学者たちも述べて、その時期を天武朝とみている（原『古事記』については、第十二章・第十三章・第十四章で詳論する）。しかし天武十年に『日本書紀』によれば勅命で国史編纂が開始されているから、天武天皇が正史以外に史書（古事記〈ふることぶみ〉）編纂を命じたとは考え難い。『古事記』の内容は柳田国男や折口信夫らが書くように歌物語である。三谷栄一は後宮で編纂されたと主張するが[23]、女性・母性的内容の語りの書であることからみても、天武朝ではあるが内廷（「後宮」は大宝令以降の呼称）での編纂であろう。問題は序文の書く和銅五年（七一二）に成立したであろうか。否である。理由の一例として、「ワニ」表記を示す。

「ワニ」は動物の「ワニ」以外に、春日氏・小野氏・柿本氏らが、ワニ氏を称しており、このワニ氏の部民は「ワニ部」といっていた。この「ワニ」の表記を、『古事記』『日本書紀』『万葉集』『続日本紀』『姓氏録』『日本後紀』『続日本後紀』『文徳実録』から示す（氏名はすべて一例）。

書名	成立年	表記
古事記	七一二年	和邇（五例） 和邇吉師（一例） 和邇師（一例） 和邇魚（一例） 和爾佐（一例） 和爾吉師（一例） 和爾師（一例） 丸邇之許碁登臣　丸邇之佐都紀臣　丸邇日爪臣　丸邇之比布礼能意富美　丸邇坂（一例） 丸邇池（一例）
日本書紀	七二〇年	和珥臣（一七例） 和珥部臣（一例） 和珥池（二例） 和珥坂（二例） 和珥武鐰坂（一例） 和珥津（一例）
万葉集	七八〇年～	（「ワニ」の表記はない）

	八〇三年	爾（三五六九例）　邇（一〇例）
続日本紀	七九七年	丸部臣（一例）　丸部宿禰（一例）
姓氏録	八一四年	和邇部（三例）　和邇部臣忍海　和爾部宿禰（一例） 和珥部臣鳥 丸部（一例）
日本後紀	八四〇年	和邇部臣真嗣 丸朝臣（一例）　丸子部稲麻呂
続日本後紀	八六九年	和邇臣龍人　和邇部臣真行 和邇部鳥継　和邇部福長 丸部臣明麻呂　丸部臣己西成 丸部嶋継　丸子廻毛
文徳実録	八七八年	和邇部広刀自女 丸子連家継

（参照文献　『古事記總索引』、『日本書紀索引』、『万葉集總索引』、『続日本紀索引』、『新撰姓氏録の研究・索引』、『日本後紀・続日本後紀・日本文徳天皇実録索引』）

この「ワニ」表記の問題点を示す。

一、「爾」「邇」表記は、平安時代初頭の『姓氏録』以前は、『古事記』を除けば『万葉集』のみに見られる。しかし「爾」は三五六九例に対し「邇」はたったの十例に過ぎない。『万葉集』の時代は「爾」が通常表記で、「邇」は新表記で特例であり、ほとんど使われなかった新表記だが、『古事記』の表記はこの新表記を用いている。

二、新表記の「邇」が一般に使用されるようになるのは、弘仁五年（八一四）成立の『新撰姓氏録』以降である。この平安時代に入ってから主に使用されている「邇」が、『古事記』では特に多く使われている。新表記の「邇」は十四例も使われているのに、平安時代以前の旧表記の「爾」はたった三例である。

三、『古事記』の「邇」の使用は「和邇」と「丸邇」に別れるが、「丸」の使用は『続日本紀』以降である。このように「丸」も「邇」も平安時代初頭以降に用いられている表記である。この平安時代以降の表記が、百年も前の『古事記』序文が書く撰録（和銅四年・七一一年）・撰上（和銅五年正月）の時代に使われることはありえない。

四、「和邇」・「和爾」に対して「丸邇」は人物名・氏族名に用いている。「丸邇坂」・「丸邇池」も、丸邇氏の居住地にある坂、丸邇氏が作った池であり、丸邇氏とかかわっている。このように「和邇（爾）」と「丸邇」の区別も意図して書き分けているのだから、『古事記』の「ワニ」表記はたまたま平安時代の表記がまぎれこんだなどという説明は説得力がないし、成り立たない。

この「邇」「丸」の表記例はほんの一例にすぎない。表記だけでなく本文の内容にも、平安時代に入った記述がみられる。そのことは十六章にわたって詳細に述べるが、だからといって『古事記』を日本最古の古典ではないと主張しているのではなく、大部分は「古言（ふること）（語）」の「記（ふみ）」の原『古事記』

の内容であり、平安時代にすべて書き下された偽書だと主張しているのではない（すべて平安時代に書き下された偽書だとみる主張は第一章で紹介するが、中沢見明・鳥越憲三郎らが代表的主張者である）。

私見の基本的主張の意図を知ってほしいと思い、本居宣長・柳田国男・折口信夫・小林秀雄、さらに松本清張の見解まで示し、「書（ふみ）」以前の文字無き時代の「言（こと）」「語（かたり）」、つまり「フルコト」を「フミ」にしたのが『古事記』であることを、特に序章で述べた。

〔注〕

（1）小林秀雄『本居宣長』五四二頁（新潮社　一九七七年）
（2）小林秀雄　注（1）前掲書　五四五頁〜五四六頁
（3）小林秀雄　注（1）前掲書　三三四頁
（4）小林秀雄　注（1）前掲書　二三七頁
（5）小林秀雄　注（1）前掲書　五六四頁〜五六五頁
（6）柳田国男『柳田国男集　第七巻』三四八頁（筑摩書房　一九六七年）
（7）柳田国男「島の人生」『柳田国男集　第一巻』所収（筑摩書房　一九七〇年）
（8）柳田国男「宮古島のアヤゴ」『柳田国男集　第一七巻』所収（筑摩書房　一九六九年）
（9）折口信夫『折口信夫全集　第一巻』一五五頁（中央公論社　一九六五年）
（10）折口信夫「古事記の本質」『折口信夫全集ノート編　第三巻』所収（中央公論社　一九七一年）
（11）松本清張『古代探求』七六頁〜七七頁（文藝春秋社　一九七四年）
（12）山上伊豆母「古代芸能の成立」『日本芸能の起源』所収（大和書房　一九七七年）
（13）西郷信綱『古事記注釈　第一巻』五二頁〜五四頁（平凡社　一九七四年）
（14）折口信夫　注（9）前掲書　三六二頁
（15）志田延義「大歌」『国史大辭典　2』所収（吉川弘文館　一九八〇年）
（16）折口信夫「雅楽寮と大歌所と」注（9）前掲書所収。『折口信夫全集　第一四巻』一七六頁〜一七八頁（一九六六年）
（17）林屋辰三郎「大歌所の成立」『中世藝能史の研究』所収（岩波書店　一九六〇年）

(18) 山上伊豆母「神語から神楽へ――楽家多氏の成立――」『日本藝能の起源』所収(大和書房 一九七七年)
(19) 山下伊豆母「『ことのかたりごと』の系譜」『古代祭紀伝承の研究』所収(雄山閣 一九七三年)
(20) 柳田国男「稗田阿礼」『柳田国男集 第九巻』所収(筑摩書房 一九六九年)
(21) 武田祐吉「『琴歌譜』における歌謡の伝来」『武田祐吉著作集 第八巻』所収(角川書店 一九七三)
(22) 山上伊豆母「『多氏古事記』とオホ氏伝承」注(21)前掲書所収
(23) 三谷栄一「古事記と後宮の伝承」『古事記成立の研究――後宮と神祇官の文学――』所収(有精堂 一九八〇年)

第一章

『古事記』偽書説をめぐって

中沢見明の『古事記』偽書説

本居宣長の『古事記傳』が刊行される以前には、多田義俊・賀茂真淵の本文は古いが序文は新しい偽書だという説や、本文も序文も偽書だと主張する沼田順義の説があったが、『古事記傳』刊行以後、約百年間は偽書の主張はなかった。大正十三年（一九二四）に中沢見明が「史学雑誌」に発表した「古事記は偽書か」が最初である。(1)五年後の昭和四年（一九二九）に中沢見明は『古事記論』を雄山閣から出版した。彼は大学の教師でも『古事記』を専門に研究する学者でもない。三重県の僧侶である。『古事記論』で中沢見明は序文が疑わしい理由を五つあげる。

一、序には天武天皇即位以来修史の事なしというも、『日本書紀』によれば天武天皇十年に、川島皇子等に勅して帝紀を記定せしめていること。

二、序では稗田阿礼の聡明を激賞するも、天武紀中に其の名の見えないこと。

三、天武紀のみならず『日本書紀』全体及び『続日本紀』等にも稗田の姓の見えないこと。

四、序には和銅四年に『古事記』編纂の勅があったことを明言するも、『続日本紀』にこれを載せていないこと。

五、序には『古事記』進献を和銅五年とするも、『続日本紀』にはその記載がないこと。

以上五つの疑問のうち、一・四・五は江戸時代の国文学者の沼田順義が、序章で紹介したようにすでに指摘している。

序文以外にも中沢見明は本文も問題にし、『古事記』の字音仮名は、『日本書紀』『万葉集』の字音仮名より、平安朝初期の諸書の字音仮名の用例と近似しており、地方の記載例も平安朝初期の諸書に近似していることを指摘している。また『古事記』と『日本書紀』『万葉集』の関係を論じ、『古事記』より後に成立した『日本書紀』『万葉集』が、まったく『古事記』にふれていないのはおかしいと書き、『日本書紀』『万葉集』より後代に『古事記』は成立したと断定する。

また弘仁六年（八一五）に成立した『姓氏録』にも『古事記』は取り上げられていないから、『姓氏録』編纂時までは『古事記』は成立していなかったと論証し、さらに『日本書紀』の講義の内容を記録した『弘仁私記』序に、『古事記』のことがはじめて記されているが、この序は天長・承和（八二四〜八四七）の頃に書かれているから、『古事記』もその頃に成立したと結論する。

では誰が偽作したかについて、大年神系譜をとりあげ、「古事記といふ書物は書紀に見えない神々を諸所にあげてゐるが、尤も整つた一系として書かれて居るのは大年神系である。……此神々を神代系に連接せしめるのが古事記偽作の最大目的であるらしい」と書く。例えば大年神系譜に載る竈神（奥津日子神・奥津比売神）を取り上げ、この神が「朝廷に於て祀られる様に成つたのは天平三年以後の事で、平安朝に至つて頗る盛になつた」例などをあげ、その他大年神系譜の神々を検証し、「古事記は天長承和の際に賀茂社に關係深き祠官の手で僞作されたもので、僞作の目的は主として賀茂社に姻戚に當る比叡松尾の祭神大年神系を神代神話に編入してその地位を堅めるにあつたらしく、その目的の爲めに當時勢力があつた中臣系に阿附する様な態度に出て」書かれたとみて[2]、「古事記は天長承和の頃中臣系の人或は中臣氏に阿附する人の手に依て僞作された本であらう」と結論している[3]。

この偽書説の発表後、「神国日本化」が進む過程で、『古事記』は「神国日本」の聖典になったから、太平洋戦争中に中沢見明は憲兵隊に呼び出されて、「古事記偽書説をいうお前は国賊だ」といわれ、偽書説を言ったり書くことは禁じられ、出版社の雄山閣は中沢の『古事記論』を絶版にした。

折口信夫の『古事記』序文を疑う見解

中沢見明が『古事記論』を刊行した昭和四年（一九二九）の翌年（昭和五年）に、折口信夫は慶応大学文学部で講義した「日本文学史」で、『古事記』を取り上げて、次のような見解を述べている。

天武天皇のときに稗田氏から阿禮という人が出て、古事記の素（もと）になる物語を授けられた。その授けられたものは、書物か口頭の叙事詩か、古事記に書いてあるところではわからぬが、従来の口頭の叙事詩に、後にできた記録をくっつけて、阿禮に口伝（くちつた）えさせた、と私はみている。それが古事記のもとになった。だが、阿禮というものがいて、何々したというのは、宮廷の物語と関係の深い猿女から出た稗田氏の単なる伝えかもしれぬ。事実、古事記序文をみると、太安萬侶のいるとき、阿禮は生きていて、その口誦するところを筆記したことになっているが、この話もあやしい。記全体を疑わずとも、序文は第一に疑うべきものである。(4)

また「古事記の本質」では、「私は古事記の序文には絶対的な信頼をおいていないが、それでも『記』をしらべるのに、序文を頭におかなければ何も考えられぬ」といい、序文が疑わしいが、序文を無視して『古事記』の成立は論じられないから、「私としては非常に譲歩したことになるが、阿礼に誦習せしめたという記事をそのまま認めて解釈」（傍点引用者）するといって、『古事記』を論じている。(5)

また第八章でくわしく述べるが、『古事記』の大年神系譜は中沢見明説を受けて、平安時代初期の攙入記事と折口信夫はみている。

松本雅明の『古事記』奈良朝後期成立説

一九五三年には熊本大学教授の松本雅明は「熊本史学」四号に、「紀記における異伝歌謡――古事記の成立年代についての一疑問――」を発表した。その論考で次のように書く。

古事記の成立については、ふつうは古事記序の説がそのまま信ぜられている。しかしそれがかなり日本化した漢文体を用ひ、序と本文とは文体を異にし、さらに日本書紀よりも発展した多くの物語をもつことは、續日本紀をはじめ奈良朝の古典に見えず、わづかに萬葉集の左注に二箇所見えるにすぎないこと等とともに、序の説に疑問をいだかせる。

と書き、詳細に記紀歌謡を比較検討した結果、「歌謡に関するかぎり記は紀に先んじて成立したとはなしがたい」と結論し、『古事記』は『日本書紀』より後の奈良朝後期に編纂されたと推論する。(6)

松本雅明は一九五五年に発表した論文にもとづいて、よりくわしい見解を述べた論文、「古事記奈良朝後期成立について」を、「史学雑誌」の一九五五年八月号・九月号に発表している。その論文で、『古事記』よりも『日本書紀』が、仮名表記において不統一で複雑であり、その仮名表記は、「萬葉集から奈良朝後期、平安朝初期にいたるに従って、しだいに統一に向ふことは明らかである」から、『日本書紀』(不統一)――→『古事記』(統一)とみるべきだと書く。そして『古事記』の仮名を検討し、「『古事記』の假名は奈良朝後期の古典にもっとも類似し、そのなかにおいて論ぜなければならない」

と書き、奈良朝後期成立説を主張する(7)（松本説は第四章で詳述する）。

筏勲の『古事記』偽書説と原『古事記』説

一九五五年に大阪学芸大学（後に大阪教育大学に改称）教授であった筏勲は、『上代日本文学論集――古事記・歌経標式偽書論と萬葉集――』と題する論考を発表している。この論考で筏勲は平安朝初期に『日本書紀』の講義をした多人長が、多（太）氏の家にあった原『古事記』に新しく序文をつけて世に出したと、主張している。

筏勲は公式の文書の署名には一定の書き方があると書き、『古事記』以外の多くの上表文や序文の例を示し、これらの公式の文書の署名には必らず官職が明記されているのに、『古事記』の序には「官位の中、『位』の正五位上のみを記してゐて、『官』について何ら記してゐない。……所謂古事記序文は、実際上、上表文であり、その内容は誠に厳粛な一字一句も苟もしない堂々たる立派な文である。ところが、肝腎な上表者自身の署名に至つて、他に例のない不完全なものに止まつてゐるのである」と書き、このような不完全な署名からみても、元明天皇に撰上した勅撰書の序文として疑わしいと書く(8)。

筏勲は一九六二年の「国語と国文学」六月号・七月号に、「古事記偽書説は根拠薄弱であるか」と題する論考を発表し、そこでも序文の疑わしいことを述べている。具体的な論証として、上表文と序文の文献例を豊富にあげて、その成立時期をA・B・Cの三グループに分け、『古事記』の序文は弘仁・天長年間（八一〇～八四七）のCグループに入ると詳論し、「序文の自己主張通りの〝和銅五年の上表文である〟といふことは、肯定されない」と書く。そして結論として、「上表文や序文の多くは、編纂担当者の場合、その學識才能について謙辞を用ひて所謂低姿勢であるのが普通なのに、太朝臣安萬侶の場合は、どういふ心構へか、謙辞らしいものは殆ど見当らないばかりか、稗田阿禮の聰明ぶりを推奨したり、自己の表現技術の苦心を吹聴したりして、寧ろ、高姿勢の宣伝的傾向さへ強く認めれさうである。偽物ほど本物らしく見せびらかすための虚飾の華やかさがある。読者に対する態度は、説得的、権威的、宣伝的であり、他の多くの先例表序の様な、奏上的、謙抑的なものとは、頗る方向の異なつた傾向をもつてゐる。……他の表序と異つた、特異性の強調がどぎつく著しい性格を示している。古事記が偽書であれば、さうした特異性の原因も自づと容易に理解出来るであらう」と書く。[9]

筏勲は平安朝初期に序文は書かれたと推論するが、中沢見明のようにその時期に本文も書きおろされたとはみない。中沢見明とちがって原『古事記』を想定し、その原『古事記』に手を加え、序文をつけたのが現存『古事記』と推論する（原『古事記』については第十一章・第十二章で詳述する。現存『古事記』以前に存在した原『古事記』を具体的に論じたのは筏勲が最初）。

現存『古事記』の成立について筏勲は、「この序の成立と最も深い関係にあるのは弘仁私記序である（現存『古事記』は『弘仁私記』序にはじめて記されている――引用者注）。弘仁私記序が果してそれ自身の語る様に、弘仁十年頃に成つたか否かも疑問であるが、そのままを受取るならば、古事記序文の成立は、それが引用されてゐることに依つて、ほぼその年代が推定されることになる」と書き、『弘仁私記』の筆者の多人長を、現存『古事記』の序文筆者と推論する。そしてこの『古事記』とは別に、『土佐国風土記』逸文に載る『多氏古事記』や、多安樹・多安家の名の見える『琴歌譜』に「一古事記」が載り、いずれも現存『古事記』と内容が違うことから、現存『古事記』は「多氏といふ極めて限られた狭い範囲内に於て、記録され、保存されてきたのではないかと思はれるのである。想像をたくましくすれば、古事記は或は勅撰の書ではなくて、多氏の家に伝へられた一家の私記、或は官撰史編纂中途で不幸上奏を見ずに終つた古書の名残ではあるまいかとさへ想はれる」と書いている(10)。

藪田嘉一郎の『古事記』序文偽書説

一九六〇年に藪田嘉一郎は「古事記序文考」を発表し、序文が疑わしい事を次のように書く。

『古事記』は元明天皇の詔を太安万侶が承け、邦家の経緯、王化の鴻基として、上進したものという。しかるに確実な史籍に上進の記事がない。疑うべき随一であるが、このことはすでに言われ、陳腐に似ているのでくだくだしくあげつらわぬ。ただここに言いたいのは、この疑問に対しても他の疑問に対すると同じく、種々の弁護論があるが、それらは吾人をして納得せしむる程のものでないことである。『古事記』擁護論者はアカデミーという虎の威を借りて、いつも語気勇壮で、敵の非論理性を衝くこと鋭きにかかわらず、自己の非論理性を寛容すること頗る大である。これは遺憾に堪えぬ。

次に『古事記序』の疑うべきは、文章記事の曖昧性である。ちょっと見ると、この文章は華麗な四六対偶の名文であるようだが、名文であるのは中国名文の断片をつぎはぎした個処で、この浮華な文章の分量が甚だ大であるため名文の様相を呈しているだけである。……このように、古事記序は浮華の文章が大部分で、肝腎の古事記成立を説く実質的部分はきわめて小である。文字数にすれば約五分の一、僅々百八十字程にすぎない。しかも掴みどころのない、曖昧な文章となっている。もし史実に沿ったものなれば、このような空虚はあり得ないと思う。

このように序文について述べて、藪田は更に稗田阿礼について、次のように書く。

天武天皇が稗田阿礼に帝紀旧辞を誦習せしめられたのは何時か、その時の阿礼の年令を廿八と限定するのであれば、当然誦習の年代を明確にしなければならぬ。勿論年令を限定しなくても年代は記すべきである。しかるに一向にそのことなく、浮華の文章を以てその場を充塡している。是れ史実を弁ぜざる者の為すところであること明らかである。

第一、稗田阿礼というのが怪人物である。そういう人物が実在していたか否かは別として、『古事記』序に記すところは形質朦朧たるものである。「姓稗田名阿礼」とあるが、中国式呼称であって、姓は「かばね」ではなく、氏と同意語である。しからば稗田阿礼のかばねは何であったか。全然不明である。かばねもない人物が天皇よりこの重大事を托せられることはあるまい。かばねがあってそれを署記しないことは、いくら中国かぶれの文章であっても、奈良時代の制度に於ては考えられぬことである。奏上の太氏は「太朝臣安万侶」とかばねを署記しているではないか。

このように書いて「阿礼が若し『序』にいう如き立派な人物で、天皇の信任が厚かったとなれば、朝廷において出頭しないことはあるまい。出頭の人であれば史実にその名が伝わらぬことはあるまい。しかし史上にその名の伝わらぬこと周知の通りである」から、稗田阿礼は実在しないと結論する。(11)

また太安万侶については次のように書く。

「正五位上勲五等太朝臣安万侶」とある文末の署名も奇妙である。官名が記してないからである。朝廷に仕えておれば署名には必ず官位を記さねばならぬ。位があって官がないのは所謂散位で、隠居的身分である。『古事記』の如きが隠居仕事になったとは謂われまい。また邦家の経緯、王化の鴻基となすべき『古事記』が安万侶の手から奏上せられたというのも考えられぬ。かくの如き貴重の史書は、たとえ実際は安万侶の執筆であっても、編纂の総裁には顕官を戴き、その顕官の名において奏上するのが順序である。

以上のように書いて、『古事記』の序文は太安万侶が書いたのではないから、『古事記』の本文も疑わしいと主張している(11)。

神田秀夫の『古事記』序文切捨て論

武蔵大学教授であった神田秀夫は一九六二年に太田善麿と共に、朝日新聞社刊行の日本古典全書の『古事記』の校註者になっている古事記学者である。この高名な古事記学者も一九六四年に「動揺する古事記の成立――序文の解釈をめぐって――」で、序文は天武・元明天皇の勅命によって撰録された、公式の史書とあるが、本文の内容は序文の記述といちじるしく乖離していると書き、「序の上表は本文と似ても似つかない。序の上表は古事記の成立を公的な朝廷の事業の如くによそほひ、美辞麗句を飾り立て、官僚臭紛々たるものがある。かういう精神で、はたして古事記の神話・伝説・歌謡が、あのやうに織り上げられるか」と書き、「序文は平安朝初期に書かれたものであらうと、本文は天平層までは下らない白鳳層の作品であるといふことは動かない所である」から、序文を切捨てて本文だけ

を問題にすればよいと、「序文切捨ての決意」をし、序文切捨て論を発表している。(12)

更に前述の論考を発表して十四年後の一九七八年に、「太ノ安万侶の『勲五等』について(13)」と題する論文で、序文について七つの疑点をあげている。

一、「先ず、最も素朴に云えることとは、序文と本文とでは、文体がちがいすぎるということである。序文は唐様、本文は倭様、文は人なりといって、文体を作者の精神の象徴と、重く視る私などの眼には、あの序文と本文とを同一の精神の表現として考えることは不可能なのである」と書き、唐様の序文と倭様の本文を太安万侶が両方書いたとするなら、当時、安万侶がその様な和漢両方を使い分けた文章を書いた例が他にあればよいが、そのような「安万侶自身の筆に成ると信ずべき根拠がない」ことをあげる。

二、「一体、八世紀及びそれ以前に成立した本で、序文があるのは、古事記を除けば、懐風藻だけである。が、その懐風藻の撰録者は、文中に『余』と自称しているだけで、署名など残していない。……当時は、自分のしたことを、私がしましたと、手柄顔に署名する者はいなかった」と書き、『日本書紀』・『日本後紀』・『風土記』・『凌雲集』序・『文華秀麗集』序・『経国集』序など、序のあるもの、ないものなどの文献例を示し、『古事記』序が異例であることを述べて、「太ノ安万侶が、ほかに漢文でも漢詩でも万葉歌でも遺している人間なら、そんな余計な想像をする必要はないが、ほかには何一つ書いたものを遺していないいんだから、古事記の序文だけを文字どおり受けとるということは警戒を要すると考えるのである」と書いている。

三、更に「古事記の序文と本文とは文体がちがいすぎるといったが、記事内容もすこぶるちがう」

と書き、実例を示し、「かように、本文と序文とは、そもそも古代に対する関心の持ち方がちがい、何を焦点として印象づけ、そのためにどうしぼるかという看取り枠の立て方がちがう。つまり、作者の感動の質もちがえば、表現の仕方もちがう。だから両者は、実は話がかみ合っていない。本文の歯車と序文のそれとは、めいめい、てんでに廻っているのである。これをしも本文にふさわしい序文というならば、木に竹を接ぐということばは辞書からなくなるであろう」と書く。

四、「氏（うじ）と姓（かばね）とを一緒くたにしてはならないことは古代史の常識である。ところが、記序は、允恭天皇の治績にふれて『正姓撰氏』といったかと思うと、『姓稗田名阿礼』といって稗田ノ阿礼を紹介する。つまり姓（かばね）と氏（うじ）との混同を自分で起している」と書き、姓と氏の文献例をあげ、「ほんとに混同が起って来るのは日本書紀の成立から」だから、序文の混同からみて、「はたして養老以前の、和銅の当時の文字づかいであろうか」と疑う。

五、太安万侶については、安万侶は「勲五等」という武功による勲位を得ているが、『続日本紀』に五回も記されている安万侶の記述には、武功については見当らず、また『古事記』編纂の記述もないことから、「太ノ安万侶の経歴は説明のつかない事だらけだ」と書く。

六、『日本書紀』『続日本紀』『日本後紀』『続日本後紀』『文徳実録』などの勅撰書はそれぞれの正史に記載されているのに、「古事記のことは続日本紀の和銅5年1月28日の条に見えず、養老7年7月7日太ノ安万侶卒去の条にも見えない」ことをあげる。

七、最後にこの論考の題の「勲五等」をとりあげ、「太ノ安万侶は武人ではなかったか」と推論し、このような「武人」に『古事記』の編纂ができたかと書き、「序を本文から切り落してしまえ、と決心することになる」と、古事記学会の発行の『古事記年報』で明言している[13]。

以上、序文について七つの問題点を指摘し、神田秀夫は結論として、

太ノ安万侶の経歴は説明のつかない事だらけだし、およそ書いたものに序があるというのが奈良時代としては異例だし、序と本文とは文体がちがいすぎるし、記事の内容がかみあっていないし、姓と氏とを混同しているし、署名しているのは下請がいたにちがいないと思われるから、こんなボスに下駄を預けて置けるかということになって、序を本文から切り落してしまえ、と決心することになる。

と書く[13]。

西田長男の「古事記成立をめぐる疑惑」の説

国学院大学教授であった西田長男は、一九六二年に「壬申紀の成立と古事記」を発表し、『古事記』序の壬申の乱の記事は『日本書紀』を見て書いたのではないかと、序文の和銅五年（七一二）成立を疑う論考を発表している。西田は『日本書紀』の壬申紀の記事と『古事記』序の記事を、五例並記して、「ここに不可解に思われることは、『和銅五年正月廿八日』に献上せられたという古事記の序文は、壬申紀を参考にしないでは何としても記し得ないものだということである」と書く。「不可解」と書くのは、『古事記』は和銅五年（七一二）成立で、養老四年（七二〇）成立の『日本書紀』より八年前だからである。そして田辺爵が「壬申の乱の筆録者」で、「記紀両者の間に何らの錯誤も乖離も認められない」事実を述べて、理由として「記以前に書紀の原文が存した」のではないかと述べているこ

とを紹介し、結論として田辺説のように養老四年以前に、「壬申紀の稿本が成立していたか」、「でなければ、そもそも『和銅五年正月廿八日』とある古事記の序文そのものがあてにならないものなのだろうか」と書く[14]。

この西田論文に対して、一九六五年に西宮一民は「古事記序文の成立について」と題する論考を発表し、批判している。西宮一民は壬申紀や記序以前に、柿本人麻呂の長歌（巻二・一九九番）に、「内容はもとより表現過程において、壬申紀に通じるもの」があるから、「記序や壬申紀以前に柿本人麻呂長歌のやうな、どちらかといへば壬申紀に近い表現が可能であつたといふ事実をもつて、記序は壬申紀を見なくても書ける性格のものであつたといへるのではなからうか」と、反論している[15]。

この反論に対して西田長男は早速一九六五年に、「曾富理神——古事記の成立をめぐる疑惑——」と題する論考を発表して、西宮一民が問題にする高市皇子尊・城上殯宮の挽歌（巻二・一九九番）を詳細に検討し、「壬申紀と人麻呂の歌とは、文辞上の一致が少ない」と書き、西宮説に反論する。そして更に次のように書く。

このように私は古事記の序文のみに疑惑を懐いているだけでなく、その本文についても亦、少なからざる疑惑の節々がうかがわれるように思うのである。神田秀夫氏は、「序文切捨の決意」をせられたという。つまり、疑わるべきは序文であって、これを切り捨ててしまえば、本文は依然として健在であるという考えである。が、西宮氏も述べているように、「果して序文を切捨てて、古事記の成立論は可能であらうか。……古事記成立の由来は、自ら発行した身分証明書である序文によるより先づは致し方がないからである」ということもできよう。序文と本文とはこれを両者一体として解するのが、まずもって穏当とすべきであろう。

このように書いて、「古事記は大国主神に関する神話を詳叙しつつある途中においてあたかも、木に竹を継いだように突如として、大年神とその子神たちに関する神話をかかげている」と書き、子神の中の曾富理神について特に詳細に論じ、「曾富理神が祀られるに至ったのは、平安京に遷都の行なわれた延暦十三年十月二十二日以後のことでなければなるまい」と書き、大年神系譜は「後の増補であろうことは推察に難くない。恐らくは、古事記神話の生成の過程にあって、いちばんあとで附加せられたものであるまいか」と書いている（西田長男の大年神系譜の平安時代初期の攙入説は、第七章で詳述する）。

そして次のように書いて、しめくくっている。

いうまでもなく、古事記のような古典は、次第不同に、いろいろなものをくっつけて、おもむろにみずからをふとらせていったものであって、その一節々々がそれぞれに成立年代を異にしているといってよい。私は、今、そういう複雑な問題を考えようとしているのではない。ただ、現在の形に固定した古事記、即ちいわゆる「現」古事記が全体として成立したのはいつかということ、その最下限を求めようとしているに過ぎないのである。そうして、その最下限の一つと思われるのに、かの「曾富理神」があって、それから推すのに、「現」古事記は何としても平安朝初期の成立と考えるほかはないのではないかと思うのである。

以上をもってこの小論を了ることとするが、ここに附け加えておきたいのは、はじめにも一言したように、だからといって、私は古事記を偽書であるなどと主張する気持はさらさらないのであって、また、そういうことをいっても、古事記のような古典に対しては何の意味もないように思うのである。古事記の主たる部分が奈良朝以前に遡る往古の記文より成っていることは、これも毫も疑うことはできないと思う。けれども、古事記が、平安朝初期に至るまで流動していたことも事実とすべく、随って中にはこの時代の記文も少なからずまじえられていることは想察に難くないのである。我々はものごとを劃一的に解する弊をできるだけ避けたいと思う[16]。

友田吉之助の『古事記』序文偽書説

島根大学教授であった友田吉之助は、一九六九年に刊行した『日本書紀成立の研究』で、奈良時代から平安時代初頭には、二年引き上げられた干支紀年法が使用されていたことを論証し、『続日本紀』に紀清人らに「詔して国史を撰しめたまう」とある和銅七年二月二十八日は、二年引上げられた紀年法では和銅五年正月二十八日になると書く。そして「和銅五年正月二十八日は、これはまさしく太安万侶が『古事記』を撰進した日である。これは実に驚くべき符合である」と書き、太安万侶について『続日本紀』は、「叙位・卒去までかなり詳細に記している」のに、「古事記の撰進については、なんら記していないのは不可解」だから、序文の「和銅五年正月二十八日」は、「真実に古事記を撰進した日付ではなく」、紀清人らによる和銅七年の「和銅日本紀撰進の年月日を剽窃したものであることは、ほぼ間違いないであろう」と述べている[17]。

友田吉之助は更に一九七七年に、「古事記の成立と序文の暦日」(『論集　古事記の成立』所収)と題する論考を発表し、『続日本紀』が書く紀清人らに命じて撰録させた和銅日本紀の撰上年の「和銅七年」

は、二年引上げられた干支紀年法を用いている『扶桑略記』では、「和銅五年」と書いていることを例示し、前稿よりこの問題を詳細に論じて、『古事記』撰上の日は二年引上げた干支紀年法によって作られた日とし、序文を疑っている(18)。

また稗田阿礼の実在も疑っており、なぜか「年二十八」という年齢のみが具体的に記されていることに注目している。友田の詳論は略するが、この年齢は「寅」の日にかかわるから、稗田氏(猿女君氏)が奉仕する「十一月の寅の日に行われる鎮魂祭」との関連から、稗田阿礼の年齢は創作されたと推論し、結論として「このように見て来ると、阿礼の年齢は実在した人の実年齢とは考え難いのであり、『寅の年』や『寅の日』を尊重する人によって、作為された年齢」で、天武天皇十年に二十八歳とすると、白雉五年甲寅(六五四)に生まれたことになるので、この甲寅を元に作られたから、年齢のみが具体的で、「舎人」以外には具体的記述がないと書いている。そしてこのような作為による稗田阿礼は「仮託の人物」と結論し、このような人物が登場し、成立年月日も信用できない序文であるから、本文も後代の偽作であろうと書く(18)。

藪田・友田の両氏は序文が偽作だから、本文も序文の年月日より後代に書かれた偽書だと断定している。この見解は序章で書いた江戸時代の論者や、この章で書いた西田長男の見解と違う。理由は藪田・友田は本文を検証せずに序文の検証だけで、短絡して本文まで結論しているからである。

鳥越憲三郎の『古事記』偽書説

大阪教育大学教授であった鳥越憲三郎は、一九七一年に『古事記は偽書か』と題する著書を刊行している。この著書では序文だけでなく本文も、平安朝初期に書き下ろされたと主張している。鳥越はまず『古事記』について次のように書く。

このころの公的な記録は、かなり細部にわたって『続日本紀』に記載されている。それなのに、元明天皇の勅撰になったという『古事記』は、その勅命をうけた事実について、何一つ記載されていないことは、かえって不可解なのである。

和銅七年に紀清人（浄人）・三宅藤麻呂に国史撰修を命じたという一項は、事柄としては完成本『古事記』撰上のことよりも小さいことといわねばならぬ。にもかかわらず、正史の『続日本紀』に記されている。しかもそれだけでなく、翌年の霊亀元年七月十日の条には、「従五位下紀朝臣浄人数人に穀百石を賜う。学士（ふみはかせ）を優すとなり」とあり、国史撰修の労苦をねぎらったことさえも記録されているのである。[19]

このように書き、更に次のようにも書く。

『古事記』が『日本書紀』以前に存していたならば、〝一書にいわく〟という形式で異説を網羅して載せる『日本書紀』は『古事記』の内容をもっとも好都合な資料として採用したはずである。中でも大国主神の事績をはじめ、『日本書紀』に見えない興味ある説話を、『日本書紀』の編者が沈黙したとは思われない。まして勅撰書といわれる『古事記』の記事を、いっさい採用しなかったということは考えられないことである。実際『古事記』と同文のものは、『日本書紀』全編のどこにも見当らないのである。『日本書紀』が『古事記』を参照しなかったことだけは明らかである。[20]

このように書いて、序文だけでなく本文も『日本書紀』より新しい記事だとみて、『古事記』を書いたのは『日本後紀』の弘仁三年（八一二）六月二日条に、高級官僚たちに『日本書紀』を講義したと載る多朝臣人長とみる。この多人長が講義の内容を記した『弘仁私記』の序文では、神武天皇の寿命を、『日本書紀』の百二十七歳をとらず、『古事記』の百三十七歳をとるなど、『古事記』を初めて紹介しているだけでなく、『古事記』の記述と一致していることに鳥越憲三郎は注目し、「『弘仁私記』の編者である多人長が、弘仁私記の序でことさらに『古事記』を宣伝し、しかもその『古事記』の撰録者を、祖先の太安万侶とした、この二つの間には深いつながりがあるものと思われる」と書き、『弘仁私記』序は、『新撰姓氏録』をはじめとする各種の姓氏録を、遺漏が多く偽りのあるものとしてけなしている」ことから、「多人長が『新撰姓氏録』を不満とし、それに反駁するものとして、『古事記』をつくりあげたのではないだろうか。そしてその『古事記』の作者には、設定した時代の自分の祖先に求め、当時多臣の氏ノ上であった太安万侶としたのであろう」と書く[21]。そして弘仁五年（八一四）以降から天長年間（八二四〜八三三）に、多人長が書き下したと結論する[22]。この現存『古事記』は平安時代初期に序文も本文も書き下されたという見解は、中沢見明や藪田嘉一郎・友田吉之助と同じだが、藪田や友田は前述したように本文を検証せず序文を検証しただけで、本文も平安時代初期の書き下しとみるが、鳥越説は本文も検証した上での結論である。

松本清張の『古事記』序文偽書説

松本清張は一九七四年刊の『古代探求』で、藪田嘉一郎の「古事記序文考」をとりあげて、「藪田の論旨は、強い説得力がある」と書き、「だれでも一応の不審をもつのは、『古事記』の本文の文章と序文のそれとが違いすぎることである。本文は漢字で何とか和文を書こうと苦心した素朴さがあるのに、序は漢籍（『文選』など）の文章の引用で飾り立てた漢文である。これほどちぐはぐな感じはない」と書く。そしてこの「ちぐはぐ」について、従来の説は、「『古事記序』は上表文だから公文書である。奈良時代の公文書のすべては漢文で書かれたからそうなったのだ」が、「『古事記』の本文は、『日本書紀』が官符の公的な史書に対し、宮廷に提出した私家版といったような性格だという」と書く(23)。

このような『古事記』学者の説明について、「それなら『記』の序文だけが公用文書の漢文体に書かれるのは少々妙ではなかろうか。私本なら私本の序文らしく、本文と調子を合わせて和文にすべきであろう。天皇に奉るために公用的な文体にしたというなら、かんじんの本文も天皇が読むのだからその説明では矛盾する」と書いて、公用として書かれた序文が私家版についているという説明に納得していない。

更に序文に誦習者として登場する稗田阿礼について、次のように書く。

わたしは、「稗田阿礼」という名の人物の存在を疑っている。疑っているというよりも、そのような特定の名をもつ個人は存在しなかったと考えている。

『記序』の上表文が官位も無い一舎人（下級役人）の個人的なことをあのように詳しく記すことが異常である。『古事記』の要約に文字を惜しんだ上表文が、どうして阿礼についてあれだけの文字を費さねばならないのか。天武天皇に対する賞揚とは、量においてそれほど違わないのである。

それなのに阿礼が男か女かも分らない。官位もなく、出自も分らない。他の記録にはその名のかげすら見えない。

およそ架空の人物をつくるときには、ことさら多くの説明を費しがちである。ところが上表文の文章が説明しているのは、阿礼が「聡明」だったということだけで、その人物についての具体性は何もない。その「聡明」を飾る文章も、さきに見た通り、中国の文献（『文選』）の章句からの応用である。稗田阿礼の実体は何もなくなる。

このように書き、稗田阿礼について更に次のように書く。

阿礼は「年二十八」とある。これが唯一の具体性だ。この「年齢」で阿礼が実在人物だったという錯覚を起させる。

しかし「書紀」がいちいちの記事に架空の年月日をもっともらしくつくっているのをみると、阿礼の年齢の創作ぐらいは平気であったろう。わたしは上表文の日付が「和銅五年正月二十八日」となっているのに注目する。この吉日に因んで、……阿礼を「年二十八」にしたと思っている。二十八日は『古事記』の生れ（阿礼）た日である。

「阿礼」は生れ、すなわち『古事記』がこの世にはじめて日の目をみた意味であり、その「年二十八」が『古事記』の撰上日を取った一種の擬人化だというのが、わたしの臆説である。岩橋小弥太は「時に舎人あり、姓は稗田、名は阿礼、年は是廿八、其の時はといふのは何年の事とも断らないで、年齢が廿八といふのはをかしい。廿八でも廿九でも少しも差支ない筈なので、不思議な文章である」（岩橋『上代史籍の研究』）と訝っている。「時に」と漠然と時間をいって天武の何年に当るのかさっぱり分からず、その曖昧な一方、「年廿八」と特定の年齢だけを強調するかのように具体的に書く。文章のバランスがとれていない奇妙さに最近の学説や論文は少しもふれるところがない。

わたしの考えは、右の次第で阿礼の年は二十八でなければならない[23]。

このように松本清張は書いているが、友田吉之助は稗田阿礼の「年二十八」は、稗田氏が重視する寅の日からみちびき出された数字だとし[18]、松本清張は『古事記』が生まれた「二十八日」から採った年齢だとする。どちらの説であれ、友田・松本が書くように、あいまいな稗田阿礼像の中で、年齢だけがはっきり書かれているのは、異様である。

三浦佑之の『古事記』序文偽書説

一九七五年に私は『古事記成立考』を刊行した。私見の発表以後三十年間は私見に対する批判はあっても、賛成の論考は、二〇〇五年に千葉大学教授の三浦佑之が「古事記『序』を疑う」と題する論考が発表されるまでなかった（私は一九七九年に『古事記偽書説の周辺』〔名著出版〕、一九八八年に『古事記偽書説は成り立たないか』〔大和書房〕を刊行した）。

三浦佑之の論文は二〇〇四年に古事記学会で講演した内容である。このような演題で古事記学会は講演会を開くように、開かれた学会である。私の論考も機関誌の『古事記年報』に「古事記の成立」（一九七八年）、「太安万侶の民部卿・氏長について」（一九七九年）、「太安万侶墓誌と『古事記』序文」

（一九八二年）、「『古事記』成立をめぐる諸問題」（二〇〇六年）の四篇が載っている。
三浦佑之は古事記学会の講演で「古事記の文は和銅五年よりも古い。しかし『序』はあとで付けられた、というのが私の考え方です」と述べて、序の疑わしい理由として、「帝紀及び上古の諸事を記し定めしたまふ」とあり、同時期に二つの史書編纂事業が進行していたことになるが、そのようなことはありえない。もし「古事記『序』にいうような史書編纂事業を行うのであれば、天武紀十年にあるような皇子や臣下に対する史書編纂の命令は必要ないとみるべきです。それがなぜ存在するのか、その疑問に対して、きっちりとした説明ができない限り、古事記の序文は怪しいのではないかと思うわけです」という。そして「古事記のもつ本質的な性格は『語り』であった」と書き、その「『語り』の言葉」を「権威化することがもっともふさわしいと考え信じた人の手で古事記『序』は書かれたのであろう」と推測し、理由を述べ、結論として、「一つめは古事記の序文は後から付けられたもので、その時期は九世紀初頭」といい、多人長と「その周辺の人物」を執筆者と想定し、「彼の家に所蔵されていた史書、古事記という署名があったかどうかは不明ですが、その所蔵されていたフルコトブミの権威化のために、『序』が必要になったということです」といい、次に「二つめですが、古事記の本文は七世紀半ばに書紀化され書物として存在していたと考えるのが正しいだろうと私は思っています」と述べている。[24]
三浦佑之は二〇〇七年三月に『古事記講義』[25]、同年四月に『古事記のひみつ――歴史書の成立――』[26]を続けて刊行している。『古事記のひみつ』では「わたしが古事記をどのように認識しているかということを、本稿のまとめで述べておきたい」と書き、三点を述べている。

第一点は、「古事記の『序』はあとになって付けられた。その時期は九世紀初頭と考えられる。具体的にいうと、多朝臣人長という人物が、日本書紀の講書を行った弘仁四年（八一三）か、その直前の頃に、古事記『序』は付けられた。それは、弘仁四年の講書時に講じられた内容に基づいており、それゆえに弘仁十年に書かれた『弘仁私記』序に引用されたのであろう。そして、太朝臣安万侶に仮託した『序』を偽造したのは、多朝臣人長か、その周辺の人物と考えられる。多（太）氏に伝えられていた史書、それが古事記という書名であったかどうかは不明だが、所蔵されていたフルコトブミ（古事記）の権威化のために、「序」が必要になったのである」と書いている。

第二点は、上代特殊仮名遣の「モ」の二類の書き分けがあるから、「七世紀の後半までに、古事記本文が書かれていたのは明らかである」と主張する。

第三点は、「内容からみると、古事記は、律令国家の論理から逸脱しており、そこから考えれば、この書物は、律令制度が確立する以前のヤマト王権に存在したか、あるいは律令国家から離れたところに存在した可能性が強いと考えられる」と述べて、序文は九世紀初頭だが、本文は七世紀後半までに書かれたと結論している。

二〇〇七年には「文藝春秋」五月号に、「古事記『序』は後世の偽書」と題して、次のように書いている。

冒頭に置かれた「序」を除くと、古事記という作品がどのような経緯で成立したかを明らかにできる資料はない。したがって、「序」のない古事記は、得体の知れない根無し草になってしまう。その唯一の身分証明書ともいえる「序」が、どうにも胡散臭い代物なのである。そのことは、古事記の研究者なら誰もが感じているはずだが、怪しいと言い出す者はほとんどいない（今も発言し続けるのは大和岩雄だけである[27]）。

このように私についてふれて、『古事記』序に帝紀・旧辞を天武天皇の時に、稗田阿礼に誦習させたとあるが、『日本書紀』は天武天皇十年三月にやはり帝紀・旧辞の筆録開始の詔を出したとあるから、三浦佑之は次のように書く。

もし、古事記と日本書紀にある二つの歴史書編纂事業を、国家的なプロジェクトとして同時に推進したとすれば、天武という人物は分裂的な気質をもっていたとでも考えないと説明がつかない。

しかし、説明できないことを個人的な資質に還元したのでは論理にならない。それよりは、相反した二つの事業のうちの、どちらか一方は「嘘」だと考えるほうが正しいのではないか。そしてそう考えた場合、時代状況からも、天皇の立場からも、書物の性格からも、日本書紀の記述のほうが真実に近いはずである。

天武紀十年三月条の詔を隣に置いて考えると、古事記「序」にある阿礼の誦習と、それを受け継いだ元明天皇の命令によってなされたという太安万侶の筆録作業は、どうにも怪しげである。そこでわたしは、古事記「序」は、本文とは別に、後に付け加えられたと考えるに至ったのである。その時期は九世紀の初め、「序」に和銅五（七一二）年とある編纂年よりも、およそ百年後に、古事記という書物を権威化するために付けられた。

このように三浦佑之は書き、さらに、

誤解のないように言っておくが、「序」は九世紀に書かれたが、本文については、和銅五年より数十年前に書かれたというのがわたしの見解である。上代特殊仮名遣いにおける「も」の二種類の書き分け、神話や伝承の古層性などによって、本文の古さは保証できる。そして、律令国家とは一線を画したところで、古事記の本文は存在し続けたのである。ただし、それがどこだったか、今のわたしには答えられない。

と書いている。(27)

以上が私の知る本文・序文偽書説、序文のみの偽書説だが、江戸時代の序文偽書説論者の二人、序文・本文の偽書論者の一人を含めると、十三人が述べており、私を含めて十四人になる。まだ他にもいる。

東京外国語大学教授の岡田英弘は、一九七六年に、文藝春秋社から刊行した『倭国の時代』（その後一九九四年に朝日新聞社刊の朝日文庫に同名の『倭国の時代』として刊行）に、十六頁にわたって『古事記』を論じ、偽書と見ている。更に二〇〇一年に文藝春秋刊の文春新書の一冊として、『歴史とはなにか』を刊行しているが、この著書でも『古事記』は偽書だと書いている。しかし『倭国の時代』『歴史とはなにか』に十数頁にわたって書いている主張については、三浦佑之が古事記学会の機関誌『古事記年報　四七』掲載の「古事記『序』を疑う」で書いているように、「岡田説は大和岩雄説（『古事記成立考』大和書房、一九七五年）を踏まえて強調している」のである。

このように三浦佑之が指摘するように、私が三十三年前に刊行した『古事記成立考』に書いた見解を元にして書いているのに、『倭国の時代』にも『歴史とはなにか』にも、私の名前はまったく載せていない。したがって私説が岡田説になっているので、岡田見解は紹介しないが、岡田英弘も私説と同じ見解を述べていることを、付記しておく。

〔注〕

（1）中沢見明「古事記は偽書か」「史学雑誌」一九二四年五月号
（2）中沢見明『古事記論』一七三頁（雄山閣　一九二九年）
（3）中沢見明　注（2）前掲書　一三二頁
（4）折口信夫「猿女の語部──古事記の物語の出自──」『折口信夫全集ノート編　第二巻』所収（中央公論社　一九七〇年）
（5）折口信夫「古事記の本質」『折口信夫全集ノート編　第三巻』所収（中央公論社　一九七一年）
（6）松本雅明「紀記における異伝歌謡──古事記の成立年代についての一疑問──」「熊本史学」四号
（7）松本雅明「古事記奈良朝後期成立について」「史学雑誌」一九五五年八月号・九月号
（8）筏勲『上代日本文学論集──古事記・歌経標式偽書論と万葉集──』六頁〜七頁（民間大学刊行会　一九五五年）
（9）筏勲「古事記偽書説は根拠薄弱であるか」「国語と国文学」一九六二年六月号・七月号
（10）筏勲　注（8）前掲書　四頁〜八頁・六四頁〜七八頁
（11）藪田嘉一郎「古事記序文考」『西田先生頌寿記念　日本古代史論叢』所収（吉川弘文館　一九六〇年）
（12）神田秀夫「動揺する古事記の成立──序文の解釈をめぐって──」「国文学──解釈と鑑賞──」一九六四年四月号
（13）神田秀夫「太ノ安万侶の『勲五等』について」「古事記年報　二〇」所収（古事記学会　一九七八年）
（14）西田長男「壬申紀の成立と古事記」「国学院雑誌」一九六二年五月号
（15）西宮一民「古事記序文の成立について」「国学院雑誌」一九六五年四月号

（16）西田長男「曾富理神——古事記の成立をめぐる疑惑——」「宗教研究」一八四号　一九六五年。日本文学研究資料叢書『古事記・日本書紀　1』所収（有精堂　一九七〇年）
（17）友田吉之助『日本書紀成立の研究』六一一頁〜六一三頁（風間書房　一九六九年）
（18）友田吉之助「古事記の成立と序文の暦日」『論集　古事記の成立』所収（大和書房　一九七七年）
（19）鳥越憲三郎『古事記は偽書か』三二七頁（朝日新聞社　一九七一年）
（20）鳥越憲三郎　注（19）前掲書　二五六頁
（21）鳥越憲三郎　注（19）前掲書　三〇五頁〜三〇六頁
（22）鳥越憲三郎　注（19）前掲書　三二一頁
（23）松本清張『古代探求』五一頁〜八三頁（文藝春秋社　一九七四年）
（24）三浦佑之「古事記『序』を疑う」「古事記年報　四七」所収（古事記学会　二〇〇五年）
（25）三浦佑之『古事記講義』（文藝春秋社　二〇〇七年）
（26）三浦佑之『古事記のひみつ——歴史書の成立——』（吉川弘文館　二〇〇七年）
（27）三浦佑之「古事記『序』は後世の偽書」「文藝春秋」二〇〇七年五月号

第二章

『古事記』に新しい表記・記事を指摘する説

原田敏明の『紀』より『記』が新しいと見る説

東海大学教授であった原田敏明は、東京帝国大学講師であった今から七十八年前の一九三〇年に、「開闢神話の構成と神々の追加」と題する論考を発表し、『古事記』上巻の神話は『日本書紀』に載る神話より新しいと主張している。その論考で『古事記』は最初の神として天御中主神が記されているのに、『日本書紀』は天御中主神は一書の第四のみに書かれており、しかもトップでなく最初の神は国常立尊、次に国狭槌尊で、三番目に天御中主尊と書かれていることに注目し、『日本書紀』本文の冒頭の国常立神に対して、『古事記』の冒頭の天御中主神は「新しい思想」で「後代に発生したもの」と書く。そして『古事記』は『日本書紀』の「諸伝を統合して、一つの組織ある物語としたもの」と書き、「天御中主神を中心とするtraidに組織されたのは、よほど進んだ神々の体系である。そういうものはその後の部分の記録の中にはかえって現われてこない。そして『古語拾遺』とか『旧事紀』というような後世編纂の記録に、それらの観念が一層明確に現われてくるのである」と書く。

このように書いて『古事記』と『日本書紀』の神々の記述は、

『紀』諸一書──→『紀』本文──→『古事記』

となると書き、「開闢説に関する『古事記』の文の内容は、『書紀』の諸一書の所説の内容を前提とすることなくしては不可能ではなかったかと思う」と書く。そして一年前の一九二九年に刊行された中沢見明の『古事記論』に書かれている偽書説について、注記で「『古事記』をもって平安初期の偽作と断じていて、極めて卓見に満ちた所説が多い。直ちにこれに従うことを控えるが、少なくとも本論

文の関係する個所では『書紀』の文が『古事記』のそれよりも以前にあったものと考えたいのである」と書いている。(1)

このような論文を発表して二十八年後の一九五八年に、当時の『古事記』研究の集大成として刊行された『古事記大成』(第五巻)の巻頭に、原田敏明は「古事記の神」を載せている。その論文で「時代が新しくなるに従って神名が『命』であったのも、次第に『神』になって行った傾向を見る」と書き、『記』『紀』だけでなく「他の資料を見ても、『みこと』が次第に『神』になって行く傾向を示している。特に大きく奈良時代と平安時代とを比較するならば、その事実は一層確かといえるように思う」と書く。そして例として平安時代初期の大同二年(八〇七)成立の『古語拾遺』をあげ、「『古語拾遺』になると『みこと(命・尊)』を『神』ととりかえたものが少なくない。もともと『古語拾遺』は『書紀』の文章を抜粋採用したところが多く、『古事記』から取ったところは全くないと断言できるので、恐らくは『古事記』を見ていないのであろう。しかも神名になって来ると『書紀』はもとより、『古事記』においてさえ『みこと』となっているのが、『古語拾遺』ではわざわざ『神』と書き変えている」と書く(傍点引用者)。

また平安時代の「六国史」になると、「神々のうち人間的なものにも、『命』でなくて『神』をつけて宗教的な性格を示している」と書き、時代が新しくなるにつれて、「宗教的な性格を示す」ために「神」がつけられているとも書いている。そして弘仁五年(八一四)成立の『姓氏録』をとりあげ、『姓氏録』は「宗教的な性格」を示すためでなく、「諸氏の系譜、出自を書いたもの」だから、「多くの神々については『命』といっている」が、「『命』とあっても、やはりそれを神と同様に考えていたことは、一般に前段に『命』と書きながら、次の段でそれを指した場合には『同神之裔也』というようになっている。（中略）『姓氏録』でも諸氏出自の物語のところになると、また必ずといってよいほどに『神』となっている」と書き、平安時代初期の『古語拾遺』『姓氏録』や、平安時代の「六国史」などの例から、「『古事記』にみられる神の性格は、上述の文献に知られるように、平安時代に入ってからの特徴であろう[2]」と書いている（傍点引用者）。

このように書いているが、この論文は久松潜一、高木市之助・武田祐吉・坂本太郎・倉野憲司ら、当時の国文学・日本古代史の碩学たちを編集委員にした『古事記大成』の五巻の巻頭に載った論文だから、平安時代の記述もあると書けず、「奈良時代から次第にその方向へ変化発生したというべきであろう」と書く。

しかし原田敏明のあげる例はすべて「平安時代に入ってから」であって、「奈良時代から」の例はない。『旧事本紀』や『住吉大社神代記』など平安時代の文献に載る表記は「みこと（命・尊）」ではなく「神」表記だから、原田論文の『古事記』の新しさは、平安時代初期である。

太田善麿の「紀削記後」説

東京学芸大学教授・学長であった太田善麿は、一九六二年刊行の『古代日本文学思潮論（II）――古事記の考察――』で、「古事記の成立については、日本書紀のごときものにまったく未経験であった段階に属するものと解するとすれば、それははなはだしく真実から遠ざかった解釈となろう。日本書紀によって示されたようなあり方をじゅうぶんに見通しながら、あえてこころみられたのが古事記だったと言えるであろう」と書き、『古事記』の表記や文章は、『日本書紀』を見て書いたところもあるのではないかと書く。そして注で、「『古事記』は『書紀』より新しい、『古事記』は『書紀』を見て作られている、という類の観点をいちはやく立てられたのは、恐らく原田敏明教授の達眼だった」と書いている。

さらに「筆者らも大学生の時、当時の原田講師の特殊講義を聴講する機会にめぐまれて、その暗示に富む所説を直接うかがうことができた（当時は太平洋戦争直前であったから、「その暗示」にも容易ならぬ勇気が必要であったと思われるが）のであった」とも書いている。[3]『古事記』偽書説を主張していた中沢見明は、太平洋戦争が始まると憲兵隊に呼ばれ、当時皇国史観の聖典となっていた『古事記』を偽書と主張する著書（『古事記論』）を絶版にさせられた時代だから、原田敏明の講義も「容易ならぬ勇気が必要であった」のである（「原田講師」は当時の東京帝国大学講師）。

太田善麿は原田講師の講義を聞いた太平洋戦争の開戦前夜の一九四一年七月に発行された「歴史と国文学」に、「古事記歌謡の原本に就いて」と題する論文を発表している。この論考については第五章の「現存『古事記』の新しさを示す表記の検証」でくわしく書くが、序章で述べた「邇」に「迦」を加え、「邇」「迦」と「爾」「加」の『古事記』に載る場所を検証し、『古事記』は一元的成立でなく、多元的成立であることを主張している。したがって一九六二年刊行の『古代日本文学思潮論（Ⅲ）——日本書紀の考察——』では、『古事記』と『日本書紀』を一般に「記紀」と呼ぶことに疑問を投げかけ、「紀前記後」説を述べている。しかし原田説の平安時代初頭の表記があることによる「紀前記後」説でなく、なぜか『記』の和銅五年成立を認めて、『紀』を『記』より古いとする「紀前記後」

説である。[4] この見解は原田敏明が『記』には平安時代初頭の表記があるのに、百年ほど前の奈良時代の和銅年間から、「次第にその方向へ変化発展したというべきであろう」と書くのと共通している。両氏とも立場上、偽書論者といわれたくなかったのである。

梅沢伊勢三の「紀前記後」説

東北福祉大学教授であった梅沢伊勢三は、一九六二年刊行の『記紀批判』の第二章「記紀両書の記事の比較による文献的相互関係の検出」で、詳細に『記』『紀』の神代記事の検証をおこない、結論として、「古事記は日本書紀に引用されておらない」が、「古事記は日本書紀に収録されている各書（本書・一書）にそれぞれ文献として関係をもっている」と書き、『紀』の編者は『記』を見ていないが、『記』の編者は『紀』を見ていると書く。また「『日本書紀』が『ミコト』の方に統一しようとしているのに対し、『古事記』は『カミ』を用いているが、『古事記』が後世神道における重要観念たる『カミ』の語を広く用いていることは、その立場が後代に親しいものであることを示す」と、原田説と似た見解を述べる。また「高天原三神を『独神』『隠身』としたことは、特にこの神々を幽玄化したものであり、古代の『カミ』解釈の深化を示すもの」、また「理的な神の自覚に一歩を進めたもの」と書き、『古事記』の新しさを主張する「紀前記後」説である。[5]

一九七六年刊行の『続記紀批判』には「古事記撰録作業の実態」と題する論考を一と二の二つの論考に分け、合計三〇一頁にわたる長稿で詳細に論じている。一では「少くとも記紀の文献学的な比較に関する限り、『古事記』のような多面的総合的所伝から、書紀各書のような、特殊的一画的な伝が出来上る可能性はあり得ず、逆に書紀各書にみるような諸伝の総合から『古事記』のような統一説話の構成されるという可能性のみが残されるということである」と、傍点をうって力説している。(6)

また『古事記』上巻を検証した二では、「以上のような分析の結果は、いよいよ『書紀』所伝の原始的未完成相と、『古事記』所伝の後代的完成相を確認するばかりである」と結論している。そしてこのような詳細な検証の結果として、「紀前記後」説を主張する。(6)「紀前記後」の結論は正しいが、偽書論者と呼ばれたくないので、「記後」の『記』の成立については、序文が書く和銅五年(七一二)を否定しない。したがって『記』の成立の和銅五年以前に『紀』が成立したことにしている。しかし梅沢伊勢三はなぜ正史の『続日本紀』が、『記』よりも後の養老四年(七二〇)年に『紀』が成立したかについては説明していない。「紀前」ならその「前」はいつ頃かの説明もしていない。「いつ頃か」は説明ができなかったからであろう。それは同じ「紀前記後」説の太田善麿にも言える。

このような梅沢説であるが、梅沢伊勢三は『続記紀批判』の序で、この「紀前記後」「紀古記新」説は「既成の正統的な見方からすれば、いかにも奇矯な説であるに相違ない。かつて私説が『学界異端の説』と呼ばれたのも故あることである」と書き、『古事記』学者・研究家からみれば、自説が「奇矯」「異端」であることを認めている。その上で次のように書く。

筆者はここに、伝統的な「世上の常識」「学界の通説」といわれるものの壁の厚さと圧力の重さとを感じる。勿論私は、その分をわきまえず、世の先学大家に、その旧来の説の訂正や変更を迫ろうなどという、不遜な野心を持つものではない。それはすでに変更すべくあまりに根深くあまりに鞏固であり歴史的でさえあるからである。筆者はむしろこの書を、これから改めて記紀を資料として日本の古代史に向おうとする新しい研究者の前にこそ提示したいと思う。すでに決定している視点の変更ではなく、これから自由に自己の視点を定めようとする人々に対し、従来の見方とはちがった一つの別な参考意見を提供し得ればというのが、筆者のわずかの願いだからである。何れの世界においても、常識は常に安全便利であり強力であるが、それは安全便利で強力なるが故に、易々と人々をあざむくことも、決して無いとは言えないのである。(6)

序文の和銅五年成立を認める梅沢説でも、「伝統的な『世上の常識』『学界の通説』」に対して、「紀前記後」説を主張すれば、その「壁の厚さと圧力の重さとを感じる」と、梅沢伊勢三は書いている。したがって私の説は、序文の和銅五年成立を認めない「紀前記後」説であり、さらに梅沢伊勢三のような『古事記』学者の大学教授でもないから、「壁の厚さと圧力の重さ」は特に強かった。「素人のたわごと」と一笑に付す学者もいた。しかし梅沢伊勢三も書くように、常識は「安全便利で強力なるが故に、易々と人々をあざむくことも、決して無いとは言えないのである」。

高木市之助・倉塚曄子の『記』の多元的成立論

一九四一年に刊行された高木市之助の『吉野の鮎――記紀萬葉雑攷――』に載る「記紀歌謡の比較に就て」「古事記歌謡に於ける仮名の通用に就ての一試論」は、歌謡の仮名（表記）についての詳細な検証論考である。詳細は第五章で述べるが、「古事記歌謡に於ける仮名の通用に就ての一試論」の冒頭に、「古くは沼田順義、近くは中沢見明氏の偽書説がある」が、『古事記』は「決して偽書でない事は推定し得られると信じる者である」と書いている。(7)

なぜこの論文の冒頭でこのようなことわりを高木市之助は書くのか。理由は二つある。

第一の理由は、高木は『古事記』の歌謡の仮名表記を詳細に検証し、その成立は一元的でなく多元的成立であることを論証したので、太安万侶は本文か序文のどちらか、またはどちらにも、まったく関与していない「第三者」ではないかと、疑う書き方をしているからである。

第二は当時の社会状況である。この著書の初版が刊行された昭和十六年十二月八日に、太平洋戦争が始まっており、前述したように『古事記』偽書説を主張した中沢見明は、憲兵隊に呼ばれて「国賊」といわれ、著書は絶版にさせられた。当時『古事記』は聖典化されていた。文部省の作った『古事記』は師範学校では教科書であり、旧制高等学校にも古典科が作られ、『古事記』が教材になったが、この文部省製『古事記』は全文ではなかった。軽太子と実妹の不倫物語や歌はすべて削除されていた（この歌物語だけでなく、仁徳天皇・雄略天皇の恋愛譚が載る人間性豊かな天皇像は、現人神（あらひとがみ）とあがめた当時の神聖天皇観によって削除されていた）。なぜなら天皇を「現人神（あらひとがみ）」とする「神国日本」の聖典に、ふさわしくなかったからである。

高木市之助と同じ時期に、前述したように、太田善麿も『古事記』の多元的成立を論証する論文を発表している。倉塚曄子も一九六五年に「旧辞に関する覚書」と題する論考を発表し、高木市之助の多元的成立論に同調し、高木・太田両氏が問題にする「加」「爾」・「迦」「邇」表記を取上げて、「迦」「邇」の表記が載る文献は、「主として古事記成立以後の文献」と書いている。(8) 高木・倉塚説の詳細は第五章で詳述する。

吉井巌の『紀』より新しい『記』の天の観念の主張

帝塚山学院大学教授であった吉井巌は、一九六五年発表の「古事記における神話の統合とその理念」で、『古事記』の神話では神々は「統合」されて述べられているのに、『日本書紀』は不統一であり、『古事記』独自の「別天神」は、「各集団によつて原初神として傳承され信じられてきた神々を、すべて綜合し統一的に系譜づける點に、狙ひが置かれてゐたことは明瞭と考へられる。國土創生神話の場合と同じく、原初神傳承の場合にも、記はそのすべての傳承を統合し、別天神系譜と言ふ獨自の様式を作り上げるまでに、これらを再構成したことが知られるのである」と書いている（傍点引用者）。

また「紀の諸傳承では、それは單に原初の神々のおのづからなる展開の記述であつて、原初の神々であつてしかも皇祖であると言ふ観念はここに十分に熟してゐない。神々の世界も、記では明らかに高天原の世界が示されてゐるが、紀本文では最初の國常立尊が天地の中に成り出でたとあるばかりで、神々の具體的な観念は現はれてゐない」と書いている（傍点引用者）。そして『記』『紀』の神名を比較検証し、「特に〈天〉に装飾された多數の神名が、記にだけ見出されて、紀に見出されないと言ふ状態ははなはだ重要である」と書き、『古事記』の神名のトップに書かれている「天御中主神などの用語は、その語のすべて、また語の内容にいたるまで密接に天の観念とかかはり合つてゐる」と書き、結論としては、「記の特色は、天の理念を神話統合の理念として、もつとも徹底して活用したところにある。このことは、古事記よりも成立の遅い書紀の諸傳承においても、なおこの理念が不徹底にしか現はれてをらない、と言ふことによつて証せられる」と書く[9]（傍点引用者）。

吉井巌は『古事記』の神話が統一・整理されているのに、『日本書紀』では不統一・未整理であること。『古事記』では高天原の世界が明示されているのに、『日本書紀』では明らかでないこと。その象徴として『古事記』では天御中主神がトップに登場していることをあげているが[9]、このような「天の理念を神話統合の理念として、もつとも徹底して活用し」、その代表神として天御中主神を登場させているのは、平安時代に入ってからである。そのことは第八章の「『古事記』に載る平安時代初期の記事」で詳述する。吉井巌は『記』より後の『紀』でさえも不徹底な天の理念による神話統合が、『記』でなされていることを評価しているが、真実は原『古事記』に、天御中主神をトップにすえた後代の「天の理念を神話統合の理念」として新しく加えたから、その結果、『紀』より新しい神観念が『記』に見られるのである。

吉井巌は一九六九年発表の「茨田連の祖先伝承と茨田堤築造の物語」では、『古事記』の神武記の茨田連の祖先伝承は「本来の記の記述にはなかったものであり、姓氏録成立以後の時代において附加されたものに相違ないと考へられる」と書き、『姓氏録』成立の弘仁五年（八一四）以降に付加された記事と結論している[10]。この茨田氏関係の『古事記』の記事は、第九章、第十五章で詳述するが、この記事は『古事記』の最終成立が平安時代初期であることを示しており、単なる付加記事ではない。

川副武胤の本文と序文の筆者は違うと見る説

偽書論者ではないが、本文の文体の違いから、序文と本文の乖離をみている山形大学教授であった川副武胤は、一九七八年発表の「古事記の成立」で次のように書く。

> 記本文があれほど多くを費した天皇神聖の伝統についての主張に関しては、序文は一言も言及するところがないことである。また既述のように序文の文章が漢文学と深い関係にあることは周知の事実であるが、これらによれば、序文はその事件の採り方が著しく歴史的ないし歴史家的であり、その文章は漢風であって、記本文の理念的・文芸的かつ国風であることと対照をなしている（序文はあたかも日本書紀前半部を要約したかのようである）。また記本文があれほど厳密に使いわけた神、天皇、命、官などの用語についての法則を、さながら知らぬかのように、文章の平板を避けて諸種の代語を使用しているが、この点は記本文の作者のそれとみるのが不自然なこと、さきに賀茂真淵の指摘したとおりである。これは序文の太朝臣と本文氏祖注の意富臣との姓（かばね）や用字の相違と共に、序文の撰者と記本文の用語・用字と構造の撰定者（すなわち本文著作者）とが異ることを示すものである。私の検討した限りの本文の用語は、ほとんどその中のどの一つも他とは分離できぬほどの統一性・緊密性をもっているのであって、それは他方で用語使用の厳格性ともなっている。この序文の撰者が用語と構造の設定者でないということは、つまり太安万侶が原古事記の作者でないことを意味する。(11)

川副武胤は太安万侶は序文の筆者だが、本文の筆録者ではないと結論し、本文を「原古事記」とみて、その「原古事記」に太安万侶が後で序文をつけたにすぎないから、本文に対して序文の文体・表記は違い、本文の内容を充分に伝えていないから、本文と序文の筆者は違うと見ている。

柳田国男の大年神系譜、後代挿入説

本章で述べた諸見解は、第一章で述べた諸氏の、序文・本文ともに偽作とする説、序文のみを偽作と見る説に対し、偽書説は採らず序文の記述をそのまま認める説だが、一部の表記・内容については、後代の改変・付加を認める説である。このような見解に立って、古くから主張されていたのが大年神系譜である。最初に問題にしたのは柳田国男である。(12)

今から百年ほど前の明治四十三年（一九一〇）に刊行された柳田国男の『石神問答』に、『古事記』に載る大年神系譜について、その内容から見て、序文が書く『古事記』撰上年の和銅五年（七一二）より後代に、この系譜は新しく加えられたのではないか、という疑問を述べている。その大年神系譜は『古事記』上巻に次のように記されている。

> 其大年神、神活須毘神の女、伊怒比売を娶りて生みたまへる子、大国御魂神。次にに韓神、次に曾富理神、次に白日神、次に聖神、また香用比売を娶りて生みたまへる子、大香山戸臣神。次に御年神。また天知迦流美豆比売を娶りて生みたまへる子、奥津日子神、次に奥津比売命、亦の名は大戸比売命。こは諸人がもち拝ふ竈の神ぞ。次に大山咋神、亦の名は山末之大主神。この神は、近淡海国の日枝山に坐し、また葛野の松尾に坐す、鳴鏑を用つ神ぞ。次に庭津日神。次に阿須波神。次に波比岐神。次に香山戸臣神。次に羽山戸神。次に庭高津日神。次に大土神、亦の名は土之御祖神。

この系譜についてふれている柳田国男の『石神問答』は、石神について識者に出した手紙をまとめた書だが、この大年神関係系譜については、当時の東京帝国大学教授の白鳥庫吉にあてて出した手紙に書かれている。その手紙の主要なところを示す。

日本書紀には其神の名だに見え不申候。一書にすら見ゆる所なく候。一族の神たちの名も異様にして書紀の記事と合わず候。（中略）此等の神々の記事何分にも古事記の他の文と契合せず、水に油の交りたるやうなる節々少なからぬに付けて、ふと考付きたる一説有之候。（中略）近江の日枝と云ひ山城の松尾と云ふなど、稗田阿禮の口より出でたりとは如何にしても考へられず候へば、此記事の如きは心ありての挿入と申してはちと酷ならんも、後人の旁註などがいつとなく古事記の本文となりしものと見るは妥當の論に候べし。而して舊事記の古き僞撰なることは殆ど通説に候へば之を批評するは大に心安く相成候。[12]

柳田国男は「心ありての挿入」は「酷」だから、「後人の旁註」が「本文となりしもの」にしている。とすると、なぜ「後人の旁註」がそのまま本文になったような記事が、『古事記』に載るのか検証すべきだが、その検証はしていない。しかし大年神系譜の中の「近淡海の日枝山に坐し、また葛野の松尾に坐す」などは、「稗田阿禮の口より出でたりとは如何にしても考へられず」と、柳田国男は書いて、大年神系譜は平安時代初期とは書かないが、後代の挿入と書いている。[12]

しかも柳田国男は『舊事記』（『先代旧事本紀』）が、「偽撰なることは殆ど通説に候へば」と書き、『舊事記』偽書説が通説になっているから、『古事記』の記事を「批評」するのも、「大いに心安く相成候」と書いている。

中沢見明が偽書説の最大の根拠にする大年神系譜

中沢見明は大年神系譜は「古事記偽作の最大目的」と書き、まず大年神系譜の「韓神」を取上げる(13)。「韓神は多く園神と並称せらるが、園神や韓神のことは日本書紀や続日本紀には一度も出て來ないが、文徳実録以後の國史にはしばしば出て來る」と書き、その実例を『新抄格勅符抄』や『延喜式』四時祭・神名帳で示す。そして『塵袋』や『古事談』の園神・韓神の記事を載せ、

これによると平安遷都以前から後の宮城地にあつたものらしい。さうして彼の長岡の遷都には喜田博士が論ぜられた如く（『帝都』）、秦氏の努力が與つて力あつたらしいが、平安京の宇多野の地はもとは秦氏の所領であつたのであるから、もしその地に園神韓神がまつられて居たならば、それは秦氏によつて祭られたものであらう。さうして秦氏が歸化人の子孫で、祭られる神が韓神とよばれるところから判断すると韓神は歸化人によつて祀られた外來の神であらう。

と書いている。そして曾富理（そふり）神・白日（しらひ）神・聖（ひじり）神も、「恐らくは外國神であらう」と書く(13)。

奥津日子神・奥津比売命については、奈良時代・平安時代の文献を検証し、竈神であると書き、「竈神が朝廷に於て祀られる様に成つたのは天平三年以後の事で、平安朝に至つてすこぶる盛になつたことが知られる」と書く。そして竈神は『日吉禰宜口傳抄』『百錬抄』によれば、日枝神社・松尾神社で祀っているが、「比叡と松尾とは密接な関係にある社で、松尾が歸化人の秦氏によつて興されて居ることを思ひ合すと、竈神が漢土の神であることもほぼ首肯せられるであらう」と書き、「歸化人等によって我國に傳つて平安朝に至つて盛に崇祀せられた」神と書く。

その他の神々も検証して、中沢見明は次のように述べる。

以上大年神の御兒十六神について考察したところを要約すると、これ等十六神中書紀に見えた神はたゞ大國御魂神だけで他は皆書紀の作者の知らなかつた神々である。さうしてその中には韓神竈神の如く漢土の神と見られるものがあり、大山咋神、御年神の如く平安朝初期に於て特に著れ出た神もある。さうして又此等の神の主要なるものは比叡松尾社に關係ある神々であつて兩社の勢力とともに著名になつて居るのを考へると、古事記が特にこれ等の神々を記載して居るのは兩社の崇祀する神々を神代神話に連絡する技巧に出たことが想像せられる。(中略)

一體古事記といふ書物は書紀に見えない神々を諸所にあげてゐるが、尤も整つた一系として書かれて居るのは大年神系であつて、此神々を神代系に連接せしめるのが、古事記僞作の最大目的であるらしい(13)。

このように中沢見明は、大年神系譜を『古事記』偽書説の最大の根拠にしている。

折口信夫の大年神系譜、後代攙入の主張

中沢見明の『古事記論』を読んだ折口信夫は、慶応大学で一九三〇年の後半から一九三一年に講義をした『日本文学史』で、中沢見明の『古事記論』の大年神系譜にふれて講義をしている。

その講義で中沢見明が偽書説のキメテとする大年神系譜の韓神について、「韓神をやかましくいうようになったのは平安期になってからのことである。平安の宮地の地主神が韓神である」といい、「平安京が都に決まり、秦氏が都を占めていた」から、秦氏の神の韓神が、「平安の宮地の地主神」に

なったといい、中沢見明と同じに秦氏が祀っていた神とみる。次の曾富理神についても、古くからの神であることは、韓神より「更に疑わしい」とし、「語自身がおかしい。これは朝鮮系統の語にちがいない。金沢庄三郎、幣原坦両先生の説を合わせると、『そほる』は首府、大きな村ということになる。それが琉球にいって遺っているのが首里。これは当て字だ。この『そほり』というのもおそらくそれらしい。……『そほり』という語は日本の語では見当がつかぬが、朝鮮の語では、やや見当がつく」と述べている。また白日神についても、「朝鮮のにおいがある」から、「客神らしい要素を具えている」という。(14)

このように折口信夫は大年神系譜のトップの神を語って、「大国御魂、聖神を除けると、なかの三つには、どうも朝鮮のにおいがする」といい、この「三つ」の「韓神、曾富理神、白日神などは客神らしい要素を具えている」が、「注意しなくてはならぬのは、韓神をやかましくいうようになったのは、平安期になってからのことである。平安の宮地の地主神が韓神である」と語って、次のような結論を述べる。

これが古事記のなかにはいりこんできた理由だが、……中沢氏が説いているように、作意を加えて入れたのか。私も、こんな系図が昔から伝わったとは思わぬ。大国主の系統のほうは純粋だが、素盞嗚尊の系統のほうは不純である。不純に感ずるところから疑問が起こる。なぜ不純に感ずるか。それはまだはっきりせぬ。しかしだんだん解剖すると少しあやしいことが出てくる。私もこの系図は後の攙入と思う。(14)

このように折口信夫も述べている。

西田長男の大年神系譜をめぐる『古事記』成立論

柳田国男[12]・中沢見明[13]・折口信夫[14]の論文は戦前に発表した論考だが、津田左右吉も一九四八年に刊行した『日本古典の研究　上』で、大年神系譜は神代史の神々の系譜がすでに出来上った後に、新しく「添加せられたもの」と述べ、後代の挿入と書いている。[15]

西田長男は一九六四年に『古代文学の周辺』を刊行し、九十八頁にわたる長大な論考「古事記の大年神の神系を通路として」で、大年神系譜の神々は秦氏の祭る神々が多く記されていると書く。そしてまず「葛野の松尾に坐す」松尾神社は、「大宝元年（七〇一）における秦忌寸都理の創祀するところであったことは殆んど疑を納れないであろう」と書き、秦氏の祭祀する神社と書く。次に韓神を論じ、韓神は「秦氏の本宗ともいうべき秦河勝の直系の家に祀られている邸内祠乃至屋敷神であったことは明白であるといわねばならない」と書き、更に曾富理神について、三品彰英が「新羅のソフルは王都を意味するが、原義的には神霊の来臨する聖処を呼んだ言葉である」という文章を引用し（三品彰英「古事記と朝鮮」『古事記大成　5』所収）、秦氏の奉斎した神と書く。また白日神・聖神も秦氏が奉斎する外来神と考証する。[16]

翌年の一九六五年には「曾富理神——古事記の成立をめぐる疑惑——」を発表している。この論文で西田長男は、「曾富理」は朝鮮語の「京城（ソフリ）」だから、「京城帝都の守護神」で、渡来氏族の「秦氏が斎き祀った神」であったから、「平安新京の護り神として、特に秦氏が奉斎したものと考えられる」と書く。そして、「以上の考察にして、さして謬りがないとすれば、〝曾富理神〟が祀られるに至ったのは、平安京に遷都の行なわれた延暦十三年十月二十二日以後のことでなければなるまい。とすると、古事記の成立もこの年以後ということになる訳であるが、それは序文にいう和銅五年正月二十八日よりも、すくなくとも八十三年の後代に引下げなければならぬことになるのである」と書き、「古事記は平安朝初期の成立と考えるほかはない」と書く。

しかし、「現古事記」の前に「前古事記」があったとし、「古事記の主たる部分は、奈良朝以前に遡る往古の記文より成っている」と書き、この「往古の記文」（前古事記）に、平安朝初期の「時代の記文も少なからずまじえられ」て成立したとみる。したがって「その最下限を求めるとすれば平安朝初期になるが、内容の大部分は平安朝以前だ」と書いている。(17)

西郷信綱の大年神系譜、松尾社社人攙入説

西郷信綱は柳田国男と中沢見明の大年神系譜についての見解を述べ、『古事記注釈　第二巻』の「補考――大年神の系譜について」で、「大年神の系譜もふくめ全体として眺めると、かなりごたついており、やや異質な分子の入りこんでいるのが目につく。したがって、これは後世の攙入と見てさほど無理はなさそうだ」と書く。そして、「大年神系譜がここにこうして存在するのが整合を失するものであるという事実」として、次のように書く。

第一、「故、其の大年神、……」という書き出しが唐突だし、系譜中の諸神についても、右に述べたような疑惑がある。（中略）系譜はもっともでっちあげと加上のきく部分にぞくする。（中略）大年神の系譜も平安期に入ってからの加上である、とする見解がやはりいちばん的中してい

るように思われる。そしてそれを手がけたのは、おそらく松尾社の社人あたりであっただろう。[18]
西郷信綱は柳田・折口・西田の諸氏と違って、大年神系譜を『古事記』に入れた人物を想定しているが、前述したように中沢見明も賀茂社と関係深い比叡社・松尾社の祠官が入れたと推測している。[13]
私は「賀茂別雷神社・賀茂御祖神社」[19]の拙稿で詳述したが、賀茂神社と比叡・松尾の両社は密接である。しかし賀茂神社と特に密接なのは松尾神社である。大年神系譜に登場する神々で、韓神・曾富理神・白日神は中沢見明[13]、折口信夫[14]、西田長男[16][17]らは、秦氏が祀る外来神と見ているが、秦氏の氏神は松尾神社である。第六章で松尾神社の御阿礼神事が稗田阿礼の名にかかわり、稗田氏・オホ氏と秦氏が親密な関係にあることを書くが、大年神系譜もオホ氏と秦氏の関係が無視できない。

『古事記』の大年神系譜と秦氏

大年神系譜に載る白日神についての私見を書く。西田長男は志呂志神社の「志呂志（しろし）」が、「白日（しらひ）」になったとみるが、私は「志呂志神社——白神信仰と秦氏——」で次のように書いた。

志呂志神社のかつての境内に、鴨稲荷山古墳がある（全長五〇メートルの前方後円墳）。大正十二年、梅原末治らによって発掘調査がおこなわれ、石棺内から金製垂飾耳飾、金銅製冠、双魚佩（ぎょはい）、沓（くつ）などの金・金銅製の装飾品が出土した。冠と耳飾りは、新羅の王都慶州の金冠塚の出土品と類似しており、双魚佩と沓も、朝鮮半島の古墳からほぼ同類のものが出土している。双竜環頭大刀、鹿角製刀子も出土しているが、朝鮮から類似のものが出土している。棺外からは馬具と須恵器が出土している。このような古墳が旧境内地にあることも、志呂志神社が新羅系の渡来神の白日神を祀った神社であることを推測させる。

志呂志神社は滋賀県高島郡高島町大字鴨にある。「鴨」は上賀茂（賀茂別雷）神社の社領だったからだが、上賀茂神社の祭祀に秦氏及び秦氏奉斎の松尾大社社司が関与していることは、松尾大社の項で述べた。この鴨の地の白日神は、秦氏と鴨（賀茂）氏による祭祀であろう。[20]

このように志呂志神社について書き、高島町の志呂志神社・白髪神社・水尾（三尾）神社（式内社）の三社は「白日神」を祀ると書き、『寺門伝記補録』に新羅明神・白山明神・三尾明神は園城寺の鎮守神で、社司は「秦河勝之胤」で「秦氏連続相継」とあることを取り上げ、中世の記事ではあるが白日神が秦氏とかかわることを論証した。

中沢見明は韓神・曾富理神・竈神（奥津日子神・奥津比売命）は「外国神」とみており、白日神・聖神も「恐らくは外国神であらう」と書いている。[13] 西田長男も韓神・曾富理神・白日神・聖神を外来神と見ている（西田長男の「蕃神」という書き方は皇国史観に依るから私は採らない）。しかし竈神については外来の竈神と「我が国固有のカマド神」があり、どちらとはきめかねると書き、但し「竈神の祭祀は主として陰陽師が掌るところであった」から外来の「風儀に基づくものであったことは著しい」と書いている。[17]

水野正好も「外来系氏族と竈の信仰」で、五世紀頃、新しい炊飯具として、竈・釜・甑（こしき）の三者がセットとして組み合わせられた形で、渡来人によってもたらされたとし、近畿の古墳から出土する竈・釜・甑のミニアチュアの分布も多く渡来人の集落であること。竈神を祀った山城国の平野神社は百済王の後裔の和氏の氏神であり、桓武天皇の母の高野新笠が田村後宮に居た時からの奉斎神であったことから、竈神は外来神だと推論している[21]。

松前健も「古代宮廷竈神考」で、平野神社の祭神として『延喜式』に載る四神のうち、久度神社は竈神、古開神は用済みの竈のことと書き、平安朝の宮廷の内膳司の「平野御竈神二口」は久度神と古開神と書く。また「『延喜式』には、鎮魂祭などの宮廷儀式に韓竈が用いられたほか、春日、大野原、枚岡、平野などの大社の祭料として韓竈があげられ、神饌の炊餐、神酒の醸造にもこれが用いられている」と書き、古代宮廷の竈神信仰は「古代的な素朴な形は残していない」と書き、韓竈祭祀とみる[22]。中沢見明は『江家次第』に「竈神准二唐土之禮一」とある文を引用して外来神と書く[13]。

大年神系譜の竈神は奥津日子神・奥津比売命といい、神名は韓神や曾富理神と違って和風だが、竈神の祭祀は秦氏にかかわる。というのは『延喜式』の「神祇五、齋宮忌火庭火」の条には、伊勢神宮の斎宮で新しく炊殿を造った時、炊殿で使う火のための「忌火庭火祭」に奉仕する「火炬小子」は、伊勢神宮の神官や豪族の子供でなく、山城国葛野郡の秦氏の童女がわざわざ出向して、「火炬小子」として奉仕していたからである。炊殿の火の奉仕とは竈神への奉仕である。

『延喜式』主殿寮式に「火炬小子」の四人について、「山城国葛野郡の秦氏の子孫で事に堪える者を取り、之と為す」とあるから、宮廷の炊殿の奉仕も秦氏の「火炬小子」がおこなっている。特に渡来氏族の秦氏の子女の役目になっていることからみても、大年神系譜の竈神は外来神であり、秦氏にかかわる。

西郷信綱は大年神系譜は松尾神社の神官が『古事記』に平安時代になって追記したと書く。しかし秦氏の事にはふれていないが[18]、秦氏を無視できない。大年神系譜に載る鳴鏑矢も、中国の東北地方の狩猟民の矢だから、韓神と結びつき、秦氏の祀る松尾神社の祭神になっていることもうなずける。しかし問題はなぜ秦氏が関係する大年神系譜が、『古事記』に載ったかである。

大年神系譜と秦氏とオホ氏

秦氏の「火炬小子」の奉仕は炊殿の神楽の庭燎(にはび)の奉仕が重視されているが、宮廷神楽ではまず庭燎をたく。この庭燎について松前健は、「古代の庭火は、例えば宮廷神祇官の官人達によって執り行なわれた園幷韓神祭で『賢木を執って庭中に建て、即ち庭火を燃やす』（『貞観儀式』）とあり、『神子(みこ)先ず庭火を廻り、湯立舞を供す』（同書）というような所作をみてもわかるように、単なる照明ではなく、呪術儀礼の中心であった」と書いている(23)。宮廷神楽でも人長はまず庭燎の前に立って口上を述べ、笛・篳篥(ひちりき)・琴を奏し、庭燎の歌をうたう儀式をおこなっているが、園韓神祭でも、宮廷神楽でも、庭燎をつけるのは秦氏の「火炬小子」である。

ところが大年神系譜には庭高津日神が記されているが、上田正昭はこの神は「宮廷御神楽の庭燎にゆかりの深い神名」と書く(24)。松前健も、「祭に焚く庭燎の神」と書き、阿須波神・波比岐神について「宅地の神もしくは庭燎の材料としての薪や柴の神」と書く(25)。この両氏の説からみても、宮廷神楽にかかわる神が大年神系譜には入っていることは、注目すべきである。

庭燎の儀礼が終ると、次に宮廷神楽では、採物九種（榊・幣・杖・篠・弓・剱・鉾・杓・葛）の歌が唱われる。そして登場するのが韓神の歌舞である。本歌は、

三島木綿(みしまゆふ)　肩に取り掛け　われ韓神の　韓招(を)ぎせむや　韓招ぎ　韓招ぎせむや

であり、末歌は、

八葉盤を　手に取り持ちて　われ韓神の　韓招ぎせむや　韓招ぎ　韓招ぎせむや

とある。このようにまず登場するのは韓神だから、上田正昭は「宮廷御神楽に大きな位置を占める韓神の歌舞」と書く。(24)

このように大年神系譜には、宮廷神楽にとって重要な庭燎や韓神の神々が記されているが、庭燎や韓神は秦氏とかかわる。また大年神系譜に載る竈神も、神楽歌に「竈殿遊歌」二首が載り、竈神も宮廷神楽にかかわっている。この事実からみても、前述した論者のうち、西田長男(17)・西郷信綱(18)は大年神系譜には秦氏がかかわるとみており（中沢見明・折口信夫は渡来系氏族の関与とみている）、宮廷神楽と秦氏の関係も無視できない。第六章でオホ氏と稗田（猿女）氏が宮廷神楽に深くかかわることを述べるが、オホ氏と秦氏も神楽で結びつく。

神楽などの庭燎は秦氏の「火炬小子」が奉仕するが、この「火炬小子」はオホ氏とかかわる。志田諄一は『姓氏録』（山城国諸蕃）に小子部雷が雄略天皇の時、全国から秦の民を集めたとある記事と、『日本書紀』雄略天皇六年三月条に、小子部蜾蠃が「嬰児を聚めて」きたことを重ねて、小子部氏は秦氏の「火炬小子」を統率していたと推論している。(26)小子部氏はオホ氏系氏族である。久安五年（一一四九）に大和国の国司に提出した『多神宮注進状』は、多神宮の摂社で小子部氏が祭祀する子部神社の祭神を「天火子日命、天火子根命」と書く。「火子」は「火炬小子」の略である。『姓氏録』（左京皇別）に「火」と「薗部」の両氏は、「多朝臣同祖」とある。「火」と「薗部」は連記されているから、両氏は園韓神祭や宮廷神楽の庭火にかかわる氏族とみられるが、『貞観儀式』の園韓神祭に「御神子造廻ニ庭火一」とある。この「御神子」は秦氏の「火炬小子」のことである。前述した『姓氏録』のオホ氏系の小子部氏と秦氏の伝承からみても、薗部氏・火氏の両氏は、本来は秦氏系氏族であったと考えられる。そのことは次に書く例からもいえる。

オホ氏は宮廷神楽で神楽の長の「人長」を出す家である。宮廷神楽については第九章で述べるが、平安時代の諸文献に「舞楽神楽の元祖」、「神楽の舞人の根元」と書かれている多自然麻呂は、『三代実録』貞観元年（八五九）十一月十九日条に、「右近衛将監多臣自然麻呂」が「外従五位」になったとある。右近衛将監は宮廷神楽の人長役をつとめる。しかし多品治・太安万侶・多人長は「朝臣」だが、自然麻呂は「臣」である。延暦二十一年（八〇二）に近衛将監になった（『公卿補任』）多入鹿も朝臣である。自然麻呂は楽家多氏の祖といわれているが、『体源抄』所収の「多氏系図」では多入鹿の子になっている。だが親が「朝臣」で子が「臣」はおかしい。自然麻呂は貞観五年（八六三）に「朝臣」でなく「宿禰」になっており（『日本後記』）、それから二五〇年後の長元元年（一〇二八）に楽家多氏はようやく「朝臣」になっている（『鳳凰笙師伝相承』）。また朝臣の多氏は従五位下以上だが、自然麻呂は外従五位下どまりで、「楽所系図」の右方の多氏系図をみても、自然麻呂を初代にして六代まで外従五位下である。この事実は楽家多氏は本来は秦氏系であったからである。そのことは拙著『日本古代試論』[27]や、『秦氏の研究』[28]で詳述した。

オホ氏の本拠地は奈良県田原本町多だが、この地は『和名抄』には十市郡飫富（おふ）郷とあり、天平二年（七三〇）の『大倭国正税帳』には「太神」が載る。「太神」は『延喜式』神名帳に名神大社と載る多神社のことだが、この神社を中心にした東西南北一・五キロ四方が飫富郷である。この飫富郷内で多神社の東一キロの地に秦楽寺がある。この寺の周辺は現在は田原本町秦庄だが、秦庄はかつての多村の大字であり、現在も「秦」を姓とする人たちが住んいる（多神社の周辺には「多」姓の人たちが居る）。秦庄にある秦楽寺の寺名は「秦の楽人の寺」の意であるが、古くはこの地は「楽戸郷」ともいわれたのは、多氏と秦氏の楽人たちが住んでいたからである。多氏と秦氏は楽人を出す氏族でもあったことは、林屋辰三郎が「雅楽の伝統と楽所」で詳述し、楽家多氏の祖の多自然麻呂を宮内庁雅楽寮所蔵の『楽所系図』が「舞楽・神楽の元祖」と書いていることから、林屋は多氏は神楽にかかわる氏族とみて、楽家多氏が伝えていた歌舞の曲は、秦氏が相伝していたことをあげ、楽人としての秦氏と多氏の関係が密接であった証（あかし）だと述べている(29)。

『寧楽遺文』上巻に載る天平五年の戸籍に、右京八条一坊の戸主秦常秋の戸口に「太臣族結女」の名が見える。秦氏系がオホ氏の系譜に入っているだけではなく、「太臣族」が秦氏の「戸口」にも入っている。

以上述べてきた秦氏とオホ氏の関係の深さからみても、大年神系譜は秦氏―オホ氏の線で、現存『古事記』に載ったと考えられる。

第一章では本文と序文を偽書と主張する説と、序文のみ偽書とみる説を紹介した。第二章で紹介した論者は中沢見明以外は、偽書とは主張していないが、『紀』より『記』が新しい。『記』は一元的でなく多元的成立。大年神系譜は平安時代初期に入れられたと主張している。このように『古事記』に新しい表記や記事があることを認める諸見解があることから見ても、『古事記』の成立を序文どおりに認めるわけにはいかないのである。

〔注〕

(1) 原田敏明「開闢神話の構成と神々の追加」「宗教研究」第七巻三号・四号 一九三〇年(『日本古代宗教』一九七〇年 中央公論社刊に所収)

(2) 原田敏明「古事記の神」『古事記大成 5』所収(平凡社 一九五八年)

(3) 太田善麿『古代日本文学思潮論(II)――古事記の考察――』四一頁〜四三頁(桜楓社 一九六二年)

(4) 太田善麿『古代日本文学思潮論(III)――日本書紀の考察――』三二五頁(桜楓社 一九六二年)

(5) 梅沢伊勢三「記紀両書の記事の比較による文献的相互関係の検出」『記紀批判』所収(創文社 一九六二年)

(6) 梅沢伊勢三「古事記撰録作業の実態(一)・(二)」『続記紀批判』(創文社 一九七六年)

(7) 高木市之助「古事記歌謡に於ける仮名の通用に就ての一試論」『吉野の鮎――記紀萬葉雑攷――』所収(岩波書店 一九四一年)

(8) 倉塚曄子「旧辞に関する覚書」「都大論究」五号 一九六五年

(9) 吉井巌「古事記における神話の統合とその理念」『天皇の系譜とその神話』所収(塙書房 一九六七年)

(10) 吉井巌「茨田連の祖先伝承と茨田堤築造の物語」『天皇の系譜とその神話 二』所収(塙書房 一九七六年)

(11) 川副武胤「古事記の成立」「古事記年報 二一」所収(古事記学会 一九七八年)

(12) 柳田国男『石神問答』(聚精堂 一九一〇年)。『柳田国男集 第一二巻』所収(筑摩書房 一九六九年)

(13) 中沢見明「大年神系譜の構成と其材料」『古事記論』所収(雄山閣 一九二九年)

(14) 折口信夫『折口信夫全集ノート編 第三巻』八八頁(中央公論社 一九七一年)

(15) 津田左右吉『津田左右吉全集 第一巻』四六四頁(岩波書店 一九六三年)

(16) 西田長男「古事記の大年神の神系を通路として」『古代文学の周辺』所収(南雲堂桜楓社 一九六四年)

(17) 西田長男「曾富理神――古事記の成立をめぐる疑惑――」『日本神道史研究　第一〇巻』所収（講談社　一九八七年）
(18) 西郷信綱『古事記注釈　第二巻』一五〇頁（平凡社　一九七六年）
(19) 大和岩雄「賀茂別雷神社・賀茂御祖神社」『日本の神々　5』所収（白水社　二〇〇〇年）
(20) 大和岩雄「志呂志神社・白髪神社――白神信仰と秦氏――」『秦氏の研究』所収（大和書房　一九九三年）
(21) 水野正好「外来系氏族と竈の信仰」「大阪府の歴史」第二号　一九七二年
(22) 松前健「古代宮廷竈神考」『古代伝承と宮廷祭祀』所収（塙書房　一九七四年）
(23) 松前健「園韓神祭と内侍所神楽」注(22)前掲書所収
(24) 上田正昭「神楽の命脈」『神楽』所収（平凡社　一九六九年）
(25) 松前健　注(22)前掲書　一四七頁
(26) 志田諄一「小子部連」『古代氏族の性格と伝承』所収（雄山閣　一九七一年）
(27) 大和岩雄「多朝臣入鹿と多臣自然麻呂について」『日本古代試論』所収（大和書房　一九七四年）
(28) 大和岩雄「秦氏は『古事記』に関与している（一）――『古事記』の大年神系譜と秦氏――」「秦氏は『古事記』に関与している（二）――『古事記』にみる加羅・新羅系要素――」「秦氏と小子部氏と太（多）氏」『秦氏の研究』所収（大和書房　一九九三年）
(29) 林屋辰三郎「雅楽の伝統と楽所」『中世芸能史の研究』所収（岩波書店　一九六〇年）

第二章

旧版『古事記成立考』への批判と反論

三谷栄一の『古事記成立考』批判への反論

一九七五年刊行の『古事記成立考』の拙論について、翌年一九七六年に、当時、実践女子大学教授で文学博士の三谷栄一は、「古事記の成立と構造」と題する論考で、江戸時代の国学者の沼田順義、昭和四年に『古事記論』を刊行した中沢見明、昭和三十年に発表した筏勲の偽書説、同年に「史学雑誌」に発表した松本雅明の『古事記』の奈良朝後期成立説、昭和四十年に西田長男が発表した「曾富理神――古事記の成立をめぐる疑惑――」、更に昭和四十六年刊行の鳥越憲三郎の『古事記は偽書か』などを取り上げ、結びとして「大和岩雄氏は『古事記成立考』(一九七五年刊)で以上の各説を総合して序文の偽作説を一層鮮明に強化して展開された」と書き、私説に対して批判・反論を書く(1)。この三谷栄一の批判について古事記学会の機関誌『古事記年報 二〇』(一九七八年)に、私は「古事記の成立」と題して反論を書いた(2)。その大筋を示す。

私への批判は当然拙著『古事記成立考』の基本的見解への批判だが、まず「もし〝多氏古事記〟という考えの上に成立するとすれば、ここに当然入るべき多氏の祖である孝元天皇が、序文に入っていない」ことを問題にする。しかしこの批判は『古事記』を私が「多氏古事記」とみなしていると誤読して、序文に多氏の祖の孝元天皇が欠けているから、『古事記』は多氏『古事記』ではないと批判する。この批判には誤読が二つある。

一つは、多氏の祖は孝元天皇ではない。『古事記』『日本書紀』『旧事本紀』その他すべての文献が、神武天皇皇子神八井耳命を始祖と記しているから、完全な誤読である。

二つは、現存『古事記』を「多氏古事記という考えの上に成立するとすれば」と書いて批判していることである。この記述は『多氏古事記』を私が現存『古事記』と見ているという前提で書いている。しかし私は『古事記成立考』で、現存『古事記』とは別の「異本古事記」だと、『多氏古事記』について書いているのだから、これも誤読である。

次に序文についてだが、天武天皇の事績について序文が、「神理を設けて俗を奨め」と書いているのは、「天武の事績を熟知した人でなければ書けない」と書き、「最近唱えられるように序文が後世の人によって単純に作られたかどうかいえないのではなかろうか」と書いて、私説を批判する。

しかし、序文は「凡て文選中の文を取れる処ぞいと多かる」と、本居宣長は『古事記傳』で書いている。序文は『文選』巻一〇の「三月三日曲水詩序一首」の次の文章、

……設二神理一以景レ俗、敷二文化一以柔レ遠。

を見て、

……設二神理一以奬レ俗、敷二英風一以弘レ國。

と書いており、『文選』の文章を元にした文章で、天武天皇の事績を「熟知」した文章とはいえない。また天武天皇の公式の行動は、『日本書紀』を読めば序文に書かれているぐらいのことは、後世の人でも書ける。

さらに「重暉」は「重光」と同じだが、「『尚書』顧命篇に『昔君文王・武王宣二重光一』とあり、その伝には、『言昔先君文・武、布二其重光一、異二聖之徳一』とあるから、「天武・持統・文武と、明君相続いてその徳を輝す意とすべきである。序文の作者はその時代の事情を熟知していた学者という

べきであろう」と書いている（傍点引用者）。しかしその時代の事情を熟知していなくても、『日本書紀』や『続日本紀』を読んで、天皇の徳をたたえる用語を知っていれば、「重暉」ぐらいの文句は使えるだろう。多人長は『日本書紀』を講義した学者である。

また「連レ柯并レ穂之瑞、史不レ絶レ書」とある序文の文章について、「柯を連ね」は「連理の木」、「穂を并す」は茎を異にした穂が合わさった稲「嘉木」をいう、祥瑞の記述であり、このような記述が『続日本紀』の文武朝の記述に載るから、「こうした事情によく通じていなければ、序文に書くことは不可能ではなかろうか」と書き、太安万侶が序文を書いた証明にする。しかし、『文選』巻十の「曲水詩序」に、「并レ柯共レ穂之瑞、史不レ絶レ書」とあり、『文選』の「并」が序文で「連」に変っているだけで、後の文章はすべて同じだから、西郷信綱は漢籍を下敷にした修辞上のほめ詞に過ぎないと書き[3]、倉野憲司も祥瑞の出現を漢籍の成句をもって表現した文章で、歴史上の事実を示してはいないと書いている[4]。私は以上のように三谷批判に反論し、更に次のように書いた。

> 結論として、『古事記』序文の抽象的文辞は、当時の事情によく通じていなければ、どうしても書けないものではなく（熟知しているとすれば、逆に矛盾がでてくる）、漢籍を下敷におき、『日本書紀』『続日本紀』などの文献があれば作れるものなのである[2]。

このように古事記学会の機関誌『古事記年報　二〇』に、「古事記の成立」と題して反論したが、三谷栄一からの反論はなかった。

西宮一民の『古事記成立考』批判への反論

皇学館大学教授・学長を務め、著名な古事記学者で国語・言語学者である文学博士の西宮一民は、旧版『古事記成立考』に対し、一九七七年発表の「古事記の成立――偽書説批判および原『古事記』の比定――」で批判している。[5] 私は三谷栄一への反論を書いた拙稿「古事記の成立」で、さらに次のような西宮一民の批判への反論を書いている。

西宮氏は平安時代の初期は文学の歴史から見て「国風暗黒時代」といえるとして、次のように書く。

古事記をみると、万葉集（ただし山上憶良ら極く少数を除く）と同じく、中国の文学の表現を採用していないので、すでに奈良時代以前の風貌をもっていることは明らかである。もし、古事記が平安時代初期の作品である、と言うためには、国風暗黒時代における突然変異に等しく、したがってかりにそうであったとしたら、おそらく中国の文学の表現を採用したところの、もっと異った古事記が現出したであろうと思われる。まして、漢風讃美の文学思潮の流れにあって、漢文を下敷きにして、それをわざわざ歪曲して、国風的に書改め、なお前述の如き〝音注〟をわずらわしてまで施すというような努力をするということは到底考えられないことである（傍点引用者）。

西宮氏は私説を平安朝初期に書下ろされた古事記偽書説という前提で、批判されておられるようだが、それは誤読である。私は和銅五年の成立を疑うからといって、すべて平安朝初期に書かれたと主張しているのではない。私は原『古事記』の存在を考えるから、現存『古事記』が「奈良時代以前の風貌をもっていること」は当然と思う。このような古態をもつ原『古事記』が存在していることを世に知らせるために、序文がつけられて現存『古事記』が生まれたと考える。その時代が国風暗黒時代であればあるほど、国風を固守する家にあった原『古事記』に序をつけ、勅撰書に仕立てる必要があったのではなかろうか。

大歌師の多氏に伝わる『琴歌譜』は、琴歌を現存『古事記』や私が異本『古事記』と書く「一古事記」で検している。また『多氏古事記』と称する『古事記』もあり、多氏の家にはさまざまな「フルコトブミ」があった。これらの「フルコトブミ」は西宮氏の書く「平安時代初期の作品」ではない。こうした古い「フルコトブミ」は、国風暗黒時代になればなるほど、今こそ国風の「フルコトブミ」こそ世に知らせたいと思うだろう。そのような復古の思いと気負いを、私は序文にみる。

原『古事記』の存在を世に知らせようと触発した一因を、私は弘仁の日本紀執講とみる。『日本書紀』が成立して約百年たった弘仁年間、執講者に多人長が選ばれた。彼は特に神代巻に力を入れた。『弘仁私記』序では、「神代語」は「古質が多く」間違った訓みと解釈に落入り易いので、特に「倭音」をもって「弁詞」したと書いている。「倭音」とは国風の訓みである。このような講義をしている多人長だから、国風の原『古事記』は『日本書紀』以上に知ってほしい旧記であった。だからこそ世に出そうとした。したがって書紀講筵の記録である『弘仁私記』序で、『日本書紀』より『古事記』を宣伝する異様な書き方がなされたのではなかろうか。『古事記』は

「漢文を下敷きにし、それをわざわざ歪曲して、国風的に書改め」たのではなく、国風的なものをそのままいかして（つまり古態のままで）世に出すために、古い時代にさか上った年月日を序文に付したと、私は推測する。

現存『古事記』の内容の古さからいって（それは原『古事記』を尊重しているからであり、序文で撰録上の苦心と、表記上のことのみ述べていることからも推察できる）、内容は日本最古の古典であるが、序文が書く撰上年・月・日（和銅五年正月廿八日）は信用できない。一〇〇年ほど後代に書かれたと私は主張しているのである。

『古事記』研究にとって大事なことは、『古事記』を固有名詞としてでなく、普通名詞としてとらえて、研究すべきだと考えている。現存『古事記』は普通名詞としての『古事記（ふることぶみ）』の存在を無視しては、その成立は論じられない。その視点に立てば、現存『古事記』の成立を和銅五年とする序文の日付にこだわって、すべてをその日付を基準に解釈してよいだろうか。しかし序文をまったく否定して、すべてを平安朝初期に書かれたとする説にも賛同しかねる。序文に書かれたことはぜったい間違いないとする立場にも、序文を偽作としてまったく意味を認めない偽書説にも、私はついていけない。序文を疑うことと、序文を重要視することは、矛盾することではない。序文こそ現存『古事記』成立の鍵が秘められていると、私は思っている。(2)

このように一九七八年（昭和五十三年）の古事記学会の機関誌『古事記年報　二〇』に、「古事記の成立」と題して書いた。

なお西宮一民は一九七〇年刊行の『日本上代の文章と表記』で「序文成立は何故和銅五年なのか」

と題して、理由を四つあげている。[6]

一として、序文を裏づける客観的史料がないことこそ、「序文を書いた時期がまさしくその時に直面してゐた」と傍点をふって力説している。この主張は、犯行の証拠、裏づけの事実がないことが、犯行の事実を証明しているという主張である。ないことを証明するなら証拠がなくてもよいが、今はあることを証明しようとしているのだから、証拠（客観的資料）がないことをもって、和銅五年に書かれた証拠だという主張は、主張そのものが成り立たない。

二として、さすがに一の論法は無理と思ったか、天平八年十一月十一日の日付のある葛城王の上表文が、『古事記』序と「類似する手法」をとっているから、「古事記序文を模してできた」とし、この証拠をもって和銅五年に序文が書かれた例証とする。しかし「和銅五年」の証明には、和銅年間の文献例を示すべきであって、天平年間で、しかも「類似」では、説得力がない。

三として、序文が漢風諡号を用いていないことをもって、序文が和銅五年（七一二）成立を証明すると書くが（天皇の漢風諡号は天平宝字七年・八年〔七六三・七六四〕以降）、弘仁三年（八一二）・四年（八一三）の多人長の講筵の記録の『弘仁私記』序でも、漢風諡号は使っていないから、漢風諡号だけでは根拠にならない。

四として、序文は「用字法について細かいとりきめと苦心のさまが記されてゐること」をあげ、「偽作者は果してかかる機微に触れた記述ができるとは思へない」と書く。しかし序文の用字法についての「機微に触れた記述」があるのは、原『古事記』の用字法を知った序文偽作者が「機微に触れた記述」を書いたといえるから、序文の用字法をもって偽作を否定できない。

西宮一民はこの一九七〇年発表の論考（「序文成立は何故和銅五年か」）では、[6]『万葉集』巻二・九〇歌の注の『古事記』を現存『古事記』とみているが、七年後の一九七七年発表の論考（『古事記の成立――偽書説批判および原『古事記』の比定――』）では、『古事記』は普通名詞と主張し、「万葉集の注記の『古事記』を「原古事記」と主張する。[5]しかし二十年後の一九九七年に発表した論考（「古事記の成立――序文に関して――」）では、原古事記説を取り下げ、『古事記』は和銅五年撰上の『古事記』以前にも以後にも存在しないと主張し、古事記普通名詞説を捨てて、古事記固有名詞説を力説し、[7]主張が絶えず変わっており（『万葉集』の注に載る『古事記』についても、現存『古事記』と主張したり、原『古事記』と主張していること。また『古事記』という呼称は普通名詞といったり、固有名詞といったりしていること）、一貫性がない。

水野祐の『古事記成立考』批判に答える

月刊「歴史手帖」の一九七七年十二月号に、早稲田大学教授で著名な日本古代史の碩学の水野祐は、「記紀の成立過程比較論」を載せ、拙著『古事記成立考』を批判している。[8]この批判を読んで私は一九七八年五月号の「歴史手帖」に、「『古事記』偽書説は成り立たないか――水野祐氏の批判に答える――」と題する拙稿を載せた。[9]その反論の大筋を再録する。

水野祐氏が「歴史手帖」掲載の「記紀の成立過程比較論」（「歴史手帖」一九七七年十二月号）で私説にふれていることは、とりあげていただいただけでも光栄であるが、その所論については、いささか見解を異にするので、反論を述べたい。

水野祐氏は稗田阿礼の実在を前提にしておられるが、稗田阿礼の実在を論証するものがあるだろうか。『古事記』の序文にはっきり明記されているから実在する、と考えるのが「通説」だが、序文の真疑を問うているのだから、序文以外の証拠がなくてはならない。

『西宮記』の裏書に猿女の薭田福貞子・海子の記載があることをもって稗田阿礼の実在の傍証とする説があるが、この文献は平安朝のものであり、稗田氏の存在は確かめられたが、稗田阿礼の実在の証拠にはならない。また『記』『紀』猿女の祖の天鈿女命の神話が載ることをもって、猿女の阿礼の実在を主張する人もいるが、猿女君が『古事記』にかかわる氏族であることは、拙著『古事記成立考』でも詳述したが、だからといって稗田阿礼の実在を証する理由にはならない。稗田阿礼の実在を証するものは『古事記』序文以外にないから、稗田阿礼が男か女かさだかでない。上田正昭編『古事記』で上田正昭氏は男性説、三谷栄一氏は女性説の立場で対談しているが、男か女かさだかでないほど稗田阿礼の実在はあやしい。そういう人物を疑いなく実在の人物とする通説に、私は疑問をもたざるを得ないのである。

次に水野祐氏が「上表文が盛んに対句を用い、多くの典故を使いつつ、神代以来の故事・伝説を巧みに織り込み配列して、上表文としての形式の彫琢に心をくだいて成文している点は、平安朝の漢文学者の手になるものとするよりも、和銅時代の人物の体験的感覚によって鮮明に描写されたものとすべきであり、安万侶ほどの漢文学に対する素養のある学者なら、この程度の名文を書けない筈はない」と書いている。序文が和銅年間に太安万侶によって書かれたとする理由に、

一、和銅時代の人物の体験的感覚による。

二、安万侶が漢文学の素養ある学者。

の二つをあげている。しかし神代以来の故事・伝説は、「体験的感覚」がなくても、原『古事記』『日本書紀』を読んでいれば、序文に書く程度のことは書ける。壬申の乱の記事についても、壬申紀を読んでいれば書ける。別に、和銅時代の人物でなければ、どうしても書けないとする文章とはいえない。また、安万侶が漢文学の素養のある学者とする理由は、稗田阿礼の実在と同じく、序文の筆者と見るから、そう推測するのであって、太安万侶が学者だとする客観的文献はなに一つない。

序文の「神武以来の故事・伝説」は、「和銅時代の人物の体験的感覚」がなければ序文に書けないようなものではない。

次に水野祐氏は上代特殊仮名遣の「モ」の二音の書き分けがあり、「平安時代の人には書き分け難いことであるから、『古事記』本文の記述は和銅時代のものであり、平安時代ではあり得ないと考えられることから、私は『古事記』の成立を、上表文記載によって推定して大過はないものだと判断する」と書く。

「モ」の二音の書き分けは和銅五年（七一二）に『古事記』が成立したとすれば、八年後の『日本書紀』ではまったく消滅している。『万葉集』でも巻五の山上憶良・大伴旅人の歌を除いて見あたらない。このように和銅年間にすでに一般的に区別がなかった「モ」の二音を安万侶が書き分けたのについては、有坂秀世氏（「古事記に於ける仮名『毛』『母』に就いて」「国語と国文学」昭和七年十一月号）、大野晋氏（『日本古典文学大系・万葉集』補注）らは、安万侶が憶良や旅人と同じ高齢者で、消えようとする「モ」の二音の書き分けができたとし、そのようなことは平安時代の人は出来ないことを偽書説否定の根拠にする。

西宮一民氏は『万葉集』の人麻呂歌集を検証して、すでに人麻呂の活躍した時代（六八九〜七〇〇）には「モ」の区別は一般的には消滅していたとみている。だから「古事記にモの二種の書き分けがあることは、安万侶自身がモの二種の発音のし分けができたからではなく、安万侶に、昔の音韻を仮名遣的に再現しようとする意図があったから、古音の残存をはかろうとしたに違いない」と書き、このような表記上の書き分けは、「昔はモの二音があったということを知っていて、仮名遣的に書分けてみようという気持さえあればさほど困難なことではなかったのではないか」と書いている（『日本上代の文章と表記』）。池上禎造氏も似た見解を「古事記に於ける仮名『毛』『母』に就いて」（『国語国文』昭和七年十月号）で述べている。

『万葉集』巻五の「モ」の二音は混用だが、『古事記』は二百余例のすべてが整然と「毛」と「母」に書き分けられている。例外は一つもない。この整然とした書き分けは何を意味するのか。『万葉集』巻五の書き分けは憶良や旅人による趣味的な書き分けだが、『古事記』の徹底した書き分けは意図して古音を残そうとした結果である。でなければ有坂秀世氏も書くように、「二百有余の用例の中で一つや二つの混用の例を作らない筈は無い」のである。有坂秀世氏は「旧辞」を見ておこなったと推論するが、私は原『古事記』を見て書き分けたとみる（原『古事記』はたぶん『万葉集』巻五ような書き分けだったのだろう）。このような書き分けは和銅年間の人物でなくても、原『古事記』を見て、「毛」と「母」の書き分けを理解していれば、後世の人物であっても可能である。
私は天武朝の後半に成書化された原『古事記』を無視して現存『古事記』の成立は語れないと考えるから、いわゆる古事記偽書論者の平安朝初期（奈良朝後期説もある）書き下し成立説はとらない。『万葉集』の最終成立時期をもって柿本人麻呂の歌を後代に下げる人はいまい。現存『古事記』の最終成立時期と内容の古さを混同してはならない。私は平安朝になってすべてが書き下されたといっているのではない。詳細は『古事記成立考』で書いたので略すが、誰が序文を偽作し、上代特殊仮名遣を整理統一したかである。私は太安万侶でなく多人長と推測している。

多人長は『日本後紀』の弘仁三年（八一二）六月条に、参議ら十余人に『日本書紀』の読み方を「執講」とあり、学者であることははっきりしている。後の文献には「文章博士」とある。大野晋氏は『弘仁私記』（多人長の講義の記録）に上代特殊仮名遣による用例があることから、「『弘仁私記』は単に弘仁時代に至ってはじめて行った訓釈だけを筆記した著作ではなく、奈良時代に文字化されていた訓注を包摂したものと解釈される。特に墨書の傍訓の多い中に、特に弘仁説と朱書された訓注に、かかる上代特殊仮名遣上の事実が見られるのは、弘仁時代以前に、その部分を含む何らかの成書が存在し、それからの引用であることを想像させる（『日本古典文学大系・日本書紀・上』の大野晋の訓読の解説）」と書いている。とすれば「何らかの成書」（『古事記』の場合は原『古事記』）を見ていれば、多人長なら上代特殊仮名遣の書き分けは可能である。

では多人長は原『古事記』をなぜ見ることができたかである。『古事記』は本来「フルコトブミ」とよみ固有名詞でなく普通名詞である。現存『古事記』以外に『多氏古事記（おほのうじふることぶみ）』とか、『琴歌譜』に載る「一古事記（あるふることぶみ）」とかの『古事記』があったことは、他に書いた（「原古事記・現古事記・異本古事記」〔『論集・古事記の成立』所収〕）。これらの異本『古事記』はみなオホ氏の家に伝わる「フルコトブミ」であり、オホ氏は大歌所の大歌師だが、『古事記』は歌物語と折口信夫が述べているように（「日本文学史ノート」）、オホ氏と「フルコトブミ」の関係は密接だから、多人長は『日本書紀』の講義のための参考文献として、オホ氏の家にあった原『古事記』の存在を知って、世に出そうと考えたと推測する。こうした文献が現存『古事記』だから、原『古事記』の視点からみれば日本最古の古典である。しかし序文のついた現存『古事記』の最終成立は平安時代初期とみるから、私は稗田阿礼の実在や太安万侶の和銅五年撰上の序文の記事を疑うのである。(9)

このように私は水野祐の批判に答えたが、反論はない。

徳光久也の私説批判に対する反論

法政大学教授で文学博士の徳光久也は、一九七九年に古事記学会の機関誌『古事記年報　二一』に、「古事記成立論批判――序文論・原古事記論をめぐって――」を発表している。(10)その論文で私説を批判して次のように書く。

序文否定論者がこれまであげた、序文に対する疑惑の数々のうちに、解明される面もあるが、なお今後に解明を期待される問題をのこしていることも事実である。

しかし今のところ、大勢としては「古事記成立の由来は、自ら発行した、身分証明書である」とする、西宮一民説に落ちつかざるをえないようである。

したがって、原古事記論も、序文で強調されている、帝紀、旧辞の討覈、削偽定実の「結体への苦悶」を、不問に付することができない以上、「帝紀旧辞の混態」即古事記であって、原古事記という概念は、思惟的概念としては想定しえても、それは文献的に「万葉集に温存」され得るようなものではない。（中略）序文を、古事記自身の身分証明書として承認するかぎり、原古事記式恣意は、許されないものと考える（後略）。

したがって、古事記成立論は、「採摭」の時点における、帝紀論であり、旧辞論であって、結体後の「原古事記」（それは思惟的存在にすぎないが）は、いわばナンセンスである。原―現の論議は、「帝紀」「旧辞」のそれぞれの対象として、「原帝紀―現帝紀」、「原旧辞」といった対応関係において、なさるべきである。それらが、結体されて、『古事記』となった以上は、結体の原理とか手法とかの論議は、原―現を顧慮することなく、「古事記論」であって、前記の大和岩雄氏が問題にされた、異本古事記の場合も、みなこのケースに含まれる。(10)

この徳光説ついては第十一章の異本『古事記』の章や、第十三章、第十四章で述べる原『古事記』の存在及び内容・関与氏族に関する拙論でくわしく反論するので、ここでは序文は「自ら発行した身分証明書」とする見解の批判にとどめる。

太安万侶の墓誌が一九七九年一月二十三日に、奈良市田原町の茶畑の安万侶の墓地から出土した三週間後の毎日新聞（一九七九年二月十七日夕刊・学芸欄）に、「太安万侶と多人長――墓誌は序文の正当性を実証したか――」と題する拙稿を載せ、私は次のように書いた。

いままで太安万侶の『古事記』撰録について、客観的に証明する資料はなにひとつなかった。

あるのは序文のみであった。だから「自ら発行した身分証明書」（西宮一民氏）、「古事記自身の身分証明書」（徳光久也氏）である序文を承認するしかない、とするのが通説であった。しかし「自ら発行した身分証明書」などは、小学生でも信用しないことは常識である。それなのに、こと『古事記』となると自分発行の身分証明書説が、信用され通用している。そこへ墓誌の発見である。この墓誌に『古事記』の記載があればともかく、なにもないのだから、諸氏のいうような、序文の正当性を裏付ける客観的資料にはならない。つまり、墓誌は客観的身分証明書にはならず、あいかわらず、自分発行の身分証明書の序文しかないのが現状である。

太安万侶の墓誌出土を機会に、常識的には通用しない「自ら発行した身分証明書」にされている序文を、もう一度、再検討すべきではないだろうか[11]。

この毎日新聞に載った私の文章を読んだ徳光久也は、一九八一年に『古事記年報　二三』に「鉄剣文と墓誌銘」と題する論文を発表し、次のように私見に反論する。

筆者は、序文は、墓誌（太安万侶の墓誌─引用者注）によって実証された、正真正銘の太安万侶が書いた、古事記の身分証明書であると信じる。証明書は、第三者が発行してこそ効力があるが、自己が自己の証明をした自分証明書など、証明にはならないというのが、大和氏の見解である。

しかし、「文献」の場合だけはちがうのである。文献の編纂者が、自らその文献について書いたものが、証明書としては、唯一絶対のものであるはずである[12]（傍点引用者）。

この反論に対して一九八二年に『古事記年報　二四』に私は「太安万侶の墓誌と『古事記』序文」と題する論文を載せ、次のように書いた。

「信じる」のは客観的裏付がなくても可能である。だから、徳光久也氏が『古事記』序文を、身分証明書として信じるのは、個人の問題としてはかまわない。しかし、その主観的な「信じる」を論文（徳光的表現では「文献」）にして、他人に強制するから困るのである。私は、『古事記』序文を身分証明書とするなら、客観的認識の問題として、自分で発行した身分証明書など、小学生でも認めない、と書いたのである。

私は、客観的に認められるか認められないか、の問題として論じているのに、主観的な信じる信じないの問題で受け答えられたのでは、次元がちがって反論のしようもないのである。

しかし、徳光久也氏も、一般的な身分証明書は、自分発行では自分証明書になってしまうことは、認めているようである。だから「『文献』の場合だけはちがう」（傍点引用者）と書いている。そして、自分で自分のことを書いた場合、文献ではそれが、「証明書としては、唯一絶対のもの」と書いているが、この「唯一絶対」は、「信じる」と同じく、主観的・感情的である。というより宗教的である。「唯一絶対」「信じる」などという言葉は、宗教者にはあっても、あまり学問上の研究書では使わない、というより禁句である。

自分で自分のことを書いた文献ほど、疑わしい場合もある。「唯一絶対の証明書」などとはいえない。もし、徳光氏のようにいいたいなら、やはり、客観的検証をしなくてはならない。そのことをぬきにして、自分で自分のことを書いた文献を、「唯一絶対の身分証明書」とする文献資料の取扱いは、学問上の方法論として無理がある。[13]

このように私は書いて反論した。

西宮一民の私説批判に対する反論

一九八一年の上代文学会の機関誌「上代文学」(四六号)に、西宮一民が、「古事記偽書説不成立の論」を載せている。[14] この論考での私説批判について、「上代文学」(四八号)に私は「古事記偽書説不成立の論批判――西宮一民氏の批判に答える――」を発表した。[15] その拙稿の大部分をそのまま記す。

西宮一民氏は偽書説の論理は「『記序』といふ唯一の資料に対して、他に傍証が無いから疑はしい」と書く論理だとし、『万葉集』引用が傍証になるのにそれを認めようとしないのが偽書論者だと書く。『万葉集』引用の『古事記』が現存『古事記』かどうかという問題は、理解の問題ではなく、解釈の問題であろう。なぜなら私は『古事記』は固有名詞でなく普通名詞と考える。だから『万葉集』引用の『古事記』を現存『古事記』と私は断定していないから、「傍証」になるとは見ない。

更にこの〈批判〉に問題があるのは、はっきり名前を書かずに私を念頭においた前の部分と、神田秀夫氏を念頭においた後の部分を、つなげて同じ論者とみなして批判していることである。この書き方は前も後も同一人物の意見、または古事記序に疑問をもつ論者の共通の意見と、読者に思いこませる書き方になっている。しかし私は上代文学会のシンポジウムの会場でも、拙著や雑誌掲載の拙論でも、序文を疑うことと序文を無視することは、同じではないから、神田秀夫氏の序文切捨て論には賛成できないと、繰返し強調してきた。そういう私見は、上代文学会のシンポジウムで、私と同じ講師で論敵になった西宮氏も聞いているはずであるのに、そのことを西宮氏はまったく無視している。さらに神田秀夫氏は偽書論者ではない。神田氏の序文切捨て論は、偽書論者と呼ばれたくないための主張である。しかし西宮氏の書き方では神田氏も偽書論者にさせられている。このような見解に立って西宮氏は、私説や神田氏の見解を、「学問上の〈批判〉の概念ではない」と書くが、この言葉はそのまま西宮氏に返上する。

西宮一民氏は他人の説については、「このやうな見解は全く成立しない」と書き、自説については、「すべてによく説明ができた」と書く（傍点引用者）。書くのはかまわないが、序文については私と神田氏では結論が違うのに、二人の説を一本化して批判するのは、批判になっていない。またはっきり大和岩雄という名をあげての批判でも、

もはや言ふべき言葉をもたぬ。

このやうな見解は全く成立しない。

全く『記』の狙ひを外した愚にもつかぬものであることを知るべきである。

と書く。私説を「愚にもつかぬものである」と断定し、その愚を私が「知るべきである」と言われても、私は「知る」わけにはいかない。

西宮氏の私説批判についての基本的問題点を整理して示す。

一、西宮氏は自説については「すべてによく説明ができ、理解できる説」と主張する（西宮氏は皇学館大学教授・文学博士であり、『日本上代の文章と表記』と題する大著や、新潮社・桜楓社から『古事記』の校注・解説本を出版している著名な古事記学者で、この論文発表後も『古事記の研究』と題する大著を刊行している）。そのような自説と、「満足な説明もできず、よく理解できない大和岩雄の説」

（私は出版社の経営者に過ぎない）という図式によって批判しているから、私説に対しては「全く『記』の狙ひを外した愚にもつかぬものであることを知るべきである」と書く。

二、その「愚にもつかぬ」大和説と、論旨は違うが武蔵大学教授の古事記学者で朝日新聞社から『古事記』の校注・解説本を刊行している神田秀夫説を一緒にし、誤読の上に立って西宮氏は論断する。

三、西宮氏は「天武天皇御識見本の『帝紀・旧辞』」が、天武十年に公式に編纂が開始され、同時期に同じ「天武天皇御識見の太安万侶本古事記（和銅奏覧本古事記）が編纂された」と書く。そのことを西宮一民編の『古事記』（新潮日本古典集成）の解説では更にくわしく、「天武天皇十年三月十七日の詔に基づいて、川嶋皇子以下十二名は帝紀と上古の諸事の記定を進めるわけであるが、一方で、天武天皇みずから、これと定める『帝紀・旧辞』の討覈・訂正・撰録を進められた」と書き、稗田阿礼誦習の「自撰定本」も「天武天皇御識見本の『帝紀・旧辞』」と書いている。この西宮説に立てば、公式の天武十年の「帝紀・旧辞」と、天武天皇自撰の「帝紀・旧辞」が、同時期に編纂されたことになる。なぜ「天武天皇御識見本」の帝紀・旧辞が、同時期に二つも作られたのか。

このような質問が当然出るのに、説明をしていない。それどころか説明なしに「天武天皇の自撰定本とすることによって、本文と序がよく対応する。この対応が見抜けないのは、『記』に対する理解が行届かぬからだ」と私を一方的に批判する。批判された私は困惑するばかりである。

四、西宮説では天武朝に公式の帝紀・旧辞と、自撰の帝紀・旧辞を、いずれも「天武天皇御識見本」とし、この事実について私の「理解が行届かぬ」のは、私の無知とする。つまり無知な私以外の無知でない人なら、誰でも理解できるはずだと論断している。しかし西宮氏は、なぜ二つの「天武天皇御識見本」が同時期に進行したかの説明はまったくしていないから、「理解が行届かぬ」無知な私でなくても、天武朝に二つの帝紀・旧辞が同時期に編纂されたという主張を、説明なしに理解しろといわれても、無理難題と思うだろう。

五、西宮氏は太安万侶の仕事が文体や表記に止まっているのは、「天武天皇御識見本」に手を加えるのは「恐れ多いことであったから」（傍点引用者）としている。なぜなら安万侶は「天武天皇御識見本の『帝紀・旧辞』を熟読し、よくその精神を理解したからだ」と書いているが、そのような「理解」に立つ安万侶なら、なぜ、熟読した『帝紀・旧辞』が、「恐れ多い」天武天皇自撰定本であることを明記しなかったのか。内容に手を加えることを「恐れ多い」としている安万侶なら、「御識見」でなく「御識見本」であることを序に明記することこそ、天皇に対する臣下の礼ではないだろうか。

六、いわゆる「天武天皇御識見本」の『帝紀・旧辞』は四年かかったと、西宮氏は推測している（新潮社版『古事記』解説）。理由は連が忌寸になった天武十四年六月二十日が、『日本書紀』に載る賜姓の最後なので、天武十年三月の川島皇子らへの詔から計算して推測するが、こういう解釈を氏制の例だけでみちびき出すことに、私は問題があると思うが、いかがであろう。

西宮氏から批判を受けた細かい問題についての「すべて」に、私は反論したいが、とりあえず「古事記偽書説不成立の論」の基本的問題点について、

一、批判の仕方。

二、天武天皇御識見本の「帝紀・旧辞」に焦点をしぼって書いた。[15]

以上が、私が西宮一民の批判に答えて書いた拙稿の文章の引用だが（すべてでなく重要部分の引用）、三浦佑之は「古事記『序』を疑う」で、「もしおなじ人間が二つの事業を同時進行したのだとしたら、命令者の天武天皇は分裂症だと言わざるをえません」と言っている。このような三浦見解もあるように、私に対する西宮批判は無理のおしつけで従えない。

直木孝次郎の私説批判に対する反論

一九八七年に私は『天武天皇論（一）』『天武天皇論（二）』の合計一〇〇〇ページに及ぶ著書を刊行した。その著書の『天武天皇論（二）』に、「天武天皇と『古事記』」「原『古事記』・異本『古事記』と天武天皇」と題する、二つの書き下し論考を載せたが、補稿として直木孝次郎の私説批判に対する反論を書いた。この反論は一九八八年刊行の拙著『古事記偽書説は成り立たないか』に「『古事記』序文の表記――直木孝次郎氏の批判に答える――」と題して載せた。[16] その文章を元にして私見を書く。

直木孝次郎は「古事記序文の一考察――『飛鳥清原大宮御大八州天皇』について――」[17]で、『古事記』序の「『飛鳥清原大宮御大八州天皇』の一二字は、古事記序が奈良初期に書かれたとした時に適合し、平安初期に全然適合しないのである。したがってこの一二字を含む古事記序は、和銅五年の作として疑いないものと考える」と書き、多人長が現存『古事記』の序文を書いたであろうとみる私の推論を批判している。

この直木説は私説への批判であるから私が反論を書くべきだった。しかし大阪教育大学の筏勲教授が、「直木教授の古事記序文論への一矢」(「古代史の研究」四号、一九八二年)を発表し、国語学の立場から「飛鳥清原大宮御大八州天皇」の表記をもって、序文が「和銅五年の作として疑いないもの」とする説は成り立たない、と詳論としている。したがって私が更に反論を書く必要はないが、私見への批判だから筏勲教授の見解に、更に私の反論を補足する。

直木批判は次の三段論法である。

一、平安初期には「清原大宮」は「例外的な用法」である。

二、したがって平安初期の人物が、「慣例を無視」して書くはずはない。

三、よって「清原大宮」と書く序文は、多人長が書いたのではないから、大和説は成り立たない。

この三段論法の第一に問題なのは、「清原大宮」の用法は平安初期にまったく使われていなかったのではなく、「例外的」と直木孝次郎は書いている。としたら『古事記』の序を例外的とみることは可能だから、一の前提をもって三の結論を主張するのは乱暴である。

多人長は平安時代初期の人物であったが、奈良時代の文字表記を知っており、それを用いることの出来る人物だったから、序文で奈良時代の和銅五年(七一二)に成立したと書いたから、特に奈良時代に用いられた「清原大宮」を用いたのだろう。多人長は『日本書紀』の読み方の講義を、弘仁三年(八一二)には高級官僚に、弘仁四年には文書に関係する中・下級の実務官僚に講義をしている、当時の国語・言語学者である(『日本後紀』、『弘仁私記』序)。大野晋も多人長の講義をした記録の『弘仁私記』には、奈良時代の古い用法や、上代特殊仮名遣なども用いられていることを述べているから、[18]多人長なら「例外的」な用法は可能である。私説はそのことを前提に、多人長が現存『古事記』の序を書いたと主張しているのだから、直木批判は私説批判としては的はずれである。

私は『古事記偽書説は成り立たないか』に載せた文章で、直木批判について末尾に次のように書いた。

直木孝次郎の私説批判は、平安初期には用いない「モ」の甲・乙類の二音の使い分けが、本文にあることをもって、偽書説を批判するのと同じ発想である。平安初期に使用しない「モ」の二音の使い分けをもって、偽書説批判の論拠にならないことは、偽書説に反対する国語学者の西宮一民も認めている。

古い音訓表記があるからといって、その一例をもって現存『古事記』の最終成立を和銅五年と断定するのは、『古事記』にあるわずかな平安時代の表記例をとりあげ、平安時代に『古事記』はすべて書下されたと断定する偽書説と、同じ発想である。私はどちらにも与しえないことを、『古事記成立考』『古事記偽書説の周辺』『古事記と天武天皇の謎』などの拙著で、繰返し述べたが、もう一度強調しておく。[16]

このように私は述べたが、この直木孝次郎の私説批判のように、『古事記』の序文の一部の記述例を提示して、私説を全面的に否定する見解があるが、このような一面的批判は批判にならない。

西條勉の序文偽書説否定論批判

私説についての直接の批判ではないが、専修大学教授で著名な古事記学者の西條勉は、序文の成立は和銅五年であり、疑うべきではないとして、和銅七年の紀清人の国史編纂と結びつけた新説を一九九七年に発表している。[19] 第一章で述べた友田吉之助の和銅五年の成立を疑う説では、『続日本紀』が書く紀清人らの国史撰修の和銅七年二月二十八日は、当時使われていた二年繰上る干支紀年法を使えば、『古事記』の序文が書く撰上年・月・日の和銅五年正月二十八日になるから、序文の年月日は事実の年月日ではなく作られた年月日だという、序文偽作説である。この偽作説を逆に利用して、西條勉は序文偽作説を否定する主張をしている。

二年繰上る干支紀年法によれば、和銅五年の『古事記』撰上の年月日と和銅七年の紀清人らの国史撰修の年月日は、ぴったりと重なるから、太安万侶の『古事記』撰上日を、紀清人の国史編纂の準備完了日で、この日から紀清人らは国史編纂を本格的に開始したと主張する。しかし一般的な準備作業と本格的な作業は、準備作業を確認し（この場合は撰上された『古事記』を読んで検証・確認した後）本格的作業にかかる。これが正常な仕事の段どりであるから、準備書撰上の日に検証も確認もせず、本格的国史編纂作業にかかることはありえない。

一歩譲って同じ日に太安万侶の『古事記』撰上と、紀清人らの国史撰修開始があったとしよう。とすれば『古事記』撰上の日を和銅五年正月二十八日でなく、和銅七年二月二十八日と記せばよいではないか。なぜ二年繰上げた干支紀年法の年月日（和銅五年正月二十八日）を、わざわざ記したのか、西条勉は説明する必要があるが、そのことの説明はない。

更に問題なのは、同じ日に完了と開始があったとすれば、なぜ一方のみが正史に記録され、一方は記録されていないのか。この問いに対しては、たぶん『古事記』は本命の国史編纂にくらべて、準備作業で重要性が薄いから、記録されていないと答えるだろうが、その視点に立つと、そのような準備段階の書にすぎない『古事記』に載る序文（上表文）の麗々しい文章（西郷信綱の書く「ペンキ塗りたてのような文章[3]」）は一体なんなのか。いよいよ序文があやしくなるではないか。

また西條勉によれば『古事記』は準備段階の書にすぎないが、そのような書の『古事記』の撰上者の太安万侶は正五位上なのに、西條勉が本格的国史編纂者とする人物は、従六位上（紀清人）、正八位下（三宅藤麻呂）で、安万侶より五段階・十二階級も下である。なぜこのような下位の人物の仕事が正史に載って、上位の人物の仕事が載らないのか。また上位の人物が準備の仕事をし、下位の人物が本格的な仕事をするというのも、逆ではないか。一般的な常識では下位の清人や藤麻呂が準備をし、現代風にいえば平社員が準備をし、その準備を受けて上位の安万侶、現代風にいえば課長・部長が乗り出して、本格的な仕事がはじまるのではないか。

なによりも西條説が無理なのは、西條勉は序文偽書説には基本的には反対であるから、序文の記述を無条件に信用しているわけだが、その序文が、紀清人らの本格的国史編纂の準備のために『古事記』が撰上されたことを示すような文章を、まったく記していないことである。序文を否定すればともかく、序文を認めるかぎり、西條勉が主張するような記事が『古事記』序文に記されていないこと自体が、西條説を否定している。

『続日本紀』が書く和銅七年二月二十八日の紀清人らの国史撰修について北村文治は、紀清人らの仕事は、令制に図書寮の職掌として規定されている国史の修撰の実施を示すもので、『日本書紀』の編纂を図書寮においておこなったとみているが[20]、岩橋小弥太は図書寮における国史の修撰であるが、『日本書紀』の編纂とは関係ないとみて、実録編纂の準備としての日々の記録の整備に当らせたものと解している[21]。

岩橋小弥太の見解の載る『上代史籍の研究』は、友田吉之助の著書『日本書紀成立の研究』(一九六九年刊)より十四年も前に刊行されているので友田説にふれていないが、坂本太郎は一九七六年十一月刊の「国史学」(一〇〇号)に「いわゆる『和銅日本紀』について」を発表して(『日本古代史叢考』に所収)、友田説を採り上げ、西條勉が「扶桑略記の『和銅五年上奏日本紀』の資料性は無視できない」と書く、いわゆる『和銅日本紀』の資料性を否定している。それどころか「存在に対しても、懐疑的な考えは未だに変らない」と書いて、友田説を批判している[22]。このような見解があることからみても、西條説は無理である。

西宮一民の記序は「自ら発行した身分証明書」説批判

一九九七年に西宮一民は「古事記の成立——序文に関して——」で、次のように私見を批判している。

『古事記』という書物の成立については、「序文」がそれについて記しているのだから「序文」の記述を理解するのが当然であり、その方法が正しいはずのものである。しかるに、「古事記は私が書きました」と太安万侶が自ら発行した身分証明書のような「序文」は誰が信じられますか、という偽書論者の意見がある。このような発言に対して、「成程、その通りだ」と思う人があれば、それは「自ら発行する身分証明書」という表現が、『古事記』の「序文」を太安万侶が書いたということは同じと判断したもので、錯覚である。何故ならば、「序文」において、太安万侶は正五位上勲五等の人物でございますということを述べようとしているのではないからである。「元明天皇の詔によって『古事記』三巻を撰進致します」ということを述べているのである。ただその元明天皇の詔が下るまでには、天武天皇の詔以来のいきさつがあったので、それを記さなければ本当のことが分らないから、そのことを含めて述べているのである。

（中略）

「序文」と「本文」とは密着していて、「序文切り落し」などとは決して言えないはずである。いやもっと正確に言えば、「序文」を読まなければ「本文」は正しく読めないということなのである。だから太安万侶は「序文」を書いたのである。このことを言えば、偽書論者が「序文」について「自ら発行した身分証明書など、何の約にも立たない」などと言ってきたことは全く的外れであることが分るであろう。(7)

以上引用した文章で西宮一民が「偽書論者」と書いているのは、私のことである。

西宮一民は一九八一年に私説批判の「古事記偽書説不成立の論」(14)に私の姓名をあげて書いた以降、私説批判については私の姓名はまったく書かず「偽書論者」とのみ書いて反論する。この文章でも私のことを「偽書論者」としか書かないが、序文は自ら発行した身分証明書と書く西宮説を批判しているのは私のみであるから、はっきり徳光久也のように私の姓名を書いて批判するべきである。それはさておき、この批判には納得できないので、私は二〇〇七年に発表した「西宮一民氏の『古事記』論考批判」で次のように書いた。(23)

第一は、西宮一民は「自ら発行した身分証明書」の「自ら」は太安万侶をいうのでなく、「序文」をいうのだから、「自ら」を太安万侶のことと「錯覚」して、「成程、その通りだ」と、「偽書論者」の書くことには、同調・賛成するなと書く。私の名をあげていないが、「自ら発行した身分証明書」説を批判しているのは私のみだから、私見への反論であることは確かだが、私が批判したのは、太安万侶個人のことではない。「序文」が書く『古事記』成立を正しいと証明するのが、「序文（自ら）」そのものだという、「自ら」が「自ら」の身分証明書になるという主張を、批判したのである。太安万侶については、『続日本紀』に五例も記述があり、更に墓誌も出土しており、客観的に証明するものがある。しかし序文が書く『古事記』の誦習者の稗田阿礼や、和銅五年の成立については、客観的に証明するものがない。したがって西宮一民は序文が証明書になると主張し、私は「自ら発行の身分証明書」は客観性がなく、証明にはならないと批判したのであり、そのことでは同じ土俵に立っているが、私の批判に対しては序文のことではなく安万侶ことをいっていると書き、論点をすりかえている。しかし安万侶も序文に書かれているのだから、序文でなく安万侶のことと、私見をすりかえても、私説否定にはならない。

第二に、「『序文』と『本文』とは密着していて」と書き、そのことをもって私が「自ら発行した身分証明書など、何の役にも立たない」と批判するのは、「全くの的外れ」と西宮一民は書くが、序文と本文が密着しているということと、序文が「自ら発行した身分証明書」になるということは、まったく別の問題である。つまり的は二つあるのに、その的を強引に一つにして、私の批判を「全くの的外れ」と断定するのは、「全くの的外れ」である。

第三に、序文切り捨て論と序文身分証明書説否定論の二つの的を一つにして、つまり二つの説を共に私が主張しているときめて、批判しているが、私は神田秀夫らの序文切り捨て論には賛成していない。そのことは私の著書（『古事記成立考』『古事記偽書説の周辺』『古事記偽書説は成り立たないか』）で繰返し書いているから、私の論考をきちんと読んで批判してほしい。しかし一九八一年の私説批判[14]でも神田説と大和説を一緒にして批判しているから、この誤解はずっと続いているようだ。

第四に、西宮一民は二つの誤解に立って私説を批判している。一つは序文の信憑性を問題にしている私説を、安万侶の存在を問題にしていると誤解していることである（この誤解は「すりかえ」といってもよい）。二つは神田秀夫と同じ序文切捨て論者と私を見ている誤解である。この二つの誤解に立って、序文が序文の「自ら発行した身分証明書」なるという西宮説を批判した私見に反論し、私の批判は「全くの的外れ」と断定する。しかし私は一般論として、小学生でも「自ら発行した身分証明書」などは信用しないと書いたのだから、西宮一民の誤解の上に立つ反論については、再び「全くの的外れ」といわざるを得ない。

第五に、「身分証明書」の上に西宮一民自身が「自ら発行した」と冠していることである。証明書の一般的解釈は他人が証明する文書である。この一般的解釈を西宮一民も認めているから、敢えて「自ら発行した」と「身分証明書」に冠して、一般的証明書と違うことを示している。つまり「自ら発行した」と書くことで、一般的解釈と違う身分証明書であることを、西宮自身が認めている。この

事実から、このような「自ら発行した身分証明書」などは一般的に小学生も認めないと私は書いたのである。(23)

一九九三年発行の西宮一民著『古事記の研究』の奥付に載る略歴には、文学博士で皇学館大学の学長であり、主要著書として『時代別国語大辞典　上代編』（三省堂）、『日本上代の文章と表記』（風間書房）、『古事記』（桜楓社）、『日本書紀・風土記』（角川書店）、『古事記』（新潮社）、『萬葉集全注　巻第三』（有斐閣）、『古語拾遺』（岩波文庫）、『上代祭祀と言語』（桜楓社）、『上代の和歌と言語』（和泉書院）などをあげている。西宮説を採って『古事記』序は自からを証明する身分証明書と主張し、私説を批判する徳光久也は、信州大学・法政大学教授を歴任した文学博士で、『白鳳文学論』（法政大学出版局）、『上代日本文学史』（桜楓社）、『古事記の批評的研究』（北海出版）、『古事記研究史』（笠間書院）などの大著の著書がある。この碩学たちも『古事記』の成立を疑う見解については、以上述べように、出版経営者に過ぎない私のような非専門の者でも反論できるような批判を、こと『古事記』の成立になると書くのである。

呉哲男の『日本書紀』を誤読しての私説批判への反論

二〇〇八年に相模女子大学教授の呉哲男は、「古事記の成立と多氏のことなど」と題する論文(24)の結びで、次のように書く。

大和岩雄や三浦佑之が一致して唱える多朝臣人長による序文偽作説である。太安万侶の縁者で弘仁年間に日本書紀講筵の博士として活躍した従五位下多朝臣人長その人が安万侶に仮託して本文に付け加えたのではないか、というのである。しかし、これには疑問がある。なぜなら、九世紀前半の弘仁期は桓武天皇の皇子であった嵯峨天皇の時代だからである。周知のように桓武は自ら中国の皇帝であるかのような専制君主として振る舞い、遷都を強行し、蝦夷征討を執拗にくりかえすなどして、国家財政の逼迫を顧みない恐怖政治を敷いた。なかでも執念を燃やしたのは、天武天皇の直系に連なる者をすべて歴史の上から抹殺することであった。こうした時代状況の中で多人長が天武神話とも称される序文をでっちあげることなど、身に及ぶ危険を考え合わせると不可能ではないだろうか。事実、『弘仁私記』序によれば嵯峨天皇が多朝臣人長に命じて講じさせたものは、古事記ではなく「日本紀」(日本書紀)であった[24]。

このように呉哲男は書いているが、この批判は、批判者の歴史認識の欠除と、『日本書紀』の誤読と、さらに私説もよく読まず、または誤読しての批判である。このような批判は頑固に太安万侶の撰録・撰上に固執した結果である。

まず呉哲男が力説するように、『古事記』は親天武で、『日本書紀』は反天武という認識に立っての私説批判は、正しいであろうか。否である。呉哲男は「多人長が天武神話とも称される序文をでっちあげることなど、身に及ぶ危険を考え合わせると不可能ではないだろうか」と書いている。とすれば『古事記』序文が書く大海人皇子が活躍した壬申の乱を、より詳細に書いている壬申紀が載る『日本書紀』の講義を多人長がおこなっていることこそ、「身に及ぶ危険を考え合わせると不可能ではないだろうか」(呉哲男は『日本書紀』を反天武の書とみるが、『日本書紀』編纂時の文武・元明・元正天皇は天武天皇の皇子の草壁皇子の子か娘、または正妻であり、親天武の時代である)。

西田長男は「壬申紀の成立と古事記」（「国学院雑誌」一九六二年九月号）で、『古事記』序の壬申の乱の記事は『日本書紀』の壬申紀を見て書いたと主張している。この西田説に対して西宮一民は「古事記序文の成立について」（「国学院雑誌」一九六五年四月号）で反論している。しかしこの反論は呉説のような壬申の乱についての見解が『記』序と『紀』では違うという見解でなく、同じと見て、その上で『古事記』の成立を和銅五年（七一二）に頑固に固執して西田説を批判している。この批判に対して西田長男は「曾富理神――古事記の成立をめぐる疑惑――」（「宗教研究」一四八号、一九六五年六月刊。この論文は一九七〇年に有精堂出版から刊行された日本文学研究資料叢書『古事記・日本書紀（一）』に再録されている）で詳細に反論している。

この西田長男と西宮一民の論争は、『記』序文と『紀』に特別に載る「壬申紀」の記述は、同じ視点で書かれているとみており、『紀』は反天武、『記』序は親天武と見る呉説とはまったく違う。これが一般的・常識的理解である。この常識的理解に立てば嵯峨天皇の弘仁三・四年に多人長が『紀』の講義をしていれば、弘仁年間に『記』を世に出したとしても、「身に及ぶ危険を合わせると不可能」ではなく可能である。呉哲男は『記』序の壬申の乱の記述を「天武神話」と書くが、『紀』に特別に載る壬申紀は『記』序よりもっと強烈で詳細な「天武神話」である。

このように呉哲男は歴史認識の欠除と、『日本書紀』の誤読に立って、私見を批判しているのだから、従うわけにはいかない。

また呉哲男は嵯峨天皇が多人長に命じて、「古事記でなく日本書紀」を講義させたと書き、弘仁四年の時期に『古事記』と『日本書紀』があったとみて、私説を批判しているが、私は旧著の『古事記成立考』でも、二〇〇五年から二〇〇七年まで「東アジアの古代文化」に三年間にわたって連載した「古事記偽書説をめぐって」でも、弘仁三年・四年の『日本書紀』の講義と、弘仁五年の『姓氏録』の刊行がきっかけになって、多人長はオホ氏の家にあった秘本の原『古事記』を世に出そうとしたと書いており、弘仁三年・四年以前に序文のついた現存『古事記』が『日本書紀』と共にあったとは、どこにも書いていない。したがって『日本書紀』、『弘仁私記』序を誤読し、更に私説も誤読しての私説批判は、受け入れ難い（多人長がなぜ現存『古事記』を世に出そうとしたかについては、第十六章で詳述する）。

以上、この章では私説批判と批判への反論を載せたが、こうした批判については本書の記述全体が反論になっているから、私説批判者は私見の一部だけでなく、私見の全体を検証した上で批判してほしい。（私説は原『古事記』は天武朝の内廷〔後宮〕で、天武天皇の正史編纂に対し、皇后が女たちの語り、「フルコト」をまとめさせたという主張で、天武朝に天皇の命令で二つの歴史書が編纂されたと主張する西宮説とは違う。詳細は第十一章・終章で書く。）

〔注〕

(1) 三谷栄一「古事記の成立と構造」『講座　日本神話・2（日本神話の成立と構造）』所収（有精堂　一九七六年）

(2) 大和岩雄「古事記の成立」「古事記年報　二〇」所収（古事記学会　一九七八年）

(3) 西郷信綱「太安万侶の序」『古事記注釈　第一巻』所収（平凡社　一九七五年）

(4) 倉野憲司「古事記の成立」『古事記全註釈　第一巻』所収（三省堂　一九七三年）

(5) 西宮一民「古事記の成立――偽書説批判および原『古事記』の比定――」『論集　古事記の成立』所収（大和書房　一九七七年）

(6) 西宮一民「序文成立は何故和銅五年か」『日本上代の文章と表記』所収（風間書房　一九七〇年）

(7) 西宮一民「古事記の成立――序文に関して――」『古事記の成立』所収（高科書房　一九九七年）

(8) 水野祐「記紀の成立過程比較論」「歴史手帖」（名著出版　一九七七年十二月号）

(9) 大和岩雄「『古事記』偽書説は成り立たないか――水野祐氏の批判に答える――」「歴史手帖」（名著出版　一九七八年五月号）

(10) 徳光久也「古事記成立論批判――序文論・原古事記論をめぐって――」「古事記年報　二一」所収（古事記学会　一九七九年）

(11) 大和岩雄「太安万侶と多人長――墓誌は序文の正当性を実証したか――」毎日新聞一九七九年二月十七日号夕刊（東京）

(12) 徳光久也「鉄剣文と墓誌銘」「古事記年報　二三」所収（古事記学会　一九八一年）

(13) 大和岩雄「太安万侶の墓誌と『古事記』序文」「古事記年報　二四」所収（古事記学会　一九八二年）

(14) 西宮一民「古事記偽書説不成立の論」「上代文学」四六号(上代文学会 一九八一年)
(15) 大和岩雄「古事記偽書説不成立の論批判——西宮一民氏の批判に答えて——」「上代文学」四八号(上代文学会 一九八二年)
(16) 大和岩雄「『古事記』序文の表記——直木孝次郎氏の批判に答える——」『古事記偽書説は成り立たないか』所収(大和書房 一九八八年)
(17) 直木孝次郎「古事記序文の一考察——『飛鳥清原大宮御大八州天皇』について——」『奈良県史跡名勝天然記念物調査報告書』第四三冊 奈良県
(18) 大野晋『日本書紀 上』訓読解説(岩波書店 一九六七年)
(19) 西條勉「偽書説後の上表文——成立の根底にむけて——」『古事記の成立』所収(高科書房 一九九七年)
(20) 北村文治「紀朝臣清人等の撰国史について」「史学雑誌」五五巻四号
(21) 岩橋小弥太『上代史籍の研究』一一八頁～一一九頁(吉川弘文館 一九五六年)
(22) 坂本太郎「いわゆる『和銅日本紀』について」『日本古代史叢考』所収(吉川弘文館 一九八三年)
(23) 大和岩雄「西宮一民氏の『古事記』論考批判」「東アジアの古代文化」一三二号(大和書房 二〇〇七年)
(24) 呉哲男「古事記の成立と多氏のことなど」「東アジアの古代文化」一三五号(大和書房 二〇〇八年)

第四章

上代特殊仮名遣は古さの証明にはならない

大野晋・山口佳紀の私説批判への反論

現存『古事記』の偽書説を否定する決定的論拠として示すのは、上代特殊仮名遣の「モ」の二音の使用である。そのことを私は旧版『古事記成立考』の第四章で、次のように書いた。

大野晋氏は『日本語の起源』(岩波新書)で、

「奈良時代末期の文献では、甲類乙類の区別は次第に乱れてきており、平安時代に入るとほんの一部コの甲類・乙類の区別を残して、他はまったく見えなくなってしまう。すなわち平安時代のはじめの人は、万葉集のころの人が区別していた発音を、もはや言い分けもせず、聞き分けもしなくなっていた。そんな時期に、万葉集の時代の人々さえも言い分けず、書き分けなかった毛(mo)と母(mö)との区別を一つも誤またずに書き分けるなどということは、とうていできるはずがない」ので、現存『古事記』が平安期初期(中沢見明説)奈良朝後期(松本雅明説)などに書かれるはずはないと考えている。

大野晋氏のいうとおり「平安時代の人」は「言い分けもせず、聞き分けもしなくなっていた」としても、古語を研究していた当時の学者も同様とみてよいであろうか。

例えば、上代特殊仮名遣、特に「モ」の二音を研究した、橋本進吉氏、有坂秀世氏、池上禎造氏、大野晋氏なら、『万葉集』や『日本書紀』より古い用法ができるであろう(六六頁〜六七頁)。

と書いた。私を批判する論者は、この冒頭の所だけを読んでその後にくわしく述べている私見を読まず、批判している。その一例が第三章で書いた水野祐の私説批判である。しかし水野祐は日本古代史学者で、言語学者ではないが、国語・言語学者の山口佳紀・大野晋からも、旧版の『古事記成立考』で私が上代特殊仮名遣のモの甲乙二音の書き分けについて論じている見解について批判している。

一九八〇年の「国文学」十一月号に山口佳紀は「上代特殊仮名遣い研究から見て古事記偽書説は成り立つのか」と題して私説を批判し[1]、大野晋も『日本語の世界（1）』（岩波書店）で私説を批判しているので[2]、一九八一年一月号の「国文学」に、「『古事記』の成立と上代特殊仮名遣——山口佳紀氏・大野晋氏の批判に答える——」を掲載した。その全文を記す。

「国文学」昭和五十五年十一月号の山口佳紀氏の「上代特殊仮名遣い研究から見て古事記偽書説は成り立つのか」という論考で、拙著『古事記成立考』の中の文章を引用し、「平安初期に現代の言語学者のような人物がいたと想像することの不合理は言うまでもなく、仮りにいたとして、それを見て古さの証拠と考えることの出来る読者がいない以上、そのような配慮は無意味に終ることになろう」（傍点は大和）と批判している。

しかし山口氏が引用している拙著の文章には、『古事記』研究の「現代の言語学者が可能なのだから」と書いて、「いた」とは書いてない。「想像」しているのは山口氏である。また、古さの証拠と考える読者はいないと書いているが、私は序文に和銅五年正月二十八日とあるから、序文の「古さを証拠づけるために意図して使い分けた」（七〇頁）と書いて、読者のことなど書いていない。読者を「配慮」しているのも山口氏である。山口氏はご自身が「想像」し「配慮」したことを、大和説として批判しておられるので、拙著をもう一度読んで批判していただきたい。

上代特殊仮名遣について山口氏は、「『和銅五年』という序文の記載をそのまま信ずべきかどうかは、上代特殊仮名遣いという観点からは、何とも言い得ないことである」と結論しているが、その点では、私と同じ見解である。

ところが大野晋氏も、上代特殊仮名遣いの、特に「毛」「母」の使い分けをもって、和銅五年正月二十八日成立の「キメテ」とする（『日本語の起源』）。大野晋氏は拙論の文章を引用して（但し、私の名前は出していない）、次のように反論する。「あなたは明治時代に、いくつ音を聞き分けていたか御存じか。江戸時代の発音の区別の数を御存知かといわれて、答えることのできる人があるだろうか」と書き、そんなことは不可能だとする。そして、その例として、昔「を」と「お」に発音上の区別があったのだと現存の大学生に教えて、昔の音の法則に合致するように使い分けよと命じても、できないことは「明白である」から、奈良時代の音の区別を知らなかった、「弘仁時代の人々が、『毛』と『母』とを書き分け得ないのとは、ほぼ同断なのである」と断定する。（『日本語の世界（1）』）。

これは、まったく私の論旨を無視している。私は、大野氏に直接言ったこともあるが、弘仁時代の人々が「毛」と「母」が書き分けられたなどと、どこにも書いたことはないし、言ったこともない。私は「モ」の二音の書き分けが「原古事記」にあったとする毛利正守氏の説を述べた上で（「古事記の音注について」「芸林」一八巻一・二号）、その二百余例が有坂秀世氏も驚かれるほど（『国語音韻史の研究』）、整然と一つの例外もなく書き分けられているのは、「原古事記」の書き分けに影響されて統一整理したためではないかと、推測したのである。

その理由として、弘仁年間の『日本書紀』の講師に選ばれた多人長なら、そのことが可能であるとして、彼は『弘仁私記』をみれば、弘仁時代の人々が使っていない上代特殊仮名遣いを使い分けていること、また、『弘仁私記』序によれば、特に巻一・巻二を講義したが、それは「神代語多二古質一、授受之人動易訛謬」だから、特に古い正確な「倭音」を教えたとあること。さらに、多人長の資質だけでなく、彼の属する多（太）氏が大歌所にもかかわり、古い音訓を伝承している家であること、などをあげたのである。

そして、同時代人にはできない上代特殊仮名遣いの区別を知っている多人長なら（そのことは大野晋氏も、日本古典文学大系『日本書紀・上』の解説の訓読の条で書いている）、「原古事記」の「モ」の甲乙の使い分けの一部の不統一を、整理することは可能ではないかと書いたのである。私は、二百余例に一つの例外もない、見事な統一整理を問題にしているのである。だから私説の論旨をすりかえた反論でなく、弘仁講書の講師である多人長が、古文献（この場合は原古事記）の用字法の不統一を整理することが可能かどうかを、批判してほしい（できれば、私が参考にした毛利正守氏の説を含めて）。そのような批判なしには、山口氏や大野氏の私説批判を認めるわけにはいかない(3)。

このように私は書いたが、山口佳紀の私説批判は、私の原稿を載せた「国文学」に掲載されていたのだから、当然拙論を読んでいるはずだ。また大野晋は国文学・言語学の泰斗であり発行元の学燈社が雑誌「国文学」を寄贈しているから読んでいるはずだが、両氏とも反論を載せていない。

（〈論文ではないから敬称で書く。〉私事だが大野晋先生とは旧著『古事記成立考』を贈った時にはすぐ電話があり、大野先生とは江上波夫・大林太良先生らと共に、韓国旅行も一緒に行ったり、先生がタミル語の研究のためインドへ留学して帰国後、その報告を電話で受けたり、私も大野宅を訪問し話し合う仲であったが、この拙稿については私への電話はなかった)。

大野晋は日本古典文学大系『日本書紀　上』(一九六七年　岩波書店)の訓読についての解説で、次のように書いている。

いわゆる『弘仁私記』は、単に弘仁時代に至ってはじめて行った訓釈だけを筆記した著作ではなく、奈良時代に文字化されていた訓注を包摂したものと解釈される。ことに、墨書の傍訓が多い中に、特に弘仁説と朱書された訓注に、かかる上代特殊仮名遣上の事実が見られるのは、弘仁時代以前に、その部分を含む何らかの成書が存在し、それからの引用であることを想像させる(傍点引用者)。

大野晋が多人長の『弘仁私記』にみられると書く上代特殊仮名遣は、「コ」の甲類・乙類の二音の区別であって、「モ」の二音(「毛」と「母」)の区別ではない。しかし「コ」の二音の書き分けも、多人長は弘仁時代以前の「何らかの成書」を見て、『弘仁私記』に記しているのだから、現存『古事記』の「モ」の二音の書き分けも「何らかの成書」を見て書いたのである。その「成書」を私は原『古事記』と推測する(原『古事記』については第十二章・第十三章で詳述する)。

『古事記』は一九八例の「モ」の二音の書き分けを、一つも間違えずに整理・統一している。この事実は意図してふぞろいの「モ」の二音を整理・統一したことを示している。このようなことができるのは、弘仁三年(八一二)と四年に『日本書紀』の訓み方を講義した多人長なら可能であろう(『弘仁私記』はその講義の記録)、今風に云えば多人長は大野晋や山口佳紀のような国語・言語学者であったからである(旧版『古事記成立考』の上代特殊仮名遣についての私見を読んで、私見に賛成し多人長なら書き分けが出来たと主張する板垣俊一の見解は後述する)。

西條勉の上代特殊仮名遣の私見への批判と反論

西條勉も上代特殊仮名遣についての私説を批判する。しかし大野晋・山口佳紀と違って、私が述べている多人長の存在を無視せず、次のように私説を批判する。

大和岩雄氏は「上代特殊仮名遣、特にモの二音を研究した橋本進吉氏、有坂秀世氏、池上禎造氏、大野晋氏なら、万葉集や日本書紀より古い用法ができるであろう」と述べて、多人長をこれらの人々と同列視している。けれどもこれはほとんど信じがたい。橋本氏をはじめとする国語学の権威がモを書き分けられるのは確かであろうが、それは古事記の存在を前提にするからだ。もし古事記がなければモの二類は世に知られないことであるから、いかなる国語学者もそれを書き分けられない。人長が古訓に通じていたとしても、古事記を見なければモを区別するすべはなかったはずだ。[4]

西條勉は多人長を取り上げているが、私が前述したように、旧版『古事記成立考』で「多人長のような古語にくわしい人物によって、原古事記にあった『毛』と『母』の表記を意図して整理したと解釈しなければ、理解できないのである」(傍点引用者)と、多人長と共に「原古事記」を明記しているのに、「原古事記」をまったく無視している。西條勉が引用する文章に続けて、私は旧著『古事記成立考』で次のように書いている。

古い「モ」の二音の使い分けも、前にも書いたように原古事記にあった「モ」の用法を、現存

『古事記』の編纂のさい、古さを示す例として残したのである。二百余例のうち一字の混用もなく整然と書き分けられている事実が、逆に新しさの証明である。毛利正守氏もこう書いている。

「たとへば一例『モ』について考へてみるならば『毛』の仮名の全用例一〇（歌謡以外）に音注が付されてゐないが、この仮名は古事記撰録以前の所謂原古事記の仮名のあらはれとみることが可能である。即ち『モ』の二種（甲類と乙類）の書き分けは最終的には安万侶によるわけであるが、記紀の成立年代や他の文献との関係からして、当時発音の上でその区別のなかつたと考へられるとき、安万侶がそれらを書き分けてゐる理由は、すでに原古事記にあつたためと考へられるからである。だから『毛』を含む仮名に音注を付してゐないのも、やはり原古事記において仮名書になつてゐたためと云へると思ふのである」（「古事記の音注について〈下〉」「芸林」一八巻二号。傍点は引用者）

音注が従来の説のように「訓み」を示す注なら「モ」のような古いとされる仮名にこそ音注をつけるべきなのに、「毛」にも「母」にもついていないのは、原古事記にあったからと毛利氏はみている（中略）。

私も「モ」の二音は原古事記にあったと考えるが、序文の和銅五年を無視するので、安万侶にこだわらない。毛利氏も書くように、安万侶の頃はすでに「モ」の二音を明確に区別する習慣がなかったのに、原古事記にあったために安万侶が書き分けたとするなら、安万侶でなくても、新しい『古事記』を編纂する場合、古い音訓について深い関心と知識があるなら、原古事記をみて書き分けることは可能であろう（八七頁～八八頁）。

更に私は次のように原古事記についても書いている。

黒沢幸三氏は『古事記』のワニ氏系伝承には息長氏を介在して考えるべきであろう、と述べている（「古代息長氏の系譜と伝承」「文学」三三巻一二号）が、息長氏の七世紀における皇妃出自氏族としての力や、息長系譜の特別扱いからみて、息長氏というより、七世紀における息長氏系を中心とした後宮の力が、強く原古事記に影響しているとみてよいであろう。

原古事記ともいうべき「フルコトブミ」は、息長足日広額天皇という諡号をもつ舒明天皇の皇后で、本人も息長系の出身である皇極（斉明）天皇の後宮で、生れたのではなかろうかと推測するのである（二三八頁）。

また、最終章で要点をまとめ、次のようにも私は書いた。

原古事記の最初の草稿は、女帝皇極、斉明朝の後宮で生れ、天武・持統朝の後宮によってまとめられたものとみる。その後宮の『古事記（ふることふみ）』に平安朝初期に序文をつけ、本文の表記の内容にいくらかの加筆、修正を行って完成したのが、現存『古事記』であろう。

このように私は「原古事記」を前提にして、現存『古事記』の成立を主張しているのに、西條勉は誤読して、というより見落して、私説を批判しているのは、大野晋・山口佳紀と同じである。このように大野・山口・西條ら国語学者たちが、私説をよく読まずに批判するのは、私の見解が専門学者の見解でなく素人の見解だからであろう。

板垣俊一・西宮一民の上代特殊仮名遣の見解

大野晋[1]・山口佳紀[2]・西條勉[4]らの私説批判は、旧版『古事記成立考』をよく読まず、批判しているが、逆に同じ国語・言語学者の板垣俊一は、私の『古事記成立考』を読んで、古事記学会の機関誌『古事記年報 二一』（一九七九年）に、「多氏と古事記」と題する論考を掲載し、次のように述べている。

大和岩雄氏は、古事記の〝モ〟の甲乙二類が「原古事記」によった書き分けであるとして、「このようなことのできる古い音訓を伝えていた家がオホ氏である。大歌所にかかわる以上、歌謡の訓みは厳密に伝承されたであろうし、神名の訓みは特に正確さを要求されたであろう（『古事記成立考』）と述べ、また「そうした正確な訓み、つまり古い訓みを伝承しているオホ氏だからこそ、弘仁年間の『日本書紀』の講師として、多朝臣人長が選ばれ、『弘仁私記』を記録することにもなったのである」（前掲書）と述べておられるが、安万侶にしろ誰にしろ古事記の成書化に多氏がかかわっているとするならば、人長に限らずその筆録者は上代特殊仮名遣を知識として知っていたにちがいなく、甲乙二類の区別も最早カーボン14の役割は果たせないのである。

さらにいうならば、多氏の者のたずさわったとおぼしき平安朝初期の音仮名文献として『琴歌譜』がある。今日伝わる写本は天元四年（九八一年）に書写されたものであるが、その成立は平安朝初期とされている。これは、いわば用字に関する歴史意識をもたずに書いたものであるために、その書かれた当時の音韻状況をそのままとりこむことになったものであろう。琴歌譜にのる祭式的な歌謡は、実際の声の演奏による伝承が次第に文献に先行したものと考えられるが、とにかく〝コ〟のみは甲乙二類を正確に使いわけているのだから、それ以外の音節においても上代特殊仮名遣によって書き分けることは、多人長に限らず、当時の人々にとってはそれほど至難のわざではなかったと思われるのである。

さて、弘仁年間の講書に於ける書紀の訓注が、鎌倉時代後期書写の卜部兼夏筆神代紀に数例残っている。いささかの資料といったのはこのことであるが、その『弘仁記説』等と注記された訓注は、大野晋氏によれば、上代特殊仮名遣に合致しているという（日本古典文学大系『日本書紀』解説）。まさしく多氏が古い仮名遣を平安朝の初期にまで知識として受け継いできた証拠といえる。(5)

このように板垣俊一は書き、平安時代初期の上代特殊仮名遣の表記を九例示して検証し、「上代特殊仮名遣によって書き分けることは、多人長に限らず、当時の人々にとってはそれほど至難のわざではなかった」と書いている。(5)

旧版『古事記成立考』の上代特殊仮名遣の「モ」の二音についての私の論考について、大野晋・山口佳紀・西條勉と板垣俊一では、まったく正反対の読み方・理解をしている。このように私見をきちんと読んでいる学者もおり、よく読まずに私見を批判する学者もおり、人さまざまである。

私説の上代特殊仮名遣についての見解については、私説を厳しく批判する西宮一民は、大野晋らと同じ国語・言語学者として第一人者の碩学だから、当然、真先（まつさき）に反論してもよいはずだが、上代特殊仮名遣についての私見についての批判はまったくない。理由は次のような見解をもっているからである。西宮一民は「古事記の仮名モの意図」で、「モ」の二音の書き分けを検証し、次のように書く。

その昔、中央で発音し分けられてゐたモの音節は、人麿の歌の時代（六八九〜七〇〇年）にはすでに消滅してゐたといふことであつた。従つて、古事記（七一二年）にモの二種の書分けがあることは、安萬侶自身がモの二種の発音のし分けができたからなのではなく、安萬侶が、その昔の音韻を假名遣的に再現しようとする意図があつたからだと理解すべきものとならう。

昔はモの二音があつたといふことを知つてゐて、假名遣的に書分けてみようといふ気持さへあれば、さほど困難なことではなかつたのではないか。[6]

と書いている。「昔はモの二音があつた」ことを知っている後代の人なら、上代特殊仮名遣の書き分けは、「さほど困難なことではなかつた」と主張する西宮一民の見解に、私は注目したい。

旧版『古事記成立考』で述べた私の見解

旧版『古事記成立考』で私が述べた上代特殊仮名遣の「モ」の甲乙二音の書き分けについては、一部は前述したが、批判者はよく読まずに批判しているので、長文になるが私が三十三年前に書いた見解を示す。私見をよく読んでいれば、大野晋[2]・山口佳紀[1]・西條勉[4]のような私見批判は生まれなかったはずだ。まず旧版『古事記成立考』の六七頁で、私は次のように書いている。

大野晋氏のいうとおり「平安時代の人」は（上代特殊仮名遣を）「言い分けもせず、聞き分けもしなくなっていた」としても、古語を研究していた当時の学者も同様とみてよいであろうか。

例えば、上代特殊仮名遣、特に「モ」の二音を研究した、橋本進吉氏、有坂秀世氏、池上禎造氏、大野晋氏なら、『万葉集』や『日本書紀』より古い用法ができるであろう。

大野晋・山口佳紀・西條勉の諸氏は、私が六七頁に書いたこの文章だけを読んで、後につづく文章を読まず、私見を批判しているのである。理由は前述したように、私が国語学・言語学の専門学者の大学教授ではなく、一介の出版社の経営者で素人に過ぎないからであろう。その私に対して三氏は、国語学・言語学を専門とする高名な大学教授たちであるから、ここに示した文章の後につづく、私見を詳細に説明している文章を無視し、読まなかったのである。したがって前述の文章の後に、私がどのように書いているか（六九頁〜七二頁）、長文の引用になるから大意を示す。

和銅五年成立のように序文を偽作した以上、本文も古い用法の仮名遣にする必要があったのであろう。

有坂秀世氏は「古事記に於けるモの仮名の用法について」（『国語音韻史の研究』）で、「古事記中、毛の用例は四十八個、母の用例は百五十余個に及んでいるが、両者は截然と使い分けられて、一つの例外もない」

と書いている。このような正確さは古さの確証ではなく、古語を研究した学者が意識的に使い分けたための正確さである（傍点引用者）。

有坂氏も同時代の多くの書物（『日本書紀』『万葉集』『風土記』）で、毛と母が使い分けられず混用されている事実をあげて、太安万侶の同時代人は「モ」の音韻の区別ができなかったのだから、安万侶が自由に仮名を用いて古語や古歌を書けば、「二百有余の用例の中で一つや二つの混用の例を作らない筈は無いのに、まったく一つも混用していないのは、どう考えてみても、『古事記』に於ける毛と母との使い分けは、安万侶自身の言語に存した音韻上の区別に基くものであったと考えるより外は無いのである」と述べており、「モ」の二音の整然とした使い分けは『古事記』編者の意図的な音韻上の区別と書く。

そしてこのような区別の出来るのは、安万侶が「当時相当の年輩の人であった」からと書き、「音韻状態の変化しつつある過渡期に於て、既に一般の人々には忘れられてしまった音韻上の古い区別がただ少数者の高齢者のみ記憶されていることは有り得べきことである」と書く。しかし有坂氏は別のところで、『万葉集』巻五で「モ」の仮名の使い分けをしている大伴旅人や山上憶良は、「いずれも当時七十代又は六十代の高齢者であった」が、巻五の使い分けは不統一であることを認めている。高齢者は古い表記の使い分けはできても、二百余例を一つも間違わず使い分けはできていない。二百余例が一つの混用もなく、整然と使い分けられている事実は、整理統一した人物が高齢者であったのではなく、「モ」の二音の使い分けがあった原古事記の表記をみて、更に整然と整理したからであろう。

あまりにも整然とした古語表記があるために、逆に不自然さ（万葉集巻五の用例とくらべてみても）が目だつのである。「モ」の甲類乙類の整然とした使い分けは、現存『古事記』の古さのキメテでなく、序文と同様、意図的な偽作のキメテと考えられるのである。

このような見解を要約して私は述べたが、更に次のようにも述べている（八八頁〜九一頁。この文章は大意でなくそのまま全文を引用する）。

毛利氏も書くように（「古事記の音注について〈下〉」「芸林」一八巻二号）、安万侶の頃はすでに「モ」の二音を明確に区別する習慣がなかったのに、原古事記にあったために安万侶が書き分けたとするなら、安万侶でなくても、新しい『古事記』を編纂する場合、古い音訓について深い関心と知識があるなら、原古事記をみて書き分けることは可能であろう。

このようなことのできる古い音訓を伝えていた家がオホ氏である。大歌所にかかわる以上、歌謡の訓みは厳密に伝承されたであろうし、神名の訓みは特に正確さを要求されたであろう。（補記・大歌師のオホ氏の家には平安時代初期の『琴歌譜』が秘本としてあったが、この秘本では古い歌詞の訓み方をくわしく述べている）。

そうした正確な訓み、つまり古い訓みを伝承しているオホ氏だからこそ、弘仁年間の『日本書紀』の講師として、多朝臣人長が選ばれ、『弘仁私記』を記録することにもなったのである。

弘仁の日本紀講筵は、『日本書紀』が成立した養老年間の講筵以降、はじめて行われた日本紀講筵である。その講師として選ばれた多人長が、どういうところに重点をおいて執講したかについては、その序にくわしい。

『弘仁私記』序は後から付加されたようであるが、多人長の執講の態度を伝えているとみてよいであろう。序によれば、特に『日本書紀』の第一巻第二巻を重点的にやったとある。なぜならば、

神代語多二古質一授受之人動易訛謬

だったからである。このような古質の多い神代語の訓みを正確に知っていた人物が、博士多人長である。（補記・矢田部公望は承平六年（九三六）におこなった『日本書紀』の講筵の記録の『承平私記』で多人長の古語の訓み方を参考にし、多人長を「文章博士」と書いている）。このような人物だから、現代の言語学者が可能なのだから、彼ならば原古事記にあった古い「モ」の二音を正確に使い分け

ることぐらいは、容易であったろう。

『弘仁私記』序において、はじめて現存『古事記』の存在を明らかにされているが、『私記』序は現存『古事記』と太安万侶の宣伝のために書かれたと思えるほど、『古事記』に関して書きたてていることからみても、多人長と現存『古事記』の関係は無視できないのである。

いずれにしろ、神代の巻の訓みに最大の関心を払った多人長の『日本書紀』執講と同じく、『古事記』の注も神代の巻に集中している（訓注は中巻は一例、下巻は二例のみ）。（中略）

武井睦雄氏は……「訓注を附せられた語は、従って、当代において、すでに古語であったもの、ないし、まれにしか用いられなかったであろう語、であり、かつその語形を正しくよまれることを要請された語であったものが、すくなくないと考えてよいであろう」と書いている（「古事記訓注とその方法」「国語学」五九号）。

つまり「授受之人動易訛謬」の語に訓注を附したのである。

このように訓注の例をとりあげてみても、多人長の『日本書紀』執講の方法と一致するのである。「モ」の二音の使い分けが、現存『古事記』では『万葉集』巻五のように混在しておらず、整然と一字もまちがわず使い分けられているのは、多人長のような人物が、「古質」をいかすために工作をした結果であろう。そうでないとしたら、『万葉集』の巻五のように「モ」の二音が使い分けられているものや、いないものがあるほうが自然である。原古事記はそうであったろう。

いずれにしろ、現存『古事記』の表記や注は、弘仁年間の多人長のような人物によって書かれたものと推測されるのである。

大野晋氏も『弘仁私記』に奈良時代の上代特殊仮名遣による仮名の用例があることから、「いわゆる『弘仁私記』は、単に弘仁時代に至ってはじめて行った訓釈だけを筆記した著作ではなく、奈良時代に文字化されていた訓注を包摂したものと解釈される。ことに、墨書の傍訓が多い中に、特に弘仁説と朱書された訓注に、かかる上代特殊仮名遣上の事実が見られるのは、弘仁時代以前に、その部分を含む何らかの成書が存在し、それからの引用であろうことを想像させる」と書いている（『日本古典文学大系　日本書紀（上）』（岩波書店）の大野晋の訓読についての解説）。

ということは、『弘仁私記』を書いた多人長は、奈良時代の上代特殊仮名遣を知っていたことになる。上代特殊仮名遣の使用をもって時代の新旧の判断にすることができないのは、『弘仁私記』に上代特殊仮名遣が使用されているからといって、奈良時代に『弘仁私記』ができたといえないことからも明らかである。古語を知っている人物なら、時代が下っても使用できるのである。個人の資質の問題である。

とすれば、多人長のような人物が現存『古事記』を編纂したとしたら、『弘仁私記』の例からみても、「モ」の甲類・乙類の使い分けがあったとしても、そのことをもって従来の説のように、現存『古事記』の成立を『日本書紀』の前にもっていく必要はないであろう。まして『万葉集』巻五とちがい、二百余例のうち一字もまちがわず整然と区別されていることは、多人長のような古語にくわしい人物によって、原古事記にあった「毛」と「母」の表記を意図して整理したと解釈しなければ、理解できないのである。

長々と旧版『古事記成立考』に書いた文章を引用したのは、この文章を読んでいれば大野晋・山口佳紀・西條勉のような批判はなかったであろう。しかし三人の専門学者は素人の文章など無視して読まず、私見を切り捨てたが、前述したように専門学者の板垣俊一は私説をよく読んで、古事記学会の機関誌『古事記年報二一』に、私見に賛成した論文を発表しているのである。

小林芳規の『古事記』の訓注論をめぐって

現存『古事記』の訓注・音注についても、『古事記』の新しさが目につく。小林芳規は「古事記の用字法と訓読の方法」と題する論文で、『日本書紀』の訓注では漢字一字・二字の場合もあるが、三字以上の語句や連句を抜き出した例が少なくない。この用法について小林芳規は、「文乃至は語句の全体を理解した上で、その理解に相応する日本語の文乃至は語句を充るという、古代の訓読の方法を窺わしめるものである」と書く。しかし「一方の『古事記』にはこのような例がなく、個々の漢字（一字に二字連合した）ごとの訓が特徴」と書き、「『古事記』のような個々の漢字ごとに訓する即字的訓読は、平安朝以降にみられる」と書いている（傍点引用者）。そして平安朝以前の古い用法の、一字返読の方法、一漢字に二語が充てられる訓法、二漢字に一語を充てる訓法、多漢字に多語を充てる訓法、読添語を含む訓法、助字の訓法などについて、詳細に実例をあげて述べ、このような訓注が『古事記』にないことから『古事記』の訓注は「平安朝以降にみられる訓注だ」と書き[7]、更に次のように書いている。

右の諸訓法を通じて、日本書紀訓注と古事記訓注とは、訓読という点において、大きな相違があることが分った。その相違は、両訓注の本質的な差に係ると予想される。この中、日本書紀の訓注に共通して見られたのが、古代の訓読法を示している事であって、そこに、書紀の訓注が、外国語としての漢文で書かれた本文を、訓読して理解する立場のものであることが判明する。

これに対して、古事記の訓注は、漢字毎の訓を問題としているのであって、漢文が文・句を構成した場合の訓読の方法は問題となっていないようである。漢文の訓読が問題とならず、各漢字毎の訓が問題となるのは、上代の文字生活の中で、如何なる場面であるのか。訓読が外国語（又はそれに近似）としての漢文を日本語によって理解する立場であるならば、漢字毎の訓が問題となるのは、一つの漢字とそれに対応する訓との関係を活用して、日本語の文章を表現するのに、訓に対応する漢字を並べ列ねて、その漢字で表記する立場である。この訓と漢字との対応が定着し、一定の訓は所定の漢字で表すという関係が、習慣的に成立し、或る範囲の識字層に通用する社会性と体系性とを帯びたものが、はじめに述べた訓漢字である。[7]

このように小林芳規は書くから、「古事記の訓注は、訓漢字で表現する基盤の中に成った」と書き、「訓漢字で表現する基盤」がつくられた時代は、訓と漢字の対応が「定着し」、一定の訓を所定の漢字で表すことが「習慣的に成立し」、それが通用する「社会性と体系性」のある時代とみて、そのような時代は主に「平安朝初期」と書いている。しかし小林芳規は序文の和銅五年（七一二）成立を認めるから、主に平安時代初期にみられる用法が『古事記』にあるのは、「太安万侶の先駆的創始による用法」と書き「平安朝初期」の用法を、百年ほど前の和銅年間に、太安万侶が「先駆的」に「創始」して用いたと書く。[7] このような書き方は、大野晋が清濁表記について、小林芳規と似た見解を述べているのと重なる。[8]『古事記』の成立を序文の書くとおりに信じるとすれば、小林芳規や大野晋のような書き方しか出来ないのである。しかし第五章でくわしく書くが、訓注表記だけでなく、他の表記でも平安時代初期の用法がみられる。これらの表記をすべて太安万侶の先駆的な特異な才能でかたづけられない。第七章で詳述するが、太安万侶は有能な高級官僚であっても、安万侶の時代より百年も後に用いられている表記を、「先駆的創始」するほどの、言語学的知識・能力は、太安万侶には認められないからである。

毛利正守・小林芳規の『古事記』の音注論

このような問題は『古事記』の音注にも見られる。私は旧版『古事記成立考』で、次のように書いた。（八一頁〜八四頁）

音注を従来の通説のように「訓みやすく」するためにつけられた注とみると、不統一が目につく。毛利正守氏は「訓み」に関して付された注でないとして、次のように書いている（「古事記の音注について〔上・下〕」「芸林」一八巻一号・二号）。

一、一文字に二音節を含む仮名に付した例、印色入日子命（印色三字以レ音）この他三例

二、訓みを示した注に解すると矛盾する例、即其御頸珠之玉緒母良邇（此四字以レ音下效レ此）取由良迦志而、この他二例

三、この注し方で「訓める」ならばこの注がなくてもほとんど「訓める」に等しい例
佐和佐和邇（此五字以レ音）　登遠遠登遠遠邇（此七字以レ音）　内者富良富良（此四字以レ音）　外者須夫須夫（此四字以レ音）その他

などをあげて、従来の通説に疑問をなげかけている。また「訓みやすくする」形をとっていな

い例として、
一、音注の有無の基準が「読み難い」「訓みやすい」では考えられない例
二、同一字句にして後出するものに付した例
三、注があることによってかえって混同する例
などを、前に示したような実例をあげて述べている。だから一見不統一や矛盾のようにみえるのは、音注を訓注と同じように解釈するからとみている。訓注に一つの原則があるように音注にもあり、原古事記の漢字表記を音仮名に改めたものに、「此字以レ音」と注記したと毛利氏は推測している。

というのは、『古事記』のような音注の例（三〇二例）は、『古事記』以外の文献にみあたらない『古事記』独自の特殊な注であるが、このような注をつけたのは、安万侶が原古事記を音仮名表記に改めたので、ここは改めたということを明記するためにつけた注だから、他の文献にはみあたらないのだと、毛利氏は考えている。

だから音仮名に「此の字は音を以ふ」と注記のあるのと、ないのとがあり、重出する例や、後から出た字に音注を付す例や、注がなくても訓める例や、かえって注があるため混用する例もでてくるのである（「古事記の音注について」［上］［下］「芸林」一八巻一号）。この毛利説を小林芳規氏は認めて、次のように書いている。

「古事記の本文には、音注を明示した所が約三〇二箇所ある。この音注の性格について、毛利正守氏は詳細に検討された結果、『原古事記』の漢字表記を音仮名に改めたものに注記して、安万

侶が自ら採った態度を注で明記したものと解された現存古事記において、音仮名で表記されても音注が附せられないものは、『原古事記』でも音仮名であったというのである。

音注についての氏の説は、訓注についての上述の考え（訓漢字の体系の枠からはみ出したものにつけられた注）と併せて見る時、特に訓注の音仮名の語句と音注のそれとが、左の如く一致することにおいて、大きな興味が抱かれるのである。

漏出所成神名（訓漏云久伎）
自我手俣久伎斯子也（自久下三字以音）

立（訓立云多々志）天浮橋而
於天浮橋多々志（此三字以音）

衛陰上而死（訓陰上云富登）
其美人之富登（此二字以音下效此）

音注の例には、

内者富良富良（此四字以音）　坐良志（此字以音）　有那理（此二字以音下效此）　吐散登許曾（此三字以音）　垂麻弖焼挙（麻弖二字以音）

の擬音語やテニヲハの如く漢字表記の困難なものがあり、これらまで『原古事記』で正訓の漢字表記であったか否かを測り難いが、要するに新たに、安万侶が、自らの表記体系の枠づけをしたことは考えうることである」（「古事記の用字法と訓読の方法」「文学」一九七一年十一月号）。

ところで、『古事記』序文では注について、こう述べている。

辞理の叵（がた）見えきは、注を以ちて明らかにし、意況の解り易きは、更に注せず。亦姓に於きて日下を玖沙珂と謂ひ、名に於きて帯の字を多羅斯と謂ふ。此くの如き類は、本の随に改めず。

本（原古事記）のままに改めない字が「訓漢字の枠外」にある場合、訓注を付したとするのが小林説である。音注は原古事記の漢字表記を音仮名に改めたものに付した注とするのが毛利説である。両氏の説によれば、訓注は原古事記の表記のまま、音注は表記を改めたものである。このような注の使い分けを、小林芳規氏は、新しい表記体系の枠づけとして、安万侶の用字法とみるが、このような現存『古事記』の「新しい表記体系」が、『日本書紀』の成立以前にあったとすると、その理由づけに苦しむのである。

小林氏は『日本書紀』の注のつけ方を古い用字法としているのだから、「新たに安万侶が、自らの表記体系の枠づけをした」と書くが、「新た」をなにに対しての「新た」と解釈しているのであろうか。『書紀』のような古い用字法に対しての「新たに」であろう。いずれにしろ、小林芳規氏、毛利正守氏の訓注、音注の研究からみても、現存『古事記』の用字法は、『日本書紀』より新しいのである。

旧版『古事記成立考』の文章を長々と引用したのは、すでに三十四年前の旧著で、上代特殊仮名遣の「モ」の二音の書き分けだけでなく、『古事記』の音注・訓注の例を示して、現存『古事記』の新しさを私は示していることを、明らかにしたかったからである。

西川順土の『記』の訓注は『紀』によると見る説

皇学館大学教授の西川順土は「古事記と日本書紀――書紀訓注を中心として――」と題する論考で、(9)

四神出生について『日本書紀』につく訓注と、『古事記』が本文に書く記述を検証して、「古事記は書紀訓註を素直に受けてこれを仮字書にしていることがわかる。それは前後の文も近い関係を示している事からも裏付けられる」と書く。また『日本書紀』の第六の一書の「顕国玉神顕此云宇都斯」について、『古事記』は「宇都志国玉神宇都斯三字此音」とあるので、「書紀の訓を古事記はそのまま採り、音註を加えたとみてよい」と書く。

また、スサノヲノミコトのオロチ退治の条に、次のように書かれている例を示し、

（紀本文）頭尾各有八岐眼如赤酸醬赤酸醬此云阿箇箇鵝知

（記）　彼目如赤加賀智此謂赤加賀知者今酸醬者也

「古事記は書紀の訓をそのまま踏襲するか、酸醬は本来赤いものとする考えがあっての故か、〝赤〟の字を略して酸醬とした上でアカカガチと言う。和名抄も酸醬と記しているところによると本来〝赤〟の字は不用であったかもわからない。又古事記はこの語には音註の指示をしていない。凡らく漢字の部分（酸醬）を重視したためであろう。何れにしてもこの註によっても記紀両者は密接な関係をもっていることは言うまでもない。書紀は漢字の語句の訓はアカカガチである。とするのに対して、古事記はアカカガチは酸醬のこととする。言わば仮名書のもとの意味を示したものである。アカカガチの語では古事記編者には意が通らない為に酸醬のことであると言う、言わば語釈である。大蛇の目の形容として書紀は実感を適切な語彙で表したと言えるが、古事記はアカカガチの訓では註記を必要としたわけである。ここは書紀の訓註にひかれた為にこうした差異が生じたと考えたい」と述べている（傍点引用者）。

また、クサナギノツルギについても、

（紀本文）　此所謂草薙劒也

（記）　是者草那芸之大刀也那芸二字以音

とあるのを、「草、大刀は既に知られている常用語で薙をナギと訓む書紀の訓を知っての上のことで、草ナギ刀に対して書紀が改めて薙の字を宛てたとする古事記先行の姿ではないと思う」と書き（傍点引用者）、その他いくつかの例をあげ「古事記は現存書紀との対照に於てもその新しさを示す」と結論している。[9] そして西川順土は太田善麿が「古事記の新しい研究とその方法」で、「日本書紀の原資料的なものと、古事記の原資料的なものと共通するかと思われるようなものの取扱い方については、古事記のほうが日本書紀より新しいのではないか」（傍点引用者）と、二、三の例証を提示して書いていることを示し、西川説の裏付にしている。しかし「本稿は一応の問題提起としておきたい」と書き、[10]『古事記』が『日本書紀』より新しい成立を主張しないのは、小林芳規と同じに[7]『古事記』の和銅五年成立を否定できないでいるからである。西川順土は『日本書紀』を見て『古事記』は注をつけているると書くが、その注の大部分は上巻（神代記）である。多人長は『日本書紀』の上巻（一・二巻）の読み方を主に講義しているから、西川順土の書く『古事記』の注記の例は、多人長がつけたと見れば矛盾なく説明できる。

太田善麿は『日本古代文学思潮論（Ⅲ）――日本書紀の考察――』で、『古事記』の訓注と『日本書紀』の歌謡の仮名の「特定部分との関係が認められる」ので、『古事記』は『日本書紀』を見て訓注をつけたのではないかと考えたいが、序文によれば『古事記』は『日本書紀』以前に成立しているので、太安万侶が『日本書紀』に関与していたと見て、『記』から『紀』へを説明しようとしているが、[11]この事実は養老四年（七二〇）成立の『日本書紀』が、和銅五年（七一二）成立の『古事記』より新しいことになってしまう。成立時が遅い『紀』が『記』より古いといっても、八年後の成立だから、編集方針の違いから『紀』は『記』より古い表記を用いたか、太安万侶が時代に先んじた新しい発想で表現したか、どちらかだろうと説明する見解も出そうだが、第五章で詳述するが、そういう見解は成り立たない（序章で例示した『古事記』の和邇・丸邇表記が平安時代初頭以降の表記であることが、その一例である）。

〔注〕

（1）山口佳紀「上代特殊仮名遣い研究から見て古事記偽書説は成り立つのか」「国文学」一九八〇年十一月号　学燈社

（2）大野晋『日本語の世界（1）』一三八頁（岩波書店　一九七九年）

（3）大和岩雄「『古事記』の成立と上代特殊仮名遣――山口佳紀氏・大野晋氏の批判に答える――」「国文学」一九八一年一月号　学燈社

（4）西條勉「偽書説後の上表文――成立の根底に向けて――」『古事記の成立』所収（高科書店　一九九七年）

（5）板垣俊一「多氏と古事記――日本書紀・弘仁私記と古事記の成立論――」「古事記年報　二一」所収（古事記学会　一九七五年）

（6）西宮一民「古事記の仮名モの意図」『日本上代の文章と表記』所収（風間書房　一九七〇年）

（7）小林芳規「古事記の用字法と訓読の方法」「文学」一九七一年十二月号

（8）大野晋「日本書紀の清濁表記」『上代仮名遣の研究』所収（岩波書店　一九五三年）

（9）西川順土「古事記と日本書紀――書紀訓注を中心として――」「皇学館大学紀要」第一二輯

（10）太田善麿「古事記の新しい研究とその方法」「解釈と鑑賞」一九六〇年十二月号

（11）太田善麿「日本書紀と古事記序文」『古代日本文学思潮論（Ⅲ）――日本書紀の考察――』所収（桜楓社　一九六二年）

第五章

現存『古事記』の新しさを示す表記の検証

松本雅明の歌謡表記から奈良朝後期成立を主張する説

松本雅明は一九五二年に「紀記における異伝歌謡——古事記の成立年代についての一疑問——」と題する論考を発表している。松本は『記』『紀』に共通する歌を二十二例とりあげ比較・検証し、結論として『記』は『紀』よりリズムをもっており、歌唱法として「統一的な表現に変つてゐる」から、『記』は『紀』より新しいと書く。そして「歌謡をうつすために音をかりた漢字が、『紀』では四六六六字であるのに、『記』では一一八字であるのは、『記』が古く、『紀』において漢字に対する知識と興味が湧いてきたから複雑化したのだと説明されてきたが、むしろ『紀』に雑然ととられたものが、『記』において秩序づけられた結果減少したことを示している。それは安万侶が仮名の簡易化をはかり、国文の確立をはかつた、といふより、『古事記』がさういふ時期に撰録されたことを示してゐると見たほうが一そうよい」と書く(1)。

この論考を発表した二年後の一九五五年に、「さういふ時期」を奈良朝後期とみて、「史学雑誌」に「古事記奈良朝後期成立について」と題する論考を発表し、前稿の論旨を更に発展させ、『万葉集』『仏足石歌』『歌経標式』『琴歌譜』の一字一音仮名表記と、『記』『紀』の一字一音仮名表記と比較検証した表を示す(2)(次頁の表1は松本作成の表を更にわかり易く私が整理した表。表2は松本作成の表)。

定説では奈良朝の古典でもっとも古いのは『記』で、次が『紀』だが、『記』の仮名ともっとも共通するのは、なぜか奈良朝後期の『仏足石歌』『歌経標式』や平安朝初期の『琴歌譜』である。『紀』は『記』にもっとも近い古典なのに、共通する仮名は最少で、八〇%近くも相異する。このことは特

（表１）奈良朝古典の仮名と古事記

古典名	成立年代	全仮名数	記との比較			
			共　通		相　異	
			仮名数	%	仮名数	%
古事記		130				
日本書紀	720	447	95	21.3	352	78.7
万葉巻五	728-733	217	99	45.6	118	54.4
万葉巻十五	736-741？	158	77	48.7	81	51.3
万葉巻十七	746-748	160	87	54.4	73	45.6
万葉巻十八	748-750	141	72	51.1	69	48.9
万葉巻廿 Ⅰ家持	753-759	135	79	58.5	56	41.5
万葉巻廿 Ⅱ防人	755	152	90	59.2	62	40.8
仏足石歌	760年代？	83	60	72.3	23	27.7
歌経標式	772	89	56	62.9	33	37.1
琴歌譜	平安初期	107	67	62.6	40	37.4

（表2）特　殊　仮　名

古典名	全仮名数	特殊仮名	百分比
古事記	130	14	10.8
日本書紀	447	275	61.5
万葉巻五	217	53	24.4
万葉巻十五	158	37	23.4
万葉巻十七	160	32	20.0
万葉巻十八	141	26	18.4
万葉巻廿Ⅰ家持	135	21	15.6
万葉巻廿Ⅱ防人	152	19	12.5
仏足石歌	83	3	3.6
歌経標式	89	6	6.7
琴歌譜	107	4	3.7

殊仮名を見ても同じである（表2）。『記』の特殊仮名の使用は万葉巻二十の防人歌に近い。この事実から松本雅明は、現存『古事記』の成立を奈良朝後期、といっても終末期と結論するのである。(2)

歌謡表記の検証から『記』が新しいと見る梅沢伊勢三説

梅沢伊勢三は松本雅明と同時期の一九五五年一月に、『古事記年報　二』に「古事記及び日本書紀の字音仮名の性格」を発表し、同年四月に「芸林」（六巻二号）に「記紀歌謡の性格について」を発表している。この二つの論考は整理されて一九六二年刊の『記紀批判』に載るが、その論考ではまず記紀の表記の違いを示す。『紀』の「大蛇（をろち）」が『記』では「遠呂智（をろち）」、「鰐（わに）」が「和邇（わに）」、「煩神（わづらひ）」が「和豆良比能宇斯神（わづらひのうし）」、「泉津醜女（よもつしこめ）」が「予母都志許売（よもつしこめ）」になっているような例は、「枚挙にいとまがない」と梅沢伊勢三は書き、松本雅明と同じに「字音仮名を多く使用している古事記の文章は、漢字の日本文化を前進させている、ものとみるべきである」と書く(3)（傍点引用者）。

また「記紀の仮名文字の凡その傾向を見るために、『古事記傳』及び『日本書紀通証』の記すところによって、両書が仮名として用いている全文字を対比してみる」と書き、対比表を示している。その中の一部を示そう。

	〔記〕	〔紀〕
ア	阿	阿婀鞅
イ	伊	伊以怡異易
ウ	宇汙	于宇汙紆羽禹
エ	延愛	哀愛埃延詠叡曳（一字通音）
ツ	都豆	豆逗頭兎菟途砮突図都徒屠津
ナ	那	奈乃難儺那娜（二字通音）
ノ	能乃	濃弩奴努農那廼能禰（八字通音）
ハ	波婆	波婆破簸播幡皤巴絆麼磨縻魔（三字通音）
マ	麻摩	末馬麻摩磨魔莽（三字通音）
モ	母毛	毛母茂望謀謨模摸暮慕墓莽梅（三字通音）
ユ	由	山叟庾喩踰愈
リ	理	利梨唎里理離黎（一字通音）
レ	禮	例戻礼黎

ヰ	韋	為謂位威韋委萎
ヱ	恵	恵衛穢隈

この一部の例でもわかる『記』と『紀』の違いについて、梅沢伊勢三は次のように書く。

(1) 日本書紀に仮名数が多いこと。
(2) 日本書紀に可成り多劃の文字があること。
(3) 日本書紀には通音（一字で幾つかの音に用いられるもの）が多いこと。

の三つをあげ、「これを総じて、古事記に比較して書紀の仮名の方が複雑だということになる」と、傍点をつけて強調している。[4]

また字劃についても、「古事記では、五劃・六劃・七劃に字劃の最大頻数をみるのに、書紀においては九劃・十劃・十一劃・十二劃にこれをみる。更にその上下をみるに、書紀における少劃の文字の数は、古事記に比較してさほど大差を示していないのに、十三劃以上の多劃の文字の数は記に比較して圧倒的に多い。されば平均劃数においても、書紀の場合は古事記に比較して二劃以上多くなっており、総じて紀の仮名が複雑な文字を用いる傾向のあることが明らかである」と書き、この文章にも傍点をうって書き、表記は複雑から単純になるから、『日本書紀』より『古事記』が新しいとみている。そして自説を「紀前記後」説と書いている。理由は『古事記』の和銅五年（七一二）成立を認めるから、『日本書紀』は和銅五年以前に成立していたとみるからである。[4] としたら、なぜ『日本書紀』は養老四年（七二〇）成立と『続日本紀』は書くのか、説明すべきなのにその説明はない。「紀前記後説」を主張するなら、正史（続日本紀）に明記されている『日本書紀』の養老四年を無視するのでなく、序文のみにあって正史（続日本紀）が無視する『古事記』の和銅五年こそ無視すべきだろう。

高木市之助の記紀歌謡についての見解をめぐって

昭和十六年に刊行した高木市之助の著書『吉野の鮎――記紀萬葉雑攷――』所収の論考に、「記紀歌謡の比較に就て」が載る。[5]高木市之助は戦後『古事記總索引』を作成、刊行しており、[6]『古事記』の表記・用字研究の碩学である。高木市之助は記紀歌謡を比較検証し、「書紀歌謡の用字法が、記のそれに比べて、著しく複雑多様であるといふ事は、誰でも両者を一讀して分る事實である」と書き、松本・梅沢の両氏が指摘する以前に、既にこのことを述べている。そして理由を三つあげる。

第一に『日本書紀』は「當時の先進文化圏に對抗し堂々たる正史を備へよう」として、「努めて用字の範囲を擴げて複雑な姿を装ひ、かつ異字難字を羅列して字面に威儀を整へようとした」からだと書く。第二にそのような『日本書紀』の編集者と違って、太安万侶は「漢字漢文に對して」の関心がなかったと書く。第三に「書紀の編述に當つて使用した史料原典が『記』のそれと異なり、且その用字が比較的複雑多様であつた爲に、是等の用字をそのまま繼承した」から、「兩歌謡の間の直接の關係を否定してもよいのではなからうか」と書く。[5]

第一の見解については前述したように、松本雅明が記紀だけの関係でなく、『万葉集』『仏足石歌』『歌経標式』『琴歌譜』などの仮名（一字一音表記）との関係を示して、『記』の単純・統一は新しさを示しており、紀の複雑は古さの表現であって、「先進文化圏に對抗し」て、「複雑な姿を装」ったのではないことを論証している。[2] しかし高木市之助のような見解は大野晋も『上代假名遣の研究』で述べている（大野は呉音に対して紀は漢音を用いたから複雑になったとみる）。[7] 高木・大野のような見解が出るのは、表記は複雑・不統一から、単純・統一されていくのに、『記』と『紀』の関係だけは、その逆で古い『古事記』が単純・統一されていて、新しい『日本書紀』が複雑・不統一だからである。

第二の見解は高木市之助らしからぬ見解である。国語・言語学者の大野晋[7]・西宮一民[8]も、『古事記』序文の記述をストレートに信じるから、大野晋は太安万侶は文章表現について造詣が深く、清濁表記やその他の表記を、先駆的に表現していたと書く。[7] 西宮一民も、『古事記』の『日本書紀』にくらべて整理・統一された一字一音の歌謡表記は、太安万侶によって新しく発案・表記されたと書く。[8] 両氏は自分たちと同じ言語にくわしい人物と、太安万侶を見ているが、第七章で詳述するが、安万侶は有能な官僚だが言語にくわしい文人学者ではない。

第三は『日本書紀』は『古事記』を見ていないと考える主張だが、この主張は両書を比較検証して見れば当っている。だとすれば『日本書紀』編纂時に『古事記』は成立していなかったという見解が成り立つ。

このように高木市之助の三つの説明は説得力は弱いが、弱いのはこの三つの説明だけである。前述した高木市之助の諸論考は、いずれもすぐれた論考で、私は多くの学恩を受けている。特に「古事記歌謡に於ける假名の通用に就ての一試論」[9]は、綿密な検証と考究による論文である。

このような論考を書く碩学が、『記』と『記』の歌謡表記については、前述のような説明しかできない事実が、『記』と『紀』の成立にはある。もし現存『古事記』に序文がついていなかったら、

『記』の歌謡表記に対して、『紀』の歌謡表記が「複雑な姿」であることについて、もっと説得力のある説明を高木市之助はしたであろう。

そのことを「古事記歌謡に於ける仮名の通用に就ての一試論」と題する論考が示している。[9] この論考は五十五頁も占めているが、冒頭でなぜか、「古くは沼田順義、近くは中沢見明氏の偽書説がある」が、『古事記』は「決して偽書でない事は推定し得られると信じる者である」とことわりを入れている。なぜこの論文の冒頭でこのような文章を載せたか。二つの理由を私は第二章で書いたが（九一頁〜九二頁）、昭和十六年（一九四一）十二月に太平洋戦争が始まると、昭和四年（一九二九）に『古事記』偽書説を発表した中沢見明の著書『古事記論』は絶版になり、中沢が偽書説を云ったり書くことを禁じられた。なぜなら『古事記』は当時聖典化され、旧制高等学校・師範学校で、天皇や皇太子の不倫譚などが削られた『古事記』が教科書になっていたからである。

高木市之助の昭和十六年刊行の『吉野の鮎』に載った前述の論文は、昭和十年（一九三五）に発表されているが、松本信広は『日本神話の研究』の解説で『古事記』などの神話研究が、「伸びなやんだ原因の一つとして政治的要因があった」として、次のように書いている。

昭和九年に岩波書店が刊行した岩波講座『日本歴史』（九）に「日本神話に就いて」を寄稿したが、その中に「天照大御神には太陽神としての観念のみならず、これに仕うる女巫の性質をも多分に保有せられておるのである。神と巫との観念は、古代日本の宗教において混同せられておるが、古代の祭において神に扮する女巫または男巫は、それ自身神であり、神話はかかる儀式の印象を中心として生成して來たものである以上、その中に巫祝の痕跡を認めることは驚くにたらぬのである」と述べたが、この時編輯部では当局の忌諱に触れはしまいかと危惧していたという話を、黒板勝美さんから聞いた。[10]

なぜ「当局の忌諱に触れはしまいかと危懼」したか、今の人達にはわからないが、皇祖神の天照大御神を「女巫の性質をも多分に保有せられておる」と書いているからである。このような記述を危惧したのは昭和九年で、高木論文の発表される一年前である。この時期に松本論文を載せたら当局（当時の内務省）によって発売禁止になるのではないかと恐れる風潮があったのだから、勅撰書の『古事記』を疑うなどということは、もってのほかであった。したがって高木論文では、冒頭に多元的成立を主張しても、『古事記』偽書論者ではないとことわっているのである。

高木説に影響を受けて太田善麿[11]、直木孝次郎[12]、倉塚曄子[13]、木田章義[14]が、多元的成立を補強する論文を発表している。高木は『古事記』の歌謡表記だけでなく、本文と注の関係でも一元的成立を否定しているが、毛利正守も『古事記』の音注は原『古事記』の漢字表記を、現存『古事記』の編者が音仮名に改めて、「此字以レ音」と注記したと推論し、本文（原『古事記』）の筆者と本文の注者は別人とみている。[15]この毛利説には小林芳規も賛成しているが[16]、西條勉も本文と注の筆者は違うと主張している。[17]

高木市之助の『古事記』の多元的成立説

高木市之助は「古事記歌謡に於ける仮名の通用に就ての一試論」で、歌謡表記について六十頁弱のスペースをとって論じ、『古事記』の多元的成立を論証する。例えば「マ」は「麻」の九七％に対し「摩」はたった三％であることなど、「麻」と「摩」で差があり過ぎることをあげる。その例を表にし

（表3）

		歌謡	本文
カ	加	65%	25%
	迦	35%	75%
シ	斯	63%	42%
	志	37%	58%
ニ	爾	53%	15%
	邇	47%	85%
ク	久	93%	59%
	玖	7%	41%
マ	麻	97%	75%
	摩	3%	25%

て示す（表3）。

この表を見れば表記の違いだけでなく、「ク」の場合、「玖」は本文では四一％なのに、歌謡ではたった七％であり、その他の例でも歌謡と本文の使用例はバランスを欠いている。

また、「特に歌謡の部分に於て、吾々の注意を引く事は、或文字が或音を表す為に何十回乃至は百数十回を越えて慣用されてゐる間に介在して、之とは極めて不釣合ひに、或他の文字が、全篇を通じて唯一回二回又は三回しか使はれてゐない事である」と書き、その実例を多く示して、このような例から、「古事記の歌謡自體がその成立に於て一元的でなかつたといふ事である。即ち、古事記の撰録者は歌謡の部分に於て幾つかの記録を傳へてゐたので、是等の記録から『採摭』し構成して今日の形態が出來たのである」と書き、次のように結論する。

古事記成立の事情を推して行けば、それは他の方面からしばしば考へられてゐるやうに、安麻呂等の撰録によつて、新に文字的記載にまで書き下ろした、謂はば普通の創作過程に見られるやうな一元的成立に係るものではなく、その歌謡は、その散文の部分との間に、恰も散文の部分が訓注の部分に對すると同様に、別々の或は段階的の成立が豫想され、実に歌謡自體に於ても、個々の歌謡の多元的成立といふ事が想像されるのであつて、勿論そこには、是等成立のそれぐ＼の段階乃至部分に對する相當に有力な重要な變改構成が行はれ、その結果今日見るやうな一篇の古事記が成立したのである(9)(傍点引用者)。

このように「段階的成立」を予想している。しかし「段階的」と主張すると偽書説といわれるのをおそれ、「多元的」と書いているのである。

高木市之助・太田善麿・倉塚曄子が示す表記の問題点

高木市之助は以上のように結論し、『古事記』の多元的成立を主張するが、その例として次のような事実を示す。

二音に於ける邇爾兩字の通用は、種々の問題に關聯する極めて興味のある事實であるが、この通用を本假定に引きつけて考へて見るに、神語歌四首に於ける邇爾の通用は、邇十八字爾十二字で普通の混用であるが、神武天皇御東征の歌謠六首の中には邇は一字もなく、すべて爾である。所が同じく特別假名に縁のある、前出、酒樂之歌二首を見るに、逆に爾は一字もなくすべて邇を用ひて居り、少しく範圍を擴げ、特例假名が比較的偏在してゐる仲哀應神二朝の歌謠を通觀して見るに、ここにも唯一つの例外を除けば、すべて邇を用ひ、殊に、酒・可二字の特例假名を有する「許能迦邇夜云々」の長歌には十六の邇を有するにも係らず、唯一個の爾をも有たないのであつて、つまり邇と爾との通用關係に於て稀に見られる異常の偏倚は、上述特例假名の偏在と共に場所が一致してゐるのである(9)。

このように邇と爾に書き分けられている「ニ」の表記に注目している。高木市之助の『吉野の鮎』の初版が発行された昭和十六年(一九四一)九月より二カ月前の七月発行の「歴史と國文学」(二五巻一号）に、太田善麿の「古事記歌謡の原本に就いて」が載る。[11] この発表時期から見て、太田論文は高木論文を見ていないようだが、高木説が問題にしている爾・邇に、加・迦を加えて、主にこの表記が載る『古事記』の掲載場所の違いを、三分類している。その分類を示す（数字は歌謡番号）。

(イ)　加・爾　神武天皇記（10〜22）　允恭天皇記以下（79〜112）

(ロ)　迦・邇　仁徳天皇記前半（53〜69）　履中天皇紀（76〜78）

(ハ)　加・爾・迦・邇　崇神天皇記〜応神天皇記（23〜52）　仁徳天皇記後半（70〜75）

このような分類から太田善麿は、(イ)(ロ)(ハ)の三表記の歌群資料が存在していたことを推論する。(ハ)は(イ)(ロ)の資料を見ての表記とも考えられるが、(イ)と(ロ)の偏在は明らかに別資料で、同一人物によるとはいえないとみて、高木論文と同じに『古事記』の多元的成立を推測している。[11]

倉塚曄子は一九六五年に「旧辞に関する覚え書」と題する論考を発表している。[13] 倉塚論文は太田論文と同じに、加・迦、爾・邇、斯・志の表記について論じているが、冒頭で高木市之助の多元的成立論に賛意を述べている。しかし太田論文にはまったくふれていないから、太田論文は知らず、高木論文からヒントを得て、この論文を書いたのであろう。倉塚曄子はまず次の表（表4・一九四頁〜一九五頁）を示す（斯と志も例示しているが、ここで問題にするのは加・迦、爾・邇であるから、加・迦、爾・邇のみを例示する）。

この表の加・迦、爾・邇の分布は高木・太田論文が述べているのと同じに、B（神武紀）、E（允恭・雄略紀）には新字種の「迦・邇」はほとんど使用されていないから、倉塚も「カ・ニの各字種は、くしくも一致した偏倚の状況を示している」と書いている（但し、大田と倉塚では掲載歌謡番号に違いがある)。そして「迦・邇は古事記で常用されている以外には使用の極めて稀な、いわば万葉仮名全般からみた特殊仮名というべき字種と書き、次のように書く。

この両字(迦・邇)は、大野透氏の調査によれば、推古朝から奈良朝末に至る三十余の万葉仮名に関する諸文献中数種のものにしか現われていない。それらは少量の万葉仮名用例しか含まぬ主として古事記成立以後の文献なのである(傍点引用者)。

と倉塚曄子は書き、注に「大野透氏の調査によれば(『万葉仮名の研究』第四章第一節)、両字は記紀万葉以外では、迦は推古期遺文を除く金石文。邇は大宝・養老戸籍以外の大日本文書、風土記逸文、続日本紀、七代記歌謡にしか、現われていない」と書く。[13]「邇」は奈良時代末から平安時代初頭以降の表記であることは、序章で述べたが、前述したように高木市之助・太田善麿・倉塚曄子も「邇」を問題にしている。

『古事記』の平安時代初頭成立を示す「和邇」・「丸邇」表記

序章で例示したように『古事記』の「和邇」「丸邇」表記は、『日本書紀』『万葉集』『続日本紀』『姓氏録』『日本後紀』『続日本後紀』『文徳実録』などの諸文献の「ワニ」表記と比較して見れば、平安時代初頭成立であることを明示している。西宮一民は「和邇」「和爾」を「和迩」「和尒」と書く。西宮一民編・校注の『古事記』は、「邇」を「迩」、「爾」を「尒」と書いている。また西宮一民の大著『古事記の研究』に載る「太安万侶の文字表記の考察」の章では、「文字の書分けについて」の項で本文の音仮名一六二種を示し、「ニ」として「迩・尒・仁」と書くが、『古事記』本文には「邇・

（表4）

																				I								巻
							B													A								区分
行					崇神		神							武						神				代				天皇
8	7	6	5	4	3	2	1	20 20	9	8	7	6	5	4	3	2	1	10 10	9	8	7	6	5	4	3	2	1	歌謡番号
△ △	△ △ △ △	○ △	○	△			○ ○	○ ○					○ ○	○ ○	○ ○	○ ○		○	○ ○	○	○ △	△ △	○ ○ ○ ○ ○	○ ○ ○ ○ △	○ ○ △ △ △ △ △ △ △	○ ○ ○ ○ ○ ○ ○ ○ △ △ △		加・迦
○ ○	△ △	△ △	△	△ △		○			(△)	○ ○				○	○	○	○	○ ○ ○	○	△ △		△ △	○ ○ ○ ○ △ △ △ △	○ ○ △ △ △ △ △ △ △	○ ○ ○ △ △ △	○ ○ ○ △ △ △ △	○	爾・邇

																		III											巻
																		D											区分
恭							履中			仁												徳							天皇
4	3	2	1	80 80	9	8	7	6	5	4	3	2	1	70 70	9	8	7	6	5	4	3	2	1	60 60	9	8	7	6	歌謡番号
○ ○	○ ○		○ ○ ○	○	○	○	△	△ △		○ ○ ○	△	○ ○ △ △	○		○ △	△ △	△	△		△			△	○ △ △	△	△ △	△ △ △		加・迦
○	○	○			○ ○	○ ○	△ △	△	△	○ ○ ○		○ △ △	○ △			△					○			△ △	△ △	○ △	○ △	△	爾・邇

III				II																						
D				C																						
仁徳				応神										仲哀				景								
					50										40										30	
5	4	3	2	1	50	9	8	7	6	5	4	3	2	1	40	9	8	7	6	5	4	3	2	1	30	9
	△			○		△	○△	○○	△△			△△△	○○△△△△△△△△△△△		○○△△△	○○△	△	△	△				△	○	○	△
○△	△△	○△	△△	○○△△	△△△	○△△△	○△△				△△△	△△	△△△△△△△△ △△△△△△△△	○△	△△	△	△△				○△	○		○	○	△△△

III																											
F								E																			
顕宗			清寧					雄略														允					
		110										100										90					
2	1	10	9	8	7	6	5	4	3	2	1	100	9	8	7	6	5	4	3	2	1	90	9	8	7	6	5
○			○○○		○	○	○			○○○○○○○	○○○○○○○○	○○○○○	○○○	○	○○	○○	○○△	○○○	○○○	○○○○	○○○	○○○○○○	○	○○	○○		○
	○			○				○○○		○	○○○○	○○○○○○○○		○	○○○○○○	○○		○○	○○		○○○○	○○○○○○○	○○○	○	○	○	

注
(1) 歌謡番号および本文は古代歌謡集（古典文学大系）による。
(2) ○印は旧字種（加・爾）△印は新字種（迦・邇）を表わす。
(3) 本文の異同は各二字種に関し、B部分に限り（　）を以て示した。

（表5）

書　名	成立年	表　記
古事記	七一二年	和邇・和爾・丸邇
日本書紀	七二〇年	和珥
万葉集	七八〇年〜八〇三年	爾（三五六九例）邇（一〇例）
続日本紀	七九七年	丸(ワニ)
姓氏録	八一四年	和邇・和爾・和珥・丸
日本後紀	八四〇年	和邇・丸
続日本後紀	八六九年	和邇・丸
文徳実録	八七九年	和邇・丸

爾・仁」とあり、西宮の書く表記はない。

西宮一民は『古事記の研究』に載る「音仮名について」(18)でも「和迩」と書くのに、同じ著書の「『和邇』とは何か」では一貫して「邇」と書いている(19)。このような混乱がなぜ起きているのか。たぶん「邇」が新しい表記であることを知っており、私を「偽書論者」と書いて「大和岩雄」とは書かないが、この「偽書論者」から「邇」について問題にされることを避けて『古事記』本文に「迩」とあると、ありもしない表記を示したのではないだろうか。この「迩」「尒」は西宮一民の独自表記である。

西宮一民は「地名の『丸迩坂』や人名の『丸迩臣』は常に「丸(ワ)」を用ゐ、一方鮫の「和迩」や人名の「和迩吉師」は常に「和(ワ)」を用ゐるがごときは、一人の執筆者だからこそ配慮も行きわたるやうになつたと考へられる」と書いているが(19)、区別のため地名を「丸」、動物を「和」にしているのはわかるが、同じ人名も「丸」と「和」に書き分けている。なぜ書き分けているのか、その説明はない。この書き分けは序章で示したように、「吉師」は「丸」、「臣」は「和」と区別して書き分けたのである。このような書き分けは「一人の執筆者」がやったが、その人物は西宮一民が主張する太安万侶でなく多人長であることは、序章で述べたように『古事記』の「邇」や「丸」表記は、平安時代初頭から主に使用されているからである。序章の表をさらに整理して表5で示す（『万葉集』の成立年は最終成立の頃を示す。詳細は五八〇～五八二頁参照）。

（表6）

音	字	総数	歌謡表記	本文表記
カ	加	一四二	一三三（上 二一、中 三二、下 八〇）	九（上 六、中 一、下 二）
	迦	一二〇	七〇（上 一三、中 三五、下 二二）	五〇（上 二七、中 二三、下 一）
ニ	爾	一一〇	一〇三（上 一四、中 二四、下 六五）	七（上 六、中 一、下 〇）
	邇	一七一	九四（上 二二、中 四九、下 二三）	七七（上 五一、中 一八、下 八）

高木市之助[9]・太田善麿[11]・倉塚曄子[13]らは、西宮一民の『古事記』の一元的成立でなく、多元的成立を主張する。その例を上の表6で示す。「カ」と「ニ」の表記は、「通用関係に於て稀に見る程異常の偏倚」と高木は書くが[9]、そのことを表6に示している。

このような「偏倚」は原『古事記』の「加」「爾」に、多人長が新しい表記の「迦」「邇」を加えたためにおきた結果である。「迦」「邇」が「加」「爾」と同じ古い表記であれば、これほどの「偏倚」はなかったろう。

『日本書紀』『万葉集』『古事記』の歌謡表記の比較

梅沢伊勢三はスサノヲノミコトの作といわれている「八雲立つ」の歌を示し、『日本書紀』より『古事記』の歌が新しいと書いている。その歌を原文の漢字表記のまま示す。

［記］夜久毛多都伊豆毛夜幣賀岐都麻碁微爾夜幣賀岐都久流曾能夜幣賀岐遠

［紀］夜句茂多莵伊都毛夜覇餓岐莵磨語味爾夜覇餓枳莵倶盧贈廼夜覇餓岐廻

『紀』の「夜句茂（やくも）」の「句（く）」は「莵倶盧（つくる）」では「倶（く）」になっており、「茂（も）」は「伊都毛（いづも）」では「毛（も）」になっている。また「餓岐（がき）」の「岐（き）」は「餓枳（がき）」ともあり「枳（き）」になっている。ところが『記』はこのような一つの歌に複数の仮名表記はまったくなく、統一されている。こうした例を記紀の共通歌謡からも取上げて、同音異字を文字数と比較した表（表7）を梅沢伊勢三は示す。(20)

この表を示して梅沢伊勢三は、「記紀の各部分において、どこをとってみても、書紀の仮名の方が複雑であることは、もはや疑い得ぬ事実といわねばならぬ」と書いている。(21)

（表7）

文字／歌謡	総音数	古事記 文字数	古事記 同音異字	日本書紀 文字数	日本書紀 同音異字
神代四首	四三音	五一字	八音一六字	六七字	一八音四二字
神武朝一首	三七音	四一字	三音　六字	四八字	九音一九字
応神朝四首	五一音	五八字	六音一二字	六五字	一〇音二四字
雄略朝二首	三八音	四一字	三音　六字	五〇字	九音二一字

私も『日本書紀』『万葉集』『古事記』の歌謡表記の代表例を、比較検証してみた。

記・紀の歌謡表記の番号は

歌謡番号、番号のないのは本文。万葉集は巻数と歌番号、一つの巻に二つ以上あるのは数を「例」として示す。資料は高木市之助・富山民蔵偏『古事記總索引』。大野晋「日本書紀歌謡訓注語彙索引」（『上代仮名遣の研究』所収）。土橋寛『古代歌謡全注釈・古事記編』『古代歌謡全注釈・日本書紀編』。日本古典文学全集『古事記・上代歌謡』。正宗敦夫編『萬葉集總索引』。

アハレ（哀）『記・紀』は歌謡番号、『万』は巻数・歌番号

紀　阿波例　二七
　　阿波礼　三〇、一〇四、一〇四
　　阿波例　九四
万　安波礼　一八・四〇八九
記　阿波礼　二三、八九、八九、九一

イセ（伊勢）

紀　伊斉　八
　　伊制　七八、七八
万　伊勢　一・二二、七・一〇八九、一一・二七九八
記　伊勢　雄略記

イモ（妹）『万』の例は例数

紀　伊茂　五
　　伊慕　四〇、九六、九六、一一三
　　伊暮　四三
　　伊母　一一四
万　伊毛　五・五例、一四・一五例、一五・二〇例、一七・二例、一八・三例、二〇・五例
　　伊母　五・八四四、一四・六例、一五・一〇例、一七・三例、一八・四一三六、一〇例
　　以母　二〇・四三九〇
　　移母　一八・四一〇六
記　伊毛　八、五一、七〇、七八、九〇

イリ（入）

紀　異離　九
　伊離　九
　以利　五七
　以梨　九六
万　伊利　一四・三四六七
　伊里　一四・三五五四
記　伊里　九五、一〇七

ウミ（海）
紀　宇瀰　八、一一九
　宇彌　六八
万　宇美　一五・三六〇九、二〇・四三八二
記　宇美　三六、三六

カハ（河）
紀　伽波　三六
　箇破　五三、五六
　舸簸　八三
　哿波　九七
　舸播　一一七
　箇播　斉明紀
万　可波　五・八五五、一七・三九五三、一八・四〇六三、二〇・四二六〇・四四六三
　加波　一七・四〇〇〇・四〇〇五、一八・四〇九一
　河波　五・八六三
　河泊　一四・三四四〇
記　賀波　九〇

カミ（神）
紀　加微　神代上、神代上
　伽未　三二、三七
　柯微　一一二、一一二、一一二
万　可未　一四・三四二一、一五・二例、一八・四例、二〇・二例
　可尾　五・八一三、八六九
　可味　一七・四〇〇八、一九・四二二〇
　可見　一八・四一一一

可美　二〇・四三七四、四三九一
加美　二〇・四三九一
賀美　二〇・四四〇二

記　迦微　四五
　　加微　九六

キミ（君）

紀　企弭　六
　　枳瀰　四三、一二三、一二三
　　老瀰　四七
　　枳彌　六八、一〇四
万　伎美　五・八一一、一四・一九例、一五・一二例、一七・二二例、一八・一三例、一九・二例、二〇・二五例
　　吉美　四・五六八、五・四例・一七・四例、一八・四〇五〇、一九・四一六九、二〇・四四四九
　　伎彌　五・八六五、一四・三四〇〇、一七・三九七一、二〇・四五〇三
　　吉民　五・八八三、一七・四〇〇六、一八・四〇三六
　　枳美　五・八六七
　　岐美　五・八三一
　　伎見　一八・四〇四五
記　岐美　七、二四、二八、五一、八八

コト（琴）

紀　虚等　四一
　　渠騰　一〇九
　　莒等　九七
万　許等　五・八一一
　　許登　一八・四一三五
記　許登　七四、九六

タマ（玉）

紀　多麻　三
　　陁磨　三
　　栫摩　九二、九三

陁麻　一二五
万　多麻　一四・二例、一五・二例、一七・六例、一八・六例、二〇・二例
多萬　一八・四〇五七
記　多麻　四、六、七、九〇

タレ（誰）

紀　多例　四四、一一三
施例　七五、八〇
駄例　九七
陁黎　九三
万　多禮　五・八四〇、八六九、一四・三四六〇、一五・三七一五、一七・三九五〇、一八・四〇七〇、二〇・四二九四
記　多禮　一五

ツマ（妻）

紀　莵磨　一、五二
莵摩　六九、六九、七〇、景行紀
都摩　八七
都磨　九六
万　都麻　六・九二〇、一三・三三〇一、一四・三四五四、一五・三六二五、一七・四例、一八・四一〇一、二〇・八例
追麻　一五・三六七九
記　都麻　二、五、五、五六、五六、七六、七八、八六、九〇、一〇八

ヒト（人）

紀　比到　六
比苔　九、九、一〇、一一、二三、二七
比等　三三、三五、九七
臂苔　四二
臂等　七一
比登　七九、九三
比騰　一一〇、一一一、一二五、皇極紀
万　比等　五・九例、一四・六例、一五・一

二例、一七・三例、一八・五例、
二〇・一一例
比登　四・七四四、一四・四例、一五・
三六九一、一七・三例、一八・三
例、二〇・四四二五
必登　五・二例
比得　五・二例
記　比得　一〇、一〇、二九、四〇、四三、
五〇、五一、七九、八二、八三

ミキ（御酒）

紀　瀰枳　一五、一五、一五、三九
彌企　三二、三二、三三、三三
万　美伎　一九・四二六二
記　美伎　三九、三九、三九、四〇、
四〇、四〇、四八、四九

ミヅ（水）

紀　寐逗　八三
瀰逗　九四
瀰都　一一八
万　美豆　一四・三三九二、一七・三例、一
八・四一二二、二〇・四三二二
美都　一四・三四三九、一五・三六二五
水都　一四・三五五四
記　美豆　垂仁記、四四、一〇〇

ミチ（道）

紀　瀰智　三五
彌知　三七、三八
瀰致　五〇、八二
彌知　六四
万　美知　一四・三例、一五・二例、一七・
五例、一八・四例、二〇・六例
記　美知　四二、四三、四六、七七

ヤマ（山）

紀　椰摩　一二、五七、六一、六九、七九、
一〇五
夜摩　二二、二三、七一、一〇四

野麼　七七、七七
夜麼　七七
夜麻　七七
耶麼　七九
野磨　八六
耶麻　一一三、一一九
夜莽　五二、五八
椰莽　五三、五四、五五、六九

万　夜麻　五・三例、一四・三例、一七・八例、一八・六例、二〇・三例
野麻　五・八七二
八萬　一・一七
也末　一八・四一三六

記　夜麻　二、四、一四、二〇、二七、三〇、五四、五七、五八、五九、六一、六二、六三、六九、七八、八三、八八、八九、九一、一一二

ヤマト（大和）

紀　耶麻騰　神代上
椰磨等　一三
夜麻苔　二二、二二
夜莽苔　五四
椰莽等　六二、六三
野麼等　七五
野麻登　七五、八四
野麻等　七五
野魔等　一〇〇
野麻騰　一〇八

万　夜麻登　一四・三例、二〇・四四八九
夜麻等　一五・三六〇八
也麻等　一五・三六八八
夜萬登　二〇・四四六五
夜末等　二〇・四四六六

記　夜麻登　四、一五、三〇、五五、五六、七二、九七、一〇一

ワレ（我）

紀　和例　一二、一四、二八、二八、六三、六三
　　倭例　九六、九六、一一〇、一一一、皇極紀
万　和例　二〇・六例
　　和禮　一・一二二、五・六例、七・一二三四、一三・三二九九、一四・五例、一五・一六例、一七・四例、一八・九例、一九・二例、二〇・八例
　　我例　五・九〇四
記　和禮　神代記、一二、一四、四九、五五

ヲトメ（少女）

紀　烏等咩　神代上
　　烏苔咩　四四
　　塢等咩　三五
　　烏等謎　六四
　　惋等賣　七一
万　乎等女　一五・二例、一八・二例、一九・四二一二
　　乎等賣　一五・三六六一、一七・四例、二〇・四四五二
　　越等賣　五・八六五
　　末通女　九・一七五九、一一・二三五一
　　尾迹女　一六・三七九一
記　袁登賣　神代記、一五、一八、三三、四二、四三、四六、七七、九九

以上の『記』『紀』の歌謡表記、『万葉集』の一字一音表記から、推測できることを示そう。

一、大野晋は『日本書紀』を漢音系、『古事記』『万葉集』を呉音系とし、系統の違いによって『日本書紀』は不統一・複雑、『古事記』は統一・単純とみるが、[7] 呉音系の『古事記』と『万葉集』を比

較してみても、『古事記』は『万葉集』より整理統一されており、『古事記』が『万葉集』より新しいことを示している。

二、『日本書紀』は単一表記で示す例はまったくない。『万葉集』は単一表記が六例あるが、『古事記』はほとんど単一表記に統一されている。統一されていない「カミ」も加微。迦微、「クニ」も久爾・久邇で、ほとんど単一表記に近い。この表記のみ二例だが、「迦」「邇」という新表記が加わっての特例である事からみても、「迦」「邇」表記へのこだわりがわかる。この事実は、『日本書紀』の複雑が『万葉集』で単純・統一に近づき、『古事記』でさらに統一・整理されたとみてよいだろう。つまり『古事記』の成立がもっとも遅いのである。

三、『万葉集』の単一表記の記載例は、安波禮、伊勢、宇美・多禮、美伎、美知の六例あるが、『万葉集』の安波禮が『古事記』では阿波禮になっている以外は、すべて『万葉集』の単一表記と『古事記』の単一表記は同じである。安波禮と阿波禮も「ア」の表記が違うだけで同じである。この事実をみても『万葉集』と『古事記』の成立時期が近いことがわかる。

四、『万葉集』の単一表記でない十四例は、キミ・カミが七表記、カハ・ヤマト・ヲトメが五表記、イモ・ヒト・ヤマが四表記、ミヅ・ミチが三表記、イリ・コト、タマ・ツマが二表記であり、『万葉集』には一つの言葉に四表記以上が九例もある。ところが『古事記』はほとんどが一表記であり、より整理・統一されており、『古事記』がもっとも新しい成立であることを示している。

五、『古事記』は一人だが『万葉集』は多数の人によるから、表記が『古事記』より多様だという意見も出るだろうが、だとすれば『万葉集』の表記例が七つもある「キミ」は、それぞれの使用例がほぼ同数でなければならない。しかし伎美は九四例あるが、吉美は十二例、伎彌が四例。吉民が三例、枳美・岐美・伎見は一例のみであり、この例からも書き手の多さによって表記例が七つもあるわけではない。そのことは同じ表記例が七つある「カミ」にもいえる。可未は九例の記述があるが、可見・賀美は一例、可尾・可味・可美は二例しかなく、バランスがとれていないし、表記例が五つ・四つ・三つある例でも同じだから、『万葉集』の不統一表記は多数の人によるのでなく、まだ未整理であったのである。その未整理に対して『古事記』は『万葉集』より整理統一されているのは、同じ呉音系の表記でも、『古事記』は『万葉集』より新しいからである。

六、そのことは、二十例のうちカハ・カミ・キミ・ヒト・ヲトメを除く十五例が、すべて『万葉集』で多く用いている表記を、『古事記』が用いていることからもいえる。『万葉集』で統一整理されたか、されつつある表記を、『古事記』が使用していることも、『古事記』が『万葉集』より新しいことを示している。

七、『続日本紀』に載る歌謡との比較からもそのことは証される。『続日本紀』に載る歌謡は八例のみだが、『古事記』と同じ一字一音表記の歌は六例である。その歌のうちの橘諸兄の歌を『続日本紀』は、

蘇良美都　夜麻止乃久爾波　可未可良斯　多布度久安流羅之　許能末比美例波

と記す。「蘇良美都(そらみつ)」は『日本書紀』の歌謡表記にはない。『万葉集』にも「虚見都」が二例(四二四五、四二六四)、他に「虚見津」(一)「虚見通」(八九四)「空見津」(三二三六)が各一例あるが、「蘇良美都」はない。ところが『古事記』は「蘇良美都」表記が三例載り(歌謡番号七二・七三・九七)、『続

日本紀』の一字一音の歌謡表記と『古事記』の歌謡表記は一致している。「夜麻止（やまと）」表記は『日本書紀』『万葉集』には見えないが、『古事記』は統一表記になっており、「ヤマト」を十例もの違った表記をする『日本書紀』より、『古事記』の表記は『続日本紀』と一致する。「久爾（くに）」は『古事記』も「久爾」「久邇」の表記がある。序章でも本章でも述べたが「爾」は古く、「邇」は平安時代に入って主に使用されている。

以上二十例の『日本書紀』『万葉集』『古事記』歌謡表記を示したが、『古事記』の表記がもっとも新しい。

大野晋の清濁表記から見た『古事記』の表記論批判

大野晋は『上代仮名遣の研究』で、『古事記』『万葉集』『続日本紀』の清濁表記を検証し、『古事記』が正しく分離しているのに、『古事記』より後に成立した『万葉集』や『続日本紀』が混淆しており、平安時代に入ってから清濁表記は混淆から整理統一されている事実に注目している。清濁表記は大野晋の指摘によれば次のようになる。(7)

仮名の清濁の截然とした分離（古事記）――→仮名の清濁の混淆（万葉集・続日本紀）――→仮名の清濁の分離（平安時代の文献）

このような経過になることについては大野晋は、「特別の事情の存しない限り、音韻史的な見地からは想定しにくいこと」だから、「特別の事情」を『古事記』の編者の「すぐれて国語学・言語学的資質が、先駆的におこなつた」と見る。大野晋は書く。

> 古事記の假名を見るときに、われわれの「カ」にあたる假名は「加」、「ガ」にあたる假名は「賀」で書かれ、「サ」には「佐」、ザには「邪」、「タ」には「多」、「ダ」には「陁」と明瞭な使い分けが存して、相互に混淆することは極めて稀れであり、混淆と思はれる例には、いくつかの類型が認められて、その大部分は文獻的に、また、音聲學的に説明し得るものである。
>
> 一體何故かやうな使ひ分けが可能であつたのであらうか。思ふにそれは、古事記の筆者が、國語に於ける清濁の對立を音韻として明確に辨別し、一語一語の各音節の清濁をそれぞれ明らかに固定的にわきまへてをり、且つ假名として用ゐる漢字の字音の差異を識別して、國語の各音韻に各々充て用ゐたが爲である。それによつて我々は今日その使い分けを明瞭に知ることが出來るのである。
>
> かやうに古事記に於ては、假名の清濁の別が截然と分かれてをり、しかも、各々の語に於ける清濁が、現代、室町時代、平安時代を通ずる清濁の別と殆んど全く相應じてゐる。この事實は奈良時代の日本語に於ける音韻としての清濁の對立の有無を考察する上に種々の手懸りを與へるものである。少くとも古事記の筆者は清濁を音韻として區別してゐた。卽ち、奈良時代初頭には、清濁を區別しうる人間があつたことはたしかである。これは特異な人間に於てのみ可能なことであつたらうか[7]（傍点引用者）。

大野晋は平安・室町時代の清濁の音韻の区別とほとんど変らない区別が、『古事記』序文を信じる限り、百年以上も前の奈良時代初頭におこなわれている事実は、時代の新旧での説明は「音韻史的見地から」できないから、「特異な人間」という個人の資質で、百年後の書き分けを説明している。つまり学問上の説明ができないのである。

このような見解は第四章で紹介した、『古事記』の訓注についての小林芳規の見解と重なる。小林芳規は「『古事記』の訓漢字は、訓と漢字の対応が定着し、一定の訓を所定の漢字で表すことが習慣的に成立し、それが通用する社会性と体系性を帯びて生まれたもの」とみて、その時期は「主に平安朝初期にみられる」と書いている。しかし『古事記』序文の和銅五年（七一二）成立を、大野晋と同じに否定できないから、「太安万侶の先駆的創始による用法」と書く[16]。この「先駆的創始」という発想は、大野晋の「特異の人間に於てのみ可能」と重なる。「先駆的」が「特異の人間」になっているが、「先駆」「特異」という言葉を使って、国語・言語学の事実を説明しているが、これは学問研究の成果による結論・説明ではない。そうした説明ができないから（理由は『古事記』の序文を疑わないから）、「先駆的」「特異の人物」と書かざるを得ないのである。

現存『古事記』の成立を和銅五年にこだわらず、平安時代初期に下げれば、「先駆的創始による」とか、「特異な人間」をもち出さなくても、国語・言語学者として「音韻的見地から」説明できる。しかし現存『古事記』の序文がさまたげになって「音韻的見地」に立っての説明ができないので、大野晋も小林芳規も、国語・言語学者でなくても説明できる、個人の資質をもち出して説明せざるを得ないのである。

西宮一民の「太安万侶の文字表記の考察」批判

西宮一民は、『古事記』の一字一音表記は、和銅年間に太安万侶によって発案され実施された」と、

「太安万侶の文字表記の考察」で論断している。[8] 論断したので、西宮一民は稲岡耕二が『人麻呂の表現世界』[22]で、『万葉集』の「略体歌」を「古体」と称しているのを、「訓字羅列表記方式」と書き「A」とし、稲岡耕二が「新体」と書く「非略体歌」を「B」とし、「訓字・仮名混交表記方式」と書く。そして稲岡耕二が「最も後れて真仮名表記が起った」と書く「仮名表記方式」を「C」とし、「今、稲岡氏の主張をA・B・Cにあてはめると、A↓B↓Cという時代順の矢印で表せそうに見える」と書く。しかし『古事記』の「仮名表記方式」は「C」だから、西宮説に合わなくなってしまうので、『古事記』の表記は「A↓B↓Cへの表記史的変遷の流れの上にあるものではなく、AもBもある中で、特にC方式を採用したのだということなのである」と書く。[8]「表記史的変遷の流れの上にあるものではなく」と書くのは、大野晋が「音韻史的な見地からは想定しにくいこと」と書くのと同じである。国語学・言語学の碩学の西宮・大野の両氏は、『古事記』序文の和銅五年成立を認めているので、『古事記』の表記は「表記史的変遷の流れ」に逆行し、「音韻史的見地」からは想定外と書く。[16]

この逆行・想定外を、小林芳規は太安万侶の「先駆的創始」にしているのである。

このような逆行・想定外の事実は、『古事記』の成立を序文の書く和銅五年（七一二）と見ているからである。序文の記述を認めなければ、逆行でも想定外でもない。表記史・音韻史的流れに沿って書かれているのである。

西宮一民が引用する稲岡耕二の論文では、一字一音表記について「一字一音の仮名表記の技巧や字母の多様化に対し、一方では平易な文字を常用する傾向も強まるのであり、『万葉集』の後期の歌にそれがいちじるしい。平仮名や片仮名を生む素地も、そこに見出される」と書いている。[23]「平仮名や片仮名を生む素地」は、『日本書紀』『万葉集』『古事記』の一字一音表記二十例を比較した表で示したように（一九九頁〜二〇五頁）、『古事記』がもっとも整理され、仮名表記を生む素地をもっている。この『古事記』の整理統一された一字一音表記が、平仮名や片仮名になる。これが表記史・音韻史の正常・常識的流れである。ところが『古事記』序文の成立年（和銅五年）を認めると百年ほど逆行する。この逆行を高名な国語・言語学者の西宮・大野の両氏が認めないのは、現存『古事記』の序文を否定できないからである。

小谷博英の「国語史から見た『古事記』の成立」批判

小谷博英は「国語史から見た『古事記』の成立」で、『古事記』の歌謡表記は「和化漢文や音訓交用文よりも古くからあった表記法であろう」と書いて、理由として「文章表記法としては、万葉仮名文は、ずっと下のレベルのもので、いわば幼稚の段階のもの」と見ている。[24] しかしそのような「幼稚」の表記しかできない太安万侶が、なぜ大野晋の書くように、「国語に於ける清濁の対立を音韻として明確に弁別し、一語一語の各音節の清濁をそれぞれ明らかに固定的にわきまへてをり、且つ仮名として用ゐる漢字の字音の差異を識別して、国語の各音韻に各々充て用ゐる」[7] ことができるのか。

大野晋は『古事記』では「仮名の清濁の別が截然と分かれて」いると書き、[7] そのことは「現代、室町時代、平安時代を通ずる清濁の別と殆んど全く相応じてゐる」と書く。[7] このような『古事記』の文章が、「文章表記法として」、「ずっと下のレベルのもので、いわば幼稚の段階のもの」[24] と言えるであろうか。逆である。大野晋は、「音韻史的見地」から見れば、和銅五年（七一二）の時代より百年以上後代にみられる発展した段階の表記を先駆者としておこなっている太安万侶を、偉大な「特異」な才能と評価しているではないか。それを小谷は「幼稚」といっている。

大野晋と同じ見解は前述したように西宮一民もしている。[8]大野の「音韻史」に対して「表記史的変遷の流れ」から見れば、新しい平安時代初期の表記で、流れに逆行していると書いている。つまり小谷の書く「幼稚な段階」でなく、「進化発展した段階」の表記だから、西宮は流れに逆行していると書いているのである。

『古事記』の注記については第四章で書いたように、小林芳規は「古事記の用字法と訓読の方法」と題する論考で、訓漢字は訓と漢字の対応が定着し、一定の訓を所定の漢字で表すことが「習慣的に成立した」新しい時代、つまり用字法と訓読が発展し幼稚な段階から脱した時代の訓表記と、『古事記』の表記をみている。[16]このように著名な言語・国語学者たちが述べているのに、なぜ「国語史から見た『古事記』の成立」と題する論文で小谷博英は、「ずっと下のレベルのもので、いわば幼稚の段階」とはっきり書くのだろうか。[24]

小谷博英は「国語史から見た」と題したから、国語史の視点からすれば「『古事記』の成立」は他の国語史の史料ではもっとも古いとみている。したがって古い幼稚な段階から新しくなるにつれて幼稚から脱するのが常識だから、単純に「文章表記法として」は古い成立の『古事記』は「幼稚の段階のもの」にしてしまったのである。大野晋[7]・西宮一民[8]・小林芳規[16]らは音韻史・表記史・国語史の視点に立って論じているのに、そのような視点に立たず、『古事記』の文章表記は他の文献より「幼稚」という、国語学者らしからぬ視点で、「国語史から見た『古事記』の成立」と題する論考を書いているのである。しかし小谷は『古事記』の表記は「逆に統一されすぎているようで、元の形はもっと雑多なものであったかとも思われる」（傍点引用者）とも書いている。[24] この記述は国語史的な正当な理解である。『古事記』が「統一されすぎている」のは幼稚ではない。いずれにせよ、大野晋・西宮一民・小林芳規・小谷博英らの国語・言語学者の見解は、『古事記』の和銅五年成立と、太安万侶が『古事記』の撰録者であることを信じた結果の解釈・見解と、私は思う。

〔注〕

（1）松本雅明「記紀における異伝歌謡――古事記の成立年代についての一疑問――」「熊本史学」四号　一九五二年

（2）松本雅明「古事記奈良朝後期成立について」「史学雑誌」一九五五年八月号・九月号

（3）梅沢伊勢三『記紀批判』四一九頁～四四一頁（創元社　一九六二年）

（4）梅沢伊勢三　注（3）前掲書　四二二頁～四二五頁

（5）高木市之助「記紀歌謡の比較に就て」『吉野の鮎――記紀萬葉雑攷――』所収（岩波書店　一九四一年）

（6）高木市之助　富山民蔵『古事記總索引』（平凡社　一九七四年）

（7）大野晋「日本書紀の清濁表記」『上代假名遣の研究』所収（岩波書店　一九五二年）

（8）西宮一民「太安万侶の文字表記の考察」『古事記の研究』所収（おうふう　一九九三年）

（9）高木市之助「古事記歌謡に於ける仮名の通用に就ての一試論」注（5）前掲書所収

（10）松本信広『日本神話の研究』二四五頁（平凡社　一九七一年）

（11）太田善麿「古事記歌謡の原本に就いて」「歴史と国文学」二五巻一号　一九四一年

（12）直木孝次郎「古事記用字法に関する一試論――者という字について――」「人文研究」四巻九号　一九五三年

（13）倉塚曄子「旧辞に関する覚え書」「都大論究」五号　一九六五年

（14）木田章義「古事記そのものが語る古事記の成書過程――「以音注」を手がかりに――」『萬葉』一一五号　一九八三年

（15）毛利正守「古事記の音注について（上）」「芸林」一八巻一号　一九六七年

（16）小林芳規「古事記の用字法と訓読の方法」「文学」一九七一年十一月号

（17）西條勉「阿礼誦習本の系統」「国語と国文学」六四号〜六六号　一九八七年。「古事記生成論の前提――記定・誦習・撰録――」「国文学論輯　九」　一九八七年。「古事記の訓注――誦習者のヨミ――」「古事記年報　三三」所収（古事記学会　一九九一年）。「古事記の訓注――施注者のヨミ――」「国文学論輯　一二」　一九九一年。

（18）西宮一民「音仮名について」注（8）前掲書所収

（19）西宮一民「『和邇』とは何か」注（8）前掲書所収

（20）梅沢伊勢三　注（3）前掲書　四三四頁

（21）梅沢伊勢三　注（3）前掲書　四三一頁

（22）稲岡耕二『人麻呂の表現世界――古体歌から新体歌へ――』（岩波書店　一九九一年）

（23）稲岡耕二「万葉仮名」『日本古典文学大辞典（簡約版）』所収（岩波書店　一九八六年）

（24）小谷博英「国語史から見た『古事記』の成立」『古事記の成立』所収（高科書房　一九九七年）

第六章
稗田阿礼は実在しない

倉野憲司の稗田阿礼実在説批判

稗田阿礼については江戸時代の多田義俊・賀茂真淵・沼田順義は、序文を疑っているから、実在の人物と認めていない。また第一章・第二章で述べたように中沢見明・折口信夫・筏勲・松本雅明・神田秀夫・友田吉之助・鳥越憲三郎・藪田嘉一郎・松本清張・三浦佑之の諸氏も非実在説である。稗田阿礼について『古事記』の序文は次のように書く。

　年は是れ廿八。人と為り聡明にして、目に度れば口に誦み、耳に払るれば心に勒しき。即ち、阿礼に勅語して帝皇日継及び先代旧辞を誦み習はしめたまひき。

これが、『古事記』序文に書かれている稗田阿礼に関する紹介記事である。紹介というより讃辞といってもよい記事だが、倉野憲司はこの序文の稗田阿礼について、「序文偽作者とその批判」で次の四例をあげて実在を論じる(1)。

一、本居宣長が『古事記傳　巻之二』で、「書記天武上御巻に、如此云地名見えたり。大倭国と聞えたり。〔今添上郡に稗田村あり、是なるべし〕彼地より出たる姓なるべし」と書いていること〔引用者注、稗田村は現在の大和郡山市稗田町〕。

二、『続日本紀』の宝亀六年二月乙酉・天応元年四月癸卯・同年十二月辛丑の条に、光仁天皇の第三皇子の「稗田親王」が載ること。

三、『西宮記』の裏書に、「貢二猿女一事」として、「延喜廿年十月十四日、昨尚時令レ奏、縫殿寮申、以二薭田福貞子一請レ爲二薭田海子死闕替一云」と書かれていること。

四、『弘仁私記』序に、「先レ是浄御原天皇御宇之日（分註略）有二舎人一、姓稗田名阿礼、年廿八（天鈿女命之後也）」とあり、『大倭社注進状』の裏書に載る、「奉レ勅撰二録稗田阿禮所レ語之古事一。今古事記是也。阿禮者、宇治土公庶流、天鈿女命末葉也」とある記事が載ること。

以上四例をあげ、「幾つかの傍証によつて、記序のままに稗田阿礼の実在を信ずる者である」と書く[1]（傍点引用者）。「信ずる」のは信仰である。しかしここで論じるのは学問研究上の確証である。

倉野憲司が稗田阿礼の実在を証明する「傍証」は、倉野憲司自身が述べているように、「稗田氏が存在してゐた事実及び稗田氏が天鈿女命の後裔なる猿女君であつたこと」を証する資料である[1]。しかしこの資料は稗田氏が実在する資料にはなるが、「稗田阿礼」という一人物の実在証明にはならない。倉野の主張は、倉野や大和の「姓」があるという、倉野自身も認めている「傍証」で、倉野憲司や大和岩雄という「人物」が実在していたと主張する論法である。しかし倉野や大和の姓があるという「傍証」で、特定の個人の存在の証明・実証にはならないことは、自明の理である。

西宮一民の稗田阿礼実在説批判

西宮一民は稗田阿礼の実在を疑う見解に対して、稗田阿礼は実在すると主張し、次のように反論する。

> 「序文」の稗田阿礼については全然外部徴証がない。それで偽書論者でない人も、阿礼を非実在の人物すなわち架空の人物とし、或いは別人を以て仮託した人物という説を展開した。ここで最初から言っておきたいことは、或る人物がそこだけに登場して他に所見がない場合、その人物は

架空であり、したがって、「序文」は疑わしいとする判断は根底からの誤りであるということである。「他に見えない」という人物は、例えば『日本書紀』の新しい巻になって却って多くなるような印象があるが、読者はそれを以てしても、誰もその人物を疑わないし、疑ってみた所で、それ以上のことが分からないということだけのことで済んでいるわけである。阿礼も外部徴証がないというだけのことで、そのことは偽書説を構成する表材ではあり得ないのである。[2]

西宮一民は稗田阿礼が序文以外に記述がないことをもってその実在を疑うのは、「根底からの誤りである」と、一方的に論断している。この論断も「信ずる」と同じで、『古事記』研究の結果、稗田阿礼の実在を論証したことにはまったくならない。

西宮一民は『日本書紀』の新しい巻に載る人物の名が、他の文献に載らないからといって、「誰もその人物を疑わないし、疑ってみた所で、それ以上のことが分からないということだけのことで済んでいる」から、序文に登場する稗田阿礼も「分からないということ」ですませばよいと書くが、『日本書紀』の記す多数の人物は、どうしても歴史上欠かすことのできない人物と、その他多くの一般的人物である。その他多くの一般的人物と、『古事記』の誦習者の稗田阿礼とでは、その重要性においてまったく違うのを同列に論じており、「根底からの誤り」をおかしているのは西宮一民である。

稗田阿礼が実存するかどうかは、『古事記』成立の根幹にかかわる問題だが、『日本書紀』に記されている人物で他の文献に載らない大多数の人物は、『日本書紀』の成立や『日本書紀』の信憑性にかかわる人物ではない。しかし稗田阿礼は、天武天皇と元明天皇の勅命による勅選書の「誦習」を両天皇から命じられた特別の人間である。このような人物が他の文脈に見当らないことと、多数の一般人が他に文献に見られないことを同列に論じられない。別の例でいえば戦争を指揮する将軍の名を一般の兵卒と同じ次元に落して、名が他の文献に載らなくても当然だといっているのと同じであり、西宮一民の主張は問題の本質をそらした論考であり、従えない。

序文に書かれた稗田阿礼は他の正史にも載るべき重要な人物なのに、載っていないからほとんどの学者は、「遺漏」とみているのであり、西宮一民のように「当然」とはみていない。このような視点（重要人物と見る視点）を無視して、稗田阿礼を「その他大勢」の一般人化して論じている西宮見解は、西宮一民の言葉を使えば「根底からの誤り」である。

稗田阿礼の実在を疑う八つの根拠

序文を疑う論者の見解は第一章で述べたが、稗田阿礼の実在を疑う論者の見解をまとめると、次の七つの見解になる。

一、序文では、天武天皇の勅命で選ばれた稗田阿礼の聡明を激賞しているのに、『日本書紀』の天武紀には稗田阿礼の名はまったく見えないこと。

二、天武紀のみならず、『日本書紀』や『続日本紀』などの全文を検証しても、稗田阿礼どころか、稗田の姓も見当らないこと。

三、天武天皇の何年に稗田阿礼が誦習したか、もっとも大事な年代を明確に書いていないこと。

四、太安万侶は「太朝臣」と「姓（かばね）」が書かれているのに、稗田阿礼には朝臣・宿禰・臣・連などの「姓（かばね）」でなく、「稗田」という「氏（うじ）」のみが書かれていること。

五、稗田阿礼は男か女かが、はっきりしないこと。

六、稗田阿礼が天武天皇の何年に誦習したか、というような重要なことは記されず、あまり本題には関係ない年齢だけを、はっきり書いていること。

七、その年齢は撰上の日の二十八日をとって、二十八歳としたか（松本清張説）。稗田（猿女）氏は寅の日に深くかかわる氏族だから、その寅の日をヒントに作られたのではないか（友田吉之助説）、などの説があるように、年齢そのものが疑わしいこと。

八、稗田阿礼が「舎人」で「年は二十八」で、「目に度(わた)れば口に誦(よ)み、耳に払(ふる)れば心に勒(しる)しき」「聡明」な人だとする記述は、すべて『文選』の孔融「薦二禰衡一表」の文章を借用しており、この事実からも実在性が薄いこと。

以上のような疑問について、疑問を解く説得力のある答えは、稗田阿礼実在論者からはない。

稗田阿礼の「聡明」「年齢」「舎人」は『文選』に拠る

『古事記』序文の稗田阿礼に関する記述を、原文のまま示す。

時有二舎人一。姓稗田、名阿禮、年是廿八。爲レ人聰明、度レ目誦レ口、拂レ耳勒レ心。卽、勅二語阿禮一、令レ誦二習帝皇日繼及先代舊辭一。

以二和銅四年九月十八日一、詔二臣安萬侶一、撰二録稗田阿禮所レ誦之勅語舊辭一以獻上者、謹隨二詔レ旨一、子細採摭。

この記述のうち、稗田阿礼について書かれているのは、「時有二舎人一」以下の文である。この文章について本居宣長は『古事記傳　巻之二』で、序文については「凡て文選中の文を取れる処ぞいと多かる」と書いている。『文選』（文章や詩の手本として各漢籍からとって編集したもの）以外に長孫無忌の『進五経正義表』『進律疏議表』を典拠にしていることは、古くからいわれているが、藪田嘉一郎は『尚書序』にも拠っている例をあげ、『古事記』序文を疑っている。(3)

『文選』の巻八の「薦禰衡表」に、

処士平原禰衡、年二十四、字正平。淑質貞亮、英才卓躒、初渉二藝文一、弁レ堂覩レ奥。目所二一見一、輙誦二於口一、耳所二暫聞一、不レ忘二於心一

とある。この文章を序文の稗田阿礼について述べている文章をくらべると、次のように似る。

『文選』	『古事記』
処士平原禰衡	時有二舎人一姓稗田名阿禮
年二十四	年是廿八
英才卓躒初渉二藝文一、升レ堂覩レ奥	爲レ人聰明
目所二一見一輙誦二於口一	度レ目誦レ口
耳所暫聞不忘於心	拂レ耳勒レ心

○は同じ字を用いている箇所　、は意味が同じか似ている表現の箇所

山田孝雄は『古事記序文講義』で、『文選』の「目所二一見二輙誦二於口一耳所暫聞不忘於心」を序文

は採っていると書く。[4] 倉野憲司は『古事記全註釈　第一巻』で、序文は山田孝雄が引用する『文選』の文章以外に「年二十四、字正平」の記述も、『文選』に「拠ったものと思はれる」と書いている。[5]西郷信綱は倉野説を採って序文の、「為レ人聡明、度（ワタレバ）レ目ニ誦レ口、払（フルレバ）レ耳勒（シルス）レ心」について、この文章は『文選』に拠っているから、「これらの句は額面どおりに取るとかえっておかしなことになる。たとえば、阿礼の学殖の深いのをたたえて『為レ人聡明、云々』といったのだとする向きが多いが、それは字面にとらわれすぎた解釈というべく、文選の形式に托して、阿礼の常人にまさる『誦』の力をかくほめたまでだと思う」と書き、稗田阿礼の「聡明」も「舎人」も「年是廿八」も、「額面どおり」にとらず無視している。[6] 序文の記述はすべて正しいと「信ずる」と書く倉野憲司も、稗田阿礼の「年是廿八」は『文選』の「薦禰衡表」の「年二十四」に依っていると書いており、偽書論者でなくても、稗田阿礼関係記事は事実ではなく、『文選』に拠っているとみている。

稗田阿礼については、年齢などよりも載せなくてはならないことが他にもあるのに、それを載せずに年齢を載せているのは、『文選』の「年二十四」にひかれて「年是廿八」と書いたからである。問題は『文選』の「二十四」を「二十八」にしている理由だが、このことについては第一章で松本清張説と友田吉之助説を紹介した。

山田孝雄は稗田阿礼は『古事記』撰上の時、生きていたとみるが、[4] 生きていたら当然序文を見たであろう。ところが序文は上表文だから謙辞であるのが常識である。そのような序文に自分のことを「聡明」と書き、更に讃辞を重ねた文章を、「聡明」な稗田阿礼が認めるであろうか。謙辞であるべき上表文としての序文が、讃辞に満ちた序文であること自体が、序文が疑わしいことを示している。

稗田阿礼の男女論争自体が、実在を疑わせる

山田孝雄は稗田阿礼の舎人について、「男といふ説と女といふ説と二つあつてなかなか面倒である。記全体より見れば大したことではないが、昔から男と信じて来たのに、平田先生が女であると言ひ出したのでこんな事になつた。迷惑である」と書いて、山田は稗田阿礼は男だと主張している。[7] 山田の男性説の根拠は序文の検証の結果だが、山田の書く「平田先生」は平田篤胤のことである。平田篤胤が『古史徴問題記』で女性説を主張する根拠は、本文を検証した結果である。柳田国男も折口信夫も武田祐吉も西郷信綱も女性説だが、倉野憲司は山田孝雄と同じに男性説であり、[8] 西田長男も「稗田阿礼——男性？　女性？——」と題する論考で、男性説を主張している。[9] しかし三谷栄一は「古事記の成立と氏女と采女——稗田阿礼女性論再考序説——」で西田説を批判し、女性説を主張し、[10] 「古事記の成立と稗田阿礼」と題する論考では、更に詳細に女性説を主張している。[11]

男性説は序文に「舎人」とあることを根拠にしており、女性説の根拠は稗田氏は猿女である（このことは男性・女性論者のどちらも一致している）ことを重視している。猿女については男性論者は猿女でも男も居たはずだといい、男性説を否定するが、男性説が根拠とする「舎人」に対しては、女性論者は「ヒメトネ」が居たから女性だという。さらに『古事記』の内容が女性的であることも理由にあげる。しかしこの論争は水掛け論になっているのは、稗田阿礼は実在するという前提で論争しているからである。

序文の稗田阿礼の「舎人」は、『文選』の無位・無官の「処士」（仕官していない士人）をヒントに作

られたのである。日本には「処士」という言葉はないから、「処士」に似た無位・無官の「舎人」に稗田阿礼をしたから、「舎人」をめぐって、稗田阿礼は男か女かという論争、空しい論議がいつまでも続いているのである。『文選』をヒントに稗田阿礼の記述が書かれていることからみても、稗田阿礼の実在は疑わしい。

阿礼の稗田氏と安万侶のオホ氏と日神祭祀

次頁の図は、奈良県田原本町多に鎮座する『延喜式』神名帳に「名神大社、月次相嘗新嘗」とある多神社と、その東西南北の山と神社の配置図である（多神社は太神社とも書かれているが、多氏を『古事記』は「意富臣」と書き、『日本書紀』は「多臣」と書く。ところが『続日本紀』慶雲元年〈七〇四〉正月七日条の安万侶の記事には「太」とあるから、この頃に「多」を「太」に変えている。しかし『続日本紀』の太朝臣犬養の記事では、宝亀元年〈七七〇〉まで「太」だが、宝亀二年以降は「多」だから、慶雲元年から宝亀元年の六十六年間が「太」で、その前と後は「多」である）。

多（太）神社の東西南北には大鳥居が立っていた。今は東の大鳥居のみが残るが、なぜかこの大鳥居は神社をかこんで東西南北に建っていたのではなく、神社から離れた場所に、それぞれの山（東は三輪山、西は二上山、南は畝傍山）が入るように建てられていた。今も残る東の大鳥居は三輪山がすっぽり入る位置にある。ところがなぜか北の方向のみ山がなく、二・五キロの地に鏡作神社があり、更に十一キロ先に稗田（大和郡山市稗田町）がある。この「稗田」は『日本書紀』の壬申紀に載る。

多神社のある多の地は昭和五十三年から五十六年にかけて橿原考古学研究所が発掘調査をおこなっ

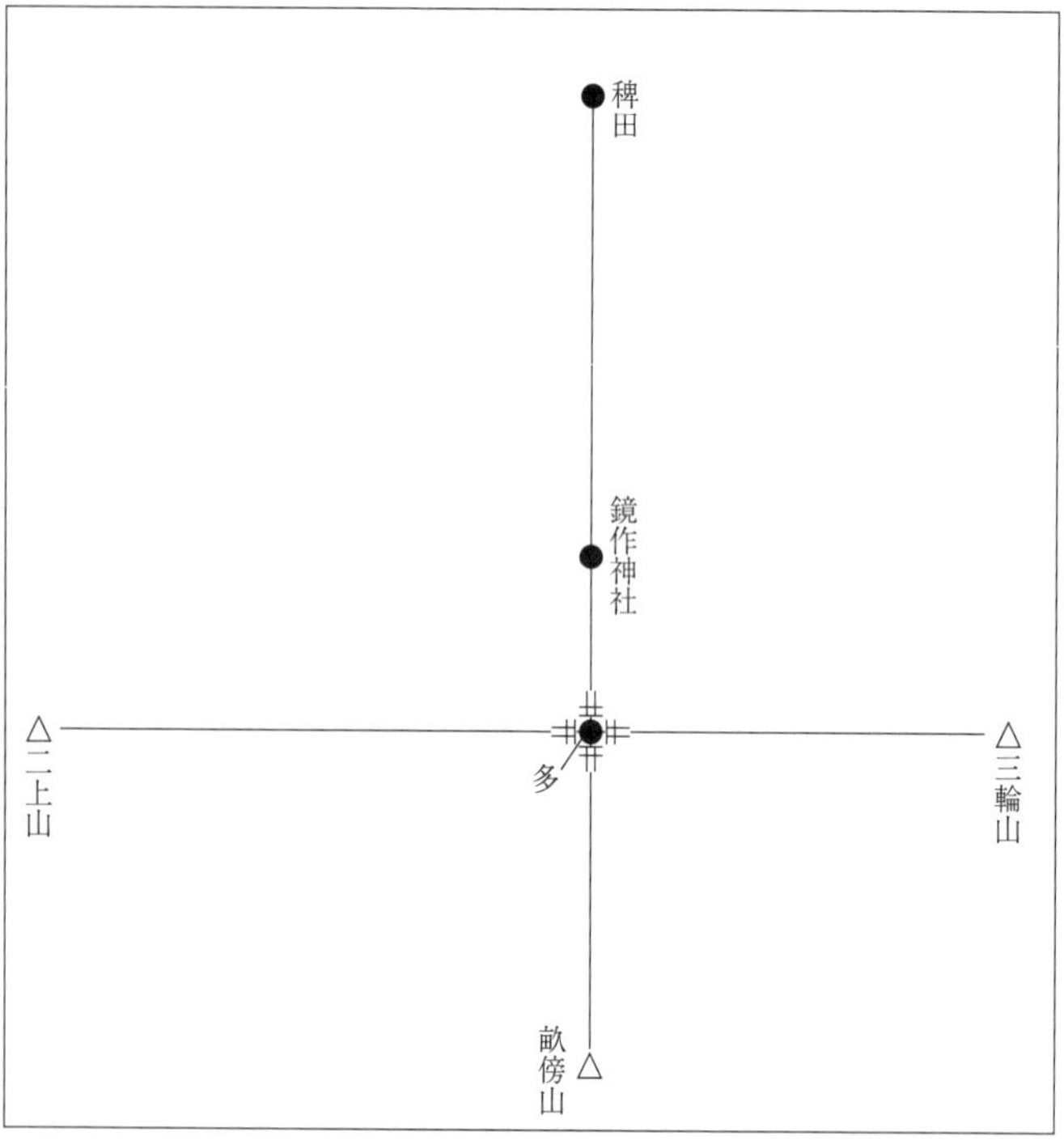

多神社のある多の地（奈良県田原本町多）と稗田

たが、弥生時代（前期〜後期）から古墳時代（中期末）の遺物が大量に出土しており、出土遺物は祭祀的性格の強いものだった（『奈良県遺跡調査概報・一九七八年度』）。さらに昭和六十一年に橿原考古学研究所が発掘調査した遺跡の速報「大和を掘る」によると、「弥生時代前期の環濠としては、全国で最大規模」の「南北約二五〇m、東西約三〇〇m」の環濠集落が発見されている。また「古墳時代では四C中頃〜五C後半をピークに七Cまでの遺構が検出されているが、とくに六〇を越える布留三〜四式期の土坑や井戸は、小形精製土器の一括品や異形木製品などを含み、きわめて祭祀的色彩が濃厚である。また、これに続く初期須恵器や韓式系土器、方形区画墓の検出等々とその内容は膨大かつ多彩である」と述べている。布留三～四式期は四世紀末であり、初期須恵器や韓式系土器は四世紀末から五世紀中頃とみられるから、真東に三輪山、真西に二上山を望む多の地は、特にこの時期がもっとも盛んな日神祭祀場であったのである。

和田萃は、「奈良盆地の中・南部、いわゆる国中に住んでいた者の実感として、明け方の三輪山の山容と夕日を浴びた二上山の姿は、実に印象的である。現代人である我々ですら、何かしらこの二つの山に神々しさを感じる。こうした実感は、私のみならず国中に住む多くの人々に共通したものであろう」と書き、「古代においても、三輪山から差し登る太陽に対して敬虔な気持を抱き、素朴な日神信仰を育(はぐく)んでいたであろう」と書く(12)。和田萃が書く大和の「国中(くんなか)」で、三輪山と二上山の朝日・夕日を拝する日神祭祀に最適の地が、オホ（多・太）の地である。したがってオホ氏の始祖について『記』『紀』共に、神武天皇の皇子で二代目天皇になるはずの神八井耳命を祖とし、このオホ氏の始祖は皇位を弟に譲って神まつりに専心したと書く。そのことを示すのが前述した弥生時代からこの地が神まつりの聖地であったことである。

神まつりは三輪山から昇る日神祭祀であった。そのことは東西南北にあった大鳥居で唯一残っている鳥居は、神社の入口にあるのではなく、三輪山に向っており鳥居の中に三輪山がすっぽり入ることからいえる。また久安五年（一一四九）に多神社が国司に提出した『多神宮注進状』によれば、祭神は二座で「天祖(あまつおや)賢津(さかつ)日霎(ひめ)神」と「珍子(うつのみこ)賢津(さかつ)比霊(ひこ)神」と書き、天祖と珍子の母子神である。天祖を天照大神の荒魂の「天疎向津姫命」、珍子を天照大神の御子の「天忍穂耳命」と『注進状』は書き、母子神でも日神天照大神とその子の母子神である（伊勢神宮の祭神と同じにできなかったから、『日本書紀』が書く神功皇后に神懸りした天照大神の荒魂にしたのである）。

この祭神から見ても真東にある三輪山から昇る朝日遥拝地として、弥生時代からの聖地がオホの地であった。そのことは三輪山山頂にかつては日向神社があったことを証している（そのことは拙著『神社と古代王権祭祀』所収の「神坐日向神社・大和日向神社」で詳述した[13]）。三輪信仰は太陽信仰である。『皇大神宮儀式帳』によれば、天照大神は垂仁天皇のとき「美和乃御諸宮」で奉斎され、後に宇太・伊賀・淡海・美濃をめぐって伊勢に入ったと記している。『日本書紀』は天照大神は大和の笠縫邑から伊勢へ遷幸したと書くが、笠縫邑の比定地の一つは多神社の北北東一キロの笠縫神社の地（現在の奈良県田原本町秦庄で、かつての多郷）であり、近鉄橿原線の笠縫駅の近くである。もう一つは檜原神社（桜井市三輪）の地である。現在は檜原神社の地が有力候補地になっているが、笠縫を証するものはなにもない。あるのは江戸時代の『三輪神社略縁起並独案内』に、「日原社（中略）慶長年中に天照皇太神宮此所に御鎮座ありし所なり」とある記述のみである。この記述を『大和志料』（明治二十七年完成・大正三年刊）で大神神社宮司の斉藤美澄が、「天照大神ヲ境内ニ勧請セシハ此地古ノ笠縫邑ナリト云ヘル傳説ニ本ツケルナラン」と書いて、強引に笠縫邑にしてしまったからである。しかし斉藤美澄が根拠にした史料は慶長年間のことであり、笠縫を証するものはないが、もう一つの比定地は多神社の北北東一キロの笠縫神社の地だが、前述したように三輪山の真東にあり、弥生時代から三輪山から昇る朝日を春分・秋分に拝する日神祭祀の地である（多神社の真北にある鏡作神社は三輪山から冬至に昇る朝日を拝する地であることは、拙稿「鏡作坐天照御魂神社」〈『神社と古代王権祭祀』所収、白水社、一九八九年〉で詳述した）。

この地と同じ日神祭祀の鏡作神社が直線上に並び、更にその線上に稗田の地がある。このような位置は大和朝廷の日神祭祀に奉仕するために大和に来た伊勢の猿女（日女）たちが、多の地での日神祭祀に奉仕するため稗田に住んだことを暗示している。『記』『紀』が書く猿女（稗田）氏の始祖のアメノウズメは、日神（天照大神）がかくれた天岩屋の前で、日神が現われるよう歌い舞っているが、稗田氏はこの歌舞で宮廷に奉仕していた。『西宮記』裏書の「貢㆓猿女㆒事」に、猿女は「大和近江国氏人」を貢したとあるが、大和の猿女の氏人は稗田の猿女である。この猿女は伊勢出身で日神祭祀にかかわることを、松前健が述べている。

松前健は「伊勢大神の皇祖神化という現象と併行して行なわれたのが、朝廷の祭式の伊勢化」であり、そのために「伊勢の日神に奉仕する司祭氏族であった猨女君を、中央に召し出し、大嘗祭や鎮魂祭に奉仕させた」から、宮廷に「伊勢の日神に仕える猨女君の太陽呪術が採り入れられた」と書く(14)。

そのことは伊勢の日神祭祀の氏族とオホ氏とのかかわりからもいえる。『古事記』のオホ氏同祖氏族に「伊勢の船木直」が載る。「直」とあることからみても伊勢の土着氏族だから、伊勢の守護になっている。本拠地の朝明郡（現在の四日市市）には式内社の大神社と耳常神社（通称「舟木神社」）が鎮座するが、祭神はいずれもオホ氏の始祖神八井耳命である。この船木氏も日神祭祀にかかわる。『住吉大社神代記』によれば、「大八嶋国の天の下に日神を出し奉るは、船木の遠祖大田田神なり」（胆駒・神奈備山本記）とあり、大田田命の児が神田田命で、神田田命の孫の伊勢川比古命は「伊西国の船木に在す」とあり、伊勢のオホ氏系の船木氏が日神を祭祀している。壬申紀によれば、伊勢船木氏の本拠地の朝明郡で、大海人皇子は日神天照大神を望拝しているが、朝明郡の「朝明」も日神祭祀にかかわる地名である。

このオホ氏同族の伊勢の船木氏は、「猿女」の名の由来の猿田彦を始祖とする伊勢の宇治土公ともかかわるから、オホ氏と稗田氏の縁は濃い。宇治土公は猿田彦を始祖とし、直接の祖は大田命・神田命だが、大田田命・神田田命を祖とする船木氏の祖より「田」が一つすくないだけである。しかも『皇大神宮儀式帳』によれば、天照大神の形代の八咫鏡を入れる御船代木（船木）を伐り出すのは、宇治土公の仕事であり、宇治土公も船木氏である。田中卓は日神祭祀という共通性から、「伊勢神宮の創祀と発展」という論考で、船木氏の祖の大田命と宇治土公の祖の大田田命は重なるから関連があると書く[15]。

この宇治土公とオホ氏の子孫が結びつく伝承が、西山伝右衛門の著書『黒部史』に載る。松坂市西黒部町にある式内社の意非多神社の若宮は、大和から来た多氏の大田祝を祭神とするが、この若宮を祀る神主は宇治土公の本貫地の度会郡楠部村から来たと『黒部史』は書き、黒部（今の松坂市東黒部町・西黒部町）で「大田」を名乗る人々は、今も多氏の子孫と称していると書く。更に意非多神社は和銅年間に大田氏が創建したという伝承を記している。

このように意非多神社は多氏系の大田氏と、大田田命を祖とする宇治土公がかかわるが、仁安二年（一一六七）に国衙に注進した『大倭社注進状』の裏書には、「奉レ勅撰ニ録稗田阿禮所レ語之古事一。今古事記是也。阿禮者、宇治土公庶流、天鈿女命之末葉也」（傍点引用者）とあり、稗田阿礼を伊勢の

「宇治土公庶流」と書いている。

以上述べたようにオホ氏と稗田（猿女）氏は、大和では日神祭祀で結びつくが、日神祭祀の伊勢でも結びつく。『古事記』のみに載る猨田毘古と天宇受売（猿女）の話が、伊勢に限定されているのも、猿女が伊勢と結びついていることを証しているが、多神社・鏡作神社（鏡作坐天照御魂神社）・稗田が直線上に結びつくのも、多神社の日神祭祀の日女として、伊勢から来た猿女たちが住みついたのが、稗田であったからであろう。

神楽で結びつく稗田（猿女）氏とオホ氏

「神楽」の初出は大同二年（八〇七）成立の『古語拾遺』に載る、「猿女君氏、神楽の事を供る」だが、『古語拾遺』は鎮魂の儀にふれて「天鈿女命の遺跡なり」と書く。[16]天鈿女命は猿女君の祖だが、上田正昭は神楽の源流を猿女の「鎮魂のおりの神あそび」と書いており、松前健も「カグラ（神楽）はカミアソビ（神遊）という語と同義」と書いている。[17]

この鎮魂祭について『西宮記』裏書は、天暦元年（九四七）正月二十五日に猿女が三人亡くなったので、大和と近江の猿女を貢進させ、そのうちの一人は鎮魂祭に「補仕」したとある。大和の猿女は多神社の北の稗田に居た猿女だから、『西宮記』裏書に載る「薭田海子・薭田福貞子」の二人は、たぶん大和国の稗田の地の猿女であろう。

土橋寛は宮廷の「神楽」には広義と狭義の神楽があり、狭義の神楽は一条天皇（在位九八六〜一〇一一）の時からおこなわれた内侍所神楽とし、広義の神楽をそれ以前の神楽（土橋は「古神楽」と書き、清暑堂御神楽・賀茂臨時祭・園韓神祭・石清水臨時祭の神楽）と書く。[18] そして『古語拾遺』の「神楽」は「猿女君の鎮魂術」を云ったのであり、上田正昭[16]や松前健[17]と同じに「神遊（あそび）」の意と書く。[18]

西郷信綱は太安万侶と稗田阿礼の関係について、「稗田阿礼――古事記はいかにして成ったか――」と題する論文で論じている。[19] 稗田氏は天鈿女命を始祖とする猿女君の子孫で、神楽の祭事にかかわる氏族であることに対し、太安万侶のオホ氏も、『記』『紀』の始祖伝承によれば、オホ氏の始祖神八井耳命（神武天皇皇子）は、皇位継承権を弟に譲って、「忌人（いはひびと）」になって弟の政治（まつりごと）に対し祭事（まつりごと）に専念したと書き、『日本書紀』も同じ伝承を載せるから、このような始祖伝承をもつ多（太）氏は、稗田氏と同じに神楽にもかかわるとみて、太安万侶編の『古事記』序に稗田阿礼が登場するのは、多氏と稗田氏が神楽で結びつくからと書くが、[19] 以上述べたように、稗田氏とオホ氏は地縁と祭祀で結びついている。

「阿礼」という名がつけられた理由

稗田阿礼の稗田（猿女）とオホ氏は、以上述べたように結びつきがあるが、「阿礼」という名もオホ氏と無関係ではない。「阿礼」について『古事記』の仲哀記の神功皇后出産記事では、次のように書く。

其懐妊臨レ産……其御子者阿禮〈阿禮二字以レ音〉。故、号二御子生地一謂二宇美一也。

倉野憲司は『古事記全註釈　第六巻』[20]・西郷信綱は『古事記注釈　第三巻』[21]で、息長帯比売（神功皇后）の皇子出産記事で、「アレ」は誕生前が「産」、誕生後が「生」で、誕生そのものを特に「阿礼」と書いていることに注目しているように、『古事記』は「阿礼」という表記に強くこだわっているが、その「阿礼」は、オホ氏の始祖の神武天皇の皇子、神八井耳命の誕生のみに、「阿礼坐(あれまし)」と書いている。多くの天皇・皇子の出産記事で、応神天皇の誕生と、オホ氏の始祖の誕生のみに、「阿礼」と『古事記』が書いていることからみても、「阿礼」という表記へのこだわりがわかる。この「阿礼」が姓稗田の名に用いられていることからみても、本文で「阿礼」表記にこだわった人物が、序文を書いたと推測できる。

この二例以外に人名として『古事記』は孝霊天皇の妃を、「意富夜麻登久邇阿礼比売命」と書く。『日本書紀』は同じ妃の名を「倭国香媛（亦名、絙某姉(はへいろね)）と書き、『古事記』のみが「阿礼比売命」と書いていることからも、『古事記』の「阿礼」へのこだわりがわかる。

「阿礼」の名をもつ意富夜麻登久邇阿礼比売(おほやまとくにあれひめ)命の娘を、『古事記』は夜麻登登母母曾毘売(やまとととももそびめ)命と書くが、『日本書紀』は倭迹迹日百襲(やまとととひももそ)姫命と書き、神憑(かみがか)りする巫女で大物主神の妻となり、箸墓に葬られたと書く。この神妻は母の名とほぼ同じ名だから同性格といえよう。彼女が「阿礼比売命」と同性格であることは、稗田阿礼の名との関連で無視できない。序文の筆者は神憑りする巫女のイメージで「阿礼」という名をつけたのだろう。

三谷栄一は『日本書紀』の崇神天皇七年二月二日条に、倭迹迹日百襲姫が神憑りして神語(かみがたり)したとあり、欽明天皇十六年二月条に祝者(はふり)が「神語を託(つ)げ」、皇極天皇三年六月条に巫覡(かむなぎ)が「神語を陳(の)ぶ」とあることから、「祝者も巫覡も神と寄りたまう者」と書き、いずれも「阿礼の者」と書く[11]。「阿礼」という名が猿女の「稗田」につけられたのは、神語を語る巫覡にふさわしい名が「阿礼」だったからであろう。

御阿礼神事と秦氏と稗田親王の子の葛野王

稗田阿礼を論じる柳田国男[22]・西田長男[23]は賀茂神社の御阿礼神事の「阿礼乎止女」にふれているが、賀茂神社の御阿礼神事は秦氏が祀る松尾神社の神事が元である。『本朝月令』に引用されている『秦氏本系帳』には、次のような記事が載る。

秦氏の女子、葛野河に出で、衣裳を澣ぎ濯ふ時、一矢有り。上より流れ下る。女子之を取りて還り来たり。戸上に刺し置く。是に於て女子、夫無くして妊み、既にして男子を生む。……戸上の矢は松尾大明神、是なり。

この伝承は『山城国風土記』逸文の賀茂伝説には、

玉依日売、石川の瀬見の小川に川遊びせし時、丹塗矢、川上より流れ下りき。乃ち取りて、床の辺に挿し置き、遂に孕みて男子を生みき。……謂はゆる丹塗矢は、乙訓の郡の社に坐せる火雷神なり。

とあり、「戸上の矢」は「丹塗矢」になっている。

『古事記』は神武記に、大物主神と勢矢陀多良比売の神婚説話を、次のように書く。

美和の大物主神、見感でて、其の美人の大便まれる時、丹塗矢に化りて、其の大便まれる溝より流れ下りて、其の美人の富登を突きき。ここに其の美人驚きて、立ち走り伊須須岐伎。乃ち其の矢をもち来て、床の辺に置けば、忽ちに麗しき壮夫に成りて、即ち其の美人を娶して生める子は、名は富登多多良伊須須岐比売命という。……故に、是を以ちて神の御子と謂ふなりとまをしき。

この伝説は『古事記』独自伝承で『秦氏本系帳』『山城国風土記』逸文に載る丹塗矢伝説の原形だが、富登多多良伊須須岐比売は阿礼乎止女である。『秦氏本系帳』は大宝元年（七〇一）に松尾神社を創建した時、「秦忌寸知麻留女　始立㆓御阿礼㆒」と書き、秦氏の女性（知麻留女）が阿礼乎止女になったと書く。また『色葉字類抄』に載る『本朝文集』にも、

大宝元年　秦都理始建㆓立神殿㆒　立㆓阿礼㆒　居㆓斎子㆒供奉　天平二年預㆓大社㆒

とあることからも、御阿礼神事、阿礼乎止女の元は秦氏の祭る松尾神社の秘儀であった。その秘儀が賀茂神社でもおこなわれるようになったのである。

私も拙著『神社と古代王権祭祀』の「賀茂神社」(24)、『神社と古代民間祭祀』掲載の「松尾大社」(25)で、賀茂氏と秦氏の密接な関係を詳述した。『本朝月令』所収の「秦氏本系帳」には、「鴨氏人を秦氏の聟と為し、秦氏、禰宜として祭り奉るは、此の縁なり」とあるが、『延喜式』（内蔵寮式）や『本朝月令』（賀茂祭条）には、賀茂祭には松尾神社の社司たちが参列したとある。また『寛平御記』（賀茂臨時祭条）は賀茂の祭りは、まず松尾神社を拝することから始まるのが旧例と書いている。第一章で述べたが、中沢見明は「古事記偽作の最大の目的」は、平安朝初期に「加茂社に関係深き祠官」が、「加茂社と姻戚に当る比叡松尾の祭神大年神系譜を神代神話に編入して、その地位を堅めるにあったらしい」と書く(26)。西郷信綱は大年神系譜は秦氏の氏神の松尾神社の神官が、平安時代初期に攙入したと書いている(27)。

松尾神社のある地は山城国葛野郡だが、この地は秦氏の本拠地である。この地が前述したように御阿礼神事の発祥地だが、『日本後紀』大同三年（八〇八）八月三日条に、「葛野郡」の地名をつけた「葛野王」が三十歳で亡くなったと載るが、葛野王は稗田親王の子とある。『続日本紀』宝亀六年（七七五）二月二十一日条には、光仁天皇の第三皇子の稗田親王に「四品を授く」とあるが、この事実は稗田氏が養育した稗田親王の子が、葛野の地で生れたか、育った事を示しており、稗田氏と秦氏の結びつきを証している。つまり次のような結びつきである。

稗田阿礼――稗田親王――葛野王――葛野郡――秦氏（松尾大社）――阿礼（御阿礼神事）

葛野王は『日本後記』大同三年（八〇八）八月三日条によれば、この日に亡くなっているが、この時期は私が現存『古事記』の最終成立時期とみる弘仁年間（八一〇〜八二三）の直前である。葛野王の葛野の地は山城国の秦氏の本拠地で、平安朝になって『古事記』に入れられたと諸氏が主張する大年神系譜（このことは第二章で詳述した）も秦氏に拠っている。宮島弘は「古事記は山城国葛野郡で書かれた」と題する論文で大年神系譜の、

次に大山咋神、亦の名は山末之大主神、此の神は近淡海國の日枝の山に坐し、亦葛野の松尾に坐して、鳴鏑を用つ神ぞ

とある記事をとりあげ、「葛野の松尾」という書き方は、『古事記』の他の地名表記のすべてを検証した結果、異例と書く。そして結論として、「『葛野』だけで國名の附いてゐない書き放し方を何と観るか、これは、記者が葛野に居て書いたと考へるより途は無いのである」と書く。(28)

宮島弘のあげる大年神系譜について、柳田国男は『古事記』序文の書かれた和銅五年以後に入れら

れた系譜と推測している。[22] 中沢見明も平安朝初期の系譜であるから、この事実からも『古事記』序文の記述は疑わしいと書いている。[26] また折口信夫[29]・西郷信綱[27]は、大年神系譜は平安朝初期に攙入された記事とみるし、西田長男はこの系譜が載ることから、「現古事記は何としても平安朝初期の成立と考えるほかはないのではないかと思うのである」と書いている。[23]

このように諸氏が述べている大年神系譜が現在『古事記』に載っているのは、秦氏の本拠地の葛野にいた『古事記』の最終編纂者（私は弘仁三年・四年に『日本書紀』の読み方の講義をした多人長と推測する）が、原『古事記』に入れたのではないだろうか。

稗田阿礼はなぜ誦習者として登場したのか

稗田阿礼という作られた人物が序文に登場する理由について述べたが、なぜ「誦習」者として書かれているのだろうか。「誦習」について山田孝雄は「声に節をつけて読む」と書き、[4] 倉野憲司は山田説を採りながら、「誦」について「声に節をつけて暗誦すること」と書く。[5] 山田説の帝紀・旧辞を節をつけて読むと、倉野説の節をつけての暗誦とは違う。私は山田説の「声に節をつけて」は採るが、「読む」より「暗誦」を採る。原本を暗誦するのではなく古くから口伝してきた語りに習熟していたとみる。

本居宣長は『古事記傳　巻之一』で「誦」について、古い「萬の事」は「言にいふばかり」で「書には書き取りがたい」と書く。更に「古語」を漢文で書いたのでは意が通じないから、「まづ人の口に熟誦ならはしめて後に、其言の随に書録」たと書く。宣長の「誦」は書かれた旧辞を、声に節をつけて「読む」（山田孝雄）、「暗誦」（倉野憲司）するのでなく、「古語(フルコト)」を「人の口にて熟誦(ツラツラヨム)」ことであり、「誦」は声を挙げての語(かたり)である。したがって「古語(フルコト)のなほざりにすさまじきことを知(シル)べし。これぞ大御国の学問(モノマナビ)の本(モト)なりける」と書く。序章でも述べたように、「古事(フルコト)」でなく「古語(フルコト)」と書くのは、文字に書かれた「事(コト)」でなく、文字以前の語(カタリ)の伝(ツタヘ)が本来の「フルコト」だからである。

大嘗祭に出仕した語部は『北山抄』によれば、「古詞(フルコト)を奏す」が、注記に「其の音は祝に似て、又歌声に渉る」とある。これは序章でも書いたが、稗田氏の猿女君が多くの歌女たちを率いて、鎮魂祭に「言本(コトノモト)を挙げ」たのと重なる。この「言本」は「神楽歌舞」になっているが、前述したように稗田（猿女）氏もオホ氏も神楽にかかわる。

序章で書いたが、柳田国男は沖縄の宮古島では「アヤゴ」と呼ばれる女性たちが、島の歴史を伝えていたと書き、彼女たちを「此島の稗田阿礼」と書く。このような沖縄の島々に居た「稗田阿礼」たちは、文字を読めず書けない人たちだが、彼女たちこそが、文字無き昔の事（島の歴史・伝承、つまり「フルコト」）を「大切に記憶して次の代へ伝へてゐた」と柳田国男は書き、「文字で昔の事を書き伝へたのは、何れの島でも二百年内外のこと」と書く[30]。このようにごく最近まで沖縄の島々の「フルコト」は、文字を記した「記(ふみ)」ではなく、文字を読めず書けない人が伝えた「古言(ふること)（語）」であった。この「古語」つまり「言本」を「挙げ」ているのが、稗田氏である。

猿女君（稗田氏）は『記』『紀』が書くように、神の寄りたまう巫女の天鈿女命の後裔で、宇治土公庶流だが、宇治土公は伊勢の土着豪族で伊勢神宮の祭祀氏族である。始祖は猿田彦命だが、『日本書紀』（一書の一）は天孫降臨条で猿田彦命は伊勢へ降臨し、天鈿女命も猿田彦の妻になって伊勢へ同行したと書く。ところが『古事記』のみが、伊勢の志摩での天鈿女命の話（海鼠にかかわる話）を載せており、伊勢の海部と猿女君（稗田氏）のかかわりを示している。

土橋寛は「伊勢の海部出身の宮廷語部の手になる専門的芸謡」として、『古事記』のみに載る神語(かむがたり)・天語歌(あまがたりうた)をあげる。[31] 天語歌は「伊勢の海部出身の宮廷語部」によるとみられるから、伊勢の海部と縁のある猿女（稗田）氏と結びつく。神語は伊勢の海部に限定できない内容だが、どちらも末尾に「ことの語り言(かたりごと)も、此(こ)をば」（「事の語り言として、このことを申し上げます」の意）とある。この「語り言」は「天語歌(あまがたりうた)」とあるように、単なる「語り言」ではなく声に節をつけた「誦」であり、歌であり、序章で書いた「琴の語り言」であるから、こうした『古事記』独自歌謡からみても、序文に猿女の稗田阿礼という人物が作られて登場するのには理由がある。

太安万侶のオホ氏も「誦習」にかかわる

太安万侶のオホ氏も誦習にかかわることを、筏勲は次のように書く。

　琴歌譜を傳へた多氏と、書紀に比して過重とまで思はれる位多く歌謡が古事記に収載されてゐる事とが（今日の文献に於ては、古事記は史書としてよりも歌謡の資料としてより利用されてゐたのではないかを想はせられる。琴歌譜の註に於ける如く、万葉の註の如く）、又何か意味ありげに思ひ合はされはすまいか。

　古事記のある部分は歴史といふよりも、歌謡集の觀を呈してさへゐる（原始的な素朴な性格から來る自然なすがたとも認められるか知らないが）。更に想像を擴げると、古事記の假名遣が書紀に比して一層整頓されてゐる事は、單に年代的な意味ばかりでなくて、歌謡に深い關係のある家の人々にとつては、其の発音やうたひ方や表記法は、普通の人よりも一層細心であり、鋭敏であり苦心されたものであつた筈であり（一定の法則によって音聲音韻など割切ることもあり得たか）、その名残りとして、上とか去とかの記號も傳へられて來たのではあるまいかといふ様なことも考へられる。日本書紀私記丁本に、泥土煑尊沙土煑尊の條、問、此二神名爾煑字乎各異讀如何。答として、師説、古事記全勞二上聲去聲一也。凡如レ此神名皆以二上古口傳一所二註置一也。彼時所レ稱不レ同之故。殊勞二此音一也……などと、古事記が神名の訓み方に神經質なのを取上げてゐるが、古事記の當時の社會の人一般がさう敏感であつたのではなくて、記録に從事した人の神經の細かさであらうし、その細かさは必ずしも語意識、音韻意識から來るのみでなく、歌謡的な、讀誦、詠唱的な必要から來たものではなからうか。(32)

この筏勲の見解に私も賛成するが、このような『古事記』の内容は、『琴歌譜』を伝えていたオホ氏の職掌に依っていると筏勲はみて（大歌師の多氏が伝えていた『琴歌譜』については後述する）、『古事記』が他の古典と違って、「其の発音やうたひ方や表記法」は「歌謡的な、讀誦、詠唱的」要素に依っていると書く。(32) このような表現方法が「誦習」であるから、序文筆者は「誦習」（声に節をつけて語る誦に習熟していること）によって『古事記』は生まれたと書いたのであろう。

そのことは武田祐吉も述べている。武田祐吉は「『古事記』には百十三章の歌謡を載せている」が、「いずれも説話に関連して収められている」と書き、このよう説話に関連した歌謡の記載は、他の古典にくらべて特別に多いと書く。そしてこのような語りと歌の表現はオホ氏にかかわるとみて、筏勲と同じに大歌所の大歌師のオホ氏の家に伝わる『琴歌譜』を取り上げている。[33] 私はオホ氏の家に現存『古事記』の元になった原『古事記』が伝わっていたと推測するが、オホ氏の家に伝わっていた原『古事記』は、武田祐吉が書くように歌物語なのである。[33] そのことは序文で書いたように、すでに折口信夫が述べており、本居宣長・柳田国男・小林秀雄・松本清張も述べている。

　このような内容の書であったから、序文を太安万侶に仮託して書いた多人長は（人長は安万侶の孫と推測される）、他の書の序には見られない「誦習」者を登場させ、その「誦習」にふさわしいオホ氏と親しい稗田（猿女）氏の「稗田」を誦習者の姓とし、稗田とかかわる御阿礼神事の「阿礼」を名として、「稗田阿礼」という誦習者を創作したと考えられる。特に他の書にない「誦習」によって作られたと序文に書いたのは、序章でも書いたように「古言（ふること）」の語りを「記（ふみ）」にした古典だからである。その「フルコト」にオホ氏もかかわるが、オホ氏は撰録・撰上者として太安万侶を登場させたから、多人長はオホ氏と親しい「フルコト」の語り（かた）にかかわる稗田（猿女）氏を誦習者にしたのだから、稗田阿礼は実在しないが、理由があって「誦習者稗田阿礼」は序文に登場しているのである。

〔注〕

(1) 倉野憲司「序文偽作説とその批判」『古事記全註釈 第一巻』所収（三省堂 一九七三年）
(2) 西宮一民「古事記の成立――序文に関して――」『古事記の成立』所収（高科書店 一九九七年）
(3) 藪田嘉一郎「古事記序文考」『西田先生頌寿記念 日本古代史論叢』所収（吉川弘文館 一九六〇年）
(4) 山田孝雄『古事記序文講義』一五五頁（塩竈神社 一九三五年）
(5) 倉野憲司『古事記全註釈 第一巻』一八六頁（三省堂 一九七三年）
(6) 西郷信綱『古事記注釈 第一巻』五三頁（平凡社 一九七五年）
(7) 山田孝雄 注(4)前掲書 一五二頁〜一五三頁
(8) 倉野憲司 注(5)前掲書 一八〇頁〜一八六頁
(9) 西田長男「稗田阿礼――男性？ 女性？――」『国学院雑誌』一九五八年十月号・十一月号
(10) 三谷栄一「古事記の成立と氏女・采女の伝承――稗田阿礼女性論再考序説――」『国学院雑誌』一九六二年九月号
(11) 三谷栄一「古事記の成立と稗田阿礼」『古事記の成立の研究』所収（有精堂 一九八〇年）
(12) 和田萃「三輪山祭祀の再検討」『国立歴史民俗博物館研究報告 七号』所収（国立歴史民俗博物館 一九八五年）
(13) 大和岩雄「神坐日向神社・大和日向神社」『神社と古代王権祭祀』所収（白水社 一九八九年）
(14) 松前健「大嘗祭と記紀神話」『古代伝承と宮廷祭祀』所収（塙書房 一九七四年）
(15) 田中卓「伊勢神宮の創祀と発展」『田中卓著作集 4』所収（図書刊行会 一九八五年）
(16) 上田正昭「神楽の命脈」『日本の古典芸能 第一巻』所収（平凡社 一九六九年）

（17）松前健「内侍所神楽の成立」『古代伝承と宮廷祭祀』所収（塙書房　一九七四年）
（18）土橋寛『古代歌謡と儀礼の研究』二三一頁～二三二頁（岩波書店　一九六五年）
（19）西郷信綱「稗田阿礼――古事記はいかにしてなったか――」『古事記研究』所収（未来社　一九七三年）
（20）倉野憲司『古事記全註釈　第六巻』二五八頁（三省堂　一九七九年）
（21）西郷信綱『古事記注釈　第三巻』四二一頁（平凡社　一九八八年）
（22）柳田国男「稗田阿礼」『柳田国男集　第九巻』所収（筑摩書房　一九六五年）
（23）西田長男　注（9）前掲書
（24）大和岩雄「賀茂神社」『神社と古代王権祭祀』所収（白水社　一九八九年）
（25）大和岩雄「松尾大社」『神社と古代民間祭祀』所収（白水社　一九八五年）
（26）中沢見明「大年神系譜の構成と其材料」『古事記論』所収（雄山閣　一九二九年）
（27）西郷信綱「補考・大年神の系譜について」『古事記注釈　第二巻』所収（平凡社　一九七六年）
（28）宮島弘「古事記は山城国葛野郡で書かれた」「国語・国文」一四巻九号　一九四四年
（29）折口信夫『折口信夫全集ノート編　第三巻』八八頁（中央公論社　一九七一年）
（30）柳田国男「島の人生」『柳田国男集　第一巻』所収（筑摩書房　一九七〇年）。「宮古島のアヤゴ」『柳田国男集　第一七巻』所収（筑摩書房　一九六五年）
（31）土橋寛「『天語歌』と『神語』歌――宮廷語部の歌――」『古代歌謡の生態と構造』所収（塙書房　一九八八年）
（32）筏勲『上代日本文学論集』七二頁～七三頁（民間大学刊行会　一九五五年）
（33）武田祐吉「『古事記』における歌謡の伝来」『武田祐吉著作集　第三巻』所収（角川書店　一九七三年）

第七章

太安万侶は『古事記』撰録者ではない

太安万侶「宮廷専属の文人学者」説批判（一）

太朝臣安万侶の名は『古事記』の序文以外には、出土した墓誌と、『続日本紀』に載る次の記事である。

慶雲元年春正月癸巳。正六位下太朝臣安麻呂、従五位下。
和銅四年夏四月壬午。正五位下太朝臣安麻呂、正五位下。
霊亀元年正月癸巳。正五位下太朝臣安麻呂、従四位下。
霊亀二年九月乙未。以₂従四位下太朝臣安麻呂₁為₂氏長₁。
養老七年秋七月庚午。民部卿従四位下太朝臣安麻呂卒。

この記述について西宮一民は、「太朝臣安萬侶だけが、位階は昇進しても、官職は一向に授からない。これは安萬侶だけに見られる顕著な特色である」と書き（傍点引用者）、この記述からみて太安万侶は「宮廷専属の文人学者として特別に処遇されていた」から、「位階は昇進しても、官職は一向に授からない」と書く(1)。しかし「安萬侶だけに見られる顕著な特色」ではない。そのことを『続日本紀』の太安万侶以外の人物の例で示す。

例えば県犬養筑紫は『続日本紀』によれば、従六位下から従五位下、従五位上、正五位下、正五位上と、位階昇進の授位の記事のみで、神亀元年四月十八日に「造宮卿従四位下」で亡くなったと記す記事で終っており、安万侶とまったく同じ記事である。また粟田人上についても、従六位下から従五位下、従五位上、正五位下、正五位上と、授位の記事のみで太安万侶と同じ任官記事はない。しかも二人の授位のみの記事は安万侶の三回より多いが、だからといって「宮廷専属の文人学者」とはいえない。粟田人上は、天平十年六月一日に「武蔵守従四位下」で亡くなっている。

藤原巨勢麻呂は従五位下になって中宮亮に任官後、従五位上、正五位下、正五位上、従四位下、従四位上と、五例はすべて授位の記事である。任官記事がないからといって巨勢麻呂も「文人学者」だったとはいえない。巨勢麻呂は五例の授位記事の「播磨守」に任官の記事が載るが、次には正四位下、従三位と授位記事が続き、天平宝字六年十一月十六日条には、「参議従三位武部卿」とある。「武部卿」は武部省の省の長官で、武部省は天平宝字二年八月に兵部省を藤原仲麻呂（恵美押勝）が改めた省である。巨勢麻呂は不比等の長男武智麻呂の四男で兄の仲麻呂の異母弟だが、恵美押勝の乱に兄と共謀した罪で、天平宝字八年九月十八日に斬られている。彼も県犬養筑紫や粟田人上と同じに授位記事のみが続くが（安万侶の三回に対して五回）、武部省の長官になっているように、「文人学者」ではない。

坂上犬養についても、正六位上から外従五位下、外従五位上、従五位下、従五位上から正五位下、正五位上、従四位下、正四位上とあり、太安万侶は三例なのに七例も授位の記事が続き、任官の記事がない。しかし天平宝字元年七月九日条に、正四位上の坂上犬養は橘奈良麻呂の事件の時、中納言藤原永手と共に右大臣藤原豊成の邸宅へ行き、息子の乙縄を乱に関与したから身柄を引渡すよう、勅命を伝えたとある。その時の犬養の役職を「左衛士督」と書く。この事件の逮捕者の留置・尋問は左衛士府でおこなっており、左衛士府の長官が犬養であったことからも、授位のみが載っていたとしても、「文人学者」ときめつけるわけにはいかない。『続日本紀　二』補注（岩波書店版）は坂上犬養について、「卒伝には若きより武才を称され、聖武の寵が厚かった」と書いており、彼は「文才」ではなく「武才」の人であった。

このように太安万侶に任官記事がなく授位記事のみが三回続くからといって、それは「安萬侶だけに見られる顕著な特色」ではないから、それをもって太安万侶は、「宮廷専属の文人学者として特別に処遇されていた」と、西宮一民のように論断はできない。

太安万侶「宮廷専属の文人学者」説批判（二）

西宮一民は「その学才ゆえに宮廷専属の学者として処遇されていたことにくらべれば、「民部卿ごとき行政的官職はたいして問題ではなかったろう」と書く[1]（傍点引用者）。しかし「民部卿ごとき」とはこの役職はいえないから、「たいして問題ではなかった」とは、更に言えない。

青木和夫は民部省と民部省の長官の民部卿について、「律令国家の権力構造」で次のように書く。

令制における民部省は、全国の国司を通じて民政を指揮し、その報告にもとづいて予算を編成する、国政上極めて重要な官司であり、その長官・次官は奈良時代まで、実務に優れた有力貴族から任命されていた[2]（傍点引用者）。

民部省は「極めて重要な官司」で、民部卿は「実務に優れた」人がなると書いており、「民部卿ごとき」は「文人学者」が片手間にできるとみる西宮見解を否定している。特に重要なのは民部卿は「有力貴族から任命されていた」と書いていることである。

『続日本紀』に載る民部卿になった人物は十四人である。その人物を任官順に書くと、巨勢麻呂・多治比池守・太安万侶・多治比県守・藤原房前・巨勢奈氏麻呂・藤原仲麻呂・紀麻呂・文室大市・藤原縄麻呂・藤原小黒麻呂・佐伯今毛人・藤原継縄である。民部卿として載るのは十三人だが、仁部卿として藤原恵美朝獦が載る（朝勝は恵美押勝の子だが、押勝が民部省を仁部省に改めた。しかし押勝が斬られた後、元の民部省に戻った）。この藤原恵美朝獦を入れて十四人になる。藤原氏六人、多治比氏・巨勢氏が二人で、三氏で十人になり、他の氏族は太氏・紀氏・文室氏・佐伯氏である。

藤原氏は別格としても他の氏族も太氏を除いて有力貴族である。文室大市は大市王から文室真人大市になった前皇族である。また多治比氏も「姓（かばね）」は真人で元皇族であり、『続日本紀』には五十二人が記載されている。巨勢氏も四十人、紀氏は九十六人、佐伯氏は五十三人の人物が載っているが、オホ氏はたった五人しか『日本書紀』に載っているに過ぎない。このように有力貴族がなる民部卿のなかで、オホ氏のみが有力貴族の出自でないのに民部卿になっているのは異例である。

もちろん有力貴族なら誰でも民部卿になれるわけではない。特に行政能力のすぐれた人物が選ばれている。藤原氏の中でも藤原房前は特に「若くして行政能力にすぐれていた」と笹山晴生は書いているが(3)、房前は藤原不比等の二男だが不比等の四人の男子のうち、不比等がもっとも期待した人物である。正三位で参議も兼務し民部卿在任中に亡くなっているが、このような人物が民部卿になっていることからも、この職の重要性がわかる。藤原仲麻呂（恵美押勝）は押勝の乱の首謀者であったから、捕えられ斬られているが、有能な政治家で正一位まで昇りつめている。小黒麻呂（北家）・継縄（南家）も不比等直系の曾孫で、藤原氏のなかでも名門の出身で、すぐれた行政官であり、大納言や右大臣まで昇進している。朝獦の任官は父の藤原仲麻呂が省名を変えてまで重視した役所だったから、特に信頼できる自分の子を任命したのである。このように藤原氏の中でも不比等の二男房前やその孫、長男の武智麻呂の子や孫のみが民部卿になっていることからも、この職がいかに重要で名誉な職かがわかる。

また藤原氏以外の人物も、多治比氏の池守は従二位大納言、県守は正三位中納言までになっており、巨勢氏の麻呂も従三位中納言、奈氐麻呂は従二位大納言まで昇進している。また紀麻呂は従三位中納言、文室大市は従二位大納言、佐伯今毛人も正三位まで昇進している。しかしオホ氏のみは違う。オホ氏は『続日本紀』にたった五人しか載らず、しかも授位は四人で安万侶以外の三人は従五位下（犬養）、外従五位下（国吉・徳見）である。安万侶の従四位下はオホ氏としては異例の高位である。このような異例な昇進は「文人学者」であったからではない。行政官として特別に有能であったから、藤原氏でも特に南家・北家の名門出身の人物か、有力貴族の出自の中で、特に行政能力のある有能な人物のみが就任できた民部卿に、異例の抜擢を受けて就任したのである。

客観的史料の正史によるかぎり、西宮一民が書くような太安万侶は有能な「宮廷専属の文人学者」であったという事例はまったくない。あるのは有力貴族出身ではない太朝臣安万侶が、異例の抜擢によって民部卿という要職についたという事実のみである。

太安万侶がなった民部卿という職について

民部卿は式部卿と共にもっとも重要な職だが、特に太安万侶が就任した霊亀元年（七一五）は、郷里制が執行された重要な年であった。郷里制が執行された理由について、岸俊男は、五十戸一里の従来の里制が人口の増加と耕地面積の拡大の結果、律令体制下の地方行政の機能を十分にあげることが困難になってきたので、従来の里の下にさらに一個の行政単位を設け、地方行政の統制を強化しようとした、と書く(4)。この行政は民部省担当である。その大役実行のため郷里制実施・実行の大役を荷なわされて抜擢されたのが、太安万侶である。

野村忠夫は「霊亀―養老年間の前半は、右大臣不比等の主導のもとに、律令制支配の貫徹が強化された時期であった」(傍点引用者)と書く(5)。霊亀―養老年間は太安万侶の民部卿在任期間だが(霊亀元年に就任し、在任中の養老七年に亡くなっている)、藤原不比等が安万侶を抜擢したのであろう。野村忠夫はその具体例として、「まず七一五(霊亀元)年五月、諸国朝集使に勅して、土断法が発令され、負担を忌避して流浪する人民が、他郷に三カ月以上留まる場合、その現地での調庸の徴収を命じている。ここで注目したいのは、地方行政官が私利を貪って農民を苦しめてはならず、農民生活の安定と流散とは、かかって国・郡司の能力にあると強調していることである。この地方行政官への責任感の要求と、その監察の強化とは、霊亀年間の特色であるが、中央が直接に農民を観察して、国司の治政を判断しようとする方向をとってくる」と書く(5)。「地方行政官の責任感の要求と、その監察の強化」が、霊亀年間の特色というが、このような地方行政の監察強化は民部省の仕事であり、太安万侶が民部卿に任命されたときから、具体的にはじまっていることが注目される。特に「中央が直接に農民を観察して、国司の治政を判断しようとする」ためには、民部卿に実力のある能吏が就任していなければならない。そして以上のことが「不比等の主導のもとに、律令制支配の貫徹の強化」の具体化であるとすれば、太安万侶は藤原不比等の強い信頼と期待をかけられての登場である。

また太安万侶が民部卿になった霊亀元年には、郷里制の執行と共に戸を「郷戸」より実態に近い「房戸」と認定している。郷里制が行政単位の細分化なら、これは農民支配の単位である戸の細分化である。こうした細分化は民部省の仕事である収取を、よりやり易くするための制度である。このように太安万侶の民部卿就任と同時に、大きな改革がおこなわれた。その最高責任者は右大臣藤原不比等、実行の責任者が民部卿太安万侶であった。このような戸の細分化によって調庸の規格統制がつぎつぎに示され、大計帳、四季帳、六年見丁帳、青苗簿、輪租帳など、民部省に提出すべき民政経済上の諸帳簿の式を作るよう通達することによって、収取体制は一段と強化された。こうした行政は太安万侶が民部卿に就任した直後からおこなわれており、安万侶の財務行政の手腕に期待しての実行である。

井上辰雄は『大倭国正税帳』を調べて、霊亀元年（七一五）から養老七年（七二三）までは欠穀穎稲が多量に出ているが、養老七年の翌年の神亀元年以降からは欠穀穎稲の記載がないことに注目し、その理由として霊亀元年から養老七年の九年間は検穀をおこなったからと書く[6]。検穀の命令は民部省が出す。井上辰雄は書いていないが、多量な欠穀穎稲が出た霊亀元年から養老七年は、太安万侶が民部卿に就任し、民部卿在任中に亡くなった九年間に限られているから、彼が就任して実行した検穀は、安万侶の死亡と共におこなわれなくなっているのである。

安万侶の亡くなった後に就任したのは従三位多治比県守だが、天平三年八月参議に転出すると正三位藤原房前が民部卿になっている。前述したように県守も房前も、有力貴族の中で特に行政能力にすぐれた人物だが、従四位下の安万呂の後を継いだのが、従三位・正三位の高位の人物なのは、安万侶の後に彼のおこなった民部卿の仕事を受け継ぐには、有力貴族の中でも特に実力者の有能官僚で、高位の人物でなければ、荷が重かったからであろう。ということは養老四年八月三日に右大臣正二位で亡くなった藤原不比等が残した政策を実行するためには、当時の民部卿は、特に重要な官職であったことを示している。西宮一民の書く「民部卿のごとき」というような役ではない。

正史の『続日本紀』に載る民（仁）部卿十四人のうち、半数近くが藤原氏の中から特に能力のある人物が選ばれており、他の民部卿も有力貴族の中から選任されている。その慣例（『続日本紀』は文武天皇元年〈六九七〉から延暦十年〈七九一〉までの記録）は百年近くつづいているが、その中でただ一回慣例を破ったのが、太安万侶の民部卿登用である。当時、慣例を破って民部卿に有力貴族でないオホ氏の人物を登用できた実力者は、右大臣藤原不比等以外にはいない。不比等がいたから太安万侶は抜擢され、民部卿になったのである。

太安万侶は藤原不比等にその行政的才能を高く評価されて民部卿になった人物である。もし西宮一民の主張する「宮廷専属の文人学者」にすぎない人物であったなら、藤原不比等のような人物が、特に重要な時期にあたって異例な抜擢人事をおこない、最重要の民部卿という要職につけるはずはないだろう。

太安万侶の『記』関与を否定する紀清人の国史編纂

『続日本紀』和銅七年（七一四）二月十日条に、従六位上紀清人と正八位下三宅藤麻呂に「詔して国史を選せしめ給ふ」とある。この紀清人に関する『続日本紀』の記述と、太安万侶の前述した『続日本紀』の関係記事を比較検証すれば、太安万侶が『古事記』に関与していないことは明らかである。元明天皇の勅命で撰録されたと序文が書く『古事記』関係記事が、『続日本紀』にまったく記載がないことについては、私見に反論する人たちはたまたま欠落したとし、『続日本紀』には欠落記事が見られることを例証にする。しかし和銅四年（七一一）九月十八日の元明天皇の勅命による撰録開始も、和銅五年正月二十八日の撰上も、正史の『続日本紀』に記載されていない。撰録か撰上のどちらか一つが載っていれば、欠落・遺漏ですませるが、二回とも載っていないのはどういうことか。

第一章で書いたが、『古事記』の撰録開始の日も、撰録が終って撰上した日も、まったく載らない『続日本紀』には、なぜか和銅七年に紀清人と三宅藤麻呂に国史撰録の勅命が下ったことだけは載せる。更に霊亀元年（七一五）七月十日条に、「従五位下紀朝臣浄人数人に穀百石を賜ふ。学士(ふみはかせ)を優(めぐ)まむなり」とある。西宮一民は太安万侶を「宮廷専属の文人学者」と書くから、西宮説を採れば、安万侶も「学士」として「優(めぐ)ま」れ、「穀百石」を賜ってもよいではないか。安万侶も「優ま」れ、「穀百石」を賜ったが、この記事も欠落したというのであろうか。紀清人は撰録の時従六位上、太安万侶は正五位上で六階級も上位である。もし安万侶が『古事記』を撰録したとすれば、なぜ上位の「学士」の記事はまったく欠落し、下位の「学士」の記事を繰返し載せるのか。紀清人は更に養老元年（七一七）七月二十三日条にも、「従五位下紀朝臣清人に穀一百斛を賜ふ。学士(ふみはかせ)を優(めぐ)めばなり」とある。更に養老五年正月二十七日には「学業優遊(いういう)し師範とあるに堪(た)ふる者を擢(ぬきだ)して、特に賞(しやう)賜を加へて後世を勧(すす)め励(はげま)す」として、「学士」の従五位下紀朝臣清人は「物」（絁・糸・布・鍬など）を賜っている。「文章の」とあるから太安万侶と違って「文人学者」である。そのことは天平十三年七月三日条に、

従五位上紀朝臣浄人を治部大輔兼文章博士に任ず

とある記述からもいえる。紀清（浄）人はその後安万侶と同じ従四位下まで昇進し、天平勝宝五年（七五三）七月一日に亡くなっている。

以上が『続日本紀』に載る紀清（浄）人に関する記事である。もし和銅四年に太安万侶が和銅七年の紀清人のように国史編纂にあたったとすれば、なぜ数年の間に二つの歴史書の編纂を元明天皇は計画したのか。しかも太安万侶の『古事記』編纂の記事または関係記事はまったく『続日本紀』に載らないのに、紀清人らの記事は豊富に載る。一回ぐらい載らないならともかく、編纂記事と関係記事を含めれば紀清人は数回載るのに、太安万侶についてはまったく載らない。この事実を『続日本紀』には欠落記事が多いから記載が漏れたと、安易に片づけてよいだろうか。この事実を認めながら、それでも太安万侶は『古事記』の撰録者だと主張するなら、次の問いに答えてほしい。

一、和銅七年二月十日の紀清人らの国史編纂開始は正史に載るのに、なぜ和銅四年九月十八日の太安万侶の撰録開始が載らないのか。

二、太安万侶の撰録開始を「欠落」したと主張するなら、和銅五年正月二十八日の撰上も「欠落」しているのはなぜか。一度ならず二度も欠落しているのは、欠落ですますわけにはいかない。

三、紀清人らの場合、撰上日が記されていないが、撰上後穀百石を下賜されたという記事は載っているではないか。紀清人は一人でないのに太安万侶は撰録を一人でおこなっているのだから、太安万侶こそ「優(めぐ)ま」れ穀百石を受けた記事が載っていてよいではないか。載らないのは序文の和銅五年撰上がなかったからだろう。

四、そのことは官位からもいえる。安万侶は撰録の時正五位上だが、紀清人は従六位上、三宅藤麻呂にいたっては正八位下である。安万侶より五階級、十二階級も下位の人物の仕事が三回も載り、上位の人物の勅撰書編纂が、まったく載らないのはなぜか。

五、和銅年間になぜ同じ国史編纂が同時進行したのか、このような事は常識的にあり得ない。しかも一方が短期間で、一方が長期間なら、編集方針の違いによって同時進行ともいえるが、どちらも一年弱か一年余の短期間であり、同時進行はあり得ないのだから、『古事記』のことが載らないのは、その事実がなかったのではないか。

六、紀清人は養老五年に、文章と学業の師範として優秀であったことを賞され物を賜っている。更に天平十三年には文章博士になっている。このように和銅年間に国史を編纂した紀清人は、国史編纂の文人学者であったことを正史は明記しているのに、太安万侶については文人学者であったことの記述はまったくない。もし安万侶が『古事記』を編纂していたなら、清人が文章博士になっているのだから、安万侶も文章博士になった記事が載っていてもよいではないか。

七、太安万侶のみ取上げたが、『古事記』の序文には誦習者として稗田阿礼が登場している。この誦習者も『続日本紀』にまったく記されていないのはなぜか。

以上七つの問いに対して、すべて「欠落」と答えたのでは、太安万侶が『古事記』を撰録・撰上したという理由の説得力ある説明には、まったくならない。

太安万侶の「勲五等」について

『古事記』序文に、「正五位上勲五等太朝臣安万侶」とある。太安万侶の墓誌にも「従四位下勲五等」とある。この勲五等は武功によって授けられる勲位である。

西宮一民は『古事記』序文や、出土した墓誌に、太安万侶が「勲五等」とあるのは、壬申の乱に「二十歳未満であった」が、父の多品治と共に安万侶も参戦し、「戦後若年ながら勲功ありと認められて、特に叙勲に与った」からだと書いている[1]。しかしこの見解（一九七九年発表）後の論文（一九九七年発表）では、「征鎮勲は大宝令で制定されたのだから」、前説は「不可」と書き、叙勲は大宝二年の「隼人征鎮」の功と書く[7]。そのことについて西宮一民は『古事記の研究』でもくわしく述べている[8]。

大宝二年の隼人征鎮による勲五等だとみる根拠として、西宮一民は小野毛野の勲三等、佐伯大麻呂の勲四等と、太安万侶の勲五等は、三人とも大宰府の役人として隼人征鎮に功あって受けた叙勲とみる。小野毛野については『続日本記』文武天皇四年十月十五日条に、「直広参小野朝臣毛野を大弐」とある「大弐」は大宰府の次官をいうからである。佐伯大麻呂については「観世音寺大宝四年縁起」の大宰府移案に、「少弐正五位下勲四等佐伯宿禰」とある佐伯宿禰を佐伯大麻呂とみて、小野毛野と佐伯大麻呂は大宰府の大弐・少弐として隼人征鎮に功があったから、勲三等・勲四等の勲位を得たと書く[7]。この見解には私も賛成である。しかしそのことをもって、「以上大宰大弐小野毛野が〈勲三等〉であり、大宰少弐佐伯大麻呂が〈勲四等〉となると、太安万侶が〈勲五等〉で、他に〈勲五等〉の帯勲者の例が見当らないから、太安万侶といふ人物を、この大宝二年九月の薩摩隼人征鎮の武勲者に比定することは、極めて自然な考へだと言へよう。となると、大宰大監か少監かと想定できるのである」と書き、更に位階は「正六位下」と、大胆に推測しているのには[7]、賛同できない。

また「他に〈勲五等〉の帯勲者の例が見当らないから」といって、太安万侶を隼人鎮圧の武勲者とするのは、「極めて自然な考へだ」[7]とは言えない。更に検証が必要である。まして太安万侶が正六位下で大宰大監か小監だとまで書くのは飛躍で、西宮一民の太安万侶の勲五等の理由については賛成できない。しかし残念ながら西宮説に対して、なぜ太安万侶が勲五等なのか、西宮説にかわって代案を具体的に書けないのが残念である。安万侶がなぜ勲五等という武勲をたてたか不明というしかない。

西宮一民は勲三等を受けた小野毛野の下にいて、太安万侶は勲五等を受勲したという推論を立てたから、小野毛野が慶雲二年に中務《なかつかさ》卿になった時、安万侶も中務省に勤務したと想定する。西宮一民は太安万侶を「宮廷専属の文人学者」ときめつけているので、中務省を史書編纂の役所にして、「安万侶は中務省で、日本書紀の資料となる記録類の整理ないし、早くも日本書紀の或る巻の文章を記定するやうな仕事に従事してゐたかも知れない」と書き、そこへ「元明天皇から安万侶に『阿礼誦習の、勅語の帝紀・旧辞』の撰録の下詔があつた」ので、「中務卿小野毛野が、安万侶に対し、その『撰録』事業に専念せしめる配慮をした」と書く[8]。これらの記述も西宮一民の「想像」であって史実ではない。史実なのは唯一小野毛野が中務卿であったことだけである。もし中務卿が西宮一民の書くような役所なら、まず中務省卿の小野毛野に天皇は詔を出して、安万侶だけでなく中務省の役人たちも参加したであろう。同じ和銅年間の紀清人の編纂事業も複数ではないか。なぜ太安万侶のみが選ばれたのか、説明すべきである。西宮一民は「元明天皇が何故安万侶に、といふことは分らない」と書いているが[8]、

「分らない」のはこのような事実がなかったからではないか。

中務省は『続日本紀』(岩波書店版)の注によれば、「内廷と外廷とを結ぶ役割をもつ省」とあり、その役割が省名になっている。したがって中務省には中宮職・左右大舎人寮・図書寮・内蔵寮・縫殿寮・陰陽寮・画工司・内薬司・内礼司があった。西宮一民が詔勅とか起居注の作成・保存を中務省の仕事にしているのは、太安万侶を「文人学者」にするために中務省勤務とした「想像」を、更に拡げて拡大解釈した結果で、西宮一民の書く仕事は、中務省の仕事のうちのほんの一部分である。

以上述べたように、太安万侶の「勲五等」は大宝二年の隼人征鎮によると断定はできない。小野毛野の部下として、太安万侶が大宰府と中務省に勤務していたとみる西宮説も、史料による確証はないから、太安万侶の勲五等を小野毛野と結びつけることで「宮廷専属の文人学者」であることを主張しても、無理である。太安万侶の勲五等は武勲によっているから、勲五等は西宮一民の主張する太安万侶文人学者説を否定する根拠の一つである。

太安万侶の「氏長」の記事について

『続日本紀』は太安万侶は霊亀二年(七一六)に「氏長」になったと記す。「氏長」は「氏上」とも記すが、文武天皇二年(六九八)九月から霊亀二年の十八年間だけに見られる記事である。文武天皇二年九月に「無冠麻績豊足・進広肆服部連佐射」が「氏上」になり、慶雲四年(七〇七)九月に「正五位下大神朝臣麻呂」が「氏長」になっている。和銅七年(七一四)二月には「従五位下大倭忌寸五百足」、霊亀元年(七一五)二月に「従五位下大神朝臣忍人」が「氏上」になっており、霊亀二年(七一六）九月に「従四位下太朝臣安麻呂」が「氏長」になっている。麻績・服部の両氏は伊勢神宮の神御衣祭を主催する氏族だが、他の四氏は大和国の神社の祭紀氏族である。大神（おおみわ）氏のみ安麻呂と忍人の二人が氏長（氏上）になっているのは、慶雲四年に氏長になった大神安麻呂が和銅七年（七一四）に亡くなったので、霊亀元年（七一五）に忍人がその後を継（つ）いだのである。

氏長（氏上）になった大神・大倭・太の三氏は、『延喜式』神名帳に載る「名神大社」の大神神社・大倭神社・多（太）神社の祭祀氏族である。しかし『新抄格勅符抄』の大同元年（八〇六）の牒の大和国の神社の神戸数と位階は次の通りである。

1　大倭神社　　三二七戸　従一位
2　大神神社　　一六〇戸　従一位
3　葛木鴨神社　八四戸　従一位
4　振神社　　　八〇戸　従一位
5　太神社　　　六〇戸　従三位

この大同元年より九十年前には、大倭神社・大神神社の祭祀氏族と同格の氏長（氏上）を出している太神社は従三位であり、従一位の大倭神社・大神神社と差があり、神戸数も大きく違う。ところが天平二年（七三〇）の『大倭国正税帳』の蓄積稲の順序では、太神社がトップである。

1　太神社　　一〇六三二束九把
2　大神神社　四〇一九束三把
3　穴師神社　一三六二束

4　志貴御県神社　一三四七束
5　丸神社　一〇五四束

天平二年は養老七年（七二三）に亡くなった太安万侶の没後、七年しかたっていないから、民部卿であった太安万侶の権威が大神氏・大倭氏と同じ氏長（氏上）になり、太神社は蓄積稲が大神神社の二・五倍になっている理由であろう。そのことは大神氏の安麻呂が正五位下、忍人が従五位下、大倭五百足が従五位下なのに対し、太安万侶が従四位下であることからもいえる。しかしそれだけが理由ではない。大神氏・大倭氏と共に太氏が氏長になったのは、藤原不比等が太安万侶を民部卿に抜擢したように、太氏を大神氏・大倭氏と同じ神祇氏族として評価していたからである。なぜなら氏長任命の記事は、文武天皇二年（六九八）から霊亀二年（七一六）の十八年間に限られており、養老四年（七二〇）に藤原不比等が亡くなった以降、見られないことからいえる。

『記』『紀』では、オホ氏の始祖神八井耳命（神武天皇皇子）が皇位につくはずだったが、弟に皇位を譲って神八井耳命は神まつりに専念したと書く。このような始祖伝承をもつオホ氏だから、第十二章の「原『古事記』と仲臣のオホ氏とワニ氏」で詳述するが、オホ氏やワニ氏系の春日氏・小野氏は、神と人との仲を執り持つ仲臣であった。中臣氏は仲臣の下に居た卜部であり、特に常陸の鹿島神の下に居た卜部の中臣部が、藤原氏になった不比等の中臣氏にかかわるから、卜部から本来の仲臣の地位に成り上がった中臣の長の不比等は、特に仲臣のオホ氏の安万侶を氏長にしたのであろう。したがって安万侶はこの時期に「多」を「太」に変えている。

『日本書紀』天武十三年（六八四）の「多臣」賜姓記事には、「多朝臣」とあり、持統十年（六九六）

の多品治の記事でも「多」とある。ところが五年後の『続日本紀』慶雲元年（七〇四）の安万侶の記事では「太「とあるから、安万侶が「太」に変えたのである。「大」では大神氏・大倭氏の「大」と間違えられるから「太」にしたが、「多」でなく「太」にしたのは、大神・大倭と同じ「大」であることを主張したかったのであろう（『常陸国風土記』『出雲国風土記』は大臣とオホ氏を書いている。「太」表記は『続日本紀』によれば宝亀元年（七七〇）までで、犬養は「太」だが、宝亀七年に「多犬養」とあるから、この頃「太」から「多」に戻っている）。

以上、正史（『続日本紀』）に載る太安万侶の民部卿と氏長について述べたが、そこから見えてくる安万侶像は、藤原不比等にその行政能力と出自の重要性（氏長）を認められた安万侶像であって、『古事記』編纂者としての「宮廷専属の文人学者」のイメージはない。

太安万侶の墓誌出土は偽書説否定にはならない（一）

昭和五十四年（一九七九）一月二十三日に奈良市田原町の茶畑から太安万侶の墓誌が出土した。この墓誌出土によって、『古事記』の序文に書かれている太安万侶の『古事記』撰録と撰上が事実であることが確かめられたといわれるようになった。しかしそうとはいえない。墓誌には次のような記述がある。

左京四条四坊
従四位下勲五等
太朝臣安萬侶

以癸亥年七月六日卒之
養老七年十二月十五日乙巳

この墓誌の出土した翌日（一月二十四日）の朝刊各紙（東京本社版）は、大きく墓誌出土を報道した。その見出しには、

古事記偽書説の反証（朝日新聞）
偽書説消す〝実在説明〟（読売新聞）
『正書』『偽書』論争に拍車（毎日新聞）

などとある。私は出土一週間後の読売新聞（夕刊）の学芸欄に、「太安万侶は『古事記』の編者か――太安万侶の墓誌出土に関連して――」を載せた。その拙稿で私は次のように書いた。

太安万侶の墓が発見され、銅版墓誌が出土した。この墓誌出土について、国学院大学の樋口清之氏は「古事記について〝偽書ではないか〟というような疑問も出ていた。今回の発見で、古事記そのものの信用性も高まり、疑問の余地はなくなると思う」と語り（読売新聞一月二十四日朝刊）、古事記学者の倉野憲司氏は、「安万侶はまぎれもない実在の人物であることの物証であり、古事記偽書説はこれで否定される」（毎日新聞一月二十四日朝刊）と語っている。しかし、太安万侶が実在していたことと、太安万侶が何をしたか、例えば、『古事記』を撰録・撰上したかということは、別問題である。

太安万侶が実在していたことは、墓誌が出土しなくても、『続日本紀』の慶雲元年正月、和銅四年四月、霊亀元年正月、霊亀二年九月、養老七年七月に、太安万侶（『続日本紀』では安麻呂）

のことが記されているのだから、実在は明らかである。ただ、安万侶は五回も『続日本紀』に登場するが、『古事記』を編集したことは、まったく記されていない。『古事記』を太安万侶が編集したということは、序文に太安万侶が書いているだけである。自分が自分のことを書いている、もっとも主観的な資料しかないのである。

東大名誉教授の坂本太郎氏は『続日本紀』に記事がないからといって、「決して事実の存在を疑わねばならぬものではない」（「史料としての六国史」）と書いている。客観的史料でしか論じないこの高名な日本古代史学者も、こと『古事記』となると、なぜ主観的資料のみ頼り、重んじるのだろうか。客観的史料（『続日本紀』など）に太安万侶のことは載っていても、稗田阿礼のことはまったくなく、『古事記』の記載もないから、元明天皇が藤原不比等に密かに作らせた書とする梅原猛氏の私本説があるが、私本だったら序文は必要ない。この麗々しい序文そのものが、私本説を否定している。だから、秘密文書説をとる駒沢大学の桜井光堂氏は、序文の文章は暗号だとする。このような意見が出るのも、序文は勅撰書だと称するが、勅撰書であることを示す客観的史料がみあたらないからである。太安万侶が自ら書いたとする資料のみで、要するに自称である。

「私が古事記を撰録しました」と自称しているだけで、客観的史料がないから、偽書説も出る。序文がついていなければ、偽書説など生れはしない。つまり、序文に書かれていることの信憑性が問題なのである。

ところが通説は、被疑者であるべき序文を、唯一の証人としている。その上に立って、「古事記の編者太安万侶の墓誌発見」と報道しているのである。しかし厳密にいえば、「太安万侶の墓誌発見」であり、『古事記の編者』は「?」である。

（中略）

今度の墓誌発見で、文献の確かさが実証されたといわれているが、その文献とは、具体的には『続日本紀』である。私が問題にしたいのは、その『続日本紀』は五回も太安万侶のことを記していながら、どうして『古事記』撰録のことを記していないか、ということである。『続日本紀』の編者が落した（坂本太郎説）とか、秘密の書だから載らなかった（梅原猛・桜井光堂説）というような意見で、すまされる問題ではない。だが、すまされている。

墓誌の出たことによって、『続日本紀』の太安万侶の没年の記載との関係が明らかになったのだから、この機会に、『古事記』が撰録されたと序文にある、和銅五年正月の『続日本紀』の条に、なぜ、まったく記されていないかを、再検討すべきではないか。

また偽書説を否定するのだったら、太安万侶とちがって他の文献にまったく記載のない、稗田阿礼の墓誌が出てきたときこそ、大騒ぎすべきであろう。太安万侶の墓誌が発見されたからといって、『古事記』偽書説の否定にはならないのである。

このように私は読売新聞の学芸欄に書いた。

太安万侶の墓誌出土は偽書説否定にはならない（二）

読売新聞に寄稿した二週間後に、毎日新聞の学芸欄に私は「太安万侶と多人長——墓誌は序文の正当性を実証したか――」（一九七九年二月十七日夕刊）と題する拙稿を載せ、次のように書いた。

太安万侶の墓誌に「勲五等太朝臣安萬侶」と記されているのは、『古事記』序文と一致するが、『続日本紀』とは一致しない。『続日本紀』に太安万侶のことは五回も登場するが、勲五等の記載はない。また「太朝臣安麻呂」とあって「安萬侶」とはない。このような墓誌の記載から、秋山日出雄氏（毎日新聞夕刊・二月五日）、直木孝次郎氏（読売新聞夕刊・二月五日）、岡田精司氏（東京新聞夕刊・二月二十一日）らは、古事記序文の正当性と太安万侶撰録が実証されたと書く。

確かに、秋山氏も書かれるように、「古事記序文ひいては古事記本文の資料的価値を考えるときの確実な資料を提供した」ことは同感である。しかし、この墓誌を序文の正当性の実証として「学界に寄与する意味は絶大である」（秋山日出男氏）ときめてしまうには、まだ、問題がある。

諸氏は、「勲五等」という勲位も、「安萬侶」という書き方も、太安万侶しか知らないし、できない、という前提をおもちのようである。そういう前提が、まず、私には納得がいかないのである。

「安万侶」という書き方は、安万侶本人しか書けないであろうか。否である。

墓誌を安万侶の遺体と共に埋めた太（多）氏一族は書ける。次に、墓誌を埋めた人々の子や孫も書けるであろう。一族の「氏長」であり、「民部卿」という太（多）氏にとって最高の官職についた安万侶のことを、子孫がそう簡単に忘れるはずはないからである。

直木孝次郎氏は、「太安麻呂の子孫（たとえば平安初期の学者、多人長）が、『古事記』撰録の功を祖先の安麻呂に帰するために、序文を安麻呂の名で偽作した可能性はあると考えていた」が、安万侶の墓誌発見で、「『古事記』はやはり太安麻呂によって撰録されたとしてよいであろう」と書いている。

多朝臣人長は、大同三年（八〇八）十一月、従五位下になっている（『日本後記』）。太（多）氏の従五位以上は、安万侶のあと、刑部大輔従五位上勲五等の犬養（七八一年）、参議従四位下の入鹿（八〇九年）だけで、ほとんど、正史に記録されている太（多）氏は、従五位下である。人長の位階も従五位下どまりであるから、彼はこのとき四十歳を過ぎていたであろう。もし、四十歳前としても、安万侶の死は養老七年（七二三）七月で、大同三年から八十五年ほど前であるから、人長の祖父や父は、氏長安万侶の葬儀に参列したであろう。今は茶畑になってしまった安万侶の墓地に、墓誌を立てるのに立会ったとも考えられる。その孫が多人長なのである。とすれば「安万侶」と書くべきことや、「勲五等」を知っていたとしても、すこしも不思議ではないだろう。

まして多人長は『日本書紀』の講義をした博士（『承平私記』）である。『日本書紀』の弘仁三年（八一二）六月二日条に、

この日、始めて参議従四位下紀朝臣広浜、陰陽頭正五位下阿部朝臣真勝ら十余人をして、日本紀を読ましむ。散位従五位下多朝臣人長、執講す。

とある。このような「執講」では、多人長は古語（古い表記）を正確に読むことを教えているのだから（『弘仁私記』序）、民部卿にまでなった自分たちの偉大な氏長の名を、正確に「安万侶」と書いたとみても、無理な見解とはいえないであろう。

太（多）氏の家には、『多氏古事記』や「一古事記」など、現存『古事記』以外の『古事記』も伝わっていたし、平安時代の初めから大歌所の大歌師でもあったのだから、正しい安万侶の書

き方や勲位が、死後八十年ぐらい後まで伝わっているのは、おかしくないだろう。おかしくないどころか、伝わっているべきだと思う。

私は、墓誌に『古事記』のことがなにも記されていないのを問題にしたいが、そのことは別にして、墓誌が、諸氏の書かれるように、『古事記』研究の資料提供になったことは認める。しかし序文の正当性の裏付になったと判断するのは認めがたい。逆に墓誌が、序文と同じ勲位・名を記していることによって、序文は太（多）氏以外の人物には書けないことの実証と、多人長説の裏付になったと考えている。

そのように我田引水しなくても、序文と墓誌の一致によって、太安万侶以外には書けないという意見は、速断であることは確かである。

以上は第三章に一部を載せた毎日新聞掲載の拙稿の大部分だが、この拙稿を読んだ小治田安万侶の墓誌を発見、発掘したときの調査責任者の角田文衛氏は私に電話をしてきて、「小治田安万侶の墓誌の例からみると、太安万侶の墓誌は薄すぎる」といい、それ以外の疑問点をくわしく述べ（詳細は略す）、「平安時代初期の墓誌」と語り、「当時は改葬例があるから、多人長が改葬したとき埋めた墓誌ではないだろうか。墓誌や金石文にくわしい梅原末治氏・福山敏男氏も、安万侶没後の奈良朝の墓誌ではなく、改葬のときに作られた平安朝初期の墓誌ではないかと言っている」と、私に語った。

このような発言が、もし正しいとすれば、私が例示した人たちの墓誌に対する見解は、空しいことになってしまう。

太安万侶の墓誌出土は偽書説否定にはならない（三）

読売新聞に私見を発表した翌月の三月に、月刊雑誌の「歴史と人物」（中央公論社刊）四月号に、私は「太安万侶の墓誌発見と偽書説——墓誌は序文の正当性を実証したという批判に答える——」を載せた。その文章の主要部分を載せる。

一月二十三日（昭和五十四年）奈良県田原町の茶畑から、太安万侶の墓誌が出土した。翌日の朝刊各紙（東京本社版）は、大きくそのことを報道している。その報道で注目されるのは、「古事記偽書説の反証」（朝日新聞）、「偽書説消す〝実在証明〟（読売新聞）、「『正書』『偽書』論争に拍車」（毎日新聞）などと記す、見出しである。

また、その日の読売新聞（朝刊）で国学院大学教授の樋口清之氏は、「従来、わが国最古の歴史書の古事記について〝偽書ではないか〟というような疑問も出ていた。今回の発見で、古事記そのものの信用性も高まり、疑問の余地はなくなる」と語っている。新聞記事は新聞記者がまとめたものだから、話した人の真意が記事に出ていない場合もあるが、樋口清之氏は「週刊ポスト」（二月九日号）でも、次のように発言している。

私は嬉しかったですね。古事記偽書説がくつがえされるのですからね。続日本紀に一回しか登場せず、実在は疑わしいとされた人物が実在していたわけで、古事記は後世に創作されたものではないわけです。

このような発言の上に立って、新聞の「古事記偽書説の反証」というような見出しが書かれているのだが、果して、このような見出しや、樋口氏が語るようなことが、『古事記』について言えるのであろうか。

樋口清之氏が実在していることと、樋口清之氏がどんな著書を書いたか。または編集したかということは、別問題である。太安万侶も同様である。太安万侶が『古事記』を編纂したと墓誌にあれば別だが、そういう墓誌ではないのだから、実在の証明が事績の証明にはならない。それなのに、太安万侶の事績が証明されたというのは、論理の飛躍であり、拡大解釈である。

また、太安万侶が「続日本紀に一回しか登場せず実在は疑わしいとされた人物」と語っているが、『続日本紀』に太安万侶は一回でなく五回も登場している。だから偽書論者も太安万侶の実在を疑っていない。ところが樋口清之氏は五回を一回と誤読し、その誤解の上に立って、安万侶の実在は疑わしいといわれていたと、誤解の上塗りをしている。

実在が疑われていたのは、太安万侶でなく稗田阿礼である。稗田阿礼は『日本書紀』『続日本紀』にまったく記されていない。実在を証明する客観的資料はなにひとつない。だから、稗田阿礼の墓誌が出てくれれば、阿礼の誦習の有無はともかくとして、序文の信憑性の援護にはなる。

もし、「古事記偽書説を消す」反証または実在証明としてよろこぶなら、稗田阿礼の墓誌が出土したときである。

このように稗田阿礼の実在を証明できる客観的資料は、なにひとつない。あるのは序文だけである。しかし序文は疑われているのだから客観的資料にならない。とすれば稗田阿礼の実在を疑うのは当然だが、太安万侶は違う。しかし『続日本紀』に五回も登場していながら、『古事記』

編纂については、なにひとつ記されていない。これを不思議に思わないのはおかしいではないか。

（中略）

直木孝次郎氏は「安万侶の『古事記』撰録」（読売新聞夕刊・昭和五十四年二月五日）で、墓誌の出現によって序文の信頼性は高まったとし、理由の第一として「官職を書かない場合のあることが、墓誌によって明らかとなった」と書かれるが、小治田安万侶の墓誌には「従四位下小治田朝臣安萬侶」とあり、山代真作の墓誌にも「従六位上山代忌寸真作」とあり、官職は記されていない。太安万侶は死亡時民部卿であったが、墓誌には官職は書かれていない。その事実と序文に官職がないことをもって、「序文の信頼性が高まった」というのだろうが、序文と墓誌の署名が一致することをもって、安万侶が序文を書いたと短絡するわけにはいかない。

理由の第二として、直木氏は「萬侶」の表記は「奈良時代の前・中期、ごく限られた範囲の人々に用いられたもの」だから、「正史である『続日本紀』に『安麻呂』と書いてあるのだから、偽作であれば『安麻呂』としそうなものである」と書く。しかし正史の『続日本紀』は「安麻呂」と書くのに、墓誌が「安萬侶」と書く例は太安萬侶だけではない。小治田安萬侶墓誌も「安萬侶」とある。しかし『続日本紀』に小治田安萬侶の授位記事が四例載るが、すべて「安麻呂」であって「安萬侶」ではない。これは太安萬侶の記事が『続日本紀』に五例載るが、すべて「安麻呂」なのと同じである。なぜ正史の『続日本紀』には太安麻呂・小治田安麻呂と書かれているのに、墓誌では「安萬侶」なのか。理由は本人も家族・親類・友人の間では「安萬侶」だったからだろう。墓誌は親類・縁者によって作られるのであって、政府が作るのではない。したがって太安萬侶の子孫・縁者なら、当然「安麻呂」でなく「安萬侶」と書く。私は序文は安万侶の曾孫か、曾孫の縁者である多人長が書いたと推測するから、当然、オホ氏のなかでもっとも高位・高官の地位に昇った人物は、太安萬侶であって太安麻呂ではなかったのである。墓誌と『古事記』序の記述が「安萬侶」で一致することは、私見（序文筆者が多人長と推測する見解）の裏付になるのであって、その逆ではない。

このように私は書き、太安万侶の墓誌の出土によって偽書説は否定されたという主張に反論した。

太安万侶の墓誌出土は偽書説否定にはならない（四）

「歴史と人物」五月号で、さらに私は次のように書いた。

岡田精司氏は「官人太安万侶と古事記」（東京新聞夕刊・昭和五十四年一月三十一日）で、墓誌に従四位下勲五等と記されているが、勲五等は序文にあって『続日本紀』に落ちているので、偽作者が「正史に記載のない勲位を書けるはずがない」と書く。正史に記載がなければ勲五等は書けないであろうか。他人なら書けないが墓誌を埋めた太（多）氏一族なら書ける。多人長にとって曾祖父か、曾祖父の親族の人物で、一族でもっとも高位・高官に昇った一族自慢の人物なのだから、その子孫が勲五等を知らないわけはない。したがって序文偽作者は勲五等は書けるはずはないという断定は無理である。正史に記載のない勲位を取り上げて偽書説否定の論拠とするなら、『古事記』そのものが正史に載っていないのはなぜか。そのことに答えてほしい。

岡田精司氏は「古事記序文の壬申の乱の描写は、幼き日のなまなましい記憶に裏づけられたものであろう」と書き、安万侶の死亡時期の年齢を六十歳前後とし、乱当時十歳前後の少年で、父品治と共に乱を体験したと推測するが、壬申紀によれば品治は美濃国安八磨郡の湯沐令として現地で挙兵し、将軍として三千の兵を率て伊賀の莿萩野に陣を敷き、七月六日には莿萩野を襲った田辺小隅の騎馬隊を撃破し、その後も各地を転戦し活躍している。この品治が十歳前後の足手まといにしかならない安万侶を、わざわざ美濃から伊賀までつれてきて、戦場体験させるであろうか。安万侶の「幼き日のなまなましい記憶に裏づけられたもの」とみる岡田説は、安万侶幻想である。序文の記述は『日本書紀』の壬申紀を読めば書ける内容である。

秋山日出雄氏は「太安万侶の墓誌と墳墓」（毎日新聞夕刊・昭和五十四年二月五日）で、墓誌に序文と同じ勲五等とあり安万侶という表記が一致する事から、「この事実は古事記序文記載事項の正当性が実証された」と、直木孝次郎・岡田精司と同じ見解を述べているが、以上述べたようにこうした主張で偽書説を否定することはできない。

このように書いて、私はさらに墓誌出土とは直接関係ないが、私説批判論者の徳光久也論文についての反論を、次のように書いた。

拙稿『古事記成立考』（昭和五十年刊・大和書房）や「古事記の成立」（古事記学会編集『古事記年報二〇』）についての批判として、徳光久也氏は「古事記成立論批判」（『古事記年報　二一』）を書いている。徳光氏への反論は別に書くので詳細ははぶくが、徳光久也氏は私説批判の結論として、「序文を、古事記自身の身分証明書として承認する」のだから、序文に書かれていることは正しいし、従うべきだとする。だが、その身分証明書は誰が発行したのか。本来、身分証明書が身分証明書として有効なのは、第三者が発行しているからである。徳光氏の書く「古事記自身」が書く『古事記』の「身分証明書」とは、大和岩雄が大和岩雄の「身分証明書」を発行したということである。そのような「身分証明書」を徳光氏は「承認する」と書いているが、私は承認できない。

徳光氏は序文に対する疑惑への反論として、「今のところ、大勢としては『古事記成立の由来は、自ら発行した身分証明書である、序文によるより先づは致し方がない』とする、西宮説に落ちつかざるをえないようである」（傍点引用者）と書いている。西宮説とは、序文偽書説の反論として書かれた、西宮一民氏の「古事記序文の成立について」（「国学院雑誌」昭和四〇年四月号）という論考である。しかし、この反論は成り立たない。理由は「自ら発行した身分証明書」が通用しないことは、身分証明書をもつ小学生でもわかる常識だからである。このような常識を無視して、序文をよりどころとしての私説への反論は、序文という被疑者を唯一の証人にしての反論で、証人にならないことは自明である。

序文は被疑者だが、墓誌は被疑者でないから、墓誌に『古事記』編纂のことが書かれていれば反証になる。しかし『古事記』に関する記述はまったくない。そのことを「偉業を誇らぬ簡素さ」と書き、森鷗外の墓碑と共通する文人気質から事績を省いたと書く記述もある（毎日新聞、昭和五十四年一月二十五日夕刊の記者の書いた「古事記の証明」と題する記事）。しかしこの記述は安万侶幻想である。

二月三日、墓誌の裏に張りついていた木片をはがしたが、裏面にはなにも書かれていなかった。

この事実について、「古事記に関する何らかの記載の期待はこれでむなしく終った」（朝日新聞朝刊・昭和五十四年二月四日）と書いているが、私にいわせれば、太安万侶は『古事記』を撰録・撰上していないのだから、墓誌に『古事記』のことが記載されることはあり得ないのである。

以上が太安万侶の墓誌出土直後に、私が新聞・雑誌に書いた反論である。

墓誌出土で私説は否定されたと主張する徳光久也説批判

徳光久也は「自から発行した身分証明書」説を批判する私の「歴史と人物」に掲載した論考を読んで、古事記学会の機関誌（『古事記年報　二三』）に反論を掲載している。その私説への徳光久也の反論を示す。

すでに考察したように、冥界向けの墓誌に、生前の業績は無用であるがゆえに、十一年前の古事記撰録のことなど、当然記載されるはずもないという認識を、ここで氏（引用者注——大和のこと——）がもたれないかぎり、『序文は墓誌によって実証された古事記の身分証明書』とする筆者の考え方は、理解されないであろう。(9)

この批判の第一は、「冥界向けの墓誌に、生前の業績は無用」だから、「当然記載されるはずもないという認識」を、私がもっていないという批判である。批判の第二は、「序文は墓誌によって実証された古事記の身分証明書」だという見解を、私が理解できないでいると見ての批判である。第二の批判については第三章の「徳光久也の私説批判に対する反論」や、「西宮一民の記序は『自ら発行した身分証明書』説批判」で書いたので、第一の批判のみに反論する。

徳光久也は私見（毎日新聞に載せた「太安万侶と多人長」）について、次のように批判する。

威奈大村や石川年足の墓誌には、官職が書いてあるのに、太や小治田の墓誌には、それが書いてないということについての、合理的な説明はつきかねるが、太や小治田の場合、散位でないとすれば、位は生死にかかわりなく、被葬者の身分を示すものとして、墓誌には必須の要件だが、官職は俗界でこそ物をいうものの、冥界に対しては、失効の肩書に過ぎない。つまり、死と同時に身から離れる官職は、冥界には通用しない。死者にとっては、無力無用の肩書なのである。太や小治田の墓誌が、文位や勲位を刻んで、官職を省いているのは、このような理由によるものではなかろうか。(9)

このように書く徳光久也は、更に冥界用の墓誌には官職がなく、序文にも官職がなく、「墓誌と序文が全く同様であるのを見れば、この墓誌は、序文の体裁を範とし、それを忠実に踏襲して、文・勲の肩書のみにとどめて、卒去の現職民部卿を省略したと考えられる」と書く。そして「墓誌が官職を欠いているということは、序文が安万侶の手に成るものであることを、間接的に証明していることになるものと考えられる」と結論する。(9)

徳光久也説は「官職は俗界でこそ物をいうものの、冥界に対しては、失効の肩書に過ぎない」と書いて、墓誌には官職は書かないのがきまりと断定しているのに、「威奈大村や石川年足の墓誌には、官職が書いてある」と書いて、官職の記されている墓誌のあることも認めているのは、どういうことか。そのような墓誌については「合理的な説明はつきかねる」と正直に書いていながら、墓誌には官職は書かないと断定して論じるのは、主張そのものが矛盾している。

また徳光説は墓誌と『古事記』序文の太安万侶について、「官職が記されていない事実は、序文が安万侶の手に成るものであることを、間接的に証明している」と書く。(9)『古事記』の太安万侶自署の序文と太安万侶の墓誌が同じ書き方をしているから、序文は太安万侶によることを証明していると主張するが、私は前述した新聞・雑誌の拙稿で、太安万侶以外の墓誌にも官職を記さない例があるから、こうした見解は成りたたないことをくわしく書いた。

根本的な問題として、「左京四条四坊、従四位下勲五等、太朝臣安万侶、以癸亥年七月六日卒之、養老七年十二月十五日乙巳」という、たった四十一字の文章をもって、「墓誌は、序文の体裁を範とし、それを忠実に踏襲して」いるから、太安万侶が序文の筆者であることは間違いないと断定する、飛躍した論理が問題である。このような主張は説得力がない。

なお徳光久也は私説を「偽作の妖雲」と書いて、結びに次のように書く。

科戸の風の天の八重雲を吹き放つごとく、偽作の妖雲を吹き放って、序文研究が新たな展開を示すことを、墓誌の主の霊は、鶴首しているのではなかろうか。(9)

この結びの記述に答えて私は、「太安万侶墓誌と『古事記』序文」と題する拙論で、次のように書いた。

序文偽作説を「妖雲」つまり「妖説」といわれたのでは、もはや書くべき言葉がない。徳光氏は序文について「文献の編纂者が、自らその文献について書いたものが、証明書として、唯一絶対のものであるはずである」と書いて、序文が序文の「唯一絶対」の「身分証明書」と主張するが、「妖説」「邪説」という言葉や、あるものを「唯一絶対」というのは、宗教の信者に多い。古事記研究の第一人者の法政大学教授が、『古事記』序文を「唯一絶対」と「信じ」てしまったのでは、「序文研究は新たな展開を示すこと」にはならないのではないだろうか。

徳光氏のいう「序文研究が新たな展開を示す」ためには、『古事記』序文を「唯一絶対」と「信じ」、それを疑う説を「妖説」とみる、いままでの『古事記』序文観を、「吹き放つ」ことこそ必要ではないだろうか。そのことを「墓誌の主の霊は、鶴首しているのではなかろうか」

我が家の系図では「墓誌の主の霊」が先祖になっている。(中略) そうした系図をもつ家の者として、私もまた徳光氏とちがった意味で、「序文研究が新たな展開を示すことを、墓誌の主の霊は、鶴首しているのではなかろうか」と思っている。[10]

このように私は徳光久也の批判に答えた(「我が家の系図では『墓誌の主の霊』が先祖になっている」と書いた、具体的説明は二八三頁以降に詳述する)。

「安萬侶」と「安麻呂」表記の違いについて

『続日本紀』は「安麻呂」なのに、墓誌と『古事記』序文には「安萬侶」とあり、『続日本紀』には「勲五等」の記載はないのに、墓誌と序文には「勲五等」とあり、いずれも一致することから、序文の記述が正しいことが証明されたという徳光久也の見解についても、前述の拙稿で「安萬侶」も「勲五等」も『続日本紀』には記されていなくても、オホ氏の一族なら知っていたはずだから、『古事記』序文の「安萬侶」「勲五等」は安万侶でなくても、オホ氏の一族なら書けたと述べた。そして平安朝初期に『続日本紀』の講義をした多人長を、序文筆者と推測したが、田中卓は墓誌の「安萬侶」表記

だけでなく、序文の「安萬侶」表記は本人以外は書けないことを主張している。(11)

『弘仁私記』序は多人長が書いているが、『弘仁私記』序に三ヵ所ともすべて「安麻呂」とあるから、田中卓は「後世、もし古事記序を偽作するとしても、『安万侶』と書くことは不可能にちかい。なぜなら、平安時代になって造作する際には、続日本紀が流布している以上、「安麻呂」と書くほうが信用されやすいはずだから、わざわざ『安萬侶』というような変った文字は使わなかったであろう」と書く。しかしこの論法は成り立たない。

第一は多人長が書いた『弘仁私記』序に「安麻呂」とあるから、多人長が「安万侶」と書くはずはないという見解は、『弘仁私記』序は多人長が書いたという前提に立っているが、第十五章で詳述するが、『弘仁私記』は多人長が講義した『日本書紀』の読み方の記録だが、序文は多人長の弘仁四年の講義を聞いたオホ氏系ではあるが直系でない島田清田が書いているから、清田は当時の一般的用例の「麻呂」を用いたから、『古事記』序と『弘仁私記』では「マロ」の用例が違うのである。

第二に後代の人間が「萬侶」という「変った文字は使わない」し、「きわめて困難な造作」で無理だと書くが、そう書く本人(田中卓)が一般書には新漢字・新仮名遣を用いるが、専門論考や特別な刊行物(皇学館大学史料編纂所報「史料」)では旧漢字・旧仮名遣を用いている。この事実は『日本書紀』の読み方を講義した多人長も田中卓も、同じに古い時代の表記を知っていた学者だから可能であることを、田中自身が示している。

第三に、「萬侶」は『日本書紀』にも使われていない(『日本書紀』は「摩侶」「麻呂」)。また『続日本紀』は「太安麻呂」と書くのに、『古事記』序は「安萬侶」なのは、この「萬侶」表記は公式・一般的ではなかったからである。したがって『古事記』序の「萬侶」表記は、太安萬侶や小治田安萬侶の墓誌のみにみられるのである。多人長は『日本書紀』の訓み方の講義をする当時の国語・言語学者であり、多朝臣直系の人物であったから、「萬侶」表記は可能だが、島田清田の島田臣は多人長と同じ神八井耳命を祖としているが、オホ氏系としては傍系であり、墓誌の表記の「安萬侶」表記は知らなかったから、『続日本紀』の書く一般的な「安麻呂」表記を用いたのであろう。

以上述べたように、「安萬侶」と「安麻呂」表記を取上げて、その違いをもって多人長が『古事記』の序文を書いたとする主張を論破したことにはならない。

オホ氏と同祖氏族の信濃国造金刺（大和）氏

「我が家の系図では『墓誌の主の霊』が先祖になっている」と書いたのは、私はオホ氏系氏族の末裔だからである。但し「太安万侶」に結びつくオホ氏直系ではない。系図作成者は太安万侶が有名で我が家がオホ氏系だから、勝手に太安万侶に結びつけたのである。

私の姓の「大和」は「おほわ」でも「やまと」でも「だいわ」でもなく、正しくは「をわ」であり、「尾輪」と書いた。故郷の長野県諏訪市大和では、土地の人たちは地名を「おほわ」といわず「おわ」といっているのは、元は「尾輪」だからである。大和の隣は歌人の島木赤彦の生まれた下諏訪町高木だが、諏訪の伝承では諏訪の大神（建御名方神）が大蛇になり、尾で輪をつくり高い木にからみついたので、尾輪と高木の地名がついたといわれている。

武田信玄の諏訪占有によって武田の武将になった地元の城主に、「尾輪監物」の名が見えるが、天正二年（一五七四）に武田信玄の命令で諏訪大社下社の神宮寺の千手堂を作った棟札には、「金刺諏訪大祝、大和越前守勝親、大和監物」の名がある。「尾輪」は「大和」と書かれている。「尾輪」を好字の「大和」に変えたのだが、監物は大和（尾輪）城の城主だが諏訪大社（下社）の大祝の一族だから、下社の大祝も「大和」と称するのである。わが家の菩提寺は諏訪大社下社大祝が創建した下諏訪町の慈雲寺だが、大和監物の墓（五輪塔）があり、大和氏の直接の祖である。

諏訪大社下社の「秋社神庫篋銘」に、「永禄八歳乙丑……大和紀伊入道金刺虎親」とある（永禄八年は一五六五年）。「大和」は「金刺」と称しているが、太田亮は『姓氏家系大辞典　第一巻』で、「大輪（おほわ）」について、「金刺姓、信濃国諏訪郡の大和邑より起る。大和、尾羽、尾和ともあり、大輪越前守、大輪（尾阿）城に據る」と記す[12]。「尾羽・尾和」は「をわ」で「おほわ」ではない。「尾輪」が元で尾羽・尾和が大和・大輪になったのだが、太田亮が書く「大輪越前守」は「金刺諏訪大祝、大和越前守勝親」のことである。大和（輪）城の城主は諏訪大社下社の大祝であったから、「金刺諏訪大祝」とあり、元は太田亮が書くように「金刺姓」である。

『三代実録』（貞観五年（八六三）九月五日条）に次の記事が載る。

右京人散位外従五位下多臣自然麻呂賜二姓宿禰一。信濃国諏訪郡右近衛将監正六位上金刺舎人貞長賜二姓大朝臣一。神八井耳命之苗裔也。

「金刺舎人貞長」の「金刺」が、後代の「金刺諏訪大祝」か「大和紀伊入道金刺虎親」の「金刺」になるのである。「金刺舎人」とあるのは、信濃国造が欽明天皇の金刺宮に舎人として奉仕したからだが、この金刺貞長は（「太朝臣」でなく）「大朝臣」の姓を賜ったとあり、理由として「神八井耳命之苗裔也」と書く。『古事記』は神武天皇の皇子神八井耳命の苗裔として意富（多・太）氏と共に信濃国造を記しているから、大朝臣になったのだろうが、この貞観五年の記事の前に、『三代実録』（貞観六年正月八日条）は「右近衛将監多臣自然麻呂、外従五位下」とある。多自然麻呂は「舞楽神楽の元祖」と『楽所系図』に書かれている人物で、左右の近衛将監は宮廷神楽の人長をつとめる役である。その右近衛将監に自然麻呂も貞長もなっており、共に「神八井耳命之苗裔也」と書かれている。この記述からみると、オホ氏の自然麻呂が散位になって、同族の貞長が自然麻呂の後の右近衛将監になり、宮廷神楽の人長役になったのだろう。貞長は『三代実録』によれば貞観九年（八六七）正月に参河介に任じられたが、貞観十一年四月二十三日条に、母の病気を憂いて職を去ったとあるから、故郷の信州諏訪へ帰ったのであろう。『世界大百科辞典　3』（平凡社）の「神楽歌」（臼田甚五郎執筆）には、「諏訪神楽歌」は「伊勢神楽歌」と共に「豊富多彩」と書いている。伊勢神楽歌は伊勢神宮の所在地だからわかるが、諏訪が伊勢と共に神楽が著名なのは、宮廷神楽の人長役をつとめた右近衛将監大貞長が故郷へ戻って、神楽を普及させた結果であろう。この貞長の末裔だから、系図を著名な安万侶に結びつけたので、「我が家の系図では『墓誌の主の霊』が先祖になっている」と私は書いたが、この先祖（太安万侶）は、『古事記』の撰録・撰上者ではないと、私は主張しているのである。

なお第九章でくわしく書くが『古事記』のみに載る建御名方神は、出雲から「科野（しなの）国の州羽（すは）の海」に逃げて来ている。この神は諏訪大社下社の大祝の大和越前守勝親らが祀る神だが、諏訪の神や下社大祝が中央政府から認められるのは、多入長が活躍した平城天皇の時代（大同年間）である。したがって諏訪下社の祭神を『古事記』に登場させたのは、多人長と私は推論している（そのことも第九章で詳述する）。金刺舎人貞長（大貞長）が正六位右近衛将監として正史に載るのは、多人長が現存『古事記』に関与した時期より四、五十年後だが、貞長が突然諏訪の田舎から宮廷の要職につくはずはない。多人長らとの結びつきが、諏訪の金刺（大和）氏との間にあったから、諏訪大社下社の祭神建御名方神が『古事記』に登場したのであろう（現在は上社の祭神を建御名方神、下社を姫神にしているが、拙著『神社と古代王権祭祀』の「諏訪大社」[13]や『神社と古代民間祭祀』の「ミシャグチ神社」[14]で述べたように、上社は縄文以来の八ヶ岳山麓の人々が祀った土着の神であり、下社は信濃国造が新しく祀った諏訪湖の神である。したがって下社の主祭儀は諏訪湖にかかわる「お船祭」であり、『古事記』は建御名方神は出雲から「諏訪」へ来たと書かず、「諏訪の海」へ来たとわざわざ海を入れている）。

私の『古事記』研究は太安万侶に縁があったから始めたが、研究の結論は、「太安万侶は『古事記』の撰録者ではない」である。

〔注〕

（1）西宮一民『古事記』解説（新潮社　一九七九年）
（2）青木和夫「律令国家の権力構造」『岩波講座　日本歴史　3』所収（岩波書店　一九七六年）
（3）笹山晴生「藤原房前」『國史大辭典　12』所収　二一五頁（吉川弘文館　一九九一年）
（4）岸俊男「古代村落と郷里制」『日本古代籍帳の研究』所収（塙書房　一九七三年）
（5）野村忠夫「奈良時代の政治過程」注（2）前掲書所収
（6）井上辰雄「大倭国正税帳をめぐる諸問題」『正税帳の研究』所収（塙書房　一九六七年）
（7）西宮一民「古事記の成立――序文に関して――」『古事記の成立』所収（高村書店　一九九七年）
（8）西宮一民『古事記の研究』九三頁～九八頁（おうふう　一九九三年）
（9）徳光久也「鉄剣文と墓誌銘」「古事記年報　二三」所収（古事記学会　一九八一年）
（10）大和岩雄「太安万侶の墓誌と『古事記』序文」「古事記年報　二四」所収（古事記学会　一九八二年）
（11）田中卓『古代天皇の秘密』一五三頁（太陽企画出版　一九七九年）
（12）太田亮『姓氏家系大辞典　第一巻』一三四三頁（角川書店　一九六三年）
（13）大和岩雄「諏訪大社」『神社と古代王権祭祀』所収（白水社　一九八九年）
（14）大和岩雄「ミシャグチ神社」『神社と古代民間祭祀』（白水社　一九八九年）

第八章

『古事記』に載る平安時代初期の記事

『古事記』のみに載る「外宮」の記事は平安時代初期

私説にもっとも強く反論し、現存『古事記』の最終成立を平安時代初期とするのを認めない論者の西宮一民も、一九七〇年刊行の著書『日本上代の文章と表記』で、平安時代初頭以降に竄入した『古事記』上巻の天孫降臨段の次の記事を、傍線を引いて示す。

此二柱神者、拝二祭佐久斯侶、伊須受能宮一、次登由宇氣神、此者坐二外宮之度相一神者也。

「登由宇氣神」について『古事記』上巻に「豊宇氣毗賣命」「豊布都神」とあるから、西宮一民は「後世において、『豊』を字音假名に〈改竄〉する際に、トヨケの語形ではなしにトユケの語形が耳なれてゐたので、つい『登由宇氣神』と書かせてしまつたものか、或いは本來字音假名で『登由氣神』と書かれてあつたものに、わざわざ『宇』を〈竄入〉せしめたものであらうと推測される。いづれにしても、上代人ならばかかる音節結合の表記をすることは以上の諸例に照らしても、また著名なはずの神名であることをも考慮すればあり得なかつたと考へて、後世において〈改竄〉ないし〈竄入〉せしめたものと言へよう」（傍点引用者）と書いている。(1)

また「外宮之度相」について、「『坐二外宮之度相一神』は異常な文體であり、『坐二外宮一之度相神』と訓んでみても、かかる訓法の例が無い。そして『外宮』の意味は、今日われわれが『外宮・内宮』と併稱するのと同じやうに用ゐられてゐるのである。ところが、今日的な『外宮』の意味に用ゐられたのは、文献の上では、平安朝の醍醐・朱雀・村上各天皇のころからであるといふ（菟田俊彦「外宮考」『古事記年報　七』）」と書いている。「外宮之度相」の記事については青木紀元も、平安時代初期に

付加されたと論じている。(2)

『古事記』は「坐二外宮之度相一神者也」に続けて、

次天石戸別神、亦名謂二櫛石窓神一。亦名謂二豊石窓神一 此神者、御門之神也。

と書く。この「御門之神」も「外宮」の神と共に原『古事記』に加えた神である。したがって『日本書紀』本文にも一書にも載らない。『延喜式』神名帳の「宮中坐神」の「御門坐祭神」に、櫛石窓神・豊石窓神が載るから、この「御門之神」を「天石戸別神」の「亦名」にしたのである(「天石戸別神」は「天石門別神」ともあり門神である)。中沢見明は櫛石窓神・豊石窓神の神名も平安時代初期以降の神名であることを述べているが、(3) 門神は平安時代に入って陰陽五行説の五祀(『延喜式』に載る御門祭・斎戸祭・御竈祭・御井祭・大殿祭)として祀られていた神である。この神は大同二年(八〇七)成立の『古語拾遺』に櫛磐間戸命・豊磐間戸命と書かれ、「守衛殿門」とあることからも、平安時代初頭が初見である。

以上述べたように「登由宇気神……御門之神也」は平安時代に入ってからの記事だが、この記事は西宮一民のように単純に平安時代の竄入でかたづけるわけにはいかない。

『古事記』には垂仁天皇記に、

倭比賣命者拝二祭伊勢大神宮一也

とあり、崇神天皇記には、

妹豊鉏比賣命拝二祭伊勢大神之宮一也

とある。また景行天皇記には、

参二入伊勢大御神宮一

とあり、注記に「伊勢大神宮」「伊勢大神之宮」とあり、本文に「伊勢大御神宮」とある。「伊勢神宮」は継体天皇記の本文に一例のみが載る。ところが『日本書紀』には「伊勢神宮」のみで、大神宮・大神之宮・大御神宮と「神宮」に「大」を冠した例は皆無である。『古事記』の成立は序文によれば和銅五年（七一二）、『日本書紀』の成立は『続日本紀』によれば養老四年（七二〇）で、八年間しか離れていないのに、『古事記』は八十五年も後の『続日本紀』の用例に近いのはなぜか。理由はこの時期が『古事記』の最終成立時期であったからであろう。そのことを『古事記』の表記や神名で次に示す。

『古事記』に載る「大神」「大御神」表記の新しさ

伊勢神宮について「大神宮」「大神之宮」「大御神宮」と、『古事記』の注記や本文は書いている。ところが『日本書紀』は「伊勢神宮」は八例載るがすべて「神宮」であり、「宮」に冠されるのは「神」であって『古事記』のような「大神」「大御神」の用例は一例もない。しかし『続日本紀』になると「大神宮（「太神宮」の用例も一部にある）」が五十六例ある（「神宮」は六例）。「大御神」は平安時代に入ってからの用例であることを、次頁で、アマテラス・イザナギ・イザナミの『記』『紀』の命（尊）・神・大神・大御神の表記から示す（『記』は上巻、『紀』は一巻・二巻に限定）。

この表で見れば明らかなように、アマテラスは『記』の二十九例はすべて「大御神」であるのに、『紀』は「大神」のみで「大御神」の使用はまったくない。イザナギは『記』もアマテラスと同じに

神名	書名	命・尊	神	大神	大御神
アマテラス	記				二九
	紀			一八	
イザナギ	記	一三	一	二	二
	紀	三二	一		
イザナミ	記	一一	五		
	紀	一五			

「大御神」をつけているが、たったの二例にすぎない。しかもイザナミには「大御神」も「大神」もつけていない。大部分はイザナギもイザナミも「命」表記である。『紀』はイザナギ・イザナミは「尊」表記で、「神」表記はイザナギの一例だから、もっとも古い表記は「命（尊）」で、次に「神」、さらに「大」がつき「大神」となり、もっとも新しいのが「大御神」である。この事実からも『紀』の「天照大神」より『記』の「天照大御神」は新しく、『紀』のイザナギにつく「尊・神」より、『記』の「大神・大御神」は新しい。またイザナミの「尊」と書く『紀』より、「神」と書く『記』も新しい。そのことは『記』もイザナギ・イザナミでもっとも多いのが「命」であることからいえる。

また「天照(アマテラス)」という神名も問題である。『紀』は大日孁貴(ひるめむち)・大日孁尊の亦名(またのな)を天照大神と書くのは、天照大神が新しい特別の神名だからである。したがって『記』『紀』は「アマテラス」に「命」「神」をつけていない。しかし『記』が特に「大御神」と表記しているのは、『古事記』の新しさを示している。この「大御神」発想を伊勢神宮にも用いようとしたから、「大神宮」「大神之宮」「大御神宮」などの表記になっているのだが、まだ統一されていないことからも、「大御神」が新しい表記であることを示している。この表記は西宮一民が書くような単なる「竄入」でないことは、『記』『紀』の他

神名	書名	敬称なし	命(尊)	神	大神
アシハラシコヲ	記		一	一	一
	紀	一			
アマツクニタマ	記			二	
	紀	二			
アメノウヅメ	記		五	一	
	紀	五	一		
アメノホヒ	記		二	一	
	紀		八		
アメノミナカヌシ	記			一	
	紀		一		
イククイ	記			一	
	紀		一		
ウヒヂニ	記			一	
	紀		二		
ウマシアシカビヒコジ	記			一	
	紀		二		
オホアナムチ	記	一		六	
	紀			二	
オモダル	記			一	
	紀		二		
カナヤマヒコ	記			一	
	紀	一			
カミムスビ	記		一	二	
	紀		二		

神名	書名	敬称なし	命(尊)	神	大神
ククノチ	記			一	
	紀	二			
クニノサヅチ	記			二	
	紀		二		
クニノトコタチ	記			二	
	紀		四		
クラミツハ	記			三	
	紀	一			
クラヤマツミ	記			一	
	紀	一			
サルタヒコ	記	四		一	一
	紀				一
ソコツワダツミ	記			一	
	紀		一		
タカムスビ	記			六	
	紀		二一		
テナヅチ	記	一	一		
	紀	四			
ハヤアキツヒ	記	二	三		
	紀	一			
ミツハノメ	記			一	
	紀	一			
ワダツミ	記		三	一	
	紀		一		

の神名表記からいえる。そのことを前頁の神名の敬称例で示した。

以上例示した二十四例の『記』『紀』の神々を整理して示す。

	古事記	日本書紀
敬称なし	八例	一九例
命（尊）	一六例	四八例
神	三八例	二例
大神	二例	一例

この例示で明らかなように『古事記』は「神」「大神」が多く、『日本書紀』は「敬称なし」「命（尊）」が多いのは、イザナギ・イザナミの例と同じであり、『古事記』上巻の神名の敬称表記は、『日本書紀』より新しいことは明らかである。

ところで『古事記』の「天照大御神」は上巻では「大御神」のみの二例を含めて三十一例がすべて「大御神」で、「大神」の例は皆無なのに、中巻に二例載る「アマテラス」は「大神」であって「大御神」ではない。この事実は、現存『古事記』の最終編者は上巻のみに集中して、原『古事記』の「天照大神」を「天照大御神」に改めたが、短期間の作業だったから、中巻に手を加えなかった。したがって原『古事記』の「天照大神」が残ったのであろう（下巻には「アマテラス」の記事はない）。序文に四カ月で撰録したとあることが、そのことを暗示している。

『日本後紀』と『弘仁私記』序によれば、多人長は『日本書紀』の神代紀（一巻・二巻）の主に読み方に集中して、弘仁三年と四年に高級官僚（弘仁三年）と、国史編纂の外記の官僚や文章生（弘仁四年）に講義をしている。したがって関心は神代の神名や物語にあったから、原『古事記』の上巻に集中し、中巻の「アマテラス」の表記を改めなかったのだろう。

なぜ国つ神の賀茂神のみ『記』は「大御神」をつけるのか

『古事記』は「阿遅鉏高日子根神は、今、迦毛大御神と謂ふぞ」と書く。「阿遅鉏高日子根神」について、『出雲国造神賀詞』は「阿遅須伎高孫根命の御魂を、葛木の鴨の神奈備に坐せ」と書く。奈良県御所市鴨神に『延喜式』神名帳に載る名神大社の「高鴨阿治須岐託彦根命神社」が載るが、この神社が「葛木の鴨の神奈備に坐す」神社である。

日本思想大系本『古事記』（岩波書店）の補注を書いているのは岡田精司だが、岡田精司は、「迦毛大御神の称は記の神名の中でも天照大御神・伊邪那岐大御神・伊勢大御神宮だけに使われる特殊なもので、この神とこの神を祭った氏族とのある時期の強大さの反映（青木紀元）とみられている」と書く[4]。しかし国つ神のなかで特に「この神」や「氏族」（葛城の鴨氏）以外にも、「強大」な神や氏族はいるのだから、岡田精司が示す青木紀元の説明は、やむを得ずつけた説明で説得力はない。なぜ国つ神のなかで、葛城の鴨神のみに「大御神」をつけたのだろうか。

『山城国風土記』逸文の賀茂社縁起には、賀茂氏の祖の賀茂建角身命は、大和国の賀茂の葛城山から山城国の岡田に移り、更に現在地に移住し、その地を故郷の地の名をとって「賀茂」といったとある。

山城国の賀茂神社の原郷は葛城の賀茂だが、前述したように、山城国の賀茂神社には秦氏の関与が強い。ところが『姓氏録』（山城国諸蕃・秦忌寸条）によれば、秦氏が渡来して最初に居住したのは「大和朝津間腋上地」である。朝妻（朝津間）は今の御所市だが、この地にある高鴨神社を『古事記』は「迦毛大御神」と書いている。大和の葛城に居たカモ氏や秦氏が山城国へ移住した時、彼らが祀っていたカモ神も山城国へ移った。その神を祀るのが京都の賀茂神社である。賀茂氏と秦氏が密接な関係にあり秦氏も賀茂神社を祀っていたことは、拙著『神社と古代王権祭祀』掲載の「賀茂神社」[5]、『神社と古代民間祭祀』掲載の「松尾大社」[6]で詳述し、本書の第六章でも述べた。中沢見明は「古事記は天長承和の際に加茂社に関係深き祠官の手で偽作されたもので、偽作の目的は主として加茂社の姻戚に当る比叡・松尾の祭神大年神系を神代神話に編入してその地位を堅めるにあったらしい」と推論している[7]。中沢見明の平安時代初期の書きおろし偽書説は私は採らないが、国つ神の中で賀茂の神のみに「大御神」がついていることと、大年神系譜との関係は無視できない（但し中沢見明は「迦毛大御神」と『記』が特に「大御神」と書いていることにはふれていない）。

　西田長男[8]・西郷信綱[9]は第二章で述べたが、賀茂氏と強い結びつきがある秦氏が、大年神系譜を平安朝に入って攙入したと推論している。西郷信綱は「大年神の系譜も平安朝に入ってからの架上である、とする見解がやはりいちばん的中しているように思われる。そしてそれを手がけたのは、おそらく松尾社の社人あたりであっただろう」と書いている[9]。この「松尾社の社人」の秦氏がオホ氏や稗田氏とかかわることは前述（二三六〜二三九頁）した。大年神系譜（詳細は第二章で書いた）を『古事記』に入れた意図は、大年神系譜に関係ある「カモ」の神に「大御神」とつけた意図と、まったく同じである。したがって『古事記』に、

　今、迦毛大御神と謂ふぞ

とある「今」は、序文の和銅五年（七一二）でなく百年後の「今」である。

『古事記』の「神」表記・「天」観念の新しさ

そのことは西宮一民らの見解を含め、「大御神」の用例が平安時代に入ってからと言われていることからいえる。第二章で述べたように、『古事記』の神名が『日本書紀』より新しい表記であることは、原田敏明・太田善麿・梅沢伊勢三・吉井巌が述べている。原田敏明は「古事記の神」と題する論考で、私が示したのと同じに（しかし私が例示したような具体例は示していない）、「命（尊）」表記より「神・大神・大御神」表記は新しいと書いている。(10)

原田敏明は「時代が新しくなるに従って神名が『命』であったものも、次第に『神』になって行った傾向を見る」と書き、『記』『紀』だけでなく「他の資料を見ても、『みこと』が次第に『神』になって行く傾向を示している。特に大きく奈良時代と平安時代とを比較するならば、その事実は一層確かといえるように思う」と書く。そして例として平安時代初期の大同二年（八〇七）成立の『古語拾遺』をあげ、「『古語拾遺』になると『みこと（命・尊）』を『神』ととりかえたものが少なくない。もともと『古語拾遺』は『書紀』の文章を抜粋採用したところが多く、『古事記』から取ったところは全くないと断言できるので、恐らくは『古事記』を見ていないのであろう。しかも神名になって来ると『書紀』はもとより、『古事記』においてさえ『みこと』となっているのが、『古語拾遺』ではわざわざ『神』と書き替えている」と書く(11)（傍点引用者）。

また平安時代の「六国史」になると、「神々のうち人間的なものにも、『命』でなくて『神』をつけて宗教的な性格を示している」と書き、時代が新しくなるにつれて、「宗教的な性格を示す」ために「神」がつけられていると書いている。そして弘仁五年（八一四）成立の『姓氏録』をとりあげ、『姓氏録』は「宗教的な性格」を示すためでなく、「諸氏の系譜、出自を書いたもの」だから、「多くの神々については『命』といっている」が、「『命』とあっても、やはりそれを神と同様に考えていたことは、一般に前段に『命』と書きながら、次の段でそれを指した場合には『同神之裔也』というようになっている。（中略）『姓氏録』でも諸氏出自の物語のところになると、また必ずといってよいほどに『神』となっている」と書き、平安時代初期の『古語拾遺』『姓氏録』や平安時代の「六国史」などの例から、「『古事記』にみられる神の性格は、上述の文献に知られるように、平安時代に入ってからの特徴であろう」と書いている。[11] 太田善麿も原田説に同調している。[12]

吉井巌は一九六五年に発表した「古事記における神話の統合とその理念」で、『日本書紀』が「原初神」として、本文や一書に載せる四神、

天御中主尊　一書の第四の「又曰」として載る
国常立尊　本文・一書の第一・第四・第五に載る
天常立尊　一書の第六に載る
可美葦牙彦舅尊　一書の第二・第三に載る

を、「神統譜の中に洩れなく記述してゐるのは、記だけであつて他にはみられない。このあり方は、記の綜合・統一的立場をよく示してゐる」と書く。また「記だけにみられる特色」の「別天神」も、「各集団によって原初神として伝承され信じられてきた神々を、すべて統一的に系譜づけており」、

『古事記』は「原初神伝承ならびに国土創生の神話に関する各伝承を、統合・再構成してゐる」と書く。そして『古事記』は「天の観念といふ古代日本人の持たなかつた新しい観念」をもって、「高天原の世界を示してゐる」のに対し、「紀本文では最初の国常立尊が天地の中に成り出でたとあるばかりで、神々の具体的な観念は現れてゐない」と書く[13]。

また『古事記』の神々の分類と『日本書紀』の本文及び一書の一から六までの神表記を示し、国生み神話で『紀』本文・一書が記す「天」表記にくらべて、『記』の「天」を冠す表記が非常に多いことから、吉井巌は、「天を冠された語は『古事記』に群を抜いて多い。この現象は、『古事記』が天の観念をもつて神話を再構成しようとした努力において、もつとも熱心かつ周到であつた一つの現れとみてよからう」と書いている[13]。

以上のような検証に立って吉井巌は、「記の特色は、天の理念を神話統合の理念として、もつとも徹底して活用したところにある。このことは、古事記よりも成立の遅い書紀の諸伝承においても、なおこの理念が不徹底にしか現れてをらない、と言ふことによつて証せられる」と「結び」に書いている。そして四年後に平安時代初期の記事が『古事記』に載ることを示し[14]（このことは第九章で詳述する）、明言はしないが『古事記』の和銅五年成立に疑問を示している。

『記』『紀』両書を比較した梅沢伊勢三の見解

梅沢伊勢三は一九六二年刊行の『記紀批判』の第二章「記紀両書の記事の比較による文献的相互関係の検出」で、詳細に『記』『紀』の神代の記事の検証をおこない、結論として「古事記は日本書紀に引用されておらない」と書く。そして本文全体に載る歌謡のうち、「同一または類似の歌謡と目されるもの五十一首」を検証し、語句の完全に一致するものは九首にすぎず、他は一致しないことをあげ、次のように書く。

書紀の五十一首のうち四十二首は、古事記という別伝がある筈であるのに、これが一首も引用されていないのである。ともかくこれでは古事記は完全に無視されているといわざるを得ない。このようにみてくると、記紀共に全く歌謡を同じくしているという九首（それは五十一首中の九首である）とても、これを証として古事記が書紀に引用されているなどということは到底いい得ぬこととなってくる。そこで注意してこの歌謡に関する物語、作者、作歌事情などを対比してみるに、これらの九首とても、種々の相違を示しており、完全に一致するものはほとんど無いことに気付かざるを得ないのである。これは歌謡を中心として皇代紀全般に亙って存在する事実であり、まさしくここに古事記は引用されていないことが知られるのである。

こうした事実は、系図の記録をはじめ、歌謡以外にもあらゆる部分に存在する事実であるが、今その実例を挙げることは避けよう。しかし我々はここまで検討し来って、神代紀皇代紀を通じて、一つの確実な断定を下すことができそうである。即ちそれは、古事記は全く日本書紀には引用されていないということである。[15]

梅沢伊勢三は傍点をふって『記』は『紀』にまったく引用されていないことを、詳細に検証し、次に神代の『記』『紀』の記事を検証し、『古事記』は『日本書紀』を見ていることを論証している。『紀』は神代紀に特に本文と多くの一書からの記事を載せているが、この『紀』と『記』の内容を比較した表を作って検証し、梅沢は「この比較表を通観すると、記紀の両書の関係について一つの事実を見とることができる。それは、古事記の内容は、日本書紀のそれぞれの書（本書及び一書）にあまねく関係しているということである」と書き、「こうした両書の関係は、更に部分的な文章について、詳細な比較を行うことによって、全く疑うべからざる事実となる」と書いて、詳細な比較検証をおこなった結論として、次のように書く。

(1)記紀両書は文献として全く無関係ではない。

(2)古事記は日本書紀に引用されていない。

(3)古事記は日本書紀に集録されている各書（本書・一書）にそれぞれ文献として関係をもっている。

このような『記』『紀』の関係を述べ、注記では、『日本書紀』が「『ミコト』の方に統一しようとしているのに対し、『古事記』は『カミ』を用いているが、『古事記』が後世神道における重要観念たる『カミ』の語を広く用いていることは、その立場が後代に親しいものであることを示す」と、原田説と似た見解を述べる。また「高天原三神を『独神』『隠身』としたことは、特にこの神々を幽玄化したものであり、古代の『カミ』解釈の深化を示すもの」また「理的な神の自覚に一歩を進めたもの」と書き、『古事記』の新しさを主張する。(15)

『日本書紀』は『古事記』を見ていないのに、『古事記』は『日本書紀』の本文または一書の一部ではなく本文・一書のすべてを見ていると、梅沢は詳細の検証の結果、結論しているのだから、『古事記』の和銅五年（七一二）成立を、『日本書紀』の養老四年（七二〇）より後代に下げるべきなのに、『古事梅沢伊勢三も原田敏明と同じに序文の成立年を否定せず、結論として、「記紀二書は、ほぼ共通の文献的資料から、別々に成立した二書とみられる」と書く。だとしたら、なぜ『紀』は『記』をまったく引用していないのに、『記』は『紀』の本文・一書を見ているのか。そのことを梅沢伊勢三は説明すべきだが、その説明はない。『紀』は『紀』より前に成立した『記』を見ず、『紀』より前に成立した『記』が、『紀』を見ているとすれば、当然、『紀』より『記』は後の成立で、『紀』の成立の養老四年（七二〇）以降に、『記』の編者は『紀』の本文を見て編纂したことになるから、和銅五年（七一二）成立は無理になる。まして注記で梅沢伊勢三は『日本書紀』の「命」表記に対して、『古事記』は後代の「神」「大神」表記を主に用いており、「独神」「隠身」の発想も神解釈を深化させた後代的な「理的な神の自覚に一歩を進めたもの」と書いているではないか。

一九七六年刊行の梅沢伊勢三の『続記紀批判』の「古事記撰録作業の実態㈠」では、「少くとも記紀の文献学的な比較に関する限り、『古事記』のような多面的綜合的所伝から、書紀各書のような、特殊的一画的な伝が出来上る可能性はあり得ず、逆に書紀各書にみるような諸伝の綜合から『古事記』のような統一説話の構成されるという可能性のみが残されるということである」と傍点をうって力説している。また『古事記』上巻を検証した「古事記撰録作業の実態㈡」では、「以上のような分析の結果は、いよいよ『書紀』所伝の原始的未完成相と、『古事記』所伝の後代的完成相を確認するばかりである」と結論している[16]（「古事記撰録作業の実態㈠㈡」は三〇一頁にわたって『記』『紀』を検証しての結論である）。

このように書いて梅沢は第二章で書いたように「紀前記後」説を主張するが、『記』の成立の和銅五年を認めたままで『紀』の成立を『記』の前に置く。この主張は「偽書論者」と呼ばれたくないための苦しい主張である。

『古事記』のトップに登場する天御中主神の新しさ

津田左右吉は『古事記』のトップに記されている天御中主神について、

一、民間崇拝の対象として宗教的に信仰されていないこと。

二、朝廷の祭祀に用いられる祝詞にもこの神名がないこと。

三、天の観念は日本民族の宗教的思想において重要でなかったこと。

などを論拠にして、「中国思想によつて観念的に作り上げられた新しい神」と述べ、「古事記と書紀の本文とを比較すると、古事記の方に後人の手の多く加はつてゐる」（傍点引用者）と書くが、「後人」がいつの時代の人かは明記しない[17]。

松村武雄は天御中主神は哲学的思惟が想案した、概念的に作られた新しい神と書き[18]、吉井巌は「天御中主神は我が原初神伝承に古い由来を持つ神では決してなく、むしろ新しく作り上げられた神で、中国の天の観念と密接な関連を持つ神」とみている[13]（傍点引用者）。

原田敏明は『日本書紀』がトップを国常立尊にしていることに対し、『古事記』が天御中主神にしていることについて、「思想の形式として明らかに後者（天御中主神―引用者注）の方が進んだ段階にあり、一層後代に発生したものと見ることができよう」と書く。そして『日本書紀』は一書の第四のみに簡単にふれているだけだから、「天御中主神を中心とするtraidに組織されたのは、よほど進んだ神々の体系である」と書き、「『古語拾遺』とか『旧事紀』というような、後世編纂の記録には、それらの観念が一層明確に現われてくる」が、『古事記』にもその傾向がみられるとして、「中沢見明氏は『古事記論』に、『古事記』をもって平安初期の偽作と断じていて、極めて卓見に満ちた所説が多い。直ちにこれらに従うことを控えるが、少なくとも本論文の関係する個所では『書紀』の文が『古事記』のそれよりも以前であったものと考えたいのである」と結びに書いている[10]。この論文は中沢見明の『古事記論』が刊行された一九二八年の翌年に発表されているが、この視点は原田敏明はその後も変えていない（この論文は一九七〇年刊行の『日本古代宗教』に収録されている）。

上田正昭は「アメノミナカヌシという高度の宗教的哲学的思想が『古事記』の冒頭にあることは、それじしんを哲学書や宗教の経典として見るときは、きわめてすばらしい思想であるといえるかもしれない。しかし、記紀神話の神観からすれば、すでに、多くの人々がいってきたように、この神の概念や神格は、もっとも新しいものであるというべきである」と書く[19]（傍点引用者）。また「宮廷で重視された宮中八神殿の奉斎神にもアメノミナカヌシはみえず、地方でもこの神が祭祀された形跡はほとんどない。江戸時代にはいって平田篤胤は、アメノミナカヌシの神格に注目し、宇宙万物の主宰神として認識し、平田学派の鈴木雅之にいたっては、顕界のみならず幽界をもかねて支配する最上の神とするにいたった。しかし彼らの場合は神道神学を体系化するため、神道の立場から神格の再発見につとめたものである。アメノミナカヌシは古くから祭祀された神としてあったというよりは、高次の思弁的な神であった」と書いている[19]。

松前健は天御中主神の信仰は平安朝初期以降に一般化したと書き、伊勢で信仰されていた天日別神が、『日本後紀』大同四年（八〇九）二月条には天御中主神の裔とあるのは、平安時代初期の「『倭漢惣歴帝譜図』なる書に、天御中主を始祖として、魯王、呉王、高麗王、漢高祖などを、みなその子孫としたというような風潮が記されていたことと関連している」と書き、「平安朝初期以降の天御中信仰の一般化の風潮と関係して」、天日別神は天御中主神の後裔になったと書いている。そして平安時代初期から、「シナ思想の天一神、妙見の信仰が天御中主神を同一視せられたため、陰陽道・占星術の徒が天御中主神の信仰を拡めたことは事実であった」とも述べている。[20]

大同二年（八〇七）成立の『古語拾遺』は、「天地の割れ判くる初に、天の中に生まれます所の神名を天御中主神と曰す。次に高皇産霊神、次に神産霊神」と書き、平安朝中期成立とみられている『旧事本紀』も天御中主神をトップの主神にしており、同時期成立の『住吉大社神代記』もトップの神を天御中主神にしている。このような例からも天御中主神がトップの神としての登場は、平安時代に入ってからだが、その神を現存『古事記』がトップに記しているのは、なにを意味しているのか。

『日本書紀』の一書の第四には、

一書に曰く、天地初めて判れしときに、始めに倶に生れる神有り。国常立尊と号す。次に国狭槌尊。又曰く、高天原に生れる神。名けて天御中主尊と曰す。

と一書のしかも末尾に書かれている。ところが『古事記』は、

天地初めて発けし時、高天原に成れます神の名は、天之御中主神。

と本文のトップに書く。

このように『古事記』の記事は、平安時代初期の『古語拾遺』と同じだが、『日本書紀』の一書の

第四とは違う。一書の第四でも本文と同じに、「天地初めて判れしとき」最初に生まれた神は国常立尊と書き、天御中主尊ではない。この事実からも現存『古事記』が神代巻（上巻）のトップに天御中主神を登場させているのは、平安時代初期の人物の発想であり、序文の書く『日本書紀』以前の発想とは考えられない。

平安時代の三・五・七の聖数観による神々の分類

現存『古事記』のトップに登場する天御中主神は、単に平安時代の天御中主神をトップに置く風潮に従って記した単純な発想ではない。『古事記』の大国主神と対で最終編者の神代に対する思想を示そうとしているのである。天御中主神は「高天原の主神」、大国主神は「葦原中国の主神」として、「対（つい）」の関係を示そうとしている。

高天原の神 **天御中主神**――葦原中国の神 **大国主神**

という視点に立って新しく登場させたのである。そして高天原と葦原中国の両方、つまり天と地を支配する神、というより母神として葦原中国を照らし、いつくしむ神として、天照大神を置いた。したがってこの神は特別の日神・母神という観念に立っているから、現存『古事記』の編者は、原『古事記』の「天照大神」を「天照大御神」に変えた。この変更の視点は次のようになる。

高天原 **天御中主神** ←照らす **天照大御神** 照らす→ 葦原中国 **大国主神**

このような天照大御神観は『日本書紀』にはない。『日本書紀』の本文は天の石屋に天照大神が入った時に「六合の内常闇にして」と書くが、「六合」は葦原中国であって高天原ではない。そのことは天の石屋に入った天照大神を、「吾、このごろ石窟に閉居り、謂ふに当に豊葦原中国は、必ず長夜為くらむ」と書いており、照らしていたのは葦原中国だけである。しかし『古事記』は天照大神が石屋にこもると、「高天原皆暗く葦原中国悉に闇し」と書き、石屋から出ると「高天原も葦原中国も、自ら照り明りき」と書き、高天原と葦原中国を照らしていると書く。

天御中主神は『古事記』では「別天神」の五神のトップだが、津田左右吉はこの「別天神」と「神世七代」について、次のように書く。

> 古事記に五柱の別天神及び神世七代といふ標目を設けてあるのは、神々の名や其の生り出でた順序などについての話が既にできあがつた後、それとは全く別の考を以て別に案出せられたものらしい。アメノトコタチの神とクニノトコタチの神とは同じ概念の擬入せられたものであつて、連続して呼ばるべきものであるのに、その一つを別天神に一つを神世七代に組み入れたのは、全く意味の無いことであり、また土地の上に生り出でたウマシアシカビヒコヂの神を天つ神としたのも、本來の意義を失つたものである。これは五と七といふ數に神々を配置しようとしたために生じた無理であつて、同じくシナ思想に由來のあることではあるが、ずつと後人のしわざと考へられる。書紀の本文に別天神といふやうな標目の無いのは、却つて舊い形の遺存したものである[21]

（傍点引用者）。

倉野憲司もこの津田説を支持し、別天神五柱と神世七代の神を左のように分類して示している。

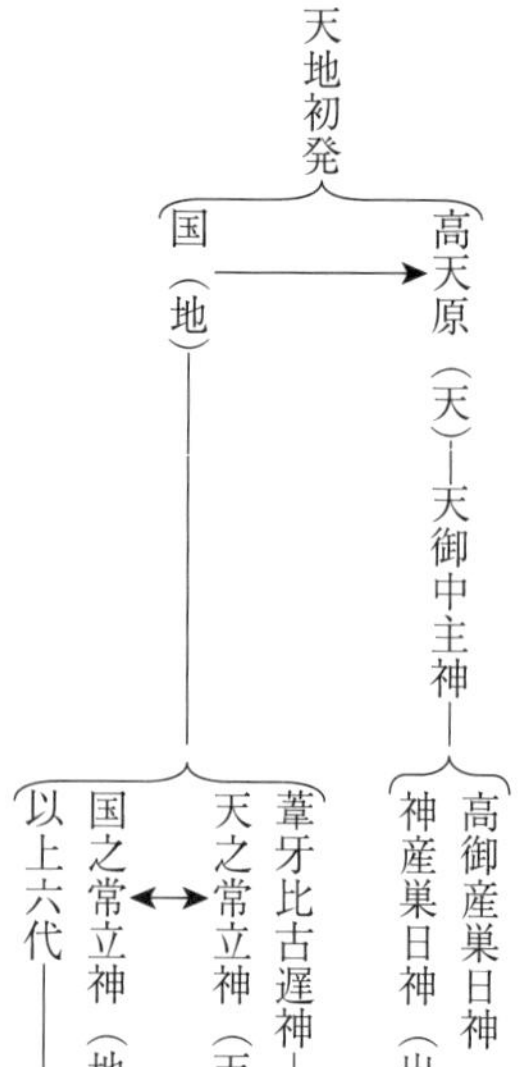

そして天御中主神・高御産巣日神・神産巣日神の三神を、序文が冒頭で「参神造化の首」と書いているので、「まづ造化の三神を立て、次にこれに二柱を加へて別天神五柱とし、次に神世七代を置いてゐて、明らかに三→五→七の発展的形相が示されてゐるのである（但しこれは中国の陽数の思想の影響を受けたものと思はれる）」と書いている。[22] しかし三・五・七を並べる数への関心は、陰陽道が盛んになった平安朝初期からと松前健は書く。[20] 天御中主神信仰を広めた陰陽道・占星術は、津田左右吉の書く「シナ思想」であるから、「ずっと後人のしわざ」の「後人」は平安時代の人である。三・五・七に神々を分類する発想は原『古事記』の時代にはない。

三・五・七に分類した現存『古事記』はその数合せのために、分類した神々の性質を無視して強引な数合せをやっている。天御中主神と二柱の産巣日の夫婦神の三神に、他の二神を合わせて「別天神」の五柱を作り、五柱を「隠身」の神と『古事記』は書く。この記述について倉野憲司は、「二柱の産巣日神を除く神々は」、「開巻劈頭に一回見えるだけで、以後は決して現はれることなく、名義から考へても、まさに『隠レ身』に適はしい神々である。然るに二柱の産巣日神は例外であつて、後続神話にしばしば現はれるばかりでなく、現し身を有する他の神々と少しも異なるところがなく活躍してゐる。それを『隠レ身』と敢へてしてゐるのは、明らかに古事記の自己矛盾である」と書き、「然るにこのやうな矛盾をも顧みず、この三神を上巻神話体系の冒頭に敢へて置いた所以は、天照大神の性質の反映と思惟される天之御中主神によつて、タカミムスビの神（皇室・現事顕事）とカミムスビの神（出雲・幽事神事）とを統一することによつて、皇室（高天の原）と出雲（根の国）との対立の統一を求めたからである」と書く(23)。

これは苦しい解釈・説明である。倉野憲司は「参神造化の首」「別天神五柱」「神世七代」と『古事記』が書くのは、三・五・七という数の主張だと書いているのだから、「隠レ身」でない二柱のムスビの神を「隠レ身」にしたのは、単に数合せのためである。したがって倉野憲司の前述の解釈は拡大解釈である。このような強引な数合せは津田左右吉も指摘するように(21)、天之常立神と国之常立神は対であるのに、一方を別天神五柱、一方を神世七代に入れている例や、国つ神のアシカビヒコヂを天つ神にし別天神に入れて、五と七という数合せをやっているのと同じに、三という数合せのために「隠レ身」でない神を「隠レ身」にしたのであり、倉野憲司の書くような「高尚な理念(23)」でなく、中国思想の影響による三・五・七の単なる数合せに過ぎない。

西郷信綱も「別天神」について、「天つ神のなかの特別の天つ神の意だが、逆に見れば天之御中主神から天之常立神までの五柱はあらたに高天の原のパンテオンに加えられた神たちだということになる」と書き、「かなりあわただしく、架上がおこなわれた形跡が見える」とし、「五とか七とかの単位で数えるやりかたは古風でない」と書く。(24) 西郷信綱は「あらたに」と「あわただしく」に特に傍点をつけていることからみても、『古事記』の冒頭の神々に関する記述は、「あらたに」「あわただしく」、多人長が原『古事記』に手を加えて三・五・七に神々を整理し、トップに天御中主神を登場させたのであろう。

天御中主神に対応する『古事記』の大国主神の新しさ

『日本書紀』本文には天御中主尊も大国主神もまったく登場しない。一書の第一にスサノヲの子孫と書かれているのと、一書の第六に「大国主神、亦の名は大物主神、亦は国作大己貴命と号す。亦は葦原醜男と曰す。亦は八千戈神と曰す。亦は大国玉神と曰す。亦は顕国玉神と曰す」とある、たった二例だけであり、いずれも神名だけで物語の主人公にはなっていない。ところが『古事記』は『日本書紀』とちがって大国主神という神名は、多く記されている。しかしなぜか多くの物語の中で活躍する主人公は、大国主神の「亦の名」の神々であって、大国主神ではない。大国主神の神名での登場は少名毘古那の神との国作りだが、その国作りの記述でも主役は大穴牟遅神になっている。そのことを次頁の表で示す。

この表で明らかなように、一般に大国主神の物語として語られている「稲羽の素兎」の話には、大国主神は登場していない。原『古事記』ではスクナヒコナとオホアナムヂによる国作りであったのである。その原『古事記』に名だけ「大国主神」を新しく加えたのが、根国訪問譚である。

大国主神が主役として活躍するのは、『古事記』では国譲り神話だけである。守屋俊彦は「大国主

物語	主役	大国主神関係記事	回数
稲羽の素兎	八十神・大穴牟遅神	ナシ	
八十神の迫害	八十神・大穴牟遅神	ナシ	
根国訪問	八十神・大穴牟遅神	「大国主神」という名だけが載る	一回
沼河比売求婚	八千矛神	ナシ	
須勢理毘売の嫉妬	八千矛神	ナシ	
少名毘古那神との国作り	大穴牟遅神 少名毘古那神	出雲での少名毘古那の神の出会いと、御諸山の神との出会いの、最初と最後に名だけが載る	二回

神の神話について」で、「大国主神」という神名は「古事記の国譲り神話の場面において葦原中国とともに生誕したといった方がより適切であろう」と書いている。[25]『日本書紀』の本文・一書の一と二に国譲り神話は載るが、いずれも大己貴神なのに、『古事記』のみ大国主神である。『古事記』の国譲り神話に限って大国主神は主役として登場するが、他の神話では大国主神は名だけなのは、原『古事記』に大国主神という神名だけを加えたからであろう。しかし国譲り神話に限って、原『古事記』に新しい内容を加えたから大国主神も名だけでなく活躍しているのであろう。そのことは第九章で書く国譲り神話の建御雷神、建御名方神の登場からもいえる。

現存『古事記』の国譲り神話の「葦原中国」は「出雲」になっているが、『出雲国造神賀詞』『出雲国風土記』には「大国主神」の記載はまったくない。あるのは「大穴持命」である。『万葉集』には「大汝・少彦名」という用例（三五五・九六三・一二四七・四一〇六番歌）が載るが、「大国主」はない。また『播磨国風土記』（餝磨郡・揖保郡）・『伊予国風土記』逸文・『伊豆国風土記』逸文にも、少彦名と共に登場する国作り神は大穴持（大汝・大己貴）であって、大国主神ではないし、これら『風土記』では『日本書紀』と同じに「命」表記で「神」ではない。

以上述べたように大国主神は、『古事記』のみで活躍している。理由は天御中主神を高天原の代表神にしたから、天御中主神に対応する国つ神の代表神として、大国主神を取り上げたからである。

現存『古事記』は『日本書紀』と違って天御中主神と大国主神を、

高天原の主神　天御中主神——葦原中国の主神　大国主神

という視点に立って、新しく平安時代初期の天御中主神が重視された時代に、天御中主神に対応させた神名である。ただ天御中主神は観念上の神にすぎないが、大国主神は葦原中国の神々の別名といわれていたから、国譲り神話の場面では、名前だけでなく発言させ行動させている。理由は、国譲り神話に登場する建御雷神と建御名方神の二神が、第九章で詳述するが、オホ氏にかかわる神で、原『古事記』にその活動が新しく加えられた神々だからである。したがって、大国主神も単に名前だけでなく、現存『古事記』では国譲り神話に限って活動しているのである。

以上、「『古事記』に載る平安時代初期の記事」について述べたが、ほとんどが上巻の神名に関することか、表記についてである。この事実から、原『古事記』の特に上巻の神々と神名に、最終編者がこだわって、新しく手を加えたことがわかる。そのことは前述したが、『古事記』上巻の二十九例はすべて「天照大御神」なのに、中巻のたった二例が原『古事記』のまま「天照大神」とあることが、証している。多人長は弘仁三年（八一二）と四年に『日本書紀』を講義しているが、主に上巻の神名の訓み方を講義したと、『弘仁私記』序は書いている。その事と、以上述べた上巻の神名表記の改変や、天御中主神・大国主神の重視は、多人長の関与を推測させる。

また、大年神系譜は中沢見明・折口信夫・西田長男・西郷信綱らが指摘するように、平安時代に入ってから、賀茂氏・秦氏らのかかわる神々を新しく入れた系譜である。ところが『古事記』はアマテラスとイザナギの天つ神以外に、国つ神のカモ神に「大御神」とつけている。この事実は、大年神を新しく加えたのと連動しており、『古事記』の最終成立が平安時代初期であることを証している。

天皇崩年の注も平安時代初期につけられた

『古事記』の天皇崩年の注は十五例ついている。

崇神天皇　戊寅年十二月崩
成務天皇　乙卯年三月十五日崩也
仲哀天皇　壬戌年六月十一日崩也
応神天皇　甲午年九月九日崩
仁徳天皇　丁卯年八月十五日崩也
履中天皇　壬申年正月三日崩

反正天皇　丁丑年七月崩
允恭天皇　甲午年正月十五日崩
雄略天皇　己巳年八月九日崩也
継体天皇　丁未年四月九日崩也
安閑天皇　乙卯年三月十三日崩
敏達天皇　甲辰年四月六日崩
用明天皇　丁未年四月十五日崩
崇峻天皇　壬子年十一月十三日崩也
推古天皇　戊子年三月十五日癸丑日崩

この注について坂本太郎は次のように書く。

『古事記』は元来年時には無関心な書物である。本文には何年何月という書き方は一切ない。古伝は本来そういう性質のものであったのである。この崩年干支では月日まで詳しく記していて、本文と全く調和しない。それでもっぱら後人が加えたものと考えられてきた。（中略）

崩年干支の性質がまだわからず、帝紀の一種にそうしたものがあったという証はない。もしあったならば、天武天皇の削偽定実のさいに使わないはずはない。また『書紀』編修のさいに使わないはずはない。どちらでも無視されていること、□月□日と数字で日を記して干支を伴わないのは略式な書法であること、十五日とするものが全体の三分の一もあってわざとらしいことなど、どうも私にはそんなに古い帝紀の注記だとは思われない。このことを論ずるには大論文を必要と

するが、こうした重要問題についての資料を『古事記』はもっているという一例として、披露するに止める。(26)

このように坂本太郎は書いている。坂本太郎は東京大学教授で日本古代史の碩学であった。この碩学が僅か十五例の天皇崩年の注を、「重要問題についての資料」と書いているのは、『古事記』の成立を疑う「後代が加えた」資料だから、「このことを論ずるには大論文を必要とする」と書いているのである。たかが十五例の注記でもそうだから、第四章・第五章で述べた三〇五例もある音注や、七十九例の訓注・声注や、二百例に近い上代特殊仮名遣の「モ」の二音は、十五例の天皇崩年の注記を「論ずるには大論文を必要とする」なら、それ以上にこれら注記や表記は、「重要問題についての資料」であり、「大論文が必要」になる。いずれにせよ日本古代史の碩学が、わずか十五例の注についてだけでも、以上のように書いていることは、無視できない。

私見では坂本太郎が指摘する注記も、現存『古事記』の最終成立時期につけられたと推測している。くわしくは第十五章で述べるが、この注の執筆者は多人長でなく、弘仁四年に外記曹局で多人長を講師にして、『日本書紀』の読み方の研究会をつづけていた六人の研究者のうちの一人で、オホ氏同族の島田清田と考えられる。彼は『文徳実録』や『日本後紀』によれば、小外記として天長元年（八二四）から『日本後紀』の編纂に参加し、天長四年には大外記になって編纂実務の責任者の地位につき、承和二年（八三五）に宮内少輔に転じている。『文徳実録』（斉衡二年八月十八日条）に載る島田清田の死亡記事には、

小入ㇾ学略渉二経史一奉二文章生試一遂及二科第一後為二大学小属一。……

とあり、「渉㆓経史㆒」の人物であった。

多人長は今風にいえば当時の国語・言語学の学者であり、歴史学者ではなかったから、専門外の注を同族で弟子の島田清田につけさせたのであろう。しかし島田清田は見せられた現存『古事記』の序文の記述を信用していた（成立の真相は多人長のみが知っていた）。したがって自分が注をつけた『古事記』を世に知らせようとして、多人長の『日本書紀』の講義の記録の『弘仁私記』に後から序文をつけた。したがってその内容は、多人長が講義をした。『日本書紀』でなく『古事記』の紹介記事になっているのであろう（このことについては第十五章・第十六章でくわしく書く）。坂本太郎が問題にする天皇崩年の注記は、島田清田がつけたと推測するが、彼は序文を信じて師の多人長に命じられるままに、注記したと考えられる。その注記を坂本太郎は疑っているのである。

以上、「『古事記』に載る平安時代初期の記事」について論じたが、この章で述べた例は一部で、更に他の例を第九章で示す。

〔注〕

（1）西宮一民『日本上代の文章と表記』一〇〇頁～一〇四頁（風間書房　一九七〇年）

（2）青木紀元「古事記の『外宮之度相』について」「芸林」一六巻一号　一九六五年一月号

（3）中沢見明『古事記論』二一八頁～二二〇頁（雄山閣　一九二九年）

（4）岡田精司　日本思想大系『古事記』補注三四六頁（岩波書店　一九八二年）

（5）大和岩雄「賀茂神社」『神社と古代王権祭祀』所収（白水社　一九八九年）

（6）大和岩雄「松尾大社」『神社と古代民間祭祀』所収（白水社　一九八九年）

（7）中沢見明「大年神系の構成と其材料」注（3）前掲書所収

（8）西田長男「古事記の大年神の神系を通路として」『古代文学の周辺』所収（南雲堂桜楓社　一九六四年）

（9）西郷信綱『古事記注釈　第一巻』八五頁（平凡社　一九七五年）

（10）原田敏明「開闢神話の構成」「宗教研究」第七巻第三号・第四号　一九三〇年（一九七〇年刊行の中央公論社版『日本古代宗教』に「開闢神話の構成と神々の追加」と題して掲載）

（11）原田敏明「古事記の神」『古事記大成　5』所収（平凡社　一九五八年）

（12）太田善麿『古代日本文学思潮論（II）――古事記の考察――』四一頁～四三頁（桜楓社　一九六一年）

（13）吉井巌「古事記における神話の統合とその理念――別天神系譜より神生み神話への検討――」「国語国文」三四巻五号　一九六五年（一九六七年刊行の塙書房版『天皇の系譜と神話』所収）

（14）吉井巌「茨田連の祖先伝承と茨田堤築造の物語」『天皇の系譜と神話（二）』所収（塙書房　一九七六年）

（15）梅沢伊勢三「記紀両書の記事の比較による文献的相互関係の検出」『記紀批判』所収（創文社　一九六二年）

（16）梅沢伊勢三「古事記撰録作業の実態(一)(二)」『続記紀批判』所収（創文社　一九七六年）

(17) 津田左右吉『津田左右吉全集　第一巻』四六四頁（岩波書店　一九六二年）
(18) 松村武雄『日本神話の研究　第三巻』六五頁〜七八頁（培風館　一九五五年）
(19) 上田正昭『日本神話の世界』一六六頁（創元社　一九六七年）
(20) 松前健『日本神話の形成』四五六頁・四六〇頁（塙書房　一九七〇年）
(21) 津田左右吉　注(17)前掲書　三四〇頁
(22) 倉野憲司『古事記全註釈　第三巻』五一頁（三省堂　一九七四年）
(23) 倉野憲司　注(22)前掲書　四四頁
(24) 西郷信綱『古事記注釈　第一巻』八五頁（平凡社　一九七五年）
(25) 守屋俊彦「大国主神の神話について」『記紀神話論考』所収（雄山閣出版　一九七三年）
(26) 坂本太郎「古事記」『史書を読む』所収（中央公論社　一九八一年）

第九章

『古事記』に載る平安時代のオホ氏関係記事

タケミカヅチ神話は『紀』より『記』が新しい

第八章で「『古事記』に載る平安時代初期の記事」として、現存『古事記』上巻の神々の物語や神名及び神名表記について論じ、原『古事記』に加筆したり、表記を改めた記事があるが、このような編纂行為は太安万侶でなく、安万侶の孫と推測される多人長らによると書いた。そのことは現存『古事記』に載るオホ氏関係記事からも証される。最初の例としてタケミカヅチ神話を示す（タケミカヅチは藤原・中臣氏の氏神とみられているが、本来はオホ氏が祀る神であることは後述する）。まず『記』と『紀』の本文と一書の一・二のタケミカヅチの記述を示す。

	司令神	降臨の主神	降臨の随神	記述内容
古事記	天照大神	建御雷神	天鳥船神	大国主神
『紀』本文	高皇産霊尊	経津主神	武甕槌神	大己貴神
一書の一	天照大神	武甕槌神	経津主神	大己貴神
一書の二	天神	経津主神	武甕槌神	大己貴神

表にすると左のようになるが、三品彰英は「天孫降臨神話異伝考」で、司令神は高皇産霊尊が古く、天照大神は新しいと、綿密な考証によって結論しており(1)、通説になっているが、一書の二は高皇産霊尊・天照大神でもなく、「天神」と書いているからもっとも古い。この一書の二は、

> 天神、経津主神・武甕槌神を遣して、葦原中国を平定めしめたまふ。

と書くだけで、平定した後に高天原へ「還昇り報告」したのも、「逆命者有れば加斬戮し、帰順者は仍ち褒美めたまふ」行動も、すべて経津主神であり、「経津主神・武甕槌神を遣して」の

「武甕槌神」は追記である。本来は経津主神が天神の命令で葦原中国へ遣わされたという神話であり、一書の二がもっとも古い国譲り神話の原型を伝えている。

そのことは『日本書紀』の本文が証している。本文の国譲り神話によると、高皇産霊尊が諸神を集めて、葦原中国に遣す神は誰がよいか問うと、諸神が経津主神がよいといった。すると武甕槌神が「進みて曰さく。『豈唯、経津主神のみ独り丈夫にして、吾は丈夫に非ざらむや』とまをす。其の辞気慷慨し。故、以ちて即ち経津主神に配へ、葦原中国を平けしめたまふ」と書き、経津主神にきまっていたのに、新しく追加されたのが建甕槌神であり、本来はフツヌシのみであったことを示している。ところが一書の一は「天照大神、復武甕槌神と経津主神とを遣す」と書き、司令神も高皇産霊尊が天照大神に替っており、経津主神と武甕槌神も逆転して、武甕槌神が主神となっている。

以上述べた『日本書紀』の本文と一書の一・二の新旧を比較すると、次のような順序になる。

一書の二──→本文──→一書の一

ところで『古事記』は『日本書紀』でもっとも新しい一書の一と同じ天照大神を司令神にしている。更に一書の一と同じに降臨の主神はフツヌシでなくタケミカヅチであり、新しい視点で書いている。『日本書紀』はもっとも新しい一書の一でも、一書の二や本文と同じにフツヌシが記されているが、『古事記』はフツヌシは消されて新しく随神は天鳥船神になっている。この神は高天原と葦原中国の間を神々を乗せて行き来する「鳥船」だから、葦原中国を平定するため高天原から降臨するタケミカヅチを載せる神で、いかにも随神にふさわしい新しく作られた神であることを示している。したがって『記』『紀』のタケミカヅチ神話の新旧を示せば、次のようになる。

一書の二──→本文──→一書の一──→『古事記』

このように『日本書紀』より『古事記』が新しいタケミカヅチ神話を記していることからも、この神話は原『古事記』にあったのではなく、新しく現存『古事記』に載った神話である。

ところで『日本書紀』は国譲り神話の「武甕槌」以外に、神武東征伝承にも「タケミカヅチ」が登場するが、そのときの「タケミカヅチ」は「武甕雷」と書き、「槌」が「雷」と表記されており別神である。この武甕雷神は「わが剣、号けて韴霊」と言ったと書くが、「フツノミタマ」は物部氏が祀る氏神である。天理市にある石上神社は『延喜式』の「神名帳」は「石上坐布留御魂神社」と書くが、『伊呂波字類抄』は「石上坐布都御魂神社」、『旧事本紀』は「布都主剣神社」、『石上神社旧記』は「布都斯魂神」、「神名帳」も備前国赤坂郡に「石上布都之魂神社」と書いている。したがって『日本書紀』は国譲り神話の中臣・藤原氏にかかわる「武甕槌」と、物部氏にかかわる韴霊の「武御雷」に別けて、古い伝承（一書の二・本文）では「フツノミタマ」の経津主神が葦原中国へ派遣された主神で、随神が武甕槌神になっている。しかしもっとも新しい一書の一では主神と随神が逆転しているのは、藤原・中臣氏の力が強くなった結果である。『紀』本文によれば、経津主神のみを葦原中国の国譲りを要求する武神として派遣するはずだったのに、武甕槌が自分も参加させよと申し出て随神になったとあることからも、もっとも古い伝承は前述したように経津主神のみの派遣であった。

『古事記』は本来の主神の経津主神が消えているが、消えた理由は経津主神を建御雷神の「亦の名」にしているからである。『古事記』は伊邪那岐命は十拳剣で迦具土神を斬った。その時「御刀の本に著けし血、湯津石村に走りて成れる神」が建御雷神（建御雷之男神）で、別名を建布都神・豊布都神と書く。ところが『古事記』は神武天皇の東征記事では、建御雷神の刀について、注で、「此の刀の名は、佐士布都神と云ひ、亦の名は「布都御魂と云ふ。此の刀は石上神社に坐す」とあるが、前述したように「石上坐布都御魂神社」「布都主剣神社」と石上神社をいうから、石上神社の布都神と建御雷神を『古事記』は一体にしている。この記述は原『古事記』になく新しい記述である。

タケミカヅチはオホ氏が鹿島で祀っていた神

なぜ『古事記』は建御雷神と布都神を同一神とするのか。理由についてはタケミカヅチを祭神とする鹿島神宮の祭祀氏族を検証する必要がある。『常陸国風土記』（行方郡）に崇神天皇は、「東の垂の荒ぶる賊を平けむとして、建借間命を遣しき」と書く。建借間命を『常陸国風土記』（行方郡）は、「那賀国造の初祖」と注すが（香島郡は大化二年、行方郡は白雉四年にナカ国造の地を割いた新郡）、『古事記』は「常陸の仲国造」をオホ氏と同祖と書く。常陸オホ氏の祖を「タケカシマ」ということからも、鹿島神はオホ氏が祭祀していた神である（詳細は後述する）。また『常陸国風土記』（茨城郡）には、「大臣の族 黒坂命」が、「賊を規り滅さむと、茨をもちて城を造りき。この所以に地の名を便ち茨城と謂ふ」と書く。「大臣」は太（多）臣で茨城郡もオホ氏によって平定されている。常陸の「ナカ郡」「カシマ郡」「ナメカタ郡」「イバラキ郡」はすべてオホ氏によって平定されたと『常陸国風土記』は書く。

『常陸国風土記』逸文の信太郡の条に、

> 黒坂命、道奥の蝦夷に征討ちて、事了へて凱旋り、多歌郡の角枯の山に及りて、黒坂命、病に過りて身故りき。ここに角枯を改めて黒前の山と号けき。

とある。オホ氏の祖の黒坂命は常陸だけでなく蝦夷地まで武将として遠征しており、山の名までも常陸オホ氏の祖が変えているが、常陸だけでなく『古事記』は「道奥の石城国造」もオホ氏同祖と書いているから、今の茨城県・福島県・宮城県の太平洋沿岸に、オホ氏は武力で進出している。

『常陸国風土記』（香島郡）は孝徳天皇の時、那賀国造の地の寒田より北の五里と、下総国の海上（うみかみ）国造の地の軽野より南の一里を割（さ）いて、「神郡（香島郡）」を造ったと記す。大部分はオホ氏系のナカ国造の地で、神社内の「カシマ」はナカ国造の初祖「タケカシマ」をとっているのだから、オホ氏の神社であることは確かである。『常陸国風土記』（香島郡）は、

天之大神社、坂戸社、沼尾社、合二三処一惣称二香島天之大神一。因名レ郡焉。

と書く。「天之大神社」については日本古典文学大系本『風土記』の頭注が「大和朝廷系の高天原の神の意」と書く程度の理解だが、「大神社」は大（多・太）氏の神社の意である。大場磐雄は『常陸大生古墳群』（茨城県行方郡潮来町大生の大生神社を中心にして、その周辺にある合計百数十基の六世紀〜七世紀の古墳群）に「大生神社の考察」を書き、大生神社は今は鹿島神宮の関係社だが、元は「天之大神社」で、この地から鹿島神宮の地へ遷座したことを、鹿島神宮の社家の東家所蔵の『羽入氏書留由緒』『ものいみ書留』や、神宮所蔵の『鹿島大明神御斎宮神系代々』の諸文献の記述から示し、大生古墳群の発掘の結果からみて、「天之大神社」は「天之大生神社」と書く。(2)「大生（オフ）」というのは『古事記』の神武記には「意富（オフ）臣」とあり、「富（フ）」が「生（フ）」になっているからだが、『常陸国風土記』は「オフ臣」を「大臣」と書いているから、「大生神社」は「大神社」「太神社」「多神社」である。

太田亮は『日本古代史新研究』で、「鹿島郡の大部分は多氏配下の地」で、「風土記にも、国造本紀

にも、那珂国造の祖を建借間命として居るが、借間はカシマで鹿島と相関係するに違ひない」と書き、「天之大神社」について、「此の大と云ふのは古くは多の意味で大氏の神社と云ふのではなかつたかと思ふ。風土記にはすべて此氏を多と書かず大と書いている」と、わざわざ傍点を打って書き、「茨城郡条に大臣族黒坂命とあるが如く又続紀でも東国の多氏の部曲を大部と書いて居る。大と書くのが東国の書き習はしだつたかと思ふ」と書いている。[3]

三谷栄一も「建借間命は鹿島の族長を表わす信仰上の祖神名」と書き、「彼らの氏の祖神鹿島神（建借間命）」と書く。「彼らの氏」とは常陸のオホ氏であり（三谷は『常陸国風土記』に「那珂国造壬生直夫子」とあるので壬生氏と書く）、鹿島神宮の本来の祭祀氏族は常陸オホ氏のナカ国造と三谷も主張している[4]（ナカ国造の「ナカ」を『古事記』は「仲」、『常陸国風土記』は、「那賀」「那珂」と書く）。

坂戸社と沼尾社は鹿島市沼尾にあり、今は坂戸社がアメノコヤネ、沼尾社がフツヌシだが、本来は坂戸社がフツヌシで沼尾社はフツヌシのヒメ神で、沼尾池の南（坂戸社）と北（沼尾社）に位置し、物部氏が祀っていた神社である。そのことは『姓氏録』に「坂戸物部」が載り、『旧事本紀』（天神本紀）には五部の物部の「造（みやつこ）」に「坂戸造」を記すことからもいえる。大場磐雄は装飾横穴墓の「鎌倉市洗馬谷横穴付近は尺度（さかと）郷で、坂戸物部氏の居住地」と書いている。[2]

物部氏の家記の『旧事本紀』（陰陽本紀）は、

建甕槌神之男神亦の名建布都神、亦の名豊布都神。今常陸国の鹿島に坐す大神、即ち石上布都大神、是也。

と書く。タケミカヅチの神の亦の名がフツの神と書いているのは、『古事記』の記述と同じだが、鹿島神宮の神殿の奥深くに神宝の「韴霊（フツノミタマ）」という名の剣が安置されていることや、『常陸国風土記』（香島郡）はオホ氏の「大神社」と、フツ神を祀る物部氏の「坂戸社・沼尾社」の「惣称」を「香島天之大神」と書いていることからも、『古事記』がタケミカヅチの亦の名をフツヌシにしているのも、理由がある。太田亮は「多・物部二氏の奥州経営と鹿島・香取社」と題する論文で、「鹿島香取の神が蝦夷征伐の神であった」と書いている(3)。

通説は鹿島神宮のタケミカヅチを大和の春日神社へ遷座して藤原・中臣氏の氏神にしたから、タケミカヅチを藤原・中臣氏の祭神とみるが、以上述べたように鹿島神宮は常陸のオホ氏が祀っていた神であることは、常陸オホ氏の祖（ナカ国造の祖）を『常陸国風土記』が「タケカシマ」と書くことからも証される。そのことを主張しようとして多人長は原『古事記』に手を加えたことを、直接『古事記』とは関係ないが、重要だから、更に常陸の鹿島とオホ氏の問題を述べる。

常陸の装飾古墳は常陸オホ氏の古墳

一九七四年に刊行した拙著『日本古代試論』で、私は次のように書いた。

常陸の那珂川下流域の茨城県勝田市の虎塚古墳から、昭和四八年九月十二日石室壁画が発見された。この虎塚古墳を発掘した大塚初重氏は「関東にあった装飾古墳」（「芸術新潮」昭和四八年十一月号）で次のように述べる。

虎塚古墳の壁画を日本の壁画古墳全体の中で考えるとすれば、西日本ことに北九州地方の装飾古墳との関連性が問題となる。虎塚古墳西壁に並列している九個の円文は、熊本県永安寺東古墳、同西古墳の円文部のありかたときわめて似ている。刻線で円を描き中を赤く塗った技法まで共通している。奥壁のドーナツ型円文は、表現の手法は福島県萩ノ尾古墳、古畑古墳例なども共通している。虎塚古墳の奥壁の写実的な大刀類は福岡県王塚にみられるが、横穴の大刀彫刻とともに本古墳の壁画が九州地方の古墳壁画と同系統のものである点が明瞭である。九州地方の古墳壁画との共通性は壁画のモティーフのみでなく、奥壁・側壁をはじめ横穴式石室の各所をいろどる壁画構成の点でも、明白に指摘できる。

このように書いて常陸と九州の装飾古墳の共通性を指摘しているが、虎塚古墳の所在地は常陸オホ氏の那珂(なか)国造の本拠地である。前述したように那珂国造と九州オホ(意富)氏(肥国造・大分国造・筑紫三宅連)の関係を論じてきたが、文献上の裏付を虎塚古墳がしている。那珂国造の祖建借間(かしま)命が率いる兵士たちが九州の杵島曲(きしまぶり)を歌ったと書く『常陸国風土記』の記事と、装飾古墳の共通性は完全に一致する。

昭和四九年二月発行の『装飾古墳と文様』で「装飾古墳の分布とその背景」を書いている乙益重隆氏も、東国の装飾古墳とオホ氏や鹿島神社の分布がほぼ一致していることを認めている。虎塚古墳にはふれていないが四八年に発見された宮城県志田郡の横穴群は装飾古墳の北限にあたるが、古代鹿島神社の北限であったと述べている。

関東の装飾古墳のある土地はオホ臣同祖の那珂国造か磐城国造の地にあり、北九州の装飾古墳のある土地も、オホ臣同祖の肥国造・大分国造・筑紫三宅連の居住地であり、装飾古墳とオホ氏系国造の地は一致する。(5)

このように三十五年前に刊行した拙著で書いたが、前述した国造はいずれも『古事記』に神八井耳命始祖とするオホ氏系である。私は中央のオホ氏を媒介にして、九州のオホ氏系氏族が常陸に進出し、更に奥州に進出したとみる。

『日本古代試論』を刊行した翌年に大場磐雄が刊行した著書『考古学上から見た古氏族の研究』に載る論考、「東国に装飾古墳を残した人々」で、茨城県の合計十の装飾古墳・横穴墓のうち（古墳六・横穴墓四）、勝田市の虎塚古墳・金上古墳、水戸市の吉田古墳・下国井横穴墓、那珂町の白河内古墳は、多氏の仲（那珂）国造の地であり、久慈郡金砂郷村横穴の地には「鹿島」の地名があるから、大場磐雄は六つの装飾古墳・横穴墓は多氏関係地にあると書く。また福島県には六つの装飾横穴墓があるが、いわき市館山・中田横穴墓は多氏の石城国造の地であり、西白河郡泉崎村の泉崎横穴墓の地には式内社の鹿島神社（白河神社）、相馬郡鹿島町江垂横穴墓の地にも式内社鹿島御子神社、双葉郡双葉町清戸迫横穴墓、原町市羽山横穴墓の地には、『三代実録』（貞観八年正月条）に載る鹿島苗裔神があり、すべての多氏関係地だから、東国の装飾古墳は主に多氏にかかわると書く[6]。

玉利勲は『装飾古墳紀行』で大場磐雄・乙益重隆の説を紹介し、両氏より前に斎藤忠が一九七一年に「日本歴史」（二八三号）に「装飾古墳・装飾横穴」と題する論文を発表し、常陸・東北の装飾古墳に常陸の多氏関与を指摘していることを書き、拙著『日本古代試論』の見解を紹介している。一方井上辰雄の「装飾横穴墓をめぐる豪族とその性格」（「えとのす」一三号・一九八〇年）や、辺見端の「東北地方における装飾古墳の分布について」（東北学院大学「東北文化研究所紀要」一二号・一九八一年）の批判論文も提示している[7]。井上論文は多氏系氏族が装飾古墳の造営者なら、中央の多氏が装飾古墳を作っていないことを理由に否定する。しかし北九州の装飾古墳を作っていたオホ氏系氏族が常陸に移住して作ったのだから（そのことは『常陸国風土記』で常陸オホ氏の祖のタケカシマの率いた兵士たちが、九州のキシマ曲を歌ったと書いていることからいえる）、オホ氏同祖氏族だからといって、大和国に弥生時代から居住していたオホ氏が装飾古墳を作らないことをもって否定する根拠にはならない。また辺見端は鹿島社を奉戴した氏族が東北へ入ったのは平安時代初期なのに、東北の装飾古墳は六世紀末から八世紀前半に作られているから、多氏が東北に進出して装飾古墳を作ったという説は成り立たないと断定しているが、この断定は『三代実録』の貞観八年（八六六）の記述を読んで、貞観八年に書かれているから平安時代初期のことと誤読し、その誤読の上に立っての断定だから認められない（『三代実録』の記述は後述する）。

虎塚古墳は常陸オホ氏のナカ国造の本拠地に作られている。大塚初重は『探訪日本の古墳・東日本編』で虎塚古墳の築造時期を七世紀前半とみて、周囲の小円墳群を七世紀後半と書いている。また虎塚古墳の西方にある笠谷古墳群（前方後円墳二基・円墳八基）を六世紀後半から七世紀代の築造と述べている。[8] これらの古墳は常陸オホ氏のナカ国造かその一族または重臣の古墳とみられるが、鹿島神宮の創始は『常陸国風土記』によれば孝徳天皇の己酉年（大化五年・六四九）であるから、鹿島神宮創建直前か同時期に築造されている。このことからも鹿島神宮は常陸オホ氏が関与していることが推測できる。虎塚古墳は那珂（なか）川の下流にあるが、「ナカ川」はナカ国造の「ナカ（仲）」である。前述したように三谷栄一[4]も鹿島神宮は那珂国造が祭っていたのが、中臣（藤原氏）に祭祀権を奪われたと書いている。鹿島郡の大部分は『常陸国風土記』によれば、ナカ（仲・那珂）国造の地をさいて作られた郡だが、このナカ国造の勢力範囲に虎塚古墳などの装飾古墳が作られているのである。

鹿島神宮のタケミカヅチはオホ氏が祀る神

以上述べたように虎塚古墳などの装飾古墳を築造していた時期に、ナカ国造は自領の地を分けて始祖の「タケカシマ」の名をとった神郡を作り、始祖の名を社名にしたカシマ神宮を創建した。この鹿島神宮の分社が陸奥に三十八社あったことを、『三代実録』貞観八年（八六六）正月二十日条に、

常陸国鹿島神宮司言、大神之苗裔神卅八社在二陸奥國一。菊多郡一。磐城郡十一。標葉郡二。行方郡一。宇多郡七。伊具郡一。曰理郡二、宮城郡三。黒河郡一。色麻郡三。志太郡一。小田郡四。牡鹿郡一。

と記している。三十八社のうち磐城（いわき）郡のみ十一社の鹿島社がある。理由は『古事記』に「道奥（みちおく）の石城（いわき）国造」をオホ氏と同祖と書いているからである。この事実からもオホ氏が鹿島神宮の祭祀氏族であったことがわかる。更に次のように続く。

聞二之古老一云。延暦以往。割二大神封物一。奉二幣彼諸神社一。弘仁而還。絶而不レ奉。由レ是諸神爲レ祟。物恠寔繁。嘉祥元年請二當國移状一。奉レ幣向レ彼。而陸奥國。稱レ無二舊例一入レ開。宮司等於二關外河邊一。祓二弃幣物一。而歸。自後神祟不レ止。境内旱疫。望請。下二知彼國一。聽レ出二入關一。奉二幣諸社一。以解二神怒一。

角川源義はこの記述について、次のように書く。

常陸の国の鹿島社と奥州の鹿島分社との間に激しい対立があった事情が語られている。奥州の

鹿島分社が結束して、本社の奉幣を拒絶する挙にでたというのである。この事件の背景には何かかくべつな事情がなければなるまい。あるいは本社の司祭者が変更し、その変更に分社の祠官たちが承知できず、本社の奉幣を拒絶していたのであろうか。それにしても、陸奥国の関守までが分社がわに加担しているのは、両者の対立が激しく、分社がわの言い分が陸奥国司や関守までにも支持されていたことを物語っているといってよい(9)。

角川源義は「本社の司祭者が変更した」のが理由と書くが、「変更」はオホ氏から藤原・中臣氏へである。『続日本紀』宝亀八年(七七七)七月十六日条に、「内大臣従二位藤原朝臣良継、病あり。其氏神鹿島神を正三位、香取神を正四位に叙す」とあり(傍点引用者)、常陸オホ氏から藤原氏の氏神になっている。私は三十五年前に書いた拙著『日本古代試論』の「鹿島神宮は常陸オホ氏が祭祀していた」と書く章で、この記事について次のように書いた。

常陸のオホ氏とは『古事記』が書く常陸仲国造のことである。仲国造は那珂郡を中心にした常陸第一の国造である。大化二年に国司が置かれるようになって、一国国司に対して一国祭祀官としての国造が任命された時、常陸国造に那珂国造がなっている。かつての那珂国は常陸の太平洋岸のほとんどを占めていた。ところが大化四年(六四八)に那珂郡を割いて香島(鹿島)郡が、更に白雉四年(六五三)に行方郡がつくられたが、これらの新郡はいずれも鹿島神宮の所在か周辺である。

陸奥国の鹿島神宮の祟りの記事を載せた『三代実録』(貞観八年正月二十日条)には、祟りの記事につづいて、次のような記事が載る。

又言。鹿島大神宮惣六箇院。廿年間一加㆓修造㆒。所㆑用材木入五万余枝。工夫十六万九千余人。新稲十八万二千余束。採㆓造㆑宮材㆒之山在㆓那賀郡㆒。去㆑宮㆓百余里㆒。行路嶮峻。挽運多㆑煩。伏見。造㆑宮材木多用㆓栗樹㆒。此樹易㆑栽。亦復早長。宮辺閑地。且栽㆓栗樹五千七百樹㆒。榅樹卅四万株㆒望請。付㆓神宮司㆒。令㆓加殖兼斎守㆒。太政官処分。並依㆑請。

「榅樹卅四万株」は異本では「四万株」とあるが、鹿島大神宮の材木は那賀郡から出していたのをとりやめて、神宮の閑地を利用して生育の早い木を植え、二十年毎の用材にしたという記事である。太田亮（「多・物部二氏の奥州経営と鹿島・香取社」『日本古代史新研究』所収）、三谷栄一（「常陸風土記の成立と壬生氏」「実践女子大学紀要」八号所収）は、鹿島社の用材を那珂郡から出していたことは、かつて那珂国造が鹿島の神を祭祀していたことを示すものとみるが、この記事が陸奥の鹿島社が常陸の鹿島神宮の奉幣を拒否した記事につづいて「又言」と記すことからみて、磐城国造を中心とする磐城オホ氏と同様、常陸オホ氏の那珂国造が自分らと縁の薄くなった鹿島神宮の用材供出に積極的にならなかったためであろう。那珂郡が宮から百余里離れて不便だからとしているが、今まで運んでいたのだから急に不便になるのはおかしい。時代が下れば下るほど運送技術は発達しているはずである。それに成長の早い栗の木などを急に植えたことからみても、陸奥の鹿島分社と同じく、変質した鹿島神宮への反撥が、那珂国造の地盤からの用材供出をしぶる結果になったため、困った神宮側の応急策であろう(10)。

以上述べた事実からも、私は藤原氏の氏神になったタケミカヅチを否定する意味で、平安時代初期に多人長がフツヌシと一体のタケミカヅチを、現存『古事記』に新しく加えたとみている。

なぜ『記』には国つ神のタケミカヅチが載るのか

『古事記』は天つ神のタケミカヅチとして、

天尾張張神（亦の名、伊都之尾張神）――建御雷神

と書くが、別に国つ神として大物主神の曾孫に、

大物主神―○―○―建甕槌神

と記す。表記は違うが呼称はまったく同じ神が記されている例は、この例のみで、『古事記』はもちろん、他の文献でもこのような記事は皆無である。文書の場合は記事を読めば表記が違うから別神とわかるが、言葉のみ聞けば、同じ「タケミカヅチ」で混同してしまうのに、なぜ同一の神を『記』は載せるのか。私はこの異例な天つ神と国つ神の「タケミカヅチ」も、多人長が新しく加えた神名と推測している。なぜ多人長は天つ神の建御雷神以外に、国つ神の建甕槌神を加えたのか。理由は詳述したように、鹿島のタケミカヅチの神は本来はオホ氏が祭祀していた神であったからである。

『常陸国風土記』（行方郡）にオホ氏同族の常陸の仲（那珂）国造の祖の建借間（かしま）命が、兵たちに「杵嶋（きしま）の唱曲（うたぶり）を七日七夜」にわたって「遊び楽しみ歌い舞わせた」と書く。「杵嶋の唱曲」とは『肥前国風土記』（逸文）に杵島山へ春と秋に登って、杵嶋曲（きしまぶり）を人々が歌舞したという記事の「杵島曲」である。この地の人々が兵として常陸まで来たのは、杵島の記事が『肥前国風土記』に載るが、肥前・肥後の肥（火）国の国造（肥〈火〉君）が『古事記』によれば、オホ氏と同族だったからである。この肥君は肥直になる（国造は「直」になるから、那珂〈仲〉国造も壬生直になっている）。弘仁五年（八一四）成立の

『姓氏録』の大和皇別には「肥直」が載る。この肥直は多神社を祭祀していた氏族であることは、久安五年（一一四九）に国司に提出した『多神宮注進状』に、多朝臣常麻呂と共に肥直尚弼の名が載ることからいえる。たぶん多神社の祭神を奉じて肥国のキシマの地の兵たちを率いたオホ氏の将軍が、キシマの転のカシマといわれた。しかしオホ氏は本来は「仲臣」であったから（詳細は第十二章で書く）、その地を「ナカ」といい（カシマ郡・ナメカタ郡の大部分もかつてはナカ郡だった）、仲国造と称したのである。

鹿島の神が元はオホ氏の神であることは前述したが、詳細は第十二章で書くが鹿島神宮の祭神（タケミカヅチ）が、藤原・大中臣氏が祀る神になって、神護景雲二年（七六八）に大和の春日の地に遷座した後、大同元年（八〇六）に大和の多神社の祭神を常陸の大生神社に移し、翌年多神社の神璽と共にオホの神を鹿島神宮の祭神として遷座している。この事実からも鹿島神宮の祭神タケミカヅチがオホ氏の神であることは確かだが、多神社のある地が弥生時代からの三輪山祭祀の祭場であったことは、第六章で述べた。したがって三輪神（大物主神）の系譜に多人長が建甕槌神を新しく入れたのである。『万葉集』の最古の注釈書の『仙覚抄　巻二』に『多氏古事記』の引用がある（『多氏古事記』については第十章で書く）。『多氏古事記』によれば「三輪神社」というのは「三つの輪の器もの」が語源とある。したがって『出雲国造神賀詞』は三輪神は「倭大物主櫛𤭖玉命」という名だとある。「櫛」は「奇」の意で「𤭖玉」は「甕魂」だから、建甕槌神という神名にしたのであろう。

『出雲国造神賀詞』には「天の𤭖和に斎みこもり」ともあるが、「𤭖和に斎みこもりて」は甕に神霊が籠りての意である。島根県邑智郡市山村の大山祇命神社は本殿がなく、神木の下に甕を掘り据えて、毎年秋の大祭には神木の下に埋められた甕に糀米を入れる神酒造入の式がある。この儀式を三谷栄一は「神は木を伝わって甕に籠るとする信仰」と書き、「戌亥の隅に瓶七つ、四方の角から銭も黄金（こがね）も湧くように」とか、「塞の神のお祝は、家の隅にかめ並べ、七つのかめは幸ひの湧く泉……」など、各地の道祖神祭、神楽歌、語り物にうたわれている、富貴をもたらす甕について、「甕に神霊が降臨するとか宿るとかいう思想」によると述べている(11)。

松村武雄は「甕や壺そのものが、精霊や神の拠所であり、依代であり、若くは精霊や神そのものであった」と書いて、インドやネパールの風習を示し、更に日本で「家の隅に甕や壺を埋めて、それにまつわる超自然的霊格の力によって、屋敷の安泰を計った習俗」と共通していると書くが(12)、この習俗は三谷栄一が示す例とも重なる。

『対馬神社誌』によれば上県郡上対馬町舟志の地主神社は「神体あめ色之壺、但七、八升入程の焼物也」とあり、上原町志多留の護王神社の神体も大甕である。この神社の伝承では昔カラの国から大甕が志多留の浜に漂いついて、カラの見える山に行きたいといったので、朝鮮の見える山の頂上へ運んだら、潮の満ちる時刻になると水がいっぱい甕に満ち、干潮時には空になるので、村人は不思議な霊験から厚く甕神として祀ったという。対馬の上県町伊奈の穂宗神社（式内社の伊奈久比神社）の神体は甕であり、伊奈の護王社、明躰社、三宝荒神も甕神で、上県町女連の矢房社は徳利、上県町犬ケ浦の矢房社は瓶が神体である。鳴門市甕浦の甕浦神社の神体は甕で「お甕さま」と呼ばれており、上賀茂神社の神殿の裏の大甕も「甕神」といわれている。このように甕は神としてあがめられており、三輪神社の祭神は甕魂（瓱玉）神といわれていたから、多人長はオホ氏が古くからかかわる三輪山信仰の大物主神系譜に、建甕槌神を新しく加えたのであろう。

甕神としての鹿島神宮の祭神と雷神とオホ氏

『日本書紀』は武甕槌神と書く。建甕槌神と「武」と「建」の表記が違うだけで「タケミカヅチ」の神名表記はまったく同じなのは、本来は甕神だったからである。

鹿島神宮の宮司東実は著書『鹿島神宮』[13]で、神宮に古くから伝わる「古き神人の伝」を引用している。「常陸国鹿島の海底に一つの大甕あり。その上を船にて通れば、下に鮮やかに見ゆるといへり。（中略）此の大甕は鹿島明神の御祖先を祭り奉る壺にて、鹿島第一の神宝として、世々これを甕速日と申すといへり」と、古記は書いており、また『新編常陸国誌』は「鹿島神宮伝記ニ、本社ノ去レ西十丁、海之辺田ノ中。有二一之小島一、此島ニ神代ヨリノ有レ甕。此島謂二鹿島一、依レ之為二邦之名一。又傍有二小島一、是謂二甕山一トアリ」と書き、甕山という小島は甕島（みかしま）であり、「ミカシマ」が「カシマ」になったとあるから、東実は「カシマ」は甕島が語源と書く[13]。

「鹿島立ち」という言葉がある。『万葉集』に「草枕　旅ゆく君を　幸（さき）くあれと　斎瓮据（いはひべす）ゑつ　あが床（とこ）のへに（巻一七・三九二七番）」、「……母父に　妻に子どもに　語らひて　立ちにし日より　たらちねの　母の命は　斎瓮を　前にすゑ置き……（巻三・四四三番）」などの歌に見られるように斎瓮を据えて神の加護を得て旅立つのを「鹿島立ち」という。五島列島の漁民の妻たちが、夫や息子の航海安全を祈って台所の大甕に水をいっぱい入れておくのも、斎瓮をすえて神の加護を祈った古代人の遺習の名残りである。『播磨国風土記』（託賀郡法大里甕坂の条）に、「昔、丹波と播磨と国を境ひし時、大甕を此の上に掘り埋めて、国の境と為しき。故、甕坂といふ」とあり、鹿島神宮は蝦夷地との境界に祭られた甕神である。「鹿島立ち」とは旅立つ人が甕島神（「ミカシマ」が「カシマ」になった）に旅の加護を祈って旅立つ事だが、孝霊記に大吉備津日子命と若建吉備津日子命が、吉備国の征討に向う時に、「針間の氷河の前に忌瓮を居ゑて、針間を道の口として吉備国を言向け和したまひき」とあり、崇神記には丸邇臣の祖の日子国夫玖命が、建波邇安王討伐のため出発する時、「丸邇坂に忌瓮をするゑて罷り往きき」とあり、甕神は単に旅の加護だけでなく、征討に向う人に勝利をもたらす神でもあった。

このように鹿島神は本来は甕神なのは、北関東や東北を征討する人たちの守護神だからである。したがって『日本書紀』はタケミカヅチに「甕」をつけており、『古事記』も建御雷神という天つ神を作ったから、国つ神の系譜に建甕槌命を記し、甕神にしているのである。国つ神の甕神に対して、なぜ天つ神が雷神なのか。甕は水をためる容器だが地上の物である。その甕に対して雷は天にかかわる。天の水としての雷雨は古代人にとって突如降る神秘な水、神雨・神水だから、多人長は本来は「建（武）甕槌神」と表記されていた国つ神を、『日本書紀』が天つ神に仕立てているので、天つ神を「建御雷神」と書き、国つ神を建甕槌神と記したのであろう。

『日本霊異記』は小子部栖軽が雷神を捉えた話を載せるが、雄略天皇の時に大和の雷の岳での話になっている。小子部氏はオホ氏と同族でオホ氏の本拠地（奈良県田原本町多）に居住し、子部神社と小子部栖軽を祭神とする栖軽神社を祀る。『多神宮注進状』は栖軽神社の神を雷神と書く。『日本書紀』の雄略天皇七年七月三日条に天皇が小子部蜾蠃に、三輪山の神を捉てくるよう命令すると、蜾蠃は三輪山へ登って大蛇を捉えてくる。『日本書紀』はそのことを次のように書く。

其の雷虺虺（かみひかりひろめ）きて、目精赫赫（まなこかがや）く。天皇、畏（かしこ）みたまひて、目を蔽（おほ）ひて見たまはずして、殿中に却（しりぞ）き入れたまひぬ。岳に放たしめたまふ。依りて改めて名を賜ひて雷（いかづち）とす。

三輪山の神は大蛇だが「其の雷（かみ）」とある。この三輪の神（雷）と同じ名を蜾蠃も賜って「小子部雷」と改名している。国つ神の三輪の神を天つ神の雷神とするわけにはいかないから大蛇にしているが、「雷（かみ）」と書いており、『日本霊異記』の話と重なり、いずれも雷神譚である。この中心人物がオホ氏系の小子部氏であることからみても、『古事記』の天つ神の建御雷神と国つ神の建甕槌神は、オホ氏がかかわる鹿島と三輪の神イメージによって作られたといえる。このような記事を『古事記』に載せたのは太安万侶でなく多人長であることは、鹿島の神がオホ氏から中臣・藤原氏の神として一般に知られたのは、『古社記』『一代要記』『大鏡裏書』『皇年代記』『春日社本地御託宣』が書くように、神護景雲二年（七六八）正月九日に鹿島神宮の祭神タケミカヅチが白鹿にのって出発し、十一月十日に大和国の三笠山に遷座したとあることからいえる。この記述は和銅五年（七一二）から五十年以上後だから太安万侶が知るはずはない。正史には『続日本紀』宝亀八年（七七七）七月十六日条に鹿島神は藤原氏の氏神と記しており、七七〇年以降からタケミカヅチの神が藤原・中臣氏の氏神として公認されているから、これ以後に、藤原氏の氏神でない事を暗に示す記事を『古事記』に載せたのである。

更に『三代実録』が記す弘仁年間（八一〇〜八二三）からおきた藤原氏の氏神の常陸の新しい鹿島社と、本来の鹿島社を祭祀していた陸奥のオホ氏系氏族の争い（この争いには常陸仲国造も陸奥の鹿島社祭祀の人々の側について、藤原氏が祭祀権を奪い取った常陸の鹿島社への協力をことわっている）からみても、タケミカヅチ神が天つ神と国つ神と二神として載る現存『古事記』の記述は、宝亀八年（七七七）の常陸の鹿島から大和の春日へタケミカヅチ神が移った後、弘仁年間（八一〇〜二四）からおきた陸奥と常陸の鹿島社の争いの時期に書かれた記述と考えられるのである。

『記』独自の建御名方神を祭神とする諏訪大社とオホ氏

国譲り神話の建御雷神だけでなく、同じ国譲り神話に『古事記』独自神話として載る建御名方神も、多人長が入れたと考えられる。建御名方神は建御雷神との力競べに負けて、出雲から「科野国の州羽（すは）の海」に逃げている。このタケミナカタを祭神にしているのが諏訪大社だが、下社大祝はオホ氏同族の信濃国造の金刺氏である。

私は『神社と古代王権祭祀』に「諏訪大社――建御名方命と古代王権――」を載せ[14]、『神社と古代民間祭祀』に「ミシャグチ神社――縄文時代以来の『カミ』と諏訪信仰」「手長・足長神社――異人・土蜘蛛伝承と祝人」を載せて[15]、諏訪の地で祀る諏訪の神（建御名方神・ミシャグチ神・手長・足長神）について述べた。

まず「諏訪大社――建御名方命と古代王権」の冒頭で、私は次のように書いた。

建御名方（たけみなかた）神という神名の新しさについて、宮地直一は「古事記成立の奈良朝を余り遠ざからぬ前代の事であろう」と書き（『諏訪史』第二巻前編、八一頁、昭和六年、諏訪教育会）、藤森栄一は「須波神から建御名方神に、八世紀を境にして神格が交代したもののようである」と書いている（『諏訪大社』二四頁、昭和四十年、中央公論社）。建御名方命以前の諏訪の神、藤森栄一の書く「諏訪神」とは、土俗的な「ミシャグチ」の神である。

信濃国の祭政にかかわる信濃国造が、諏訪の古くからのミシャグチ信仰をヤマト王権の神統譜に組み入れた結果、建御名方神という神名が生まれたのである。この神は『古事記』のみに記されて『日本書紀』にはまったく登場しないから、本居宣長は、「書紀に此建御名方神の故事をば、略き棄て記されざるは、いかにぞや」（『古事記傳』巻之十四）と疑問を発し、津田左右吉は「古事記にのみ見えるタケミナカタの神は、オホナムチの命の子孫の名の多く列挙してある此の書のイヅモ系統の神の系譜には出てゐないものであるから、これははるか後世の人の附加したものらしい」と書いている（『津田左右吉全集・第一巻』五〇七頁。昭和四十一年、岩波書店）。

西郷信綱も「系譜では物語と関係ない子の名まで続々くり出しているのに、かく国譲りで活躍するタケミナカタの名が落ちるというのは、ちょっとありそうもないことのように思われる」ので、「本文が系譜を出し抜き、タケミナカタなる人物がいわば飛び入りで登場してきて興を添えたのであろうか」（傍点引用者）と書いている（『古事記注釈・第二巻』二〇八頁〜二一〇頁。昭和四十一年、平凡社）。

このように『古事記』のみに書かれ、その『古事記』でも、大国主神の子でありながら大国主神の神統譜に入っていない異常性、さらに諏訪に結びつけられている特殊性から、このような疑問が出てくるのである。『古事記』のみに載り、『古事記』の大国主神の神系譜に入っていないのに、強引に大国主神の子として、西郷信綱の書く「飛び入りで登場」するのは、『古事記』編者の主観的意図によってのことと考えられる。ただし、諏訪と結びつけられているのだから、「なぜ諏訪か」の理由を探らなくては、「飛び入りで登場してきて興を添えた」理由は解けない。

津田左右吉のいう、古くから「呪術祭祀を行ふ場所」で「有名」な地は、他にもある。特に諏訪の地が選ばれたのは、『古事記』の編者が、信濃国造や諏訪大社下社大祝の金刺氏と始祖（神武天皇の皇子神八井耳命）を同じくする太（多）氏だったからであろう。[14]

このように私は書いたが、建御名方神も建甕槌・建御雷の両神と同じに、平安時代初期に多人長が載せた神と考えられる。

国譲り神話の建御名方神は平安朝初期に作られた

『古事記』は建御名方神は出雲から「科野国の州羽の海」にまで逃げて来たと書く。「州羽」でなく「海」がついていることが無視できない。なぜ山国の信濃の「海」（諏訪湖）を重視するのか。

本居宣長は『古事記傳　巻之十二』で、「建御名方神」という神名について、「阿波国に名方郡名方［奈加多］郷あり。神名帳に其郡に多祁御奈刀彌神社あり［こは「奈」の下に「方」字脱たるにはあらぬにや］」と書く。この神社は徳島県名西郡石井町大字浦庄字諏訪にあり、建御名方神を祀る。地元では「お諏訪さん」と呼び、「元諏訪」の神社といっている。[15]太田亮は本居説に関連して「此地は安曇氏族の有力なる一根拠なる事種々の方面より窺はる」と書いている。[16]

安曇氏が阿波国名方郡に居たことは、「阿波国名方郡人正六位上安曇部粟麿、部の字を去りて宿禰を賜ふ。自ら言ふ。安曇百足の苗裔なり」と、『三代実録』貞観六年（八六四）八月八日条に載ることからも証される。名方郡の和多津美豊玉姫神社と天石戸別豊玉神社も、安曇氏にかかわる式内社である。阿波の名方郡の南に接する勝浦郡・那賀郡・海部郡を総称して「南方」というが、『続日本後記』承和九年(八四二)五月十四日条には、「信濃国諏訪郡無位勲八等南方刀美神、従五位下」とあり、延長五年(九二七)に完成した『延喜式』神名帳の信濃国諏訪郡には、「南方刀美神社二座名神大」とある。

神名帳の信濃国安曇郡には「穂高神社名神大」が載る。南方刀美神社の二座は上社と下社祭神をいうが、下社の祭神八坂刀売(建御名方神の妃神)を安曇系の女神とみる説は、栗田寛(『新撰姓氏録考証・上』)、吉田東伍(『大日本地名辞書 第五巻』)、飯田好太郎(『諏訪氏系図補記』)、宮地直一(『諏訪史 第二巻前編』)らが述べている。安曇郡の式内社川会神社の社伝にも、「海神綿津見神を祀る。建御名方命の妃は海神の女なり」とある。

諏訪大社の上社は諏訪土着の人々が縄文時代から祭祀していた神(「ミシャグチ神」と呼ばれている)を祀っていた(そのことは拙著『神社と古代民間祭祀』所収の「ミシャグチ神社――縄文時代以来の『カミ』と諏訪信仰[15]」で詳述した)。下社はオホ氏系の信濃国造の金刺氏が祀った新しい神社である。上社の神が八ヶ岳山麓の山の神なら、下社は『古事記』が書く「州羽の海」の神である。したがって安曇氏系の神を祀り、下社の最大の祭りが「御船祭」なのである。現存『古事記』が「州羽」でなく「州羽の海」と特に「海」を入れているのは、諏訪大社は守屋山信仰の上社と、諏訪湖信仰の下社の二つがあることを知っていた人物が書いたことを示している。私は「建御名方命と多氏」でそのことを次のように書いた。

上社大祝は本来は神長(神長官)や神使(童男)を出す守屋氏や上社周辺の有力者の家から選ばれた(ラマ教のダライラマのように)童男であった。上社の大祝が世襲になったのは、下社大祝の

金刺氏の世襲にならったからである。『上社社例記』は、

平城天皇御宇以来御表衣祝有員社務、是大祝肇祖

とある。『大祝職次第書』は、この「大祝肇祖」の「有員（ありかず）」について、「桓武天皇第五皇子八才ヨリ烏帽子、狩衣ヲ脱着御表衣祝」と書く。桓武天皇の皇子という記事はまったく信用できないが、このように書かれているのは、桓武天皇の子平城天皇の御代（八〇六～八〇九）から上社大祝が世襲となり、その初代が有員だったからであろう。

上社大祝「神氏系譜」によると、科野国造建隅照命の九世孫五百足は、兄弟の妻のなかに神の子を宿している者がいるという神告を夢の中で聞き、その神の子有員を神氏の始祖にしたとある。この伝承は多氏同祖の信濃国造によって上社大祝の神氏の始祖がきめられたという伝承であり、上社大祝を世襲にした平城天皇の時代が問題になる。

史上に登場する多（太）氏で官位と活躍がはなばなしいのは、壬申の乱に活躍して持統天皇十年八月二十五日直広壱（正四位下相当）の多品治と、養老七年七月七日に亡くなった民部卿従四位下の太安万侶と、平城天皇の時活躍した多入鹿である。入鹿は、平城天皇が即位した大同元年（八〇六）に従五位下近衛少将兼武蔵権介。次いで中衛少将。二年に右近衛少将として尾張守・上野守・木工頭を兼任。三年正月に正五位下に叙し右少弁、二月に民部少輔。四年六月に従四位下に叙し、九月山陽道観察使兼右京大夫になっている。四年四月平城天皇が譲位し嵯峨天皇になり、年号は弘仁に変わり、弘仁元年六月には観察使が廃止され、参議になる。九月薬子（くすし）の変にかかわり、讃岐守から安芸守になり、更に讃岐権守に左遷された（『日本後紀』『公卿補任』）。

以上述べたように多入鹿は平城天皇のとき重職についていることからみて、多氏の力によって上社大祝は世襲制になったと考えられる(17)。

このように私は「建御名方命と多氏」に書いたが、平城天皇の大同二年（八〇七）に近衛府が左近衛府、中衛府が右近衛府になっているが、その前に多入鹿は近衛少将と中衛少将を兼務しているから、彼が左近衛府の創設にかかわっていたことは確かである。『三代実録』貞観五年（八六三）九月五日条に、

右京人散位外従五位下多臣自然麻呂賜二姓宿禰一。信濃国諏訪郡人右近衛将監正六位上金刺舎人貞長賜二姓大朝臣一。並是神八井耳命之苗裔也。

とある（大朝臣になった貞長は『三代実録』貞観八年正月七日条に、右近衛将監のまま外従五位下に昇進している）。自然麻呂は雅楽寮の楽家多氏の祖だが、諏訪の金刺舎人は下社大祝家だから、貞長も下社大祝の人であろう。自然麻呂や貞長の記事は、多入鹿が中衛（後の右近衛）少将の頃より六十年ほど後だが、諏訪の人物が右近衛将監として宮廷に仕え（右近衛将監は宮廷神楽で「人長」をつとめる）、大朝臣姓を賜っているのは、同じオホ氏の入鹿・人長の子か孫との縁によるのであろう。とすれば『古事記』に諏訪大社の建御名方命を入れたのも、和銅年間の太安万侶でなく大同・弘仁時代の多人長であろう。なぜなら前述したように一般に「諏訪」と書くのに、「諏訪の海」と「海」を付しているのは、一般的理解の古来からの山の神諏訪神（上社）でない事を知っていた、諏訪湖で御船祭をする下社大祝と親しかった人物による記述だからである。

諏訪の神が出雲の国譲り神話で出雲の神として登場するのは、オホ氏が出雲にかかわるのも一因と

考えられる。『出雲国風土記』出雲郡に「少領　外従八位下　大臣」とある。

鳥越憲三郎は『出雲神話の成立』で『古事記』の出雲神話はこの「大臣」の線から『古事記』に入ったのではないかと書いているが[18]、原島礼二は丈部臣の誤記ではないかとみる[19]。しかし『出雲国風土記』の記述ではすべて丈部・丈部臣と「部」と記されているのだから、「大部臣」となっていれば「丈部臣」の誤記といえるが、「大臣」を丈部臣とすることはできない。更に『多神宮注進状』では多神社の若宮の子部神社の祭神を天穂日命とする。天穂日命は出雲臣の始祖である。この出雲臣は出雲郡の大領だから少領の大（太・多）臣と親しかったことが、大和の多の地で天穂日命が祭神になっている理由であろう。

このように出雲にオホ氏が居たことから、タケミナカタを出雲の国つ神とし、「諏訪の海」へタケミカヅチに追われて来たという神話を、多人長が作ったのであろう。津田左右吉はこの神話を「はるか後世の人の附加」とし、西郷信綱は「飛び入りで登場」と書くが、私は「はるか後世の人の附加」「飛び入りで登場」を平安時代初頭とみている。

弘仁五年成立の『姓氏録』を見て載ったオホ氏関係記事

一九七四年刊行の拙著『日本古代試論』所収の「オホ氏考」で、弘仁五年（八一四）成立の『姓氏録』刊行後に現存『古事記』に載ったとみられる、神武記の日子八井命の記事について述べたが[20]、その記事について吉井巌は「茨田連の祖先伝承と茨田堤築造の物語」と題する論考を発表している。その論考で神武天皇の皇子で、茨田連・豊島連の祖として載る「日子八井命」について、「日子八井命は、茨田連の願望に従って、神八井耳命の名に似せて、いかにもありそうな皇子名として作為せられた」と書き、「茨田・豊島両氏の祖である彦八井耳命を、子として神八井耳命に結びつけた『姓氏録』の記述の成立が先であり、これより先に『記』における二氏の祖先伝承が存在したとは考えられないのである。『記』における神武皇子、日子八井命の存在とこの皇子にかけて語られた祖先伝承は、本来は『記』の記述になかったものであり、『姓氏録』成立以後の時代において附加されたものに相違ないと考えられる」と書く。(21)

吉井巌は「茨田連の願望」によって『姓氏録』が完成した弘仁五年（八一四）以降に、現存『古事記』に加えられたのが、「日子八井命」の記事と書く。とすれば『姓氏録』（右京皇別）には、

茨田連　多朝臣同祖　神八井耳命男彦八井耳命之後也

とあり、「彦八井耳命」と敬称の「耳」がついているのに、『古事記』では敬称の「耳」が抜けているのはなぜか、説明する必要がある。「茨田連の願望」なら当然「日子八井耳命」であるべきなのに、「耳」が抜けているのだから、「茨田連の願望」ではない。

『古事記』は神武天皇と正妻の伊須気余理比売との間に生まれた皇子として、

日子八井命、次に神八井耳命、次に神沼河耳命、三柱なり。

と書き、他に「庶兄当芸志美美命（たぎしみみ）」を記す。神八井耳命・神沼河耳命・当芸志美美命には、いずれも「ミミ」という敬称がつくのに、茨田氏の祖のみに敬称がついていないのは、現存『古事記』の編者が敬称をつけたくなかったからである。オホ氏の始祖と二代目天皇になった皇子に「耳」、庶兄に「美々」とつけて区別しているのも、多人長が意図して表記を変えたからである。このような「ミミ」

表記の意図的差別からみても、『姓氏録』で「彦八井耳命」と書くのを「日子八井命」としている『古事記』の記事は、吉井の書く「茨田連の願望」ではない。もし「願望」なら、常陸の仲国造や科野国造と同じ神八井耳命を祖とするオホ氏同族の注記に、茨田連を記していたであろう。

『姓氏録』に載る「多朝臣同祖」を名乗る茨田氏は、「多朝臣」とはまったく関係ない氏族である。

『続日本紀』天平十七年（七四五）正月七日条に茨田弓束は無位から外従五位下になり、天平十九年六月七日に外従五位下茨田弓束と従八位上茨田枚野は「宿禰」の姓を賜ふ。翌年の天平勝宝元年（七四九）十月九日条には、

　河内国知識寺に行幸したまふ。外従五位茨田宿禰弓束女の宅を行宮としたまふ。

とある。弓束女は弓束のことだが、十月十五日条に、

　外従五位下茨田宿禰弓束女に正五位上を授く。是の日、車駕、大郡宮に還りたまふ。

とあるから、茨田弓束女の家に九日から十四日まで孝謙天皇は宿泊していたのである。

東大寺の大仏殿は天平勝宝元年四月に完成し、盛大な開眼供養会を行っている。聖武天皇は同年七月二日に皇位を孝謙天皇に譲っている。茨田弓束女の家を行宮にしたのは即位して三カ月後である。同年十二月には、天皇、太上天皇（聖武帝）、皇太后（光明皇后）は東大寺へ行幸し、天平十二年（七四〇）に河内国大県郡知識寺の盧舎那仏を拝して大仏造営に思いたったと述べているから、十月の茨田弓束女の家を行宮にしての知識寺行幸は、東大寺造営のきっかけを作った知識寺の盧舎那仏への御礼参りである。知識寺の「知識」とは「善知識」の「知識」で、教えを説いて仏道に導く人をいうが、一般には財物や労力を仏事のために提供した者や、寄進した団体、そのような行為や意志そのものを

いうから、そうした人たちの行為・意志によって建てられたのが知識寺である。たぶん茨田氏は知識寺の知識衆の代表で、東大寺の大仏造営に資金と技術を提供したから、無姓から宿禰に昇り、家を行宮にし、無位から四年の間に一挙に正五位上へ、破格の昇進をしたのである。天平勝宝八年（七五六）二月二十四日に孝謙天皇は知識寺の南の行宮に御幸しているが、たぶん天平勝宝元年に行宮にした弓束の家が知識寺の南の行宮であろう。行宮として提供できる豪華な私邸と饗応できる財力は、新興茨田氏にしかできなかったのであろう。

吉井巌は『姓氏録』（河内国皇別）に載る「江首」が、茨田氏と同じ「彦八井耳命」の「七世孫来目津彦命之後也」とあるが、『姓氏録』の「河内国諸蕃」の「佐良々連」が「出レ自三百済国人久米都彦一也」とあり、共に祖を「クメツヒコ」とあることに注目し、佐良々連が百済渡来の「諸蕃」だから、『姓氏録』の茨田氏も百済からの渡来氏族とみている。[21] 私も同じ意見である。このような茨田氏がオホ氏同祖を『姓氏録』で主張しているから、多人長は現存『古事記』から茨田関係記事を消したのである。

『姓氏録』を見て茨田関係記事を削除した『古事記』

吉井巌は『古事記』の「日子八井命」の記事は『姓氏録』を見て現存『古事記』に「茨田連の願望」で新しく書き加えられたと推論している。[21] しかし「茨田連の願望」でなく、多人長が『姓氏録』の茨田氏関係記事を読んで不満をもち、抗議の意味をこめて載せた記事である。そのことは他の茨田関係記事からもいえる。『日本書紀』継体天皇元年三月条に次のような記事が載る（傍点引用者）。

坂田大跨王の女を広媛といふ。三の女を生めり。長を神前皇女と曰す。仲を茨田皇女と曰す。少を馬来田皇女と曰す。

茨田連小望が女或は妹と曰ふを関媛といふ。三の女を生めり。長を茨田大娘皇女と曰す。仲を白坂活日姫皇女と曰し。少を小野稚郎皇女と曰す。

ところが『古事記』は継体天皇の妃について書く記事で、次のように書く。

坂田大俣王の女、黒比売を娶して、生みませる御子、神前皇女と曰す。次に田郎女、次に白坂日子郎女、次に野郎女、亦の名は長日比売。

この記事では「茨田皇女」「馬来田皇女」「茨田連小望」「茨田大郎皇女」が消えている。「馬来田」も元は「茨田」であった。『和名抄』は上総国望陁郡の「望陁」には「末宇田」と訓があるが、『万葉集』巻二〇に「上総国の防人部領使少目、従七位下茨田連沙弥麻呂が進る歌の数十九首。ただし拙劣の歌は取り載せず」とある。この十九首のうちの四三五一番歌の左注には、この歌は上総国の「望陀郡の上丁玉作部國忍」作とある。歌を選んだのは大伴家持だが、天平勝宝七年（七五五）二月に筑紫に遣わされる東国の防人たちの歌である。この茨田連は天平十九年（七四七）に無姓から茨田宿禰になった茨田氏ではなく、継体紀の茨田連小望に結びつく茨田連で、この「茨田」が「馬来田」「望陁」「望陀」とも書かれているのである。

そのことは『和名抄』に望陁（茨田）郡には飫富郷が載ることからいえる。飫富郷には上総国五社の一つである飫富神社がある（現在の袖ヶ浦市飯富の飽富神社だが、飯富・飽富は飫富の転である）。この神社を延喜式神名帳は「望陀郡」で唯一の式内社と書く。「日本歴史地名大系　第一二巻」の『千葉県の地名』は、現在は飽富神社と書かれている神社について、「古くは飫富・飯富と書かれ、現在は「おおのみや」ともよぶ。『延喜式』神名帳にみえる望陀郡『飫富神社』に比定される。大和国十市郡飫富郷（現在の田原本町多）を本貫とする飫富（多）氏が祖神とする神八井耳命を祀ったと伝える」と書く。[22] 馬来田皇女は上総国茨田（望陀）が馬来田・末宇田といわれていたから、やはりオホ氏系皇女だが、茨田皇女・茨田大郎皇女と同じに、茨田氏の皇女と見られることを嫌って、『古事記』には載せなかったのである。

『日本書紀』宣化天皇元年五月一日条に、天皇は阿蘇君を遣して河内国の茨田屯倉の穀を筑紫の那津の宮家へ運ばせたとある。この記事も「茨田」とあるので『古事記』では消えている。

『日本書紀』仁徳天皇十一年十月条に、茨田連衫子らによって茨田堤を作った話が詳細に載る。この茨田連は継体天皇の皇妃関媛の父の茨田連小望や、天武天皇十三年十二月に茨田宿禰になった本来のオホ氏系の茨田氏であって、『姓氏録』の茨田連・宿禰ではない。しかし『姓氏録』の茨田氏と同じに見られるのをきらって、現存『古事記』は茨田連衫子でなく、秦氏が茨田堤を作ったと、『日本書紀』の詳細の記事に対して簡単に書くだけで、茨田氏は記事から消えている。それだけでなく『日本書紀』仁徳天皇五十年三月条に「河内の人奏言さく。『茨田堤に雁産めり』とまをす」と書く記事も、『古事記』は茨田堤を「日女島」で雁が子を生んだと記し、徹底して「茨田」を排除している。

これほど『姓氏録』の新興茨田氏の記事に反撥して、『日本書紀』の茨田関係記事を排除し、オホ氏系氏族が皇妃を出したことは名誉なのに、敢えて消しているのは、同じオホ氏系氏族のなかでも、特に本来の茨田氏は多朝臣本宗家に親しかったからである。多朝臣の本拠地奈良県田原本町多の西北一キロに満田（田原本町満田）の地がある。満田は茨田で茨田皇子が万多に改めたように満田にしたのだが、多朝臣の本拠地に同居しているのは、前述した小子部氏と茨田氏だけであることからも、その親近性がわかる。そのことは上総国の茨田（望陀）郡に飫富（多）郷・飫富神社があることからもいえる。その茨田氏とはまったく違う百済系渡来人の新興茨田氏が、「多朝臣同祖」と『姓氏録』に載るのを見た多人長は、そのような事実が許せなかったから、『古事記』の茨田関係記事や、茨田氏の皇妃出自記事を、徹底して消したのである。

以上、オホ氏同祖の常陸のナカ国造・陸奥のイワキ国造の祀る鹿島神（タケミカヅチ）や、信濃国造の祀る諏訪神（タケミナカタ）が載る『古事記』の記事は、平安時代に入って多人長が新しく入れたと考えられ、『古事記』の茨田関係の改変・削除記事も、弘仁五年（八一四）成立の『姓氏録』を見た後での工作であることからみても、『古事記』の最終成立時期は平安時代初期である。

〔注〕

（1）三品彰英「天孫降臨神話異伝考」『建国神話の諸問題』所収（平凡社　一九七一年）
（2）大場磐雄「大生神社の考察」『常陸大生古墳群』所収（雄山閣　一九七一年）
（3）太田亮「多・物部二氏の奥州経営と鹿島・香取社」『日本古代史新研究』所収（磯部甲陽堂　一九二八年）
（4）三谷栄一「『常陸国風土記』の生成と展開」『日本神話の基盤』所収（塙書房　一九七四年）
（5）大和岩雄『日本古代試論』七五頁〜七六頁（大和書房　一九七四年）
（6）大場磐雄「東国に装飾古墳を残した人々」『考古学上から見た古氏族の研究』所収（永井企画出版　一九七五年）
（7）玉利勲『装飾古墳紀行』二三四頁〜二三九頁（新潮社　一九八四年）
（8）大塚初重「虎塚古墳」『探訪日本の古墳　東日本編』所収（有斐閣　一九八一年）
（9）角川源義「あづまの国」『古代の日本　関東』所収（角川書店　一九七〇年）
（10）大和岩雄「鹿島神宮は常陸オホ氏が祭祀していた」注（5）前掲書所収
（11）三谷栄一「日本文学に於ける戌亥の隅の研究」『日本文学の民俗学的研究』所収（有精堂　一九六〇年）
（12）松村武雄「地界における宗教文化」『民俗学論考』（塙風館　一九五五年）
（13）東実『鹿島神宮』一三三頁〜一三四頁（学生社　一九六八年）
（14）大和岩雄「諏訪大社――建御名方命と古代王権――」『神社と古代王権祭祀』所収（白水社　一九八九年）
（15）大和岩雄「ミシャグチ神社――縄文時代以来の『カミ』と諏訪信仰――」「手長・足長神社――異人・土蜘蛛伝承と祝人――」『神社と古代民間祭祀』所収（白水社　一九八九年）
（16）太田亮『諏訪神社誌』八頁〜一四頁（諏訪教育会　一九二六年）

（17）大和岩雄「建御名方命と多氏」『信濃古代史考』所収（名著出版　一九九〇年）
（18）鳥越憲三郎『出雲神話の成立』一八三頁（角川書店　一九七一年）
（19）原島礼二「古代出雲服属に関する一考察」「歴史学研究」二四九号
（20）大和岩雄「オホ氏考」注（5）前掲書所収
（21）吉井巌「茨田連の祖先伝承と茨田堤築造の物語」『天皇の系譜と神話　二』所収（塙書房　一九七六年）
（22）『千葉県の地名（日本歴史地名大系12）』九五九頁（平凡社　一九九六年）

第十章

さまざまな異本『古事記』

『古事記』は普通名詞で固有名詞ではない

『古事記』は太安万侶が命名した固有名詞だと、高名な古事記学者の西宮一民は主張する。この主張は一九九二年刊行の西宮一民著『古事記の研究』で突然書かれている。[1] それまでは天武朝に成立した「原古事記」の存在を認め、普通名詞とみていたが、固有名詞説を主張した後からは、「原古事記」を「天武天皇御識見の正実の帝紀・旧辞」と書くようになった。[2] このように変ったのは、私が現存『古事記』以外に原『古事記』や、異本『古事記』がいくつかあり（異本『古事記』という呼称は私以外にはいっていない）、現存『古事記』の序文が書く和銅五年（七一二）成立を疑った著書や論文を発表しているから、その反論としての主張である。そのことは西宮一民の古事記固有名詞説に関連した著書や論文からも推察できる。『古事記』の成立を論じる時に、『古事記』が普通名詞か固有名詞かは、基本的な問題として重要である。古事記学者の倉野憲司は次のように書いている。

　仙覚の万葉集註釈巻一に引用されている土佐国風土記の中に、「多氏古事記」なるものの文が引かれており、また琴歌譜には、いわゆる古事記と共に「一古事記」なるものの文が引かれていること、更にまた、令集解の職員令の中には、「古事記云」として「旧事紀」の文が引かれている。「多氏古事記」にしても「一古事記」にしても、その文辞も内容も、いわゆる古事記と異なっていて、明らかにそれぞれ独立した古記であることが知られるが、多氏古事記は多（オオノ）氏に関する古記を記したものであり、一古事記は古事を記した或書物（一は或と同じ）の意と思われる。以上の事から推考すると、古事記という語は普通名詞として用いられていたようである。[3]

このように倉野憲司は現存『古事記』以外の『古事記』が存在することから、『古事記』は普通名詞と書いている。私も旧版の『古事記成立考』の「第二章　現存『古事記』以外にも存在した『古事記』」で、倉野憲司が記す『多氏古事記』『一古事記』以外に、『万葉集』巻二・九〇歌や巻一三・三二六三歌の注の『古事記』も、現存『古事記』ではなく、『万葉集』巻一の裏書・頭注に載る「見古事記序」も現存『古事記』の序と違うことを示し、これらの『古事記』を「異本古事記」と命名した。

倉野憲司も書くように、現存『古事記』以外の『古事記』が存在する事実からみても、『日本書紀』『万葉集』『古語拾遺』『先代旧事本紀』のような固有名詞の書名に対し『古事記』は「フルコト」の「フミ」という固有名詞である。とすると和銅五年（七一二）成立の現存『古事記』以前にも、「フルコトブミ」が存在していても当然である。その視点で『古事記』は論ずるべきだと私は思っているから、古事記学会の機関誌の一九七六年版『古事記年報　二〇』に、「古事記の成立」と題する論文を載せ、「異本古事記の存在は無視できない」と書き、更に、

『古事記』研究にとって大事なことは、『古事記』を固有名詞としてでなく、普通名詞として考えることである。現存『古事記』の成立は、普通名詞としての多様な「古事記（ふることふみ）」の存在を無視して、その成立は論じられない。(4)

と書いた。この「異本『古事記』」という呼称は、私説のみで用いているが、西宮一民の『古事記』固有名詞説は(2)、具体的には異本『古事記』の存在を主張する私説への反論として、主張されているから、まず『多氏古事記』という異本『古事記』について書く。

『多氏古事記』という異本『古事記』

西宮一民は「『古事記』の命名者は誰か」と題して、「現古事記の『古事記』の名以前に、〈普通名詞〉としての『古事記』の名があったのではない」と書き、「『古事記』は太安萬侶の命名だと考えてよい」と断定し、理由として、まず『多氏古事記』について、次のように書く。

> すでに拙著で述べた如く、記・紀の文辞の折衷によつて作文せられたことが窺へるので、現古事記以前に『多氏古事記』といふやうな『古事記』といふ名があったと主張することはできない。[1]

たったこれだけの短文で『古事記』普通名詞説を否定しているが、「すでに拙著で述べた」という論拠を読まない読者にとっては、短文すぎて説得力に欠ける。そこで「すでに述べた」と書く西宮一民の著書『日本上代の文章と表記』を開いてみると、『多氏古事記』について次のように述べている。

> 「多氏古事記」は仙覺の『萬葉集註釋』（巻第二）に「土佐國風土記云……多氏古事記曰ク……」（仙覺全集、二九頁）とあつて、確かに崇神記と崇神紀十年九月條との折衷の内容をもつが、さらにわたくしは、姓氏録（大和國神別、大神朝臣條）の文辭との類似をみるので、それ以後の成立にかかると考へたい。『釋日本紀』（巻一二、述義八、雄略）にも「多氏古事記曰」が引用されてゐる（國史大系、一六三頁）が、これも記紀の文の文辭の折衷の如きものである。[5]

以上が西宮一民の『多氏古事記』についての見解のすべてだが、『多氏古事記』が『姓氏録』より後の成立だと主張するなら、『多氏古事記』と『記』『紀』『姓氏録』の文章を例示して主張しなければ、たった七十二字の短文で自分の見解だけ一方的に書いて結論にしても説得力はない。更にいえば、

「折衷」や「類似」は主観的要素が入りがちだから、「折衷」や「類似」でなく、『記』『紀』『姓氏録』の「文辭と同じ」例を具体的に示すべきである。

西宮一民の『古事記』固有名詞説には問題があるが、更に問題なのは、西宮説とはまったく反対の見解を発表している先行論文が二つあるのに、西宮一民はまったくふれていないことである。すでに一九五五年の『上代日本文学論集』で筏勲は、西宮論文のたった七十二字と違って、A5版の大型本で十一頁にわたって『多氏古事記』を検証し、『多氏古事記』は『古事記』より古く内容も違うと結論している。そして「仙覺抄及び釋紀所引の文が正しく多氏古事記なる書を傳へたとすれば、ここに、現存古事記とは略似た内容を有しながら、その文體に於て相違せる別種の一書が存在したことになる」と書き、『多氏古事記』と現存『古事記』を比較検証し、両書の違いを明示している。(6)

また一九七一年に発表された山上伊豆母の「オホ氏とその伝承――『多氏古事記』をめぐって――」も、A5版三十頁にわたって『多氏古事記』について検証し論じて、現存『古事記』よりも古いことと、内容が違う異質の『古事記』であることを詳述しているのだから、(7)西宮見解と相反する先行論文をきちんと批判した上で、自説を述べるべきである。

山上伊豆母は『仙覚抄』に載る『多氏古事記』の二つの記事についても詳細に論じている。一つは「大三輪大神」の神婚譚と三輪神社の社名の起源である。二つは葛城山での一言主神と雄略天皇の出会いの記述である。詳細は略すが『日本書紀』と『古事記』と『多氏古事記』の三輪大神の記事を比較検証して、山上伊豆母は「内容の成立年代順」は「『紀』→『多・記』→『記』」と推定しているが、一言主神と雄略天皇の記事については、『多・記』→『記』→『紀』とみている。

西宮一民は『仙覚抄』『釈日本紀』に載る『多氏古事記』を『日本書紀』とも比較し、『記』『紀』の文の折衷と書く。折衷であることは現存『古事記』と違うのだから私のいう「異本古事記」である。『古事記』に「多氏」を冠していること自体が、『古事記（ふることぶみ）』という普通名詞に対して、固有名詞であることを示しており、『古事記』は普通名詞であって、西宮一民の主張する固有名詞ではない。多氏の家には現存『古事記』の元になった原『古事記』以外に、『多氏古事記』という異本『古事記』があったのである。

異本『古事記』の「一（ある）古事記」が載る『琴歌譜』

『多氏古事記』だけでなく、多氏の家に伝わる『琴歌譜』に載る「一（ある）古事記」という異本『古事記』もあった。『琴歌譜』の成立については土橋寛は弘仁初年と想定し、(8)『国史大辞典』の「琴歌譜」の解説で平野健次は、佐々木信綱・倉野憲司・西宮一民・林謙三・宇佐美多津子の論考を検証し、「平安時代の初期まではさかのぼりえないが、貞観年間（八五九～八七七）以前の成立と考えられる」と書いている。(9)この『琴歌譜』には次のような記事が載る。

山拜祭神前作歌者此縁記似正説
歌返之萬久尓乃安波知乃美波良之乃佐爾己自尓伊己之毛知支天安佐ッ萬乃美爲乃宇へ尓宇惠ッ也
安波知乃美波良乃之乃
難波高津宮御宇大鷦鷯天皇納八田皇女爲妃于時皇后聞大恨故天皇久不幸八田皇女所仍以戀思若姫之於平群與八田山之閒作是歌者今校不接於日本古事記

（次に譜があるが略す）

一説云皇后息長帯日女越那羅山望見葛城作歌者

一古事記云誉田天皇遊猟淡路嶋時之人歌者

この記事には「日本古事記」と「一古事記」の記述があるが、「一古事記」については、「誉田天皇遊猟淡路嶋時之人歌者」とある。しかし現存『古事記』の応神天皇記（「誉田天皇」は応神天皇のこと）には、応神天皇が淡路島へ遊猟に行った記事はまったくないのだから、時の人がその時にうたった歌など載っていない。ということは「一古事記」が現存『古事記』でないことは明らかである。

一九五五年に刊行した筏勲の『上代日本文学論集』で、筏勲は戦前から『琴歌譜』の「一古事記」は現存『古事記』と内容が違う『古事記』だと主張していたが、学界はまったく無視していたと書いている。[6] このような無視は現存『古事記』以外の『古事記』は存在しないという主張に、学界が固執していたからである。しかし戦後、前述したように倉野憲司は「一古事記」を現存『古事記』でない『古事記』だと認めている。[3] 西宮一民は「一古事記」は「現古事記の内容以前」の「異資料」で、「その『異資料』を掲載するに当って『一古事記』と『古事記』の名を冒したもの」で、異本『古事記』ではないと書き、私見を否定する。しかし「『古事記』の名を冒したもの」である以上、異本の『古事記』である。

オホ氏の家は平安時代に入ってから大歌所の大歌師になるが、急に大歌師になったのではなく古くから大歌（宮廷歌謡・歌物語）にかかわる家であったから、様々な『古事記』があった。現存『古事記』を多人長が世に出した後、この序文つき『古事記』以外の『古事記』に「多氏」や「一」を冠したのである。『書紀』や『風土記』は『古事記』と同じ普通名詞である。その普通名詞の『書紀』に「日本」、『風土記』に「出雲」「常陸」を冠することで、固有名詞になる。『古事記』も『書紀』『風土記』と同じ普通名詞であり、「多氏」や「二」を冠することで固有名詞になるのだから、現存『古事記』を固有名詞とする西宮説は成り立たない。「多氏」や「二」を冠する『古事記』は異本『古事記』である。

徳光久也の私の異本『古事記』説批判への反論

法政大学教授であった徳光久也は、「古事記成立論の問題点——偽書説・原古事記説・異本古事記説をめぐって——」[10]で、拙論「原古事記・現古事記・異本古事記」(倉野憲司編『論集　古事記の成立』[11]所収)、「異本『古事記』をめぐって」(「文学」一九八〇年五月号[12])を批判している。

釈日本紀巻十二、一言主神の条や、仙覚の万葉集註釈　巻一所引の『土佐国風土記』中にみられる『多氏古事記』は『多氏古記』の意味に解されるか、あるいは『古事記』の撰録者の氏を冠称してそう呼んだのかもしれない。これを『原古事記』として、それが多氏に保存されていたかのように、大和氏が説くのは賛成できない。[10]

この私説批判はまったくの誤解にもとづいている。徳光論文では私の二論文を取上げたと注記しているが、具体的に二論文の題名をあげていないので、どの論文かわからないが、私が『多氏古事記』について論じた論文では、どの論文でも『多氏古事記』を『原古事記』とは書いていない。例えば旧著『古事記成立考』(二一四頁〜二一六頁)では、「二、現存『古事記』以外にも存在した『古事記』」と題して『多氏古事記』を論じており、現存『古事記』以外の『古事記』と書いているのだから、「以外」は現存『古事記』に対して「異本」であり、「原」ではない。この「異本」の『古事記』を考証し私は現存『古事記』より古いと論証した。たぶんこの論証だけをみて徳光久也は、私が『多氏古事記』を『原古事記』と主張しているとみて、私説を批判している。これは完全な誤読である。

次に徳光久也は「『多氏古事記』は『多氏古記』の意味に解される」と主張する。理由は『古事記』は現存『古事記』以外には存在しないという『古事記』固有名詞説に立っているからである。その主張に固執して「事」を勝手に削って「多氏古記」と主張するのは認め難い。

次に『多氏古事記』は現存の「『古事記』を撰録者の氏を冠称してそう呼んだのかもしれない」と徳光久也は書いている。しかし『多氏古事記』が現存『古事記』の内容と違うことは、私だけでなく、筏勲[6]・倉野憲司[3]・山上伊豆母[7]らも述べており、徳光久也と同じに『古事記』固有名詞説を主張する西宮一民も、現存『古事記』と内容が違うことを認めている[1]。このような事実は『土佐国風土記』逸文に載る『多氏古事記』を検証すれば、当然の帰結である。こうした初歩的な検証もせずに、私見を批判する徳光見解には従えない。

『多氏古事記』の『古事記』は本来は「古記」であって、『多氏古記』に「事」が後から付記されたという追記説を主張する徳光久也は、『琴歌譜』の「日本古事記」は「日本紀古事記」と「紀」を加え、「一古事記」は「『一古記』つまり一書曰、一説云と同格のもの」と、強引に「事」を取って主張するのも、現存『古事記』の『古事記』という題名は太安万侶が新しく、独自に創作した題名、固有名詞とみるからである。したがって現存『古事記』と内容の違う『古事記』は、かたっぱしから『古記』にしてしまうのである。この徳光説に従って『古事記』普通名詞説であった西宮一民も固有名詞説を主張するようになっている。

『万葉集』巻二の注の『古事記』は現存『古事記』か

『古事記』を序文どおりの成立だとする証明に、『万葉集』の巻二・九〇歌と巻一三・三二六三歌に、「古事記曰」の注記が載ることをあげる。『万葉集』の九〇歌には、

古事記曰、軽太子奸二軽太郎女一。故其太子流二於伊予湯一也。此時、衣通王、不レ堪二恋慕一而、追往時、歌曰
君之行　気長久成奴　山多豆乃　迎乎将レ往　待尓者不レ待　此云二山多豆一者、是今造木者也

とある。『古事記』には、

岐美賀由岐　気那賀久那理奴　夜麻多豆能　牟加閇袁由加牟　麻都爾波麻多士　此云二山多豆一者是今造木者也

とある。

武田祐吉は『万葉集校定の研究』で、『万葉集』の九〇歌を「甲」、『古事記』を「乙」とし、「この両者を比較するに、甲は乙の文の意を採って書いていることは明らかであり、歌詞も全然書き改めており、ただ『此之山多豆者云々』の左註だけは、原文のままである」と書く[13]。なぜ歌詞の表記が「全然書き改めて」おり、「左註だけは、原文のまま」なのか。武田祐吉のあげる二点は検証する必要がある。

「原文のまま」の『古事記』の表記の「山多豆」について、筏勲は次のように書く。

現存古事記の歌に於ては、全文が一字一音式であり、夜麻多豆能である。このカナ書の歌に對する註に於て、山多豆と、わざわざ山の正訓表現をしてゐるのは、理屈に合はぬものである。若し註の書き方を中心に考へるなら、古事記の註は、萬葉集九〇番に表記されてゐる様な體裁の歌に對してこそ適切であつて、現存古事記の様な一字一音カナ書の歌に對するものとは受とれない。諸家に於て無條件的に、古事記の引用と認められて來た九〇番の歌は、現存古事記とは別な一の特殊な體裁をもつてゐる古事記からの引用と考へねばならないのではなからうか。全釋（一九三〇年～一九三五年に大倉広文堂から刊行された鴻巣盛広の全六巻の『萬葉集全釋』のこと──引用者注）のいふ様に、「古事記の用字を勝手に書直した」のではなくて、寧ろ九〇番の歌の方が古い形であつて、それが現存古事記の様に、一字一音式に書改められたもので、それが山多豆の註に於て、たま〳〵古い元の形が残されたものと考へることが可能ではあるまいか。(6)

筏勲はこれ以上「夜麻多豆」と「山多豆」について言及はしていないが、私は旧版『古事記成立考』で、「夜麻」と「山」表記について、次のように書いた。

『万葉集』の各巻の成立順序からいくと、古い成立の巻は大体「山」のみの用法、次に「山」の多い「夜麻」との混在、新しい成立の巻は「夜麻」の多い「山」との混在である。このことは、古い「山」表記から新しい「夜麻」表記へと移行したことを示している。

ただ『万葉集』はもっとも新しい巻の「ヤマ」の表記法でも、「夜麻」のみでなく「山」がすこし混っているが、『古事記』の歌謡表記は、まったく「夜麻」で統一され、例外はない。このことからしても、『万葉集』から現存『古事記』へと考えられるのである。

山──→山の多い夜麻との混在──→夜麻の多い山との混在──→夜麻

これが『万葉集』から『古事記』の歌謡表記の順序である。『古事記』を和銅五年成立とみると、

夜麻──→山──→山の多い夜麻の混在──→夜麻の多い山との混在──→夜麻

となって、「夜麻」表記は、夜麻──→山──→夜麻と循環してしまう。

（中略）

現存『古事記』の成立を和銅五年とみた場合、それより八年後に成立した『日本書紀』が、歌謡表記に「夜麻」を使用していないのは理解に苦しむのである。『日本書紀』の「夜麻」の用法は一例のみで、他に九例の別の表記があり、字音の「ヤマ」の用法は統一していない。

揶摩　夜摩　野麼　耶麻　夜莽　椰莽　椰摩　夜麼

右のような字をあてている用例のほうが多い。たった一例「夜麻」の表記のある雄略天皇六年二月の条にある歌をみても、

擧暮利矩能　播都制能野麼播　伊底挖智能　與慮斯企野麼　和斯里底能　與慮斯企夜麼能　據暮利矩能　播都制能夜麻播　阿野儞于羅麌波斯　阿野儞于羅麌波斯。

とあり、野麼・夜麼・夜麻が混在している。夜麻の表記は、歌謡表記として影が薄い。それなのに現存『古事記』が「夜麻」表記に統一しているのは、現存『古事記』を和銅五年成立とみると、まことに不自然である。[14]

このように私は書いて、『万葉集』引用の『古事記』は、現存『古事記』の前にあった『古事記』ということができると書いた。

「歌詞が全然書き改めており」と武田祐吉は書く[13]が、改めたのではなく、現存『古事記』の前にあった『古事記』が、このような表記であったのであり、その『古事記』を『万葉集』が引用したのである。新しい表記をわざわざ古い表記に改めるのは不自然であり、その逆が自然である。それを『古事記』の新しい表記を古い表記に改めて『万葉集』に載せたとみるのは、現存『古事記』のほかに異本『古事記』・原『古事記』があったことを認めず、『古事記』を固有名詞とみるからである。

『万葉集』九〇歌の『古事記』の歌は、現存『古事記』のような「耶麻」表記に統一した『古事記』以前の表記の「山」であろう。その「山」表記を現存『古事記』が「耶麻」に変えたが、注だけ元のまま残したから、歌謡表記は「耶麻多豆」、注は「山多豆」になったのであり、従来の現存『古事記』の一字一音表記を古い表記に変えて『万葉集』に載せたという解釈では、古い表記の「山多豆」が、なぜ現存『古事記』の一字一音の注に残っているのか、説明できないのは、異本『古事記』である事を認めないからである。

尾崎知光の『万葉集』記載『古事記』の私見批判への反論

拙著『古事記成立考』を読んだ尾崎知光は、古事記学会の機関誌の『古事記年報　二一』に、「万葉集巻二所引古事記をめぐって」と題する論考を発表している[15]。その論考で拙著を評価する文章を冒頭で述べていただき、感謝し、恐縮しているが、結論として私見を否定している。私の見解を否定する論拠は、やはり「山多豆」表記についてである。

現存『古事記』と『万葉集』巻二・九〇歌の注の『古事記』では、歌と注の表記が違うことについて尾崎知光は、現存『古事記』の本文の「狭井河」が注で「佐韋河」、「衣通郎女」が「衣通王」、「五処之屯宅」が「五村屯宅」になっていることをあげ、「これらをみると、注者は上文の語に対し、厳密にその用字をとつて注するのではなく、大まかに前文の語をことばとしてとり上げて、これに対して注をつけたところもあるとみてよいのではなからうか。歌でヤマタヅとよまれてゐる語に対し、注者は自分で『山多豆』と独りでのみこんで、何の抵抗もなく『此云山多豆者』と注したと解するのである」と書く。

しかし「独りでのみこんで」という見解については尾崎知光は、「解決の困難な『山多豆』の問題に対して積極的な証とはならないにしても、参考とはなるかも知れないと私は考へてゐる」と書き、「積極的な証とはならない」ことを自認している。[15] 事実、積極・消極のどちらの証にもならない。例として示す「狭井」が注で「佐韋」になっているのは、単純な表記の違いであり、漢字表記の「山」が一字一音の「夜麻」表記になっていることを問題にする私の視点とは違う。また「郎女」が「王」、「処」が「村」になっているのも、意味の違いであって、私の示す漢字から一字一音に変っている例とは違う。

この漢字から一字一音表記になっている例として、『古事記成立考』で私は「ヤマ」の一字一音表記の『日本書紀』の不統一に対し、『古事記』が「夜麻」に統一している例を示し、『古事記』の表記が『日本書紀』より新しいと書いた。[14] この私見についても尾崎知光はまったくふれていない。私見については、『古事記』は一人だが『日本書紀』は多数の編者だから、『日本書紀』の仮名表記は不統一であり、この違いで新旧を論じることはできないという反論も出るだろうが、旧版の『古事記成立考』で書き、第三章でも書いたように[14]、第一に『日本書紀』では一つの歌謡の中で三つの「ヤマ」表記を用いており、この事実は『日本書紀』は複数の編者だから、一人の編者の手になる現存『古事記』と違って不統一だという主張を否定している。第二は『古事記』の「夜麻」は『日本書紀』には見られないことからも、人数の多少の問題でないことは明らかである。また、一九九頁〜二〇五頁で示した『日本書紀』『万葉集』『古事記』表記の比較表からみても、『古事記』の統一表記はもっとも新しい。

このように尾崎知光の『万葉集』巻二・九〇歌についての私見批判には従えない。

神野志隆光の「『万葉集』に引用された『古事記』をめぐって」批判

神野志隆光も「『万葉集』に引用された『古事記』をめぐって」で、九〇歌は現存『古事記』からの引用と書く[16]。その根拠として尾崎知光と同じ例を示す（前述した尾崎論文を神野志論文はとりあげているから、尾崎論文をヒントにしていると考えられるが、尾崎論文では三例だが、神野志論文では十一例を示す）。この十一例は三つに分類できる（この分類は私見で神野志論文ではしていない）。第一は本文が注より一字多いかすくないかの例である（本文が天両屋で注が天両屋嶋、速秋津比売神が秋津比売神、野椎神が野椎、水蛭子が蛭子）。第二は漢字の表記が違う例である（豊宇気毗売が豊宇気比売、淤能碁呂嶋が意能碁呂嶋、加賀智が加賀知、狭井河が佐韋河、和邇が和尒）。第三は意味が違う例である（衣通郎女が衣通王、五処之屯宅が五村屯宅）。この十一例のうち後の三例（狭井河が佐韋河、衣通郎女が衣通王、五処之屯宅が五村屯宅）は、尾崎論文で示している三例である。

神野志論文の十一例は尾崎論文の例と同じだから、私が尾崎論文を批判した見解が、この神野志論文に対しても、提示例が多くても適用する。

神野志隆光は十一例を示して、結論として次のように書く。

> 『万葉集』巻十五、三六〇六〜一〇歌に対する「柿本朝臣人麻呂歌曰」という参考歌注記が、巻一、三における人麻呂作歌の表記を音仮名主体に書きかえているように、巻二において、九〇歌を『古事記』から引くさいに一字一音表記を訓字主体に書きかえたのであり、九〇歌本文「山多豆」と注の「山多豆」との一致はその結果にすぎず、九〇歌とその表記をめぐって現存本とは別な『古事記』を想定することは根拠がない、というべきであろう[16]。

神野志論文で「現存本とは別な『古事記』を想定するのは根拠がない」と断定する理由は、尾崎論文と同じに「山」と「夜麻」の表記の違いを単なる誤記とみるからである。したがって尾崎論文が示した三例にさらに同じ例を七例ふやしても、私見の否定にはならない、私が問題にしているのは、現存『古事記』では一字一音表記の「夜麻多豆」になっているのだから、注も「此云夜麻多豆者」となっていなければならないのに、「山多豆」と漢字表記になっていることである。この事実を尾崎知光は「注者は自分で『山多豆』と独りでのみこんで何の抵抗もなく『此云山多豆者』と注した」（傍点引用者）と説明しているが、この説明は主観的過ぎる。しかし神野志隆光はこのような説明もなく、前述した十一例を示しただけである。

また巻一五の三六〇六〜三六一〇歌を、巻一・巻三の人麻呂作歌を「音仮名主体に書きかえている」例としてあげるが、この例は私が問題にする漢字表記と一字一音表記の違いについての例だが、この例も『万葉集』の注の『古事記』が現存『古事記』だとする証明にはならない。

第一に巻二・九〇歌と現存『古事記』の歌は表記が違うだけで歌詞は同じである。しかし巻一五・三六〇五〜三六一〇歌は、「巻一・三における人麻呂作歌」とすべて歌詞が違う。この事実からみても、現存『古事記』と歌詞の同じ巻二・九〇歌と、歌詞の違う巻一五・三六〇六〜三六一〇歌を同列に論じられない。

第二に同列に論じられないのを、強いて同列にして比較検証しても、違いが目につく。巻一五・三六〇六〜三六一〇歌は、「巻一・三における人麻呂作歌の」古い表記を、新しい「音仮名主体に書きかえている」が、巻二の九〇歌は異例な新しい表記を古い表記に変えている。国語学者は表記の新旧によって、その文献の古さ、新しさをきめている。この常識からすれば、古い表記から新しい表記への三六〇六〜三六一〇歌の例は当然だが、神野志説の新しい表記から古い表記になっている九〇歌についての解釈は、不自然であり異例である。この異例を説得力のある説明をするためには、新しい表記から古い表記に変えた『万葉集』の他の例も示すべきである。

第三に三六〇六〜三六一〇歌には歌の注はどの歌にもないのに、九〇歌には注がついている。この違いからみても、三六〇六〜三六一〇歌と九〇歌を同列に論じられない。

第四に現存『古事記』の表記を『万葉集』が書きかえたから、『万葉集』では注と歌の表記が「山多豆」で一致していると主張する。では九〇歌の元になったと神野志説で主張する現存『古事記』では、歌が一字一音の「夜麻多豆」、注が一字一音でない「山多豆」で、不一致なのはなぜか。前述した尾崎知光は、この現存『古事記』の不一致と、『万葉集』九〇歌の一致の違いを、最大の問題とみているが、三六〇六〜三六一〇歌をもち出しても、この不一致の説明にはならない。この不一致は前述したように、九〇歌のような表記の歌を載せた『古事記』から、現存『古事記』が引用するとき、一字一音表記に改めたが、注だけ元のままに残った結果であろう。

第五に細かいことだが、三六〇六〜三六一〇歌の例を神野志説のように九〇歌に重ねることができないのは、いままであげた例だけではない。神野志説では表記の書き変えを人麻呂作歌の歌から一字一音表記に変えたのが、三六〇六〜三六一〇歌だと書くが、三六〇六歌には「野嶋」とあって一字一音の歌謡表記になっていない。ところが現存『古事記』の歌謡表記はすべて一字一音表記で記されているから、同列に論じれば『万葉集』引用の『古事記』は、現存『古事記』に対して異本『古事記』ではないか。

第六に現存『古事記』は一字一音表記に整理統一しているのに、歌謡の注記だけ一字一音の「夜麻多豆」表記に対して「山多豆」とあるのは誤記だが、尾崎・神野志説のように単なる誤記ではすまされない。両氏は現存『古事記』の本文も注も同一人物によるという前提で述べられているようだが、本文と注は同一人物ではないという説が、すでに戦前に高木市之助・太田善麿らが述べており、そうした見解を述べる説が戦後も、最近もあることは、第五章で詳述した。

第七に『記』の注のうち歌謡につけられている注は二例のみで、一つは中巻の神武記の久米歌につく注で、一つはこの章で取り上げている下巻の允恭記の注である。允恭記の衣通王（軽太子の実妹、軽大郎女）の歌の注（「此に山多豆と云うは、是れ今の造木なり」）は、上巻の神代記の本文に載るスサノヲノ命の大蛇（おろち）退治の記事にある、大蛇の目についての注（「此に赤加賀知と謂うは、今酸醬なり」）と同じである。しかし大蛇退治の注は衣通王がうたった歌の注とはちがって、本文にも注にも「赤加賀知」とあるから、当然、衣通王の歌の注も「夜麻多豆」であるべきなのに「山多豆」とあるのは、現存『古事記』が新しく一字一音表記に改めた時、前述したように注だけ原本のまま残ったからである。

第八に神野志・尾崎の諸氏は、本文の「五處之屯宅」が注で「五村屯宅」になっている例をあげて、衣通王の歌の注も単なる誤記とみるが、この注は「所ㇾ謂五村屯宅者」で終っておらず、つづいて「今葛城之五村苑人也」とあるから、本文の「五處」が注で「五村」になっているのは、後述の「葛城之五村」に惹かれての誤記である。したがって注の「山多豆」も、注者の見た歌謡の「山多豆」とある注は、原資料に惹かれて原資料のまま残った表記である。問題は原資料は、今迄述べてきた異本『古事記』か、または本章で述べる原『古事記』か、表記の違いだけではきめかねる。しかし神野志隆光らは、『古事記』は現存『古事記』以外には存在しないという前提に立って、異本『古事記』の存在を認めないから、『万葉集』の『古事記』を、なんとしても現存『古事記』であると論証しようとしている。しかし以上述べたように、その論証には多くの問題を含んでおり、認め難い。

『万葉集』巻一三の注の『古事記』をめぐって

尾崎知光[15]も神野志隆光[16]も巻二の九〇歌の注の「古事記曰」は取り上げるが、巻一三の三二六三歌の注の「古事記曰」は取り上げず、二つの注記の『古事記』は現存『古事記』だと主張する。私は旧版『古事記成立考』では九〇歌だけでなく、三二六三歌の注の『古事記』も現存『古事記』ではないという見解を書いた。この見解についての尾崎知光の批判はない[15]。ないのは、題の「万葉集巻二所引古事記をめぐって」からみても当然だが、私は巻一三・三二六三歌についての見解も知りたかったので、拙著『古事記偽書説は成り立たないか』で、尾崎知光に三二六三歌の「検古事記曰」について、どう思うか質問した。特に九〇歌・三二六三歌は、現存『古事記』ではどちらも軽兄妹の歌であるから（三二六三歌左注には、「検古事記曰件歌者木梨軽太子自死之時所作者也」とある）、巻二・九〇歌だけ論じて、巻一三・三二六三歌をまったく無視することはできないのではないか、と問うた。[17]

この私の文章を読んだ尾崎知光から、巻一三の歌は巻二の歌のように現存『古事記』を直接見ての引用でなく、間接的な現存『古事記』の引用であるという手紙をいただいた。間接的というのは、三二六三歌の末尾は現存『古事記』の軽太子の歌の末尾と違うからである。

前述した武田祐吉[13]も巻二・九〇歌にふれているが、巻一三・三二六三歌についてはまったく無視している。無視していた尾崎知光は私の質問に九〇歌は直接、三二六三歌は間接と答えた。この答えは神野志隆光が「古事記には直接かかわらない」と書いているのと似ている。なぜ武田は無視し、尾崎・神野志は『古事記』と直接かかわらず間接的だというのか。理由は九〇歌は注の表記が違うだけだが、三二六三歌は末尾の歌詞が違っているからである。したがって「古事記曰」と注記されている三二六三歌は異本『古事記』である。

ということは当然九〇歌の「古事記曰」も異本『古事記』である。なぜならば九〇歌と三二六三歌は共に「軽皇子伊豫配流関係歌」と注記されているからである。したがって「軽皇子伊豫配流関係歌」の一方を現存『古事記』からの引用とし、都合の悪いのは関係ないとするのは、恣意的で説得力がない。このような見解はなんとかして現存『古事記』にしたいための無理な論法で、従えない。九

○歌の『古事記』も異本『古事記』である。理由の一つは、同一人物が現存『古事記』と異本『古事記』を見て注記したと考えられないこと。二つは九〇番歌も三二六三歌も同じ軽皇子伊予配流歌であること。三つは『万葉集』に載る『古事記』の歌は、現存『古事記』と違って一字一音表記ではないこと。以上のような理由で異本『古事記』であるのに、強引に現存『古事記』にしようとするから、一字一音表記をわざわざ古い表記に改めて『万葉集』に載せたという無理な解釈をするのである。古い表記を新しい表記に変えるのは自然だが、その逆を『万葉集』の注記者がやったというのは説得力がない。敢えて主張するならその例を示すべきである。古い表記の異本『古事記』の軽皇子関係記事を、『万葉集』の注記者が「古事記曰」と記したとみるのが、もっとも自然な解釈である。

『万葉集』に「古事記曰」の注をした大伴家持とオホ氏

旧版『古事記成立考』で私は『万葉集』の注記の「古事記曰」について、大意として次のように書いた。

> 『万葉集』記載の『古事記』とかかわる二首（九〇歌・三二六三歌）も、オホ氏と無縁ではない。この二首は『古事記』では軽太子関係歌である。（中略）
>
> 軽太子関係の記事は『古事記』は『日本書紀』にくらべて、五倍ほどのスペースをとっている。『書紀』が血のつながった兄妹の恋を不倫と記しているのに対して、『古事記』は悲恋の歌物語として、二人の歌を豊富に載せている。伊予で二人が共に死んだことを記すのも、『古事記』のみである。『書紀』は伊予のことはまったく記していない。『古事記』の軽太子物語は伊予を強調す

る。ところが『古事記』によれば伊予国造はオホ氏と同祖で神八井耳命を始祖とする。その伊予国造の伊予の強調はオホ氏をぬきに考えられない。

したがって『万葉集』に異本『古事記』を引用して注をした人物は、オホ氏と親しかったと思われるのである。オホ氏の家には『多氏古事記』や「一古事記」などの異本『古事記』があったし、九〇歌左注に『日本書紀』を引用しながら、『古事記』独自の「難波高津宮」「遠飛鳥宮」を記入していることからもいえる。『万葉集』の編者についてはさまざまな説があるが、大伴家持が関与しているとみる見解は通説化している。ところで『万葉集』巻十七の三九二六歌の左注に、天平十八年正月の雪の宴に、大臣・参議と共に大伴家持や、太徳太理らが招かれ、徳太理は家持らと共に歌を作ったとある（徳太理の歌は『万葉集』には載っていない）。一緒に雪の宴に招かれて歌を作っているのだから、家持と徳太理が知らない訳はない。徳太理の線から『多氏古事記』や『一古事記』に類する異本『古事記』を家持が見て、巻二・九〇歌、巻十三・三二六三歌に注したとみる推測も成り立つ。

家持・徳太理の関係を考えなくても、『万葉集』に大歌所の大歌がとりいれられていたことは事実だから、大歌所にかかわるオホ氏がなんらかのかたちで、『万葉集』にかかわっていたことが推察できる。折口信夫も「万葉集のなりたち」（『折口信夫全集』一巻）で、「大歌所、官庫に保存せられて居たと思われる各種の古歌集、個人の歌集の一群が、万葉集編纂の際に、随分利用せられたものと思われる」と書いている。大歌所の大歌師の家に伝わる『琴歌譜』の中にも、現存『古事記』ではない『一古事記』が引用されているのだから、『万葉集』の『古事記』も、大歌師の伝える『一古事記』の類のものとも考えられるのである。[18]

以上のように私は旧版の『古事記成立考』で要約すると右のように書いたが、山上伊豆母は『万葉集』巻六・一〇一一、一〇一二歌の題詞に、

冬十二月十二日に、歌儛所（うたまひどころ）の諸王臣子等の、葛井連広成（ふぢゐ）の家に集（つど）ひて宴（うたげ）する歌二首

とあるのを取上げ（「十二月十二日」は天平八年）、「『歌儛所』とは雅楽寮における外来の東洋楽器に対して、歌宴という場において伝統される固有の古歌・古楽・古典を習練する教習所であり、それが記録されることによって『万葉集』の編纂所にもなり、大嘗祭のあとの豊明節会のさいには古歌曲を提供することから、『大歌』あるいは『大歌所』と変名していったのではあるまいか。さらに想像をたくましくするならば、天平十八年の観雪の歌宴に列席した『諸王臣子等』こそ（引用者注——前述した『万葉集』巻一七の三九二六歌の左注に記す大伴家持・太徳太理らが参加した雪の宴）、天平八年にみえる『歌儛所』のメンバーなのではあるまいか。そして、そのなかに『太朝臣徳太理』が加わっていることは、後世にオホ氏が『楽家』と呼ばれていく見のがしえない史料となると私は考える」と書いている。[19]

伊丹末雄は天平十八年の観雪の歌宴を原万葉集編纂のための歌宴とみて、巻一七・三九二六歌の長い注記を大伴家持が書いたとみるが、[20]私は巻二・九〇歌の長い注記も巻一三の注記も、大伴家持がオホ氏の家にあった異本『古事記』を見て注記したのではないかと推測している。筏勲も九〇歌・三二六三歌の注記は大伴家持がつけたと推論し、「家持と古事記との関係は相当認められる」と書いている。[6] 伊藤博は巻二の『古事記』や『類聚歌林』などを引用して、「古事記曰」の注の筆者は、「天平十七年（七四五）段階の大伴家持と見てよい」と断定している。[21]

『続日本紀』によれば天平十七年正月七日に、大伴家持は従五位下から従五位上へ、太徳足理は正六位上から外従五位下に昇っており、二人は翌十八年正月の雪の宴に招かれて歌を作っている。太徳足理はこの年の四月二十一日に外従五位下から従五位下に昇進している。天平十八年に家持は従五位上、徳足理は従五位下で位階は一つしか違わないし、徳足理は平安時代の大歌所の前身の歌儛所に家持と共に関与していたとみられるから（前述したように山上伊豆母は、太徳足理と大伴家持は歌儛所のメンバーと推論している）、太徳足理と大伴家持の歌舞の結びつきからみて、徳足理の線から家持がオホ氏の家にあった「一古事記」と『琴歌譜』が書く異本『古事記』を見て、「古事記曰」という注記を『万葉集』につけたのではないだろうか。

『万葉集』巻一裏書・頭注の「見古事記序」について

いままで述べてきた異本『古事記』は、本文の内容が現存『古事記』にない『古事記』である例だが、序文が現存『古事記』と違う『古事記』がある。

「文学」一九八〇年五月号に私は、「異本『古事記』をめぐって」と題する論考を掲載した。(12) そこで前述したいくつかの異本『古事記』について述べたが、『万葉集』巻一の裏書・頭注に載る「見古事記序」について、次のように書いた。

現存『古事記』序にない記事を、『万葉集』の元暦本・西本願寺本その他の諸本が、巻一の一番歌の裏書・頭注に、「見古事記序」として載せているが、『万葉集』の写本で最古といわれている平安時代末の元暦本の裏書には、次のような記事がある。

虚見津山跡乃国。神代事也。櫛玉饒速日命。乗天磐船而廻行。虚空之故此国号。虚見津大和之国。天磐船為也。見古事記序。

このような記事は現存『古事記』の序にも本文にもない。『日本書紀』『旧事本紀』には類似の記事がある。『日本書紀』神武天皇三十一年四月条に、

饒速日命。乗天磐船。而翔行太虚也。睨是郷而降之。故因目之。曰虚空見日本国矣。

とあり、『旧事本紀』巻第三天神本紀には、

饒速日命……所謂乗天磐船而。翔行於大虚空。巡睨是郷而。天降坐矣。即謂虚空見日本国。是歟。

とある。

このような類似の記事から、この「見古事記」は『日本書紀』か『旧事本紀』を誤記したものとするのが、従来の解釈である。この解釈でいけば『日本書紀』より『旧事本紀』を見ての誤記と考えられるが、平安時代の元暦本に載るから、古事記＝旧事紀同訓説は成り立たない。倉野憲司は「鎌倉室町時代頃までは大体『先代旧事本紀』、又は『旧事本紀』と呼ばれてゐて、『旧事紀』の略称は見当らない。それが見えるのは江戸時代以後の事」と、『古事記全註釈』第一巻で書いている。よって、簡単に誤記でかたずけるわけにはいかない。まして、『令集解』や『政事要略』の「古事記云」と違って、「見古事記序」とある。この「序」をまったく無視してしまうのが、従来の見解である。都合が悪いとすぐ誤記にしてしまう解釈は学問ではない。一歩譲って学問ではない解釈を認め、「序」という字に目をつぶり、「見古事記」は『日本書紀』か『旧事本

紀』の誤記としよう。その上で裏書の文章を検討しても、問題がある。
まず「見古事記序」の僅かな文章のなかで、冒頭は「虚見津山跡乃国」とあるのに、末尾の近くでは「虚空見津大和之国」と書き方が異なる。『万葉集』巻一の一番歌は雄略天皇の長歌だが、その歌には「虚見津山跡乃国」とある。この「虚見津山跡乃国」の説明のために裏書は書かれたのだから、まず一番歌の表記どおりに「虚見津山跡乃国」と書いた。その説明のために、「古事記序」にある饒速日命の天降りに関する記事を見たので、後半の「古事記序」による検証記事には、「古事記」の「虚空見津大和之国」が載ったのであろう。もし従来の見解のように、『日本書紀』か『旧事本紀』を見て書いたとすれば、両書とも「虚空見日本国」と書いているのだから、当然「虚空見津大和之国」は、「虚空見日本国」になっていなくてはならない。それがなっていないのだから、この『古事記』は『日本書紀』や『旧事本紀』の誤記ではないことは明らかである。

それだけではない。『日本書紀』や『旧事本紀』の「饒速日命」が、『古事記』引用の記事では「櫛玉饒速日命」とある。『日本書紀』や『旧事本紀』に「櫛玉」が冠されていて、この記述になければ、「櫛玉」を略したといえるが、付加しているのだから、「古事記序」に「櫛玉饒速日命」と書かれていたと考えるべきだろう。「虚空見津大和之国」「櫛玉饒速日命」と、もっとも重要な神名や国名の表記が、『日本書紀』や『旧事本紀』と違うことからみても、こういう表記の「古事記序」があったのである。

『日本書紀』『旧事本紀』とちがって、「饒速日命」に「櫛玉」を加え、「虚空見」に「津」、「日本国」を「大和之国」と「之」を付け加え、「日本」が「大和」になっている記事、更に『日本書紀』には序がなく、『旧事本紀』序にはこのような記述がないのに、「見古事記序」を『日本書紀』または『旧事本紀』の誤記とする通説が、常識として認められるであろうか。

ところがこのような理屈に合わない解釈が通っているのは、『古事記』は現存『古事記』以外にはありえないという「常識」が、学界にあるからではないだろうか[12]。

このように二十七年前に「文学」に発表した拙稿で述べた「常識」は、前述した西宮一民などの『古事記』を固有名詞とみる「常識」である。もちろん『古事記』を普通名詞の「フルコトブミ」とみるのが、一般常識であるが、最近になって『古事記』固有名詞説が、異本『古事記』の存在を主張する私説批判の材料として使われていることに、私は注目している。この『古事記』固有名詞説は、私が「異本『古事記』」という独自造語で、『古事記』の成立を論じ出したので、異本『古事記』を認めないために、西宮一民・徳光久也らが主張しているが、以上述べたように異本『古事記』は厳然と存在している。

〔注〕

（1）西宮一民『古事記の研究』八一頁（おうふう　一九九三年）
（2）西宮一民「古事記の成立――序文に関して――」『古事記の成立』所収（高科書店　一九九七年）
（3）倉野憲司『古事記　祝詞』解説（岩波書店　一九五八年）
（4）大和岩雄「古事記の成立」「古事記年報　二〇」所収（古事記学会　一九七七年）
（5）西宮一民『日本上代の文章と表記』一一六頁（風間書房　一九七〇年）
（6）筏勲『上代日本文学論集――古事記・歌経標式偽書説と万葉集――』二二二頁〜二二三頁（民間大学刊行会　一九五五年）
（7）山上伊豆母「オホ氏とその伝承――『多氏古事記』をめぐって――」『日本書紀研究　第五冊』所収（塙書房　一九七一年）
（8）土橋寛「琴歌譜」『古楽古歌歌謡集』所収（思文閣　一九七八年）
（9）平野健次「琴歌譜」『國史大辭典　4』所収（吉川弘文館　一九八三年）
（10）徳光久也「古事記成立論の問題点――偽書説・原古事記説・異本古事記説をめぐって――」「古事記年報　二四」所収（古事記学会　一九八二年）
（11）大和岩雄「原古事記・現古事記・異本古事記」『論集　古事記の成立』所収（大和書房　一九七七年）
（12）大和岩雄「異本『古事記』をめぐって」「文学」（岩波書店　一九八〇年五月号）
（13）武田祐吉「万葉集校定の研究」『武田祐吉著作集　第六巻』所収（角川書店　一九七四年）
（14）大和岩雄『古事記成立考』四九頁〜五〇頁（大和書房　一九七五年）
（15）尾崎知光「万葉集巻二所引古事記をめぐって」「古事記年報　二一」所収（古事記学会　一九七九年）

（16）神野志隆光「『万葉集』に引用された『古事記』をめぐって」『論集上代文学　第一〇冊』所収（笠間書房　一九八〇年）
（17）大和岩雄『古事記偽書説は成り立たないか』九七頁〜九九頁（大和書房　一九八八年）
（18）大和岩雄　注（14）前掲書　六二頁〜六四頁
（19）山上伊豆母「神話から神楽へ——楽家多氏の成立——」『日本芸能の起源』所収（大和書房　一九七七年）
（20）伊丹末雄「原万葉集編纂の企図」『万葉集成立考』所収（図書刊行会　一九七二年）
（21）伊藤博「歌人と宮廷」『万葉集の歌人と作品　上』所収（塙書房　一九七五年）

第十一章

女性・母性的視点で書かれた原『古事記』

柳田国男の『古事記』は女性によると見る説

一般に『古事記』序を信用し、『古事記』も『日本書紀』と同じ帝紀・旧辞の勅撰書とみて、「記紀」といっている。しかし『古事記』と『日本書紀』の内容は大きく違う。序章で柳田国男の『妹の力』と題する著書で、「稗田阿礼」という論考を載せ、柳田は稗田阿礼を女と見て、彼女に「妹の力」を見ていることを例示した。その論考で柳田国男は「古事記は其の體裁や資料の選擇から、寧ろ傳誦者の聰慧なる一女性であつたことを推測せしめるものがある」と書いている。したがって政治的・公的「史實」よりも、私的な物語が多いが、それは「歌物語」であると書き、その代表例として次のような『古事記』の歌物語を取り上げて示している。

履中天皇が御弟の墨江中王に攻められて、難波の宮を逃れ出でたまひ、途(みち)より振回(ふりかえ)つて宮殿の燃え上がる様を御覧なされて、御詠として、

はにふ坂我がたち見ればかぎろひのもゆる家むらつまが家のあたり

といふに至つて優雅なる戀の歌を錄して居るなどは、幾ら古書でもやはり信じ難い點はある。(1)

このように柳田国男は書いているが、宮殿を焼かれて逃げる時に、焼ける我が家(難波宮)を見て「優雅なる恋の歌」を詠んでいるのは、柳田国男が書くように信じ難いことである。土橋寛はこの歌は本来は「国見の望郷歌」であることを論証しているが、(2)その望郷歌を『古事記』が「優雅なる恋の歌」に変えている理由を、柳田国男は『古事記』は女性によって作られた書だからと見る。そしてその見解の証明として、『古事記』序に書かれている誦習者の稗田阿礼が女だったからと書く。

序章や第六章で述べたが、柳田国男は文字を書かず読まない漂泊の婦女たちが、文字無き古い時代の「フルコト」を語り伝えていたと書き、沖縄の「島々の稗田阿礼」は二百年ほど前まで、口伝えに「フルコト」を伝えており、アイヌの女性たちは今も文字を知らぬが、彼女たちも「フルコト」を語り伝えている稗田阿礼たちだと書く。そして沖縄の島々で「フルコト」を伝えていた稗田阿礼たちの代表例として、宮古島の語部の「アヤゴ」を示す[3]。「アヤゴ」と呼ばれている島の歴史を語る女たちは、宮古島の「貴族」の女たちがなるが、沖縄の島々の稗田阿礼は「神に仕える女たち」であったと書く。そして「フルコト」を本土で伝えていたのも、主に女たちで「彼女らの家は巫女の家であつた。かつては必ず神に代つて、と言はんよりも寧ろ神々に身と口を貸して、人に歴史を語り傳へていた」と書いている[3]。

柳田国男は民俗学の視点から『古事記』を論じているから、歴史学者や国文学者・言語学者たちとは違った視点で『古事記』の本質をとらえている。

折口信夫の女性の口誦によると見る『古事記』観

折口信夫も「稗田阿禮」で「稗田阿禮は、女性であつた。其先を猿女君の祖天鈿女命の子孫に置いて居る事が、既に阿禮の女性である事を示して居る。誦み習はせたとあるのは口誦することの出來るやうにさせたといふことである」と書き、女性である理由として「猿女君の家は、天鈿女命から出て、代々女系相續の家がらであつた」ことをあげ、口誦したのは猿女が語部であったからと書き、『古事記』成立に猿女（稗田）という女性がかかわっていたことを、次のように書く。

稗田阿禮の事を少し詳しく考へ、更に古事記成立の問題へも橋がかりをつけてみよう。一體、稗田の家は、代々女主の家がらである。日本の昔の信仰から見て、女が、宮廷に關係のある家の職に興る場合には、女が戸主となるのが、普通の行き方であつた。稗田の家は、猿女君の分派である。君・公と字をあてるきみといふ語は元來、女を意味して居る。猿女君の祖先といはれて居る天鈿女命は、女の身で一種の武力を持ち、一種の鎮魂法――たまふりの法――を傳へて居た。其傳統を受け継いで、猿女君の家は、かなり長く續いたが、猿女君に依らねばならぬと思はれて居た信仰儀式が、平安朝になつて失はれてからは、衰へて行く一方であつた。

女が戸主であり、女が語部のやうな職にあつたと考へられる他の例は、しばしば引き合ひに出す志斐嫗（萬葉集巻三）の外にも、記紀雙方に見える顯宗天皇の御代の淡海の置目がある。（中略）後世、武家時代に女が語部といふ特殊な役目と家がらとを持つて居たものに、山城の桂女がある。猿女の家にも勿論、男はあつた。猿淡海といふ人などは、其一人と見られるが、猿女氏の男の宮廷に於ける役目は、ずつと下のものであつたらしい(4)。

このように書いて女が戸主になる猿女という女の語部が、口誦したのが『古事記』の元であるから、『古事記』は女性による歌物語集と折口信夫は見ているのである。また折口は稗田阿礼の「阿禮」についてふれる。

更に考へてよいのは、阿禮といふ名である。一言で言へば、此は神に奉仕する巫女のことをいふ。みあれの宣旨、賀茂のみあれ、あれをとめなど、あれといふ語が、神に仕へる女を示す例は多い。あれは生れで、神の出現・降下に大切な役を勤め、時に、小さき神の御子を育て上げる乳母の役をもした。それで、神々の物語が、あれをとめの口から語られる理由が訣つて來る事と思ふ。[4]

このようにも書いているが、私は第一章で折口信夫は『古事記』の序文を疑っており、稗田阿礼という人物は一人ではなく、猿女たちの総称であろうと述べていると書いた。その見解は昭和三年から昭和五年にかけて、慶応大学文学部でおこなった講義のなかで語られている。その見解が没後『折口信夫全集ノート編』として公表されたのだが、ここで紹介した文章は昭和五年以降に、国学院大学文学部で講義した内容を、『上世日本文学史』と題して昭和十年に『国語国文学講座　第一五巻』（雄山閣）に発表している見解である。したがって折口信夫の目を通しているが、『古事記』序文や稗田阿礼の存在をはっきり疑った見解が載っていないのは、当時の時代情況が序文を疑うような見解を、活字化することを許さなかったからである。しかし折口信夫は稗田阿礼を女とし、『古事記』は女性の語部による「フルコトブミ」とみていることには変りはない。

『上世日本の文学』では『古事記』の「神神の物語は、あれをとめの口から語られた」といい、「長い間、口頭で傳へられて來た謂はゆる口頭詞章を、初めて筆にして、後に残そうとしたのが古事記である」と書き[4]、女たちの語り、歌物語を『古事記』と見ている。

西郷信綱の「詩の発生」としての『古事記』論

西郷信綱は一九五九年に発表した「古代王権の神話と祭式」（一九六〇年刊行の『詩の発生』所収）で、「阿礼を学者的官僚とみるか巫女とみるか、古来二つの説にわかれているわけだが、私は依然として巫女説に固執する。神の示現、憑霊を意味する阿礼という名は巫女こそふさわしい名であるし、古く弘仁私記序が阿礼をアメノウズメノ命の後裔だと注しているのも非常な重みをもつといえるし、また、以上試みてきた神代の分析から推しても、阿礼が巫女であることはほぼ確かなことのように思われるのである」と書く。(5)私は稗田阿礼の実在は疑っているが、第六章で述べたように、姓を「稗田」とし名を「阿礼」にしているのは、この姓名が誦習者としてふさわしいからつけたのだから、私は西郷信綱が書く稗田阿礼を通しての『古事記』観に同調する。

西郷信綱は一九七三年に発表した「稗田阿礼——古事記はいかにして成ったか——」の冒頭で、次のように書く。

「(稗田阿礼を)今頃まだ男か女かの点からきめて行くようでは、日本の史学も甚だ心細い繁栄だと言わなければならぬ」と柳田国男がいったのは昭和二年のことである。それ以後、かれこれ半世紀近くたつ。ところがまたぞろ私は、阿礼が男か女かを問おうとしている。というより問わざるをえないのだが、これは「日本の史学」がその後も「甚だ心細い繁栄」を続けているせいであろうか。あるいはそうかも知れぬが、しかし根本的には稗田阿礼が柳田国男の考えていたよりずっと不透明で難解な人物であるのにそれはもとづくと思う。現にいま読み返してみると彼の「稗田阿礼」という一文は、示唆深いものがあることに変りはないけれど、さすがにやや鮮度が落ち、説得力を充分もっているとはもはやいいがたい節がある。

このように西郷信綱は書いて、更に次のように書く。

稗田阿礼を男と見るか女と見るかによって、古事記の理解のしかたにかなり重大なずれが生じるのは確かである。私がここに阿礼をとりあげるのも、古事記の読みと交叉する、そういう問題、としてであって、たんに好奇心をくすぐったり、それに媚びたりするためではない。そして結論をさきにいえば、私は柳田国男とともに阿礼をやはり女と考える。それだけでなく、阿礼男性説に拠って古事記を読むかぎり、その読みは肝心なところ的外れる仕儀になると考える。私は古事記の読みそのものからいって、阿礼が女、それも具体的には宮廷の巫女でなければならぬゆえんに説き及んでみたい(6)。

このように書き「古事記の読みそのものからいって、阿礼は女、それも具体的には宮廷の巫女」と書き、稗田阿礼を「稗田老翁(ヲヂ)」と『古事記傳』で書く本居宣長の高弟の平田篤胤が、師の見解に反対して『開題記』で女性説を主張している文章を示す。

阿礼は実に天宇受売命の裔(ハツコ)にて、女舎人(ヒメトネ)なると所思(オボエ)たり。其は、舎人(トネ)は、祝詞に刀祢男女(トネメヲ)など有て、男のみならず、女にもいふ称にて、上中下に亘りて、公に仕奉る者の総名(スベナ)なればなり。さて女刀祢(ヒメトネ)ならむには、命婦または宮人など書べきに舎人と書れば、なほ男刀祢(ヲトネ)なるべく、思ふも有べけれど、稗田氏にて、宇受売命の裔(スエ)なれば、女と言はざらむも、女なること、其世には分明(ケヤケ)き事なれば、通用(ツネニモチ)ふる字を書(ケ)るならむ。然るは、宇受売命の裔(ハツコ)は、女の仕奉る例(タメシ)なればなり。名のさまも男とは聞えず。また彼志斐嫗が事などをも、思ひ合せて弁ふべし。［女なりと云は、かく思ひ合すべき事の多かるを、男なりと云には、更に徴(アカシ)とすべき事なし。然るを師の稗田老翁と云れたるは委(クハシ)からず。云々。］

平田篤胤は「師の稗田老翁」の見解を「委(クハシ)からず」と批判しているが、西郷信綱も篤胤の文章を引き「阿礼を女と見ていい根拠は、これでほぼ出そろっている」と書き、「延喜式（中務式）にも『宮人』を『比売刀禰（ヒメトネ）』と訓むとあるから、猿女の属していた縫殿寮（これは中務省の所管）の女宮（漢語でも宮人は女官を意味する）がヒメトネと呼ばれていたのは確かだ」と書く[6]。しかし序文筆者は第六章で詳述したように『文選』「処士平原禰衡年二十四」をヒントに、「舎人姓稗田名阿禮年廿八」と書いたのだから、平田篤胤や西郷信綱が書く「ヒメトネ」の意味で「舎人」と書いたのではない。『文選』の「処士」がヒントだから男のイメージで「舎人」と書いているのであって、稗田阿礼を実在の人物として論じるわけにはいかない。しかし稗田阿礼を実在の人物と見て、『古事記』の内容とも比較して女性説を主張する西郷説は無視できない。西郷の見解を更に引用しよう。

猿女君氏の名があるのは、女が主役だからである。その家には男子は生れなかったのか、という反論は阿礼女性説にたいし的外れである。後宮の女官となった采女でさえ、その職は伯母から姪へと受けつがれた。沖縄のノロもそうだが、猿女の職もたぶん同様であったと推測される。例の耶馬台国では、卑弥呼の死んだあと「宗女壱与」が後を継いだと倭人伝はいう。証明の手だてはないけれど、卑弥呼からすれば壱与はおそらく姪にあたっており、その職を継ぐべき女であったから「宗女」と記したのであろう。巫女の座が伯母から姪に、つまり兄弟の姉妹から兄弟の娘へと受けつがれるのは、男系社会にあって女の神秘的霊力を保有するための継承法であった。女の神秘的霊力は、家々の血の純血と関係するのではなかろうか。

このように書いて、女の「神秘的霊力」から発せられる言葉、特に古言（ふること）の語りの書を「フルコトブミ」とみて、「日本書紀が純漢文で書かれているのにたいし古事記がいわゆる変体漢文で書かれている点を軽く考えてはなるまい。かれこれ似た内容の記事が相当あるけれど、この表現のしかたの違いは、過去にたいする、あるいは過去の伝承にたいする態度そのものの違いにもとづくのであって、狭く国語学上の問題の解消すべきことではない。（中略）安万侶にして稗田阿礼のいわば語りごとに耳をかたむけねばならぬ、何らかのいわれがあったはずだ」と西郷は書き、『古事記』が「誦」によって成立したと序文に書かれていることに注目している。[7]

折口信夫は前述したように、『古事記』は「歌物語集」と、『古事記』を論じるときにはいつも述べ、その歌物語は女たちによるという。西郷信綱も稗田阿礼を神語りをする巫女と見る視点に立って、このような女性たちに、「詩（うた）の発生」をみているのである。

太田善麿・梅沢伊勢三の『古事記』観

太田善麿は「古事記は結実しない恋愛を伝えることに一通りでない熱意を示している」と書き、劇的要素のある「結実しない恋愛」に『古事記』は注目していると書いている。[8] そして『古事記』が書く「をとめ」に関する歌を十五件（十四首）載せる。[9] しかし『日本書紀』は六件にすぎない。しかも五件は『古事記』と同類歌で、書紀独自の歌は一首に過ぎない。このように『日本書紀』は「をとめ」という表現に関心をもたないが、『古事記』は「をとめ」表現にこだわっている。さらに『古事記』の歌謡には、「つま」「いも」「こ（子）」など、女性を示す用語をすくなからず見出すことができる。

梅沢伊勢三も記紀歌謡を比較検証する。まず、「夫婦、相聞など男女間の愛に関するもの」について、『古事記』は五十三首載るのに、『日本書紀』は二十三首である。ところが男女間の愛に関する以外の歌は、『古事記』は九首だが『日本書紀』には二十一首載る。(10) この事実からみても、『古事記』は女性の視点で語られているから、特に男女間の情事、恋愛にこだわっているのである。

梅沢伊勢三は「政治問題と男女問題とを区別しようとする書紀の態度と、そうしたことを全く問題にせぬ古事記の立場との相違は、古事記と日本書紀を検討すればはっきりする」と書き、同じ場所に出ている両書の歌謡の在り方を検証する。まず神武天皇の御製歌を比較し、『古事記』は七首、『日本書紀』は五首で、『古事記』は二首多いが、『日本書紀』の五首は「すべて軍陣に関するものである」のに対し、『古事記』のみに載る「二首は全く性格の異なった、妻問い及び愛の歌である」ことを記している。

次に『記』『紀』のヤマトタケル関係歌謡を検証する。『古事記』はヤマトタケルの御歌として片歌を含めて八首、『日本書紀』は六首である（梅沢伊勢三は景行天皇の御製歌三首と時の人の歌一首も含めている）。『古事記』は二首多いが、『古事記』だけが載せている二首のうちの一首は、ヤマトタケルがミヤヅヒメを詠んだ「男女の情に関したもの」であり、他の一首は太刀の歌だが、「をとめの　床の辺に　吾が置きし　つるぎの太刀　その太刀はや」とあり、「矢張り女性に関係の深い歌」であるから、梅沢伊勢三は次のように書く。

> このように古事記だけに男女関係の歌が載せられているという事実は、なお各所にみられる全体的な傾向である。オホクニヌシノカミがヌナカハヒメ及びスセリビメと唱和されたという一群の歌謡が全く書紀になかったり、仁徳天皇と黒比売との問答歌が一首も書紀に載せられていない

などは、みなその例というべきである。ところでこのように恋愛あるいは男女関係に関し、古事記と書紀の間に歌謡の出入のあることは明瞭となったが、これは両書の恋愛というものに対する、また男女問題に対する態度の相違に関連するものであることはいうまでもない。総じて古事記の態度は、多情淫奔好色とみられるような歌謡や物語に対し、特に善悪の反省を加えることなく、むしろ共感と同情とを以てこれを語っており、書紀がこれに対し様々の批判を加えて、むしろそうした人間の自然的性情に何らかの倫理的規制を加えようとしているのと著しい対立を示している。[11]

このように梅沢伊勢三も『記』『紀』の記述の大きな相異を示している。

武田祐吉・三谷栄一が示す『古事記』の女性中心記事

三谷栄一は武田祐吉が「古事記は女性に味方しているのではないかと論定され、女性に依って語り伝えられたものではないかと指摘されている（『古事記研究』六五頁〜七四頁。一九四四年刊）」として示す四つの例。第一は伊邪那岐命の禊祓の時に脱ぎ捨てられた品物で、『記』には『紀』には載らない女性のつける「裳」が記されていること（卜部系統の諸本に見えるが真福寺本などには「嚢」になっているが、入れ物で直接身に着けるものではないから、武田祐吉は後人が改めたので、本来は女性の「裳」を着けていたとみる）。第二は禊祓の時に『紀』に載らない「伊豆能売」という巫女が、『記』のみに載っている例。第三にアマテラスとスサノヲの誓約で、『記』は「我が心清く明し。故、我が生める子手弱女を得つ。此に因りて言さば、自から我勝ちぬ」といっているのに、『紀』本文はスサノヲが「もし吾が生めらむ。是女ならば、濁き心有りとおもはせ。若し是男ならば、清き心有りとおもはせ」とあり、『記』は女が発言し女を生んだから勝とし、『紀』は男が発言し男が生れれば「清き心有り」だといっている（『紀』は一書の第一・二・三も似た記事を載せる）ことをあげる。第四に武田祐吉は稗田阿礼は女をもって宮廷に仕える猿女君だから、「『古事記』が女性中心に語られた証」と書いている例を、三谷栄一は示す。そして武田祐吉のあげる以外の例を書く。

一、イザナギがカグツチを斬ると、斬られた部分から神々が成るが、『記』は「女陰」からも神が生まれるが、『紀』は「女陰」が欠落している。

二、『記』でイザナギがアマテラスに授けた「御頸玉」を重視しているが、『紀』にはこの記述がない。玉は女性の呪具であることを力説して、三谷栄一は『記』への女性関与と『紀』の女性無視を書く。

三、海幸彦・山幸彦の物語では、紀本文では侍女はまったく登場しないが、『記』には侍女の活躍が書かれている。この「侍女の活躍によって話が展開する」のは「後宮の女性伝承にふさわしい」と、三谷は書く。

四、次にヤマトタケル伝承を取上げて、『紀』に対し『記』の記述は女性の視点で書かれた物語であることを詳論する。

五、また『古事記』独自の新羅王子の天之日矛伝承も、『記』では日矛が新羅から持ち来た宝は、珠・浪振る比礼・浪切る比礼・風振る比礼・風切る比礼・奥つ鏡・辺つ鏡なのに対し、『紀』は、羽太の玉・足高の玉・赤石の玉・出石の小刀・桙・鏡・熊の神籬で、はっきり違う。『古事記』のみに載る「比礼」は女性の持物だから、『古事記』は女性による書とみる。

六、軽太子と同母妹の軽大娘女の不倫の歌物語でも、『記』は『紀』と違って「女性に味方し、女性側からの愛情が強調されていて、明らかに女性に支持された伝承であること」をあげる。また次のような事実も示す。

1、『古事記』の歌謡一一三首のうち『古事記』独自歌謡九十五首は、ほとんど男女の求婚に関する歌物語が圧倒的に多く、『古事記』に見える歌のほとんどは女性との関係歌である。ところが『日本書紀』の歌謡一二八首うち『書紀』独自歌謡三十六首は、男性の歌が多く、愛情の歌・女性側から詠んだ歌は極めて少ないこと。

2、『古事記』は女性の立場に立って、女性の立場に同情して書かれている。その例として軽太子の物語と倭建命の物語をあげる。軽太子と軽皇女の愛を血縁の兄弟の不倫物語と『日本書紀』は書くのに、『古事記』は女性側からの愛情物語にしていること。『古事記』の倭建命も倭姫に女々しく泣いて訴えるタケル像になっていること。こうした記述から『古事記』は女性の立場に立って編纂されているとみる。

3、『古事記』序によると、天武天皇の意志による稗田阿礼の「誦習」とあるから、天武天皇の皇后、後の持統天皇の後宮で『古事記』は稗田阿礼によって誦習されたと書く。

以上述べたような見解を三谷栄一は発表している。(12)

神田秀夫は「動揺する古事記の成立」で、「古事記には八千矛の歌や、うがやふきあへずや、八田の一本菅や、引田部の赤猪子の条などに、男のために生涯を棒に振る女の、惻々として訴へて来る心情を、織り込んだ歌謡で表はしてゐる所がある。……古事記は、帝室内部に於ける、自他の恋愛・結婚・子孫・祖先・誰は誰の何にあたるといふやうなことを熱心に記してをり、そのため、神話までが系譜だらけ、伝説は挿話だらけ、さうして食品、饗膳に関する記事もなかなか多い。三谷栄一博士ならずとも、これは女性だ、と直観されるものがある」と書いている(13)。

『古事記』は女性の立場・視点で書かれている

以上述べた例以外にも『古事記』独自記事には、女性の立場から書かれた例が目につく。

『古事記』の神武天皇関係歌謡に七媛女のうち誰を選んで寝ようかという歌や、先頭を行く伊須気余理比売と寝ようとうたった歌、伊須気余理比売が神武天皇の妻になることを応じた歌、「菅畳　いや清敷きて　我が二人寝し」とうたった歌などは、『古事記』独自歌謡である。これらの歌は八千矛神の関係歌（八千矛神の沼河比売求婚歌、須勢理毘売が嫉妬した歌や夫の八千矛神を讃えた歌）と共通する求婚歌・恋歌だが、このような求婚歌・恋歌は『日本書紀』は無視して載せていない。

『日本書紀』仁徳天皇十六年の条に、「天皇、宮人桑田玖賀媛を以て、近く習へまつる舎人等に示せたまひて曰はく。『朕、この婦女を愛まむと欲れども、皇后の妬みますによりて、合すこと能はずして、多年経ぬ。何ぞ徒に其の盛年を妨げむや』」といって、「水底ふ　臣の少女を　誰養はむ」と歌で問うたとある。すると播磨国造の祖の速待が「吾養はむ」といったので、「即日に玖賀媛を以ちて速待に賜ふ」と書く。この記述は皇后の嫉妬で桑田玖賀姫を妃にできなくなった天皇が、近習の舎人に娘を下賜したという話で、男性の視点で書かれた嫉妬の話である。したがって『日本書紀』にのみ載っており、『古事記』には載っていない。

八田若郎女を妃にしたのは、『日本書紀』は兄（菟道稚郎子）が亡くなる時、遺言で妹の八田皇女（八田若郎女）を妃にするよう頼まれたので妃にしようとしたが、皇后が許さなかったと書く。しかし『古事記』にはそのような記述（兄の遺言を守って妃にしようとした）はない。皇后が紀の国に行った留守に「天皇、八田若郎女と婚ひしたまひき」「昼夜戯れ遊びます」と書き、『日本書紀』のような倫理観はない。但しこのことを聞いた大后は、「大く恨み怒りまし」と書くのは、倫理観をぬきにした女の素直な怒りである。

また『古事記』には次のような記述もある。

大后石之日売命、甚多く嫉妬みたまひき。故、天皇の使はせる妾は、宮の中に得臨かず、言立てば、足も阿賀迦邇嫉妬みたまひき。

皇后（大后）は足をあがくようにバタバタさせて嫉妬したと書くが、この嫉妬が悪いようには『古事記』は書いてはいない。足をバタバタさせて嫉妬するのは、妻として女として当然だと書いているのであり、このような表現や意味づけは、女性の視点・感情である。

梅沢伊勢三は八田皇女や桑田玖賀姫や天皇が愛したその他の女たちに対する皇后の嫉妬について、「一体この皇后の嫉妬の甚だしかったことは、記紀共に語っているところであるが、書紀の記述を全体として前後照合してみると、そこには女人の態度の嫉妬に対する批判的な態度がみられる。……書紀では全体として、極度の嫉妬というものが、婦人の不徳として排斥されている。……天皇の不徳というよりも、むしろ皇女の不徳に由来するような印象を与えるものとして構成されている」と書き、それに対して、「古事記はそうしたことに全く触れていない」と書く。[10] それ以上は梅沢伊勢三は書いていないが、『日本書紀』は男性の立場から女の嫉妬を非難しているが、『古事記』は女性の立場から嫉妬を肯定している。

以上述べたように『古事記』と『日本書紀』の仁徳天皇に関する記述を比較検証しても、二つの古典の書き方は大きく相違しており、この両書を「記紀」と称して同列に置くことはできない。

『古事記』と『日本書紀』の根本的視点の違い

梅沢伊勢三は仁徳天皇と八田皇女と皇后との三角関係については、「『日本書紀』は節制的態度」なのに対し、「古事記は頗る開放的な立場」と書いている。[10] このような書き方は仁徳天皇とメドリ（女鳥）王の物語でもいえる。この物語では仁徳天皇が弟のハヤブサワケノ王を媒として庶妹メドリノ王を求めたところ、メドリノ王は天皇の使者のハヤブサワケノ王と通じ、遂に両人は罰せられるという筋である。しかし『記』『紀』では内容にかなりの相違がある。

『日本書紀』によると両人の密通を知った天皇は、皇后の忠言と兄弟の義を考えて、弟を罪せずにいたが、弟の皇子の舎人が仁徳天皇の名オホササギにかけて、「ササギを殺れ」と歌ったので、弟（ハヤブサワケ）に謀叛の心があることを知って討伐をおこなっている。しかし討伐は「私事をもて社稷に及ぼさむ」ことをなるべく避けて行動している。

ところが『古事記』は仁徳天皇が自らメドリノ王の許に行幸し、歌をもってメドリノ王が織っている織物は誰のものかと問うている。この天皇の問いにメドリノ王はハヤブサワケの着物であると答えている。このような『記』『紀』の違いについて、梅沢伊勢三は次のように書く。

書紀によれば、天皇が親しく皇女に呼びかけられたことはなく、ただ機織の女人が歌うところによって事情が知られたことになっている。また例の「ささぎとらさね」の歌も、古事記ではメドリノ王自らの歌となっているのに、書紀ではハヤブサワケノ皇子の舎人の歌とされている。これらの相違の意味するところをみるに、古事記では天皇も皇女も共に恋愛の当事者として、自己の感情のままに直接行動に出ているのに対し、書紀ではその使人達の口を通して歌をうたわせ、天皇や皇女の直接的行為とはなっていないのである。

更に皇女と共に倉椅山に逃げ登った際のハヤブサワケノ皇子の歌であるが、書紀は、

はしだてのさかしき山もわぎもこふたり越ゆれば安むしろかも

の一首を掲げているに過ぎないのに、古事記は、

はしだての倉椅山を嶮しみと岩掻きかねてわが手とらすも
はしだての倉椅山は嶮しけど妹と登ればさがしくもあらず

の二首を挙げているのも、恋愛に対する両者の態度の強さを対比させるものといってよかろう。

しかも古事記の歌の情熱的表現には、かなり激しいものがある。

しかも更に注目すべきは、この恋愛問題と皇位の争奪をめぐる兵乱との関係についての両書の記述の相違である。記紀両書共に皇子皇女の伐たれることは同様であるが、書紀によると二王の密通については「私の恨を以て親を失ふを欲はず」「友于の義に敦くして忍びて」罪されることなく、一応の解決をみたように記され、その後皇子の謀叛の心を知るに及んで、やむなくこれを

伏たれたことになっている。これに対し古事記では恋愛と謀叛との両者が不可分に結合して一つの事件となっており、これは木梨軽皇子の場合も全く同様である。[11]

このように梅沢伊勢三は書いて、『日本書紀』は「恋愛を私事として公事と混淆することを極力避けているのに対し」、「『古事記』はそうした点を区別せず、感情のままの行動を記し、あえて批判を加えない態度を示している」と書き、結論として、『日本書紀』の考え方を「大陸伝来の倫理的人間観」とし、『古事記』の考え方を「自然的人間観」と書く。[11] しかし『記』『紀』の考え方を「大陸伝来の倫理的人間観」と「国粋的倫理的人間観」に分けるわけにはいかない。『日本書紀』の倫理観はすべて「大陸伝来」の倫理観ではない。日本人がもっていた倫理観でもある。

このような解釈よりも『日本書紀』は男性の視点、『古事記』は女性の視点によると見るべきである。梅沢伊勢三の解釈は本居宣長が『日本書紀』は「漢心(カラゴコロ)」、『古事記』を「大和心(ヤマトゴコロ)」にしているのと重なる。宣長は漢字伝来以前の文字のなかった時代の「フルコト」の「フミ」が、『古事記』だと『古事記傳』で書いているが、序章や本章で述べたように、文字のない時代の「フルコト」の語りは女性によっている。その歌語りが『古事記』(正確には原『古事記』)だから、雄々しい「大和心」でないことは、『古事記』のヤマトタケル物語が語っている。

そのことは『記』『紀』の皇子と皇女の不倫物語の書き方の違いからもわかる。軽太子と軽郎女(いらつめ)の恋物語は実の兄妹の不倫譚だから、『紀』は兄妹相姦の罪をおそれ自制していたと書き、更に、

> 然(しか)るに感(め)でたまふ情(みこころ)、既(すで)に盛(さかん)にして、殆(ほとん)ど死するに至りまさむとす。ここに以為(おもほ)さく、徒(いたづら)に空(むな)しく死なむよりは、刑(つみ)有りと雖(いへど)も、何(なん)ぞ忍(しの)ぶることを得むとおもほす。遂(つひ)に窃(ひそか)に通(たは)けぬ。乃ち

悒懐少しく息みぬ。

と記す。太子は罪の意識をもっていたが、自制しきれずに姦したと書く。しかし『古事記』はそのような考慮をまったくせず、

木梨軽太子、日継知らしめすに定まれるを、まだ位に即きたまはざりし間に、其の伊呂妹大郎女に姧け。

と書くだけである。しかも「姧け」とは書くが、実の兄妹の愛の強さを示す歌を十二首も載せ（『紀』は三首）、歌物語にしている。『古事記』は伊予に流された兄を追って実妹も伊予に行き、愛の成就を願って心中している。しかし『日本書紀』は皇位継承者の皇子と血のつながった妹との許されざる愛（『書紀』的視点では「兄妹相姦」）を載せる訳にはいかないから、軽皇子は皇位争いに敗れて自害したと書いている。

　このような『記』『紀』の違いは、実の兄妹ではないが、前述した異母兄妹のハヤブサワケとメドリノ王の恋愛譚にも見られる。また雄略記に載る若日下部王を皇后にするための歌物語、雄略天皇が妃として愛した袁杼比売との歌物語、引田部の赤猪子と雄略天皇の愛の歌物語も、『古事記』独自伝承であり、『古事記』は『日本書紀』が兄妹相姦の不倫物語にしないようにしているのに対し、兄妹相姦の不倫を堂々と愛の物語にして、『日本書紀』が無視している歌を豊富に載せ、「不倫」を讃美している。このような歌物語は、漢字と同時に入ってきた外来の倫理観以前の女たちが語り伝えていた「フルコト」が元だからである。この「フルコト」が「フミ」になったのが『古事記』（厳密には原『古事記』）である。

柳田国男は「稗田阿礼」と題する論考で稗田阿礼を女と見て、『古事記』を女性の語りと書き[1]、折口信夫は「古事記の本質」などで古い時代の物語は、「女戸主を原則とした氏族」出自の女たちの語りであったと書いているのは[14]、『古事記』の本質を見抜いていたからである。

『古事記』は「母の力」を強く主張している

『古事記』の説話や歌謡の内容は女性の立場から書かれているが、母性のもつ神秘的な力を表現した歌や物語も多い。大国主神の別名のオホアナムヂが八十(やそ)神らに迫害される話では、ヤソ神たちによって殺されたオホアナムヂが再生できたのは、「母の乳汁」をキサカヒヒメ・ウムカヒヒメがオホアナムヂに塗ったためで、再生は母親の力と書いているが、これも『古事記』独自記事である。

この神話につづくアシハラシコヲが蛇・呉公(むかで)・蜂の室に入れられたとき、蛇や呉公や蜂の危害を防いだのは、スセリヒメから「授(さず)った」女性の使う「比礼」であった。母の力ではないが女の力を力説している。この神話もスセリヒメを嫡妻として得る話の中で書かれているが、『古事記』のみに載る。

また神武天皇の皇后のイスケヨリヒメは、タギシヒコが自分が生んだ皇子たちを殺そうと謀(はか)っているのを知って、皇子たちに危機を知らせる歌を二つ詠んで、わが子の命を救っている。この歌物語も前述した「母の乳汁」と同じで、「母の歌」によって子の生命を救った話である。これらの話はすべて『古事記』独自説話であることからみても、『古事記』伝承者が女性であることを示している。

『古事記』の母、または女の力で生命を救う話は、『古事記』のヤマトタケル物語にも見られる。『古事記』はヤマトタケルが熊襲征討に向う時、姨のヤマトヒメから、「御衣御裳を給はり」西征したと書くが、『日本書紀』にはこのような記述はない。『古事記』は「其の姨の御衣御裳を服して、既に童女の姿になりて」、クマソタケルを討ったと書き、「姨の力」を力説している。またヤマトタケルの東征の時には、ヤマトヒメからタケルは、『古事記』によれば「草那芸剣を賜ひ、亦御嚢を賜ひて、『若し急の事有らばこの嚢の口を解きたまへ』」といったと書く。姨から賜った草那芸剣については、焼津の原で火にかこまれた時、「先づ御刀を以ちて草を刈りはらひ」と『古事記』は書き、やはり「御刀」が「姨の力」を発揮している（刀の名の「草那芸」はこの時の役目を示す）。更に『古事記』は嚢の口を開けて「火打」を出し、「其の火打を以ちて火を打ち出でて、向火を著けて」、焼死ぬ寸前の窮地から脱出しているから、剣と共に嚢の中に入っていた火打石も、「姨の力」である。このように「姨の力」は「母の力」といいっていいが、この記述も『日本書紀』からすべて欠落している（草薙剣や燧の記述はあるが、燧を姨ヤマトヒメから賜ったとは書いていない）。

『古事記』ではヤマトヒメは五回登場するが、『日本書紀』は一回だけである。『古事記』ではヤマトタケルのために役に立つものは、姨ヤマトヒメが授与したものだが、『日本書紀』は天皇からの下賜であり、姨と天皇では決定的に違う。『日本書紀』は天皇の命令で征討に向う皇族将軍の征服譚だが、『古事記』は姨ヤマトヒメの霊威譚である。したがって『古事記』ではヤマトタケルはヤマトヒメの前で、「天皇既に吾死ねと思ほす所以えか」と、天皇に対するうらみごとを述べて、「患い泣いた」と記している。このような女々しいタケルを助けたのが、「姨」の霊威である。このように『記』と『紀』のタケル物語は視点が両書では本質的に違っている。系譜上でも『古事記』は『日本書紀』より皇統一元化の発想を強く示しながら、説話の上では天皇の権威をあまり認めない。認めるのは母

（姨）・女の霊威である。『古事記』が皇統系譜をくわしく述べるのも、母系を重んじてのことである（このことは後述する）。

「姨」はヤマトヒメ以外に「姨飯豊王」がいる（「姨」という表現は『古事記』のみが用いており、『日本書紀』にはない）。飯豊王をヤマトヒメとするなら、タケルにあたるのが意祁命・袁祁命である。この皇子たちもヤマトタケルと同じ日つぎの御子である。この「姨飯豊王」は「中天皇」の性格をもつ。「中天皇」については、「仲臣」と共に第十二章で詳述するが、神と天皇との間を執り持つ巫女・日女をいう。姨ヤマトタケルもそのような巫女の性格をもつが（伊勢神宮の斎王であり、日女である）、このような女性に応神天皇の母の息長帯比売がいる。この女性についても『記』と『紀』では全く視点が違う。『日本書紀』は神功皇后紀を特別に設けているが、新羅征討をおこなった特別の皇后として書いている。しかし『古事記』は住吉大神の神妻を暗示しており、皇后としてでなく、神婚によって妊娠した品陀和気命（応神天皇）の母としての息長帯比売命で、「神功皇后」という記述はない。また皇子出産の記述や出産地の地名説話も載せ、「御祖息長帯日売命」とも書き、母であることをわざわざ明記していることからも、『古事記』が母にこだわっていることがわかる。『古事記』のみに載る品陀和気命を載せた「空船」についても、第十二章や終章で詳述するが、母子伝説に登場する「うつぼ船」とのかかわりを論じる説があり、『古事記』の伝承は母子物語である。この『古事記』の発想は香春神社や宇佐八幡宮の祭神に反映し、神功皇后とその子（応神天皇）の母子神が宇佐八幡宮の祭神になっている（この事も第十二章で詳述する）。

『古事記』の応神天皇記に、母神の伊豆志袁登売神と秋山之下氷壮夫と春山之霞壮夫の兄弟神の話が載る。兄神がイヅシヲトメを妻にしたかったが、望みを果せなかったので、「おまえは乙女(をとめ)を妻にできるか」と弟神に問うと、弟神は「できる」といったので、「もし出来たら多くの産物を進呈する」と兄神は約束した。この話を弟神が母神に伝えると、母神は着物と弓矢を作って、新しい着物をきせ弓矢を持たせて乙女の家に行かせた。この着物と弓矢は乙女の家へ行くと藤の花に変じ、弟神は乙女と結婚できた。そのことを弟神が兄神に伝えると、兄神は腹を立てて多くの産物を進呈するという約束を果さなかったから、弟神はその事を母神に訴えた。すると母神は呪詛の品を作って兄神の所へもって行かせたから、兄神は死にそうになったので、兄神は母神に許しを乞うた。そこで母神は呪詛の品を取り除き、兄神は健康になったという物語である。この記述も『古事記』独自伝承だが、「母の力」を示している。

呪力・霊力を発揮しているのは、「乳汁」「比礼」「歌」「御衣御裳」「火打石」「藤の花」などであり、女性とかかわる物だが、これらの品物が登場する話は『古事記』のみに載る。以上述べてきたことからも、女性・母性に強くこだわった「フルコトブミ」が『古事記』である。

三浦佑之の「古事記系譜の古層性」と母系

三浦佑之は「古事記系譜の古層性」で垂仁記の左の系譜を示す。

　春日建国勝戸売(かすがのたけくにかつとめ)が女(むすめ)、名は沙本之大闇見戸売(さもとのおほくらみとめ)を娶りて、生みし子は沙本毘古王……

垂仁天皇の妃になった沙本之大闇見戸売の親は、一般に「男性（父親）の名前が記されるはずなのに」、『古事記』は女性（母親）の春日建国勝刀売という女性が記されていることに注目している。同

じ例として崇神記の、

木国造、名は荒河刀弁が女、遠津年魚目々微比売を娶りて……

とある記事も示し、こうした父親でなく母親を示す記事は『日本書紀』にはないと書き、「天皇の婚姻に関して言えば、全体の傾向として、日本書紀が母系的な系譜を回避しようとしているのは明らかである」と書き、『記』『紀』の皇妃の書き方の違いを示す。

綏靖天皇
『記』　師木県主が祖○　河俣毘売
『紀』　磯城県主が女○　川派媛
懿徳天皇
『記』　師木県主が祖○　賦登麻和訶比売命
『紀』　磯城県主が女○　飯日媛
崇神天皇
『記』　尾張連が祖○　意富阿麻比売
『紀』　尾張の大海媛
継体天皇
『記』　三尾君等が祖○　若比売
『紀』　三尾角折君が妹○　稚子媛

このような例を示して、三浦佑之は『古事記』が「祖」と書いているのは、父系以前の母系重視であることを示していると述べている。また『記』『紀』の皇統譜の兄妹関係を検証し、『記』は「妹」を重視していることから、「全体的な傾向としては、母系を重んじる古事記に対して、父系を優先する日本書紀」と書き、「古事記が母系的系譜を濃厚に残存させている」のは、父系以前の古層の母系社会の系譜を、『古事記』が伝えていたからだと、三浦佑之は書いている。[15]

天武・持統朝で特に重視された内廷（後宮）

天武朝では皇妃出自氏族がかかわる内廷が重視されていたことは、『日本書紀』が書く天武天皇の葬儀のときの誄（しのびこと）の奏上の記述からうかがえる。第一日（朱鳥元年九月二十七日）の誄のトップは、天武天皇を養育した大海氏による「壬生（みぶ）の事」の奏上である。「壬生の事」の奏上に続いて、諸王の事、宮内の事、左右の大舎人の事、左右の兵衛の事、内命婦の事、膳職の事である。二日目（朱鳥元年九月二十八日）に、大政官の事、法官の事、理官の事、大蔵の事、兵政官の事の誄が奏上されている。この順序について青木和夫は「天皇氏一家の家政機関」が先におこなわれ、後から「大和朝廷の公的行政機関」の誄がおこなわれたのは、「前近代的私的機構がまだ天武朝には残存していたらしい」とみるが、[16]橋本達雄も同じ見解を採り、この「私的機構」を「後宮」とみている[17]（「後宮」は大宝令の「後宮職員令」以降だから、『紀』の景行・仁徳・継体紀の書く「掖庭（うちつみや）」つまり「内廷」というべきだろう）。

伊藤博も青木和夫と橋本達雄の見解を、「歌人と宮廷」と題する論考で引用し、天武朝では「公的行政機関（天皇社会）」に対して、「内廷機関（後宮社会）」が、「前近代的私的機構」だが隠然たる勢力をもっていたと書く。[18]したがって「前近代的私的機構」が第一日のトップに壬生の誄がなされたとみる。私もこの見解は否定はしないが、私的を公的より強く意識しての行動に、持統天皇の強い意志をみる。そのことは第一日目の誄の事に登場する「内命婦（うちのひめとね）」についての『日本書紀』の記事からも証される。

『日本書紀』に載る「内命婦」（令制では五位以上の女官）は、仁徳天皇紀四十年是歳条以外は、すべて天武天皇紀（五年八月二日、朱鳥元年八月二十七日）、持統天皇紀（五年正月一日）のみに載る。天武紀五年条には「皇女・姫王・内命夫等に、食封を給ふ」とあり、朱鳥元年条には采女竺羅が「内命婦の事を誄たてまつる」とあり、持統紀五年条には、「内親王・女王・内命婦等に、位を賜ふ」とある。食封や位を賜ふ記事は皇女（内親王）・姫王（女王）と共に書かれており、特に女性のみに食封・位を賜ふ記事が載るのは、天武・持統紀に限られていることからみても、この王朝が女性を重視していたことの証（あかし）である。そのことは記紀独自歌謡の作者別分類にあらわれているから、整理して示す。

記紀独自歌謡の作者別分類

作者身分	古事記の歌数	日本書紀の歌数
1天皇	二一	一五
2后、妃、夫人等	七	四
3皇太子、皇子	一〇	二
4同妃、夫人等	八	〇
5神	二	一
6同妃	三	〇
7臣	七	一二
8民	四	一〇
計	六二	四四

『古事記』の全歌謡は一一二だが、『日本書紀』は一二八載る。少ない歌数の中

で天皇・皇子・皇妃の歌が特に『古事記』の歌謡に多いことからみても、内廷にかかわることがわかる。例えば皇太子・皇子の妃や夫人の歌は『日本書紀』はまったく記載していないのに、『古事記』は八例も載ること。また天皇と天皇の后・妃・夫人、皇太子・皇子作歌の掲載を比較しても、そのことがわかる。更に臣や民になると、その数が逆転していることからみても、『古事記』の内廷（後の「後宮」）への関心がわかる。

倉塚曄子は「斎宮論」で「高天原広野姫という持統の特異な諡号」について、「ひとり持統女帝がこの由々しき神話的な語を諡号に改めて冠せられたことは何を意味するのだろうか。『大君は神にしませば』とか『高光る日の御子』とかうたった作品の多くが、宮廷詩人として持統の意を体して多くの儀礼歌を作った柿本人麻呂の作であることは、女帝と『日の御子』の思想の深いつながりを傍証するものである。この思想がもっとも強まった時期に、自らもそう呼ばれその血統意識を情緒的にも感受できた持統女帝こそが、皇祖神アマテラスの確立にあずかって力があったのではないか。……皇祖神アマテラスとはかかる女帝が存在した歴史の特異な一時期にいみじくも確立した神格であったのだろう」と書いている。また「古事記の成立に関し天武に焦点をあわせたなら、持統の存在が忘れすぎているのではないだろうか。天武の治世が持統との共治であったなら、持統は修史事業にも何ほどか意志を反映させていたと考える方が自然であろう。天武殯宮の最終段階における『諸臣各己の先祖等に仕へ奉れる状』『皇祖等の騰極の次第』などの奉誄（持統二年十一月）、主要氏族十八氏に対する墓記上進の詔命（持統五年八月）などにも修史事業との関連がみとめられている。後者は書紀の資料であったらしいが、前者は古事記的なものと結びつく。持統もまた歴史の編纂に積極的な意志をもってい

たといえよう」と書いている。(19)

倉塚曄子は「古事記の成立」を論じる時、天武天皇に「焦点」が合せられ、「持統の存在が忘れすぎているのではないだろうか」とみて、「持統女帝こそが、皇祖神アマテラスの確立にあずかって力があったのではないか」と書いているが、(19)この視点は無視できない。この視点は私もすでに旧版の『古事記成立考』で述べたが、『日本書紀』の皇祖神は、タカミムスビという男神が主で、アマテラスという女神は従である。ところが『古事記』はアマテラスのみで、タカミムスビは登場しない。

さらに日神の書き方も『記』『紀』では大きく違う。『日本書紀』は、

日神を生みたまふ。大日孁貴(おほひるめむち)と号(もう)す

と記し、「天照大神」という神名は、

一書に云はく、天照大神といふ。一書に云はく、天照大日孁貴といふ。

とあり、「一書」の記述で付記的扱いで、『日本書紀』の本文の記述は「大日孁貴」のみで「天照大神」を記していない。日神に奉仕する巫女・日妻の「日女(ひるめ)」が、日神に成り上ったのが「大日孁貴(ひるめむち)」である。この「ヒルメ」の亦の名を『古事記』が主に用いているが、問題なのは「天照大神」でなく、「天照大御神」と書いており、『記』『紀』の視点が大きく違うことである。

日神の名は「日女(ひるめ)」から成り上った名であることは、『万葉集』の柿本人麻呂の歌が示している。持統三年三月十三日に草壁皇子が亡くなったとき、殯宮で柿本人麻呂は「天照日女之命(一云、指上(さしのぼる)日女之命)、天をば、知らしめす……」と挽歌を詠んでいる(『万葉集』二巻・一六七歌)。「一云」に「指上」とあることからみても、本来の「日女」が地から天に昇って、「天照」になったことがわかる。

この「天照」は特殊な用語であり、一般的ではないことは『日本書紀』本文が「一書に云はく」として補記的例で示していることからもいえるが、『万葉集』も人麻呂の歌以外には例はない。『万葉集』の「アマテラス」の用例は人麻呂の「天照日女之命」以外は、

久方乃天照月者（ひさかたのあまてらすつきは）　（七巻・一〇八〇歌）

久方天光月隠去（かくらひぬ）　（一一巻・二四六三歌）

比左可多能安麻弖流月波（ひさかたのあまてるつきは）　（一五巻・三六五〇歌）

安麻泥良須可未能御代（あまてらすかみのみよ）　（一八巻・四一二五歌）

の四例のみで、そのうち三例は「月」をいい、一例のみが「アマテラスカミ」である。この事実からも「天照日女之命」も「天照大神」も、当時にとっては特別な用例であったことがわかる。

天武朝の内廷、後の後宮（「後宮」の呼称は大宝令の後）の主の皇后が天皇になった持統六年三月六日に、中納言大三輪高市麻呂の諫言をおしきって、伊勢神宮へ持統女帝は行幸している。天皇の伊勢神宮への行幸は、これが最初で最後である。このような持統女帝の伊勢神宮への異常な執着を反映したのが、持統朝になって突如登場する柿本人麻呂がうたった、「天照日女之命、天をば、知らしめす」である。この「天照日女之命」が「天照大神」という日神になったが、「日女之命」が成った日神だから女神である。女神が太陽神になっていることと、『古事記』が女性の語りであることは、天武天皇の内廷を主導した皇后（後の持統天皇）と無関係ではないだろう。倉塚曄子も「古事記は女の積極的な関与を許容した。それを許す側面を古事記は本質的に持ち合わせていた」と「斎宮論」で書いて、「女帝と『日の御子』の思想の深いつながりを傍証する、皇祖神アマテラスの誕生」は、「日の御子と

巫女としての母」の姿が原型だが、この皇祖神アマテラスを伊勢神宮に祭ったのは、「持統の力が決定的であった」と書いている。(19)

私は持統女帝になる前の天武天皇の皇后の頃に、天武天皇の内廷で女性たちによる「フルコトブミ」(原『古事記』)が作られたとみている。アマテラスの記述も、『日本書紀』は一巻・二巻を神代紀にしスペースは多いのに、十八例である。ところが『古事記』はスペースは少ないのに、二十九例の記述があることは、天武天皇の皇后が女神の日神・皇祖神のアマテラスにこだわったことが、原『古事記』に反映しているのであろう。日神・皇祖神が男神でなく女神・母神であることが、その事を語っている。

『古事記』の女性的視点と柿本人麻呂と内廷

伊藤博は「歌人と宮廷」と題する論文で、ワニ氏系の柿本氏に属する人麻呂について、「柿本人麻呂は、天武天皇の宮廷の家政的機関として、天皇行政機関に密着して立つ天武天皇の後宮(内廷)社会に、詞章その他のことをもって奉仕していた、格別優秀にして誠実な『おかかえ』だったのではないか。いうならば、〝後宮おかかえ歌人〟というのが、柿本人麻呂の実態だったのではないか」と書き、橋本達雄と同じに、持統朝以前の天武朝の内廷(後宮)に仕えていた人物とみている。そして「人麻呂には、娘子(宮女)に関する歌がいくつかある」(傍点引用者)と書き、その歌から三首を取り上げ「揃って女性向きにできている。三首は後宮の女性に対する共感の作」と書き、他にもいくつかの例をあげて、「単に成長した皇子ばかりでなく、持統を筆頭に、皇女から氏女・采女に至る後宮女性の広汎な層に人麻呂は『歌』をもってかかわっていた」とも書き（傍点引用者）、人麻呂を内廷の「歌語り作者」とみる。そして人麻呂だけでなく笠金村や山部赤人も、「主として女たちのために提供した相聞的発想の歌、幼くはあるが宮廷ロマンとも称すべき歌」を詠んだ歌人と書き、歌物語は本来女性たちによっていたことを述べている[18]。

橋本達雄は西郷信綱が『詩の発生』で、「挽歌を奏したり、喪歌を歌ったりすること、およびこれらを含む死者儀礼に関する行事は、原始社会から古代社会にかけては、本来世界的に女性の仕事であった」と書き、『万葉集』巻二の挽歌群を時代順に整理し分析されて得た貴重な結論」として、わが国でも「初期万葉の時代まではこの原則が保たれていて、側近・身内の女性が挽歌を献じていた」と書き、例を示す。また中西進も『万葉集の比較文学的研究』で同じ見解を述べていることを紹介し、その「挽歌のにない手であった女性」から「人麻呂の時代」に男性に変ったと書く[17]。

伊藤博も「人麻呂以前の挽歌には身内あるいは近親者の挽歌が多く、それも女の手になるものが大部分を占める。そして形も小型（十五句内外）である。さかのぼって『今に至るまで天皇の大御葬に歌ふなり』と注されて古事記に登場する倭建に対する葬歌は、『后たちまた御子たち』が匍匐し発哭してうたったことになっている。天若日子が死んだとき、『風のむた響きて天に至る』まで発哭したのも、その妻下照比売であった」と書き、挽歌は女性たちが詠んでいたと書く。そして女性の関与は「単に挽歌だけに限らない。そもそもホキ歌というものが〈女歌〉としての伝統を背負っていたらしい。挽歌と並んでホキ歌の分野を構成するいわゆる天皇讃歌も、本来、女がその詠出を担当した。記紀歌謡において純粋な語り歌（讃歌）がうたわれるばあい、天皇をめぐって、皇后・妃・采女などの後宮社会が歌を奏しているのは、それが古代伝承の生活記録であるだけに、原古の姿を投影するものと見てよかろう。（中略）儀礼の場で天皇讃歌を奏でる――これも、女性（後宮）の任務だったという古い習慣が初期万葉までなお生きつづけていることを、われわれは認めなければならない。そして、後宮トネリ歌人であった人麻呂たちの天皇讃歌もまたその習慣の流れに属するものであったこと、挽歌と同類であることはいうまでもない」と書いている[18]。

伊藤博が書く「万葉集時代」は柿本人麻呂の活躍した初期万葉集時代だが、柿本人麻呂は原『古事記』に関与しているワニ氏系氏族の内廷歌人である（ワニ氏が原『古事記』に関与していることは次章で詳述する）。伊藤博は「歌物語は本来は女性たちによっていた」と書くが、折口信夫は『古事記』は歌物語集だと多くの論文で書き、また語っている。この女たちの「フルコト」、この「コト」は「事」でなく「言」だが、この歌語りを「フミ」にしたのが、天武朝の女たちの内廷、後の「後宮」であり、この「内廷」でまとめられた「フルコトブミ」を、私は原『古事記』という。

〔注〕

（1）柳田国男「稗田阿礼」『柳田国男集　第九巻』所収（筑摩書房　一九六九年）
（2）土橋寛『古代歌謡全注釈　古事記論』二八七頁（角川書店　一九七二年）
（3）柳田国男「宮古島のアヤゴ」『柳田国男集　第一七巻』所収　一九六九年。「島の人生」『柳田国男集　第一巻』所収（筑摩書房　一九七〇年）
（4）折口信夫「稗田阿礼」『折口信夫全集　第一二巻』所収（中央公論社　一九六六年）
（5）西郷信綱「古代王権の神話と祭式」『詩の発生』所収（未来社　一九六〇年）
（6）西郷信綱「稗田阿礼――古事記はいかにして成ったか――」『古事記研究』所収（未来社　一九七三年）
（7）西郷信綱「柿本人麿」注（5）前掲書所収
（8）太田善麿『古代日本文学思潮論（II）』二四三頁（桜楓社　一九六一年）
（9）太田善麿　注（8）前掲書　二四七頁～二四九頁
（10）梅沢伊勢三『記紀批判』四七七頁～四八八頁（創文社　一九六二年）
（11）梅沢伊勢三　注（10）前掲書　四七九頁～四八〇頁
（12）三谷栄一「古事記と後宮の伝承」『古事記成立の研究』所収（有精堂　一九八〇年）
（13）神田秀夫「動揺する古事記の成立」「国文学――解釈と鑑賞――」（一九六四年一月号）
（14）折口信夫「古事記の本質」『折口信夫全集ノート論　第三巻』所収（中央公論社　一九七一年）。『折口信夫全集　第一巻』一五五頁（中央公論社　一九六五年）
（15）三浦佑之「古事記の古層性」『古事記のひみつ』所収（吉川弘文館　二〇〇七年）
（16）青木和夫「浄御原令と古代官僚制」「古代学」三巻一号

(17) 橋本達雄「柿本人麻呂の地盤」『万葉宮廷歌人の研究』所収(笠間書房 一九七五年)

(18) 伊藤博「歌人と宮廷」『万葉集の歌人と作品(上)』所収(塙書房 一九七五年)

(19) 倉塚曄子「斎宮論」『巫女の文化』所収(平凡社 一九七九年)

第十二章

原『古事記』と仲臣（なかつおみ）のオホ氏とワニ氏

原『古事記』をめぐる諸説について

折口信夫は『古事記』には台本があったとみるが[1]、西郷信綱も台本があったと書き、そのことを序文に「姓に於きて日下を玖沙訶と謂ひ、名に於きて帯の字を多羅斯と謂ふ。かくの如き類は本の随に改めず」とある記述から推測する[2]。私は「本の随に」の「本」を原『古事記』という。

「原古事記」という言葉を最初に使ったのは筏勲である。筏勲は一九五五年刊行の『上代日本文学論集』で「原古事記」の存在を書き、一例として『琴歌譜』記載の「一古事記」や、『万葉集』注の『古事記』を示す。『琴歌譜』に載る『古事記』、『万葉集』の注に載る『古事記』は、現存『古事記』の内容と違うので、そうした『古事記』を「原古事記」と書いている[3]。しかし現存『古事記』の「本（元）」になったのを「原」というなら、現存『古事記』と内容と表記のちがう『古事記』は原『古事記』とはいえない。『琴歌譜』は現存『古事記』を「古事記」と書き、現存『古事記』と違う「古事記」（筏勲の取り上げる「古事記」）は、「一古事記」と書いて区別している。したがって『琴歌譜』の「一古事記」や『多氏古事記』、『万葉集』注に載る「古事記」など、現存『古事記』と内容の違う『古事記』を、私は第十章で述べたように異本『古事記』と書いた。

「原古事記」という呼称は筏勲以外にも使っている。川副武胤は一九七八年発表の「古事記の成立に関する試論（二）」で、序文と本文の記述の視点が一致しないこと。また『古事記』の本文が「厳密に使い分けている用語」の「天皇」「宮」を、序文は「皇帝」「大宮」と書き、本文の祖注の「意富臣」を序文は「太朝臣」と書いていることなどをあげ、「この相違は序文の作者と古事記の撰定者とが異ることを示すものではないか」と書き、天武十三年（六八四）の八姓制定の直前に原『古事記』は成立したとみて、「安万侶が原古事記の作者でなかつたといふことである」と書く。[4] 川副武胤は現存『古事記』の本文は原『古事記』のままで、太安万侶はその原『古事記』に序文をつけたに過ぎないから、本文と序文は一致しないとみている。

毛利正守は「古事記の音注について（上）」で、音注・訓注は「訓みを明らかにした注」と考えられているが、「音注は『訓み』を明らかにしてゐるのではない」例を豊富に示して、結論として「古事記の音注は古事記なるが故に付された特殊な形の注」と書いている。[5] そして「古事記の音注について（下）」で、『古事記』序文の「本の随に改めず」の「本」を、本居宣長が『古事記傳』で「古」の意味と解するのをとらず、「元」と解し、冒頭で「『本』を『原古事記』と称し、その原古事記によって『現古事記』が出来上つたといふ立場で論を進める」と書く。そして『古事記』が最初から安万侶の手になったものとすれば、「本の随に改めず」という記述は書かれなかったはずだとみて、太安万侶がおこなったのは主に音注などをつけることであり、本文はほとんど原『古事記』のままとみる。さらに上代特殊仮名遣の「モ」の二音の書き分けについて、このような書き分けは「記紀の成立年代や他の文献との関係からして、当時発音の上でその区別がなかつたと考へられる」から、原『古事記』を見て安万侶がおこなったと書く[5][6]（第四章で私はこの毛利説を採って安万侶より多人長がより適任と書いた）。このように国語・言語学者の毛利正守も原『古事記』を想定している。小林芳規も毛利説を認めて原『古事記』の訓漢字の体系の枠からはみだしたものに、太安万侶が訓注をつけたと書くが、[7] 第七章で詳述したように、太安万侶は高級官僚であっても訓注をつける能力はなかった。

西田長男は現存『古事記』の最終成立を平安時代初期とみるが、「古事記の主たる部分は、奈良朝以前に遡る往古の記文より成っている」と書き、「往古の記文」を「前古事記」と書く[8]。この「前古事記」を私は「原古事記」という。

毛利正守の原『古事記』説は、小島憲之の『上代日本文学と中国文学（上）』所収の「『原古事記』より『古事記』へ」と題する論考からヒントを得て書いている[9]。ところが小島憲之の原『古事記』についての理解は、「現古事記や日本書紀の材料となつた舊記群資料群を假稱する」と書いており、『古事記』だけでなく『日本書紀』を含めて元になった旧記・資料群をいっている[9]。しかしこのような原『古事記』観は毛利正守を含めて主張していない。また筏勲の原古事記観も[3]、現存『古事記』と内容の違う異本『古事記』のことをいっているから、折口信夫[1]や西郷信綱[2]のいう現存『古事記』の「台本」としての「原古事記」とは違う。折口信夫・西郷信綱の書く現存『古事記』の「台本」としての「原古事記」は、川副武胤[4]・毛利正守[5]・小林芳規[7]の「原古事記」観と同じである。私は折口・西郷・川副・毛利・小林らの原古事記観を採るが、「台本」としての原『古事記』に序文をつけて成立させた人物は、太安万侶とは見ない。

現存『古事記』の最終成立については、私見は西田長男の見解と同じだが（但し西田説は太安万侶が和銅五年に撰上した『古事記』に、それ以降にいくつかの書き加えがなされて、最終成立したのが平安時代初期とみる見解で、序文を認め勅撰書と見ている。しかし勅撰書に後からいくつかの書き加えができるであろうか。西田見解と同じ最終成立説を採るが私の見解は西田説と異なる）。原『古事記』（西田長男の「前古事記」）に注をつけ、一部の記事を加え、上代特殊仮名遣や本文の表記を統一整理したのは、弘仁三年（八一二）・

弘仁四年（八一三）に、高級官僚や正史編纂にかかわる外記の役人や文章生に、特に『日本書紀』の訓み方を講義した、太安万侶の孫と見られる多人長と推測している。彼が原『古事記』に訓注をつけ、新しい記事を加え、序文をつけて世に出したのであり、書き下したのではない。

西宮一民の天武天皇御識見の帝紀・旧辞説批判と原『古事記』

西宮一民は「古事記の成立――偽書説批判および原古事記の比定――」と題する一九七七年発表の論考で、歌において一字一音表記でないのが原型で、そのような表記が次第に「一字一音の仮名書きにしたものと想定するのが自然である」と書き、『万葉集』巻二・九〇番の注の「万葉集所引古事記を原古事記と命名することができる」と明言し、「私の新説」と書く[10]。しかし前述したように西宮主張の以前から原古事記説はあり、私も西宮一民の主張する二年前（一九七五年）刊行の旧版の『古事記成立考』で主張している。『万葉集』の注記（巻二・九〇）の『古事記』を原古事記と主張する西宮は、二年後には撤回し現存『古事記』としている（一九七九年刊『新潮日本古典集成　古事記』解説）。そして原古事記は「天武天皇御識見の正実な帝紀旧辞」とも書く。ところが一九九三年刊の『古事記の研究』と題するA5版五九八頁の大著では、原古事記を認めるのを否定する説を載せている。この著書は西宮説を集大成した主著で、版を重ねているが、新しく書き下した新稿と、すでに発表した旧稿を載せているので、新稿では『古事記』は太安万侶が命名した固有名詞と、はじめて主張し、「原古事記」と書くのをやめて、「天武天皇御識見の正実な帝紀・旧辞」と書いている。しかし旧稿を載せた論文には「原古事記」とある。旧説を改めずに再録しているから、普通名詞説の時に書いた「原古事記」がそのまま載っているのである。

西宮一民はなぜ普通名詞説に立って「原古事記」と書いていたのを、『古事記』は太安万侶命名の固有名詞説に変えたのか。理由は一九七八年に古事記学会の機関誌「古事記年報 二十」に、私が「古事記の成立」と題する論考を発表し、一九八〇年に「文学」五月号（岩波書店刊）に「異本『古事記』をめぐって──『古事記』は普通名詞──」を発表し、異本『古事記』を論ずることで『古事記』が普通名詞であることを主張し、西宮説の私説批判に、直接・間接に反論したからである。また私は、一九八八年には『古事記偽書説は成り立たないか』（大和書房刊）を刊行し、『古事記』は普通名詞であることが、偽書説が出る一因であることを書いた。したがって太安万侶命名の固有名詞と主張することで、私説を批判・否定しようとしたのである。

西宮一民が原古事記を「天武天皇御識見の正実な帝紀・旧辞」とする見解を、次に批判する。

一、まず「帝紀・旧辞」に冠されている「正実」が問題である。繰返し「正実」と書いているが、なぜ「帝紀・旧辞」に「正実」を冠するのか。理由は『日本書紀』が書く天武十年三月詔の「帝紀・旧辞」があるから、それに対して「正実」を冠して区別しているのである。しかし「帝紀」にしては『古事記』は「正実な帝紀」ではない。その事は今迄の章で述べてきたが、梅沢伊勢三も『日本書紀』は「有徳者君主の立場に基づいた記述」を各天皇について書いており、「帝紀」にふさわしいが、『古事記』にはそのような記述が見られないことをあげている（代表例として、仁徳天皇とウヂノワキイラツコ、弘計王と億計王の皇位継承問題についての『記』と『紀』の記述の違いを示す）。また「書紀にあらわれる天皇や皇族は総じて恋愛にうつつを抜かすような方ではなく、またそうした行為に対する批判は頗る厳格である。ところが古事記においては、天皇も皇族も、ひとしく奔放熱烈な恋愛の主人公として語られ、これを罪悪視する意識よりも、むしろその謳歌とさえみられるものがある。イザナギノミコト・オホクニヌシノカミ・ヒコホホデミノミコト・ヤマトタケルノミコト・応神天皇・木梨軽太子・雄略天皇など、いずれもその例である。この相違は天皇という人格を、倫理的な有徳者に作りあげようとする正史的（旧記―書紀）な態度と、それを自然的な人間として認めようとする古事記の立場を最もよく示しているべきである」と書いている。[11] このような『古事記』は「正実の帝紀」どころか、「帝紀」としてふさわしい内容とはいえない。

二、「正実」な「帝紀・旧辞」は、序文によればたった一人の稗田阿礼の誦習が元で、しかも「舎人」という無位の人物によっている。ところが天武十年三月詔の「帝紀・旧辞」は、川島皇子・忍壁皇子・広瀬王・竹田王・桑田王・三野王の、二皇子・四王が、大極殿の天武天皇の下に集まり、大錦下（従四位下相当）の上毛野君三千、小錦中（従五位上相当）の忌部連首、小錦下（従五位下相当）阿曇連稲敷・難波連大形、大山上（正六位上相当）中臣連大嶋、大山下（従六位下相当）平群臣子首らが呼ばれて、天皇の詔を受け、中臣連大嶋・平群臣子首が「親執筆以録焉」とある。このような「帝紀・旧辞」に対して、なぜ、舎人一人の誦習による「帝紀・旧辞」が、特に「正実」なのか、説明がほしい。

三、「天武天皇御識見の正実な帝紀・旧辞」と、天武十年三月詔の「帝紀・旧辞」は、同時期に進行したと西宮一民は書くが、三浦佑之は「天武天皇が、この二つの事業を、同時に行おうとするのは一体どういうことなのかという疑問がわき上ります。この二つの史書編纂事業を行うのであれば、天武紀十年にあるような皇子や臣下に対する、史書編纂の命令は必要ないとみるべきです。それが、なぜ存在するのか。この疑問に対して、きっちりとした説明ができないかぎり、古事記の序文は怪しいのではないかと、思うわけです。要するに、日本書紀の記事と、古事記の序文とを並べた時、どちらかが、ウソをついていると考えざるをえないのです。もしおなじ人間がこの二つの事業を、同時進行で行わせたのだとしたら、なぜ二つの「帝紀・旧辞」を、同時進行させたか理由を示すべきです」と、三浦佑之は書いている。[12]私はこの三浦説に賛成する。

西宮一民は「原古事記」と書いていたのをやめて、「天武天皇御識見の正実な帝紀・旧辞」と書くようになったのは、前述したように『古事記』固有名詞説を主張するためには、「原古事記」というのは都合が悪いからであった。しかし「天武天皇御識見の正実な帝紀・旧辞」と書くなら、天武十年三月詔の川島皇子・忍壁皇子らに命じた帝紀・旧辞との関係はどうなるのか。そのことにまったくふれていない主張は、説得力がない。

以上述べたように西宮見解には賛成できない。原『古事記』は「天武天皇御識見の正実な帝紀・旧辞」でない。天武十年の正史編纂に刺激を受けて、天武天皇の内廷（後の「後宮」）の女性たちが語りつたえていた「フルコト」を、「フミ」にしたのが、原『古事記』と考えられる。

皇妃出自氏族のワニ氏の原『古事記』関与について

川副武胤は「古事記の成立に関する一試論」で、「ここで一つの注目すべき事実を指摘しておきたい。それは古事記が勿論皇族のことを主として語る中にあつて、臣下の諸氏族のなかでひとり丸邇（わに）臣だけが古事記に登場することの格段に多いことである」と書き、中巻と下巻に登場する人物の中で氏族に属する人物は二十五人だが、その人物で「記録風のものを削除し」、活躍が認められる十九人は、丸邇臣が六人、久米直が二人で、他はすべて一人であり、丸邇臣がずば抜けて多いこと。また丸邇氏の人物のうち崇神記の日子国夫玖命、仲哀記の建振熊命は「臣下でありながら、建内宿禰以外には例のない(神の子は別)『命』の称号を有するといふ著しい共通の特色を示してゐる」ことから、次のような結論を述べる。

丸邇臣(古事記の成立した時代は春日臣一族)に関する古事記の記載は、他の氏族のそれに比べてきはめて特殊であるといはねばならない。

以上検討した結果は、古事記が春日臣らの家記を用ひたところであつたか、あるいは、この方が有力であるが、春日臣ら一族に属する某の手によって、撰せられたことを思はせることになるのである(動物の物語を分析するとやはり和邇の登場の仕方が特別の意味合ひをもつてゐることがわかる。これもこの考をたすけるものである)。しかも注目すべきはこの春日臣一族の中には柿本人麿が所属し、かつ彼の世界観は古事記のそれと全く一致する。しかしこのことをもつて古事記の作者を直ちに人麿に擬するほど大胆にはなれないが、この問題を掘りさげることは無意味なことではない。[13]

このように書いているが、柿本人麻呂を推定しているのは、川副武胤は原『古事記』の存在を主張しているからである。この川副説を坂本太郎は受入れて、「古事記の成立」で次のように書く。

古事記の氏族関係の記事で、丸邇臣に関するものがとびぬけて多いこと、古事記の記定に丸邇臣が関与しているであろうことは川副武胤氏の唱えるところであるが(昭和二十七年度古事記年報

「古事記の成立に関する一試論」)、傾聴すべきものがある。(中略)ただいかなる理由で丸邇臣は古事記の撰録に関与したであろうか。川副氏は説明していない。私はこれを稗田阿礼と同じ天武天皇の舎人であったと思われる和珥部臣君手の活躍によるものではないかと推測する。(中略)壬申の乱の功臣として天武天皇の信任の厚い人であった。のみならずこの人が文筆に縁のあったことは、和邇部臣君手記が他の舎人の日記、調連淡海日記・安斗宿禰智徳日記などとならんで、釈日本紀の私記に引用せられているので知られる[14]。

このように書いて更にワニ氏系氏族の柿本人麻呂の『古事記』への関与も推測している。

岸俊男も「ワニ氏に関する基礎的考察」で、川副・坂本説を受入れている。そして古事記の氏族系譜で特に氏族名の多い、二十氏の載る建内宿禰後裔氏族、十九例のオホ氏関係氏族、十六例のワニ氏関係氏族が、他の氏族と違って特別に例数が多いのを問題にする。建内宿禰後裔氏族はオホ氏やワニ氏の同族を記す注記と違うので別扱いにすると、オホ氏は太安万侶が『古事記』の編者だから当然だが、ワニ氏の多さについても「記の撰録になにか関係があった」からと書く[15]。

黒沢幸三も「ワニ氏の伝承」でワニ氏の『古事記』関与を推測し、ワニ氏が「皇族でないのに命(みこと)が付せられている」例を、川副武胤が示す二例(日子国夫玖命・建振熊命)以外に、二例(日子国意祁都命—意祁都比売命)を示す。以上の四例のうち意祁都比売命を除く三人には「丸邇臣之祖」とある。このように『古事記』にはワニ臣に特に皇族につけられる「命」がつき、ワニ臣伝承が多い理由について、黒沢幸三は「ワニ氏は継体以降のある期間に朝廷内で特別な位置にあって、『帝紀』『旧辞』の編纂に関与したのであろう。天皇家を除外していえば『記』中にワニ氏の伝承は圧倒的に多い。その理由は以上の見解以外では説明不可能である」と書く。そして『古事記』を多彩にいろどるワニ氏の歌物語と、人麻呂の歌は何らかの関係をもっている」から、「人麻呂と後宮の関連を考えている」と書く。[16]

ワニ氏の『古事記』関与については、前述したように川副武胤は柿本人麻呂を推定し、坂本太郎も同調するが、より確かな人物として和珥部君手を推測している。伊藤博は坂本説を取り上げ、「万葉集は歌によって古事記を継承するという意図を持つのだが、その原核をなす原本巻一（一〜五三）は持統—人麻呂ラインによる撰であろう。したがって坂本説は首肯できる推定だと思われる」と書いている。[17]尾畑喜一郎も坂本説を採り、人麻呂の『古事記』関与を推測し、「神武紀に、前述した如く、『人麻呂歌集』の歌を到底無関係とは考へられない歌が載つてゐる」から、「今また新たなる角度から考へてみて」、人麻呂が『古事記』の「『旧辞の討覈』などに関与したであらうといふ思ひを、いよいよ深めずにはゐられない」と書いている。[18]神田秀夫は柿本人麻呂と山上憶良が『古事記』に関与していると書き、「人麻呂と憶良との才能と筆力とを以てすれば、旧辞から古事記への編集は易々たることであったろう」と書く。[19]梅原猛は人麻呂は「原古事記」に関与したとみて、「もし人麿を『原古事記』の作者の一人として考えると、人麿の詩の秘密も解けてくるように思われる。彼は何故短歌の作者から長歌の作者へと移って行ったのか。人麿の歌に『古事記』の歌と同じような歌があるのは何故か。こういう謎が解けるような気がする」と書いている。[20]以上が私の知るワニ氏・人麻呂らの『古事記』関与説である。

岸俊男は「ワニ氏に関する基礎的考察」で、

ワニ氏からは応神・反正・雄略・仁賢・継体・欽明・敏達の七天皇に計九人の后妃が入れられていて、ワニ氏は蘇我氏と並んで諸豪族中では最も多くの后妃を出しているという注目すべき結果が示されている。（中略）この事実はワニ氏についての第一の特性として最初に留意する必要がある。第二点は、葛城・ワニ・蘇我三氏を比較するとき、葛城氏が后妃を出した主要期は雄略までの五世紀代であり、また蘇我氏は欽明以後、六世紀後半から七世紀にかけてである。これに対してワニ氏は葛城氏と並んで五世紀代にも后妃を出した所在を有しているが、葛城氏が没落して蘇我氏が多くの后妃を出すに至るちょうどその過渡期に、最も深く皇室と姻戚関係を結んでいたらしくみえるということである。（中略）

ワニ氏の后妃にあっては、葛城氏の場合と異なり、その皇女が多くまた再び后妃になるというように后妃関係が重複されている。この事実もまたワニ氏の一つの特性として指摘できるのではないかと思う。以上のように記紀の記載をそのまま認めると、仁賢以後敏達までのすべての天皇が、その后妃関係においてなんらかの形においてワニ氏とつながりをもつことになるのであって、その時期がさきに述べたように、后妃関係では葛城氏と蘇我氏の中間期に相当するのである。これは五世紀末から六世紀にかけてのワニ氏が中央豪族として占めていた地位を示す一指標になるとも考えられるが、ワニ氏が葛城氏や蘇我氏よりもむしろ多くの后妃を出しながら、政治面であまり活躍したように伝えられていないのは、右のワニ氏后妃のあり方に関係するのかも知れない。[15]

更に注記に「前述したように大伴・物部氏らの政治的有力氏が必らずしも多くの后妃を出していないということは、后妃を出すということが政治的勢力の優劣と直ちに結びつかないことを示すとも考えられ、ひいてこのときワニ氏が他氏に比してある特殊の氏であったという考え（たとえば後述のようにのちに猿女を出した氏であったこと）にも導かれる」とも書いている[15]。

今迄書いてきたワニ氏の『古事記』関与は、ワニ氏が皇妃出自氏族であることからみても、天武朝の内廷氏族であったことが、原『古事記』に関与した理由と考えられるし、『古事記』の女性・母性的要素も、皇妃出自氏族のワニ氏の関与が考えられる。

仲臣としてのワニ氏とオホ氏と中語と中天皇

皇妃出自氏族のワニ氏は、古代の神まつりにも深くかかわっていた。そのことはワニ氏が、神と人との仲を執りもつ「仲臣」であったことからもいえる。

『姓氏録』左京皇別の「大春日朝臣」の条に、仁徳天皇が「仲臣」の家に行幸したとき、「家に千金を重ね、糟を積んだ垣」にしていたので、「仲臣」を改め「糟垣臣」と天皇が命名した。この「糟垣臣」を「春日臣」と書き、延暦二十五年（八〇二）に「大春日」の姓を賜ったとある。また『姓氏録』（未定雑姓・右京）は、「中臣臣」について「天足彦国押人命七世孫、鏩着大使主之後也」と記す。大春日朝臣条は「天帯彦国押人命」を祖としているから、「足」を「帯」に書き変えているだけで、同一人物である。この時代は藤原氏や大中臣氏が有力氏族であったから、「中臣」に更に「臣」をつけているが、この呼称は元は「仲臣」であったことを示している。そのことは「仲臣」の春日氏と同じに天足（帯）彦国押人命を祖にしていることからもいえる。中臣臣は「鏩着大使主の後也」とあるが、「和邇系図」は米餅搗大臣命の子の人華臣が「仲臣」になったと書く。『新撰姓氏録』（山城国神別）はこの小野臣について、「天足彦国押人命七世孫、人花（華）命後也」とあり、小野氏も仲臣である。

久安五年（一一四九）三月十三日に大和国の国司に提出した『多神宮注進状』には、成務天皇の御代に「ナカツ臣（仲臣）」であったオホ（多・太・大）神宮の祭祀氏族は、神宮名と同じ「オホ」という姓にしたとある。また『姓氏録』（右京皇別）の多朝臣と同族の島田臣の条には、成務天皇の御代に尾張国の島田上下の二県に派遣された「仲臣子上」が、悪神を平伏したので、「仲臣」を改め「島田臣」という姓を天皇から賜ったとある。この二つの文献によれば共に成務天皇の時に、「仲臣」からオホ（多・太・大）臣・島田臣になっている。

折口信夫は「中臣の語義」で「中臣は中つ臣だ。すると中天皇（「中皇命」とも書く）と同じ意味」とし、[21]「中臣の職掌と分派」でも「中臣」は本来は「中つ臣」といい、「中つ臣は一つの家の系統ではない」と書く。[22]また「日本文学の発生」の第三章「中語者の職分」でも、「中臣（中つ臣）は意味が広く、一氏族だけの職ではなかつたのが、後に藤原氏を分出した中臣一族だけを考へる様になつた」と書いて、仲臣は神と人との仲を執り持つ聖職だから、「神と人間との間に立つて物を言ふ、後世の中語に当る職分」と書く。[23]

柳田国男は「立山中語考」で「立山に登る剛力のことを中語と書いてチウゴと謂ひ、時にはナカカタルとも謂ふ。（中略）中語は字の如く神と人との中に在つて語る者としてよろしい。後世別に別当神主等の役が出來て、中語は卑役のみ服するやうになつたため意味が不明になつたらうが、遠方の信心者が來つて神に接近せんとするには、假令聞かねばならぬ神の御答の要らぬ場合にでも、常に此の如き仲介者を求めたのは昔の普通の信仰であった。（中略）越前大野郡石徹白村は最初の白山の表口であったらしい。此村の舊社に白山中居（なかをり）神社がある。此神の名の起りはやはり本社に附屬した神で、主神と人間との仲介者として、民意を神に白（もう）し神意を民に宣する役を勤むる者の祖神」と書いている。(24)

柳田は書いていないが長野県の木曾御岳の御座で、前座の問答を神語で語る人を「中座」という。中語（なかかたる）・中居（なかおり）・中座（なかざ）は民間の神と人との間を執り持つ役だが、宮廷でのこの役として折口信夫は、「宮廷の尊貴な女性」がなる「中天皇（なかつすめらみこと）（中皇命）」と、「中つ臣」をあげる。(23)

「ナカツスメラミコト」は『続日本紀』（神護景雲三年十月一日条）の宣命に「中天皇」(25)とあり、『万葉集』巻一（歌番号三）の題詞には「中皇命（なかつすめらみこと）」とある。「中天皇」については喜田貞吉・折口信夫は、(21)皇極天皇と見る。「中皇命」については皇極天皇または天智天皇の皇后の倭姫王とみているが、通説化しているのは孝徳天皇の皇后であった間人（はしひと）皇女である。喜田貞吉は「中天皇考」で、天平十九年の大安寺の『伽藍縁起幷流記資財帳』に載る「中天皇」も天智天皇の皇后倭姫とみて、「中天皇（皇命）」は先帝と後帝の間をつなぐ中間の天皇と解す。(25) 井上光貞は「古代の女帝」で、「中天皇」は中継ぎ天皇、「中皇命」は元皇后と主張する。(26) しかしどちらも「ナカツスメラミコト」というのだから、表記が違うが井上説のように区別すべきではない。以上の両氏以外に折口信夫が「女帝考」で書く見解がある。(27)

折口信夫は喜田・井上の歴史学者と違って、単なる中継ぎ天皇・皇后とはみない。「最高最貴の御（ミ）言持（コトモ）ち」の天皇（スメラミコト）の上に居て、神と天皇の中を執り持つのが中皇命（ナカツスメラミコト）（天皇）だと書く。折口は「皇命（スメラミコト）」表記が「天皇（スメラミコト）」になったとみている。喜田・井上が無視する「スメラミコト（最高最古の御言持ち）」という言葉そのものを、国文学者の視点でみている。(27) 私は折口説を採る。

折口信夫は喜田貞吉の「中天皇考」(25)を読んで、「女帝考」でさらに次のように書く。

> 中皇命（天皇）は、神と天皇との間に立つ仲介者なる聖者、中立ちとして神意を傳へる非常に尊い聖語傳達者の意味であつて見れば、天皇と特別の關聯に立たれる高巫である。（中略）御在位中の天皇に對して、最近（まぢか）に御間（ごあひだ）からとして、神と天皇との間に立つておいでになる御方が、常にあつたことが考へられる。其は血縁近い皇族の女性であり、皇族外の女性でも特に宮廷に入り立ち自由の貴婦人、さう言ふ方々の存在が思はれる。併（しか）し其方々は、国史の表面に書く必要はなかつたし、あれば、皇后又、妃・嬪・夫人の類として、記述するのであつて、宗教的な記述を要せぬことのみであつた。何か偶然の機會に思ほえず、表面に出て來られたばかりである。それ偶然の機會が萬葉集や、續紀の記録として残つたわけである。(27)

また折口信夫は「古代人の信仰」では、「スメラミコト」の「スメラ」は「最高最貴」「極めて貴き」と解し、「ミコト」は「御言持ち」の略で「命（ミコト）」と書かれたとし、「地位の高い人々の敬稱に用ゐたみこともちは、皆凡別にみことと言ふ風が生じた。神代・古代の神々、貴人の名の語尾は皆それである。天の下で、最も尊い『みこともち』をなさる御方は、天皇でいらせられた。卽ち、天つ神の命を傳達して、此天の下に布かれるのだから。其で顯貴の神聖を示す爲の、『すめらみこともち』なる讃辭『すめらみこと』と申すことになつた。後代には、中宮と申してゐる御稱へは、飛鳥・近江・藤原時代には、『中つすめらみこと』であつた」と書いている。(28)

また「神道に現れた民族論理」で、「みこともちの事に關聯して注意したいのは、わが國では、女神の主神となつてゐる神社の、かなり多い事である。此は多く巫女神で、ほんとうの神は、其の蔭に隠れてゐるのである。

此女神主體の神社は、今日でも尚多く殘存してゐるが、最初は神に奉仕する高級巫女が、後には、神の資格を得て了うたのである。彼女等はその職掌上、殊に人間を隔離した生活をしてゐるから、ほんとうの神になつて了ふのである。宮廷では中天皇（ナカツスメラミコト）――又は中皇命――が、それに當らせられる。此は主として皇后の事を申したらしく、後には、それから中宮・中宮院などゝいふ稱呼を生んで來てゐる」と書いている(29)。

中宮は皇后の居所をいうが、皇后は「中皇命（ナカツスメラミコト）（天皇）」だからである。大宝令では皇后・皇太后・太皇太后に仕える官職を「中宮職」といい、中宮・中宮職は明治元年まであった。この「中宮」という呼称は「ナカツスメラミコト」が喜田貞吉や井上光貞の主張するような、単なる中継ぎ天皇の意ではなく、折口信夫の主張する意味があることを示している。この中宮が内廷・後宮である。しかし折口も柳田も、更に喜田も井上も、ワニ氏やオホ氏が仲臣であったことに気づいていない。仲臣のオホ氏が内廷（中宮）、特に天武朝の内廷に関与していたことは、次章（第十三章）でくわしく書くが、仲臣のワニ氏も皇妃出自氏族で内廷氏族である。折口信夫の見解からみても、原『古事記』に仲臣のオホ氏・ワニ氏が関与したことが考えられる。

原『古事記』に関与した仲臣のオホ氏・ワニ氏

折口信夫は「中つ臣」は神と人との仲を執りもつ仲介者とみて、「みこともち」つまり「中語者」

と書く。(27)「みこと」は尊・命と書くが、序章でも書いたように「御言」(命)の意で、神の御言を伝えたり、自ら御言を発す人である。仲臣のオホ氏やワニ氏は「御言持ち」を職分としている。そのことは『紀』『記』の書くオホ氏の始祖(神武天皇皇子の神八井耳命)の伝承が語っている。「仲臣」「中天皇」「中語」「中座」と呼ばれる人たちは、神と人との仲を執りもつ人たちであったから、オホ氏の始祖の神八井耳命は神武天皇の皇子で二代目天皇にきまっていたが、政治の「マツリゴト」を弟に譲って、神まつりの「マツリゴト」に専念したと『記』『紀』は書く。まさに「仲臣」としての典型の始祖伝承をもつ。

「みことのり」という言葉があるように、神の言葉を伝える神と人との仲介者が「仲臣」だから、仲臣の「みことのり」は単なる語りでなく、声に上げ下げがあり、歌であるから、「神語」(神語歌)「天語歌」になる。これらの歌が『古事記』のみに載るのは、仲臣のオホ氏・ワニ氏が原『古事記』に関与していたからだが、『古事記』の「事」は「言」であり、「語」だから、「ふること」は神に通じ、「神語」「天語歌」なのである。

仁徳記に丸邇臣口子と妹の口比売の歌が三首載る(歌謡番号六〇・六一・六二)。黒沢幸三は土橋寛の「口上を伝える使者の意」とする見解(『古代歌謡全注釈　古事記編』の見解)を認めながらも、「口子」「口比売」の「口」という名の兄妹がワニ氏に居ることに注目し、この兄妹の名は「ワニ氏の語部の存在を示唆している」と書き、『古事記』の「ワニ氏の伝承はすべて歌を含んでいた」と書く。そして口子・口比売の登場は、「ワニ氏が『古事記』にはっきりと歌物語を残した氏族」であることを示す一例と、『日本古代伝承文学の研究』と題する大著で、一〇三頁という分量の「ワニ氏の伝承」で詳述している。[30]

黒沢説は「伝承文学」の視点で論じているから、歌物語を語る語部の視点のみで書かれている。しかしワニ氏は皇妃出自氏族だがオホ氏と同じ仲臣である。折口信夫は「中臣天神寿詞を通じて見えることは、中臣の古い仕事は禊ぎの水に関することだといえる」と、「水の女」と題する論考で述べ、「禊ぎの水」の「聖職に與るのは、平安前は『中臣女』の爲事」だから、「中臣女」を「水の女」とみて、代表的「水の女」は丹波比古多多須美知能宇斯王（丹波道主王）の娘たちと書く。[31] 折口は「中臣女」と訓むが、中臣氏とは無関係とみているから「中つ臣女」である。丹波比古多多須美知能宇斯王の父の日子坐王の母は、「丸邇臣の祖日子国意祁都命の妹意祁都比売命」とあり、仲臣のワニ氏に結びつくから、この事実からも「ナカトミメ」でなく「ナカツオミメ」である。

「ナカツオミメ」を折口信夫は「とりあげの神女」「壬生の女」とみるが、前述したように常陸のオホ氏系の仲臣（仲国造）は、宮廷に仕えて壬生直になっている（『常陸国風土記』行方郡の記事に「那珂（仲）国造」を「壬生直」と書く）。「壬生の女」は「ナカツオミメ」で内廷（後の「後宮」）の女である。彼女らが原『古事記』に関与しているから、『古事記』は女性・母性的視点で書かれているが、彼女たちは折口信夫のいう「水の女」である。

鹿島神祭祀氏族のオホ氏系仲国造と常陸の中臣氏

第九章でふれた常陸国で鹿島神宮の本来の祭祀氏族で、オホ氏と同じに神八井耳命を祖とする氏族を、『古事記』は「常道仲国造」と書く（『常陸国風土記』は「那賀国造」と書く）。「ナカ」というのはオホ氏が「ナカツ臣」であったからである。この常陸の仲臣が祭っていた神が、中臣（藤原）氏によって、大和の春日氏の春日の地に移っているが、前述したようにワニ氏系の春日氏も仲臣である。春日の地に移った鹿島の神は藤原・大中臣氏の氏神になっているが、なぜ鹿島の神（タテミカヅチ）が藤原（中臣）氏の氏神になったのか。増尾伸一郎(32)・中村英重(33)・三宅和朗(34)は、『常陸国風土記』（香島郡）に孝徳朝に香島郡創設の申請者として「中臣□子」「中臣部兎子」とあり、「大中臣神聞勝命」「中臣巨狭山命」の記事があること。『続日本紀』（天平十八年三月丙子条）に「常陸国鹿島郡中臣部廿烟、占部五烟、賜二中臣鹿島連之姓一」とあること。また藤原宇合が養老三年頃から六年頃まで常陸守として常陸に居たこと（『続日本紀』養老三年七月庚子条、『懐風藻』の記事）。宇合が持節大将軍として蝦夷反乱の平定にあたった事（『続日本紀』神亀元年四月丙申条、同十一月乙酉条）などを理由とする。増尾は神亀元年（七二四）の出兵が直接の契機と書き(32)、三宅は鹿島神が「王権神」であった事と、藤原氏の「特殊な政治的立場」からの遷座と書く(34)。志田諄一は藤原氏の神仙思想への関心から「神仙幽居の境」（『常陸国風土記』香島郡条）の鹿島神を氏神にしたと書く(35)が、四氏はいずれも常陸の鹿島神の祭祀氏族については書いていない。

増尾・中村・三宅の三氏は「大中臣神聞勝命」を中臣氏の祖とみるが、この人物の活躍の場所を『常陸国風土記』は崇神天皇の時の大坂山での事と書く。崇神紀に大和と河内の境界の大坂山の話が載るから、大和か河内の人物であって常陸の人物ではない。その事は注記が示している。「中臣巨狭山命」も倭武の時代とあるから、本来は仲国造の仲臣を「中臣」に変えたのである。

中臣氏が『常陸国風土記』に最初に登場するのは「総記」に孝徳天皇の時、高向臣と共に派遣された中臣幡織田連からである。この人物について増尾・中村・三宅・志田氏は取り上げていないが、香島郡（『風土記』は「鹿島」でなく「香島」と書く）を「神郡」として創設したのは、孝徳天皇の時で、「惣領（すべをさ）高向の大夫（まへつきみ）に請（こ）ひて」とあるから、孝徳天皇の時に派遣された高向臣が「惣領」になったのだが、「神郡」創設には、「中臣□子」「中臣部兎子」が「請ひて」あるから、この「請ひて」の背後には中臣幡織田連が居たであろう。この神郡は仲（那珂）国造の地の「北の五里」と、海上国造の地の「南の一里」を割いており、神郡の大部分は仲国造が提供していることからも、『常陸国風土記』の書く「大臣族」の鹿島神（大臣族の祖はタケカシマという）を「中臣（なかとみ）」の神にしようとしての「神郡」創設であろう。そのことは神郡の大部分の土地を提供した仲国造は記されず、中臣のみが「請ひて」と書かれていることからいえる。孝徳朝の時、高向臣と中臣幡織田連が派遣されているが、孝徳紀（即位前紀）には「大錦冠を以ちて中臣鎌子連に授け内臣とす」とあり、孝徳天皇の白雉五年（六五四）正月には「紫冠を以ちて中臣鎌足連に授け、封を増す」とある。紫冠は大臣の地位を示すが（白雉五年の記事が「鎌子」から「鎌足」になった所見）、この時期に常陸国へ高向臣・中臣幡織田連が派遣されていることからみても、神郡の創設には中臣鎌足（鎌子）の関与が推測できる。

上田正昭は『藤原不比等』で「『日本書紀』垂仁天皇二十五年二月の条に『中臣連の遠祖大鹿嶋』の名がでてくるように、中臣氏の祖を常陸の鹿嶋（香島）に関係づけるような思考は存在していた」[36]と書くが（傍点引用者）、上田正昭はこの著書で藤原不比等は『日本書紀』の編纂に関与していたことを詳細に、説得力ある論法で述べているから、この「思考」は不比等の思考である。中臣氏の遠祖の「大鹿嶋」は常陸オホ氏の仲国造の始祖の「建借間」と、「大」と「建」を除けば「カシマ」は共通する。この常陸オホ氏の祖の「カシマ」を伝承上の十一代垂仁天皇紀に、中臣氏の遠祖として登場させているのだから、『書紀』への「大鹿嶋」の登場は藤原不比等の工作だろう。第九章で詳述したように、国譲りのため葦原中国へ向う武神はフツヌシのみであったのが、新しくタケミカヅチが加えられたのも、「大鹿島」を中臣氏の始祖とする発想と同じで、不比等による『紀』への書き入れであろう。不比等は『紀』が成立した養老四年（七二〇）に亡くなっているが、不比等の子の宇合は養老三年から六年頃に常陸守として常陸に居たのは、父の命令による常陸入りだろう。そのことは『紀』の大鹿島やタケミカヅチの登場からも推測できる。宇合の『常陸国風土記』への関与は通説化しているが、宇合も常陸オホ氏の伝承、特にオホ氏の祖のタケカシマが常陸の地を平定し、大臣の族の黒坂命がエゾ地にまで遠征した記事は削れなかったのだろう（黒坂命は茨城郡を平定し地名の茨城を命名しており、建借間命は行方郡を平定しており、那珂郡・香島郡だけでなく常陸オホ氏は茨城の大部分の平定、開発に関与していることを、『常陸国風土記』は記している）。

なぜ藤原氏はオホ氏の神をワニ氏の春日に移したか

『続日本紀』天平十八年（七四六）三月二十四日条に、「常陸国鹿島郡の中臣部廿烟と占部五烟とに、中臣鹿島連の姓を賜ふ」とある。天平十八年まで常陸に居たのは中臣部・占部で、「連」の中臣氏ではない。延喜六年（九〇六）六月、大中臣氏が朝廷に提出した『新撰氏族本系帳』には、欽明朝（五四〇～五七一）のとき、中臣常盤が始めて中臣連姓を賜わったとあるが、『尊卑分脈』では常盤について、「始而賜中臣連姓本者卜部也」と注している。「大中臣氏系図」（『続群書類従』）には常盤について「始賜中臣連姓。本者（もとは）卜部也。中臣者主神事宗源也」とあり、垂仁紀にも「中臣連の祖探湯主（くがたちぬし）に仰せて卜（うらな）ふ」とある。「探湯」は卜占の一種だから創作された人物である。欽明十三年（五五二）条に、疫病が起り物部大連尾輿・中臣連鎌子が、仏像を難波の掘江に流し棄てたとあるのが、中臣連の初出だから、この記事に合わせたのが欽明朝に中臣連になったという中臣氏関係の文献の記事だが、欽明朝の鎌子は実在の人物ではない。『紀』は皇極三年（六四四）正月に中臣鎌子連が神祇伯になったとある。この鎌子は鎌足だから、百年ほど前の欽明紀の鎌子は創作である。皇極紀の神祇伯も不比等による挿入だろう。中臣氏が仲臣の下（もと）で卜占をもって奉仕していた氏族であったことは、中臣は通例の読みでは「臣（おみ）」なのに「臣（とみ）」と読ませていることからもいえるし、「臣」と書くのに「連（むらじ）」であり、仲臣のオホ氏やワニ氏が「臣（おみ）」の姓（かばね）であるのと違うことからも、卜占に従事した連氏族であって、『記』『紀』が始祖伝承で祭祀氏族であることを示すオホ氏族などの仲臣とは違っている。

この中臣・藤原氏が常陸の鹿島からなぜ大和の春日の地を特に選んで、鹿島神を遷座したかについては、ほとんど論じられていないのは、具体的な理由が見当らないからである。理由は春日の地が仲臣の地であったことと、「春日」という地名が重要な意味をもっていたからでもある。

春日氏はワニ氏系氏族の筆頭の氏族で、三笠山山頂から昇る日神祭祀氏族であった。そのことは春日曼荼羅に描かれている絵が証しており、「春日」という氏の名が示している。更に三笠山に式内社の日向神社があることが証明している。ところが多神社も春日宮という。『五部神社誌』に載る久安五年（一一四九）に国司に提出した「多神宮注進状」には、「神地旧名春日宮、今云二多神社一」とある。鹿島神宮の文献『ものいみ書留』には、奈良の春日の地に遷座した後、大同元年（八〇六）に大和の「春日社」の神を常陸オホ氏が祀る常陸の大生神社に遷し、更に大同二年に鹿島神宮に遷したとあり、鹿島神宮宮司の東家の文献『鹿島大明神御斎宮神系代々』は大和の「大生大明神」からの遷座と書くから、「春日社」は「大生（多）社」である。そのことは東家所蔵の『羽入氏書留由緒』にも載り、大生神社の棟札の裏面の由緒書にも、「神護景雲二年和州城上郡春日の里に御遷幸、大同元年二月十一日此里に御遷還、同二年鹿島郡に御遷幸」とある。

「多神宮注進状」が載る『五部神社誌』は略称で正確には『和州五郡神社神名帳大略注解』というが、この書は多神社のある十市郡を「春日縣後改十市縣」と書き「十市縣主系図」を載せる。その系図によれば春日県主が十市県主に名を変えている。十市県（郡）の人々が祭祀していたのは、この郡の唯一の「名神大社」の多（太）神社だから、春日県の「春日社」ともいっていたのである。この春日社の場所は春日氏が祀る三笠山の日向神社と同じに、三輪山山頂にあった日向神社とかかわる弥生時代からの太陽祭祀の聖地であった。そのことは第六章に図を掲載して示した。また、多神社とその周辺の発掘調査をおこなった橿原考古学研究所の調査報告書を提示して詳述したが、このことも第六章で述べたが、この地は笠縫邑の比定地で太陽祭祀の伝承地であり「春日」の地名にふさわしい。

「多神宮注進状」裏書には多神社の祭神は天照大神の「亦名」の天疎向津姫命で、河内国高安郡の「春日坐高座天照大神之社同体異名也」とある。「春日坐高座天照大神之社」は『延喜式』神名帳に載る河内国高安郡の「天照大神高座神社」で、神名帳は「元号春日戸神」と注す（八尾市教興寺字弁天山に所在）。神名帳に「天照大神」と社名が書かれているのはこの社のみだが、多神社の祭神が天照大神の「亦名」なのは、皇祖神をストレートに書くのを避けたからである（『延喜式』神名帳には「弥志理津比古神社二座」とあるのは、公式には天照大神と御子神の母子神とするのを避けて夫婦神にしたのだろうが、「ミシリツ」も統治の意だから本来の神名と関係がある）。

仲臣のオホ氏もワニ氏（春日氏・小野氏）も、古くからの日神祭祀氏族であったことが、神と人との仲を執り持つ「仲臣」といわれ、その地を共に「春日」と言ったのである（「多・太・大」や「春日」と書かれる氏族名がそのことを示している）。大中臣氏が伊勢神宮の日神祭祀者に成り上るためにも、卜部としての「ナカトミ」から、神と人との仲を執り持つ「仲臣（なかつおみ）」になるためにも、大和の春日の地に遷座する必要があったのであろう。

『続日本紀』宝亀八年（七七七）七月十六日条に、「内大臣従二位藤原朝臣良継、病あり。其氏神鹿島神を正二位、香取神を正四位に叙す」とあり、鹿島神と香取神は正二位と正四位で差別されているが、鹿島神と共に香取神も春日の地へ遷幸している。『常陸国風土記』（香島郡）に「天之大神社、坂戸社、沼尾社」を鹿島社と称したとあり、鹿島神宮は三社の総称である。今は坂戸社がアメノコヤネ（この神は本来の中臣氏の氏神で現在の春日大社に姫神と共に祀られている）、沼尾社がフツヌシを祭神にするが、本来は坂戸社がフツヌシ、沼尾社がヒメ神を祀っていた。鹿島神宮はタケミカヅチとフツヌシが祭神であったから、両神が春日の地へ遷幸したのである。『日本書紀』はフツヌシとタケミカヅチは共に武神として登場しているのに、なぜか『古事記』はタケミカヅチの亦の名がフツヌシになっており、一神化している。これは藤原・中臣氏の氏神化に異議を主張するため、多人長が平安時代初期に工作したからである。そのことは他には見られない『古事記』のみに天つ神のタケミカヅチと、国つ神のタケミカヅチの二神が記されていることからもいえる（このことは第六章で詳述した）。国つ神のタケミカヅチは三輪山の神オホモノヌシの神統譜に組み入れられているのも、前述したようにオホの地は弥生時代から三輪山から昇る日神祭祀の春日の地であったから、多人長が現存『古事記』へ新しく作って入れたのであろう。

第七章で大神神社や大倭神社の祭祀者の大神氏・大倭氏が「氏長」になっている記事では、特に多（太）神社の太安万侶も「氏長」になっているが、この氏長（氏上）の記事が藤原不比等の生存中に限られているから、仲臣の下にいた卜部の中臣（なかとみ）から、仲臣（なかつおみ）に成り上り、特に「藤原」を名乗った不比等が、常陸オホ氏の多神社の祭祀者安万侶を、大神神社が大倭神社の祭祀者と同じにしたのだろうと書いたが、仲臣の仲国造が祀っていた鹿島神を、大和の春日の地に移す計画もすでに不比等の時にあり、その意志を後継者たちが受け継いだと考えられる。したがって前述したように大和の春日の地に移って空席になった常陸の鹿島社へは、大同二年（八〇七）に大和のオホの地の春日から、また神の分霊を移しているのである。理由は常陸の鹿島の神は本来は大和の春日の地のオホの神を移した神だからである。その鹿島の神を、ワニ氏の春日の地へ藤原・大中臣氏が移した理由は、卜部としての中臣が仲臣に成り上ったので、仲臣のオホ氏の神を大和の同じ仲臣の春日氏の地に移し、仲臣に成り上った藤原・大中臣の氏神として、春日大社を新しく作ったからである。この藤原・大中臣氏の行動に不満をもった多人長は、タケミカヅチの神を天つ神と国つ神の二神に別けて、現存『古事記』に記し、藤原氏が祀る春日大社の神は、元は仲臣のオホ氏の神であることを暗示したのであろう。

原『古事記』とオホ氏・ワニ氏・稗田氏の結びつきと仲臣

オホ氏とワニ氏が「仲臣」で共に「春日」にかかわる事を述べたが、「春日」の地は『古事記』序文に登場する稗田阿礼の稗田（猿女）氏にもかかわる。第六章に多の地を図で示したが（二二八頁）、北へ二・五キロの地に「神名帳」に載る鏡作坐天照御魂神社があり、更に十一キロ先に稗田が直線上結びつく。

この稗田氏は猿女君の一族だが、稗田氏はオホ氏だけでなく同じ仲臣のワニ氏ともかかわる。柳田国男は「稗田阿礼」と題する論考で、『類聚三代格』に鎮魂祭に奉仕する猿女を小野臣・和邇部臣が出していたが、旧に戻して猿女君の稗田氏から出すことにしたと載るから、稗田氏とワニ氏は関係があると書いている。[37] 岸俊男も「ワニ氏に関する基礎的考察」で、「ワニ氏同族が猿女を貢していたことが事実とすれば、そこに同じ猿女を出す猿女公氏の稗田阿礼との間にも何らかの関係が存在したかも知れず、このような関係が阿礼を通して古事記の中でワニ氏を特異な存在たらしめることになったと考えられないだろうか。因みに稗田氏の本居は大和郡山市稗田とみられているが、この地は大和におけるワニ氏の本拠地を推定した和爾から約四キロの至近距離にあり、やはり添上郡であるから当然その勢力圏内にあったと推定される」と書いている。[15]

和田萃はこのワニの地に『延喜式』神名帳に載る和爾坐赤坂比古神社と和爾下神社があり、和爾下神社の近くに柿本人麻呂の歌塚があると書き、仁徳記や仁徳紀・推古紀に載るワニ池を掘ったとある池を、和爾集落の西北約二キロの広大寺池と推定し、「広大寺池は永禄年間のものと考えられる『古市藤千代書状』に、『稗田庄池水』と表現されている。以後明治にいたるまで、広大寺池の灌漑水利については、最下流にあたる稗田地域が絶対的な権利を有していた。水利慣行は容易に変更されない。稗田地域は室町時代以前から広大寺池の水利権をにぎっていたものと思われる」と書き、ワニと稗田の結びつきについて、「柳茶屋が分水された北流ぞいに小字『稗田橋』があり、西に接する小字『ワサダ』の場所が史料に『和珥郷字くすのた』とみえている」と書いて、このようにワニ池の水使用の管理権を稗田氏がもっており、稗田の地が「和珥郷」といわれていることから、稗田阿礼の稗田氏とワニ氏の結びつきを和田萃は推測している。[38]

和田萃は述べていないが、前述した大和郡山市稗田町の売太神社の南方の大和郡山市横田町には「サルべ」の地名がある。ところが同町には式内社の和爾下神社が鎮座する。祠官家を市井（櫟井）というが『古事記』が小野・柿本氏と同族と書く壱比韋臣の子孫である。この和爾下神社の近くに「神楽田」という地名があり、猿女とかかわることからみても、ワニ氏と猿女（稗田）は結びついている。

松前健は「伊勢の日神に奉仕する司祭氏族であった猨女君を、中央に召し出し、大嘗祭や鎮魂祭に奉仕させた」と述べているが[39]、『古事記』のみが伊勢の阿耶訶での猿田彦と猿女の祖天鈿女の夫婦神の話を載せるが、この地に「神名帳」で「大社」の阿射珂神社がある（現在は松坂市の大阿坂町と小阿坂町にある）。松坂市は元の壱志郡にあるが、菊池威雄はこの地は「和珥氏の同族である壱師氏の本貫地」だから、ワニ氏と猿女氏は「一筋の糸で結ばれている」と「柿本氏と猨女君」で述べている。[40]阿射加神社のある大阿坂町の隣の松坂市小野町には小野神社があり、柿本氏・壱師氏と同族の小野氏の神社がある。宝賀寿雄は「猿女君の意義（上）」で、『古事記』でワニ氏同族とある伊勢飯高君が祀る式内社神山神社（松坂市山添町）の祭神は、猿女君の祖の天鈿女命と猿田彦命と書く。[41]このようにワニ氏系氏族が稗田氏の祖を祀っていることからみても、オホ氏――ワニ氏――稗田氏は結びつき、序文に稗田阿礼が登場するのも理由があってのことである（オホ氏と稗田氏の密接な関係は、第六章の「阿礼の稗田氏と安万侶のオホ氏と日神祭祀」「神楽で結びつく稗田氏とオホ氏」で詳述した）。稗田（猿女）氏は「仲臣」とはいわれていないが、『記』『紀』が書く始祖のアメノウズメの伝承からみても、神と人との仲を執り持つ仲臣的役割をもつ氏族であることは確かである。この三氏が原『古事記』に関与していることが、『古事記』が『日本書紀』と違う性格を示している。それは本居宣長が『古事記傳』で書く、「コト」は本来は「事」でなく「言」だという主張である。仲臣は神の「コト」を「言」として伝えており、それが「ノリコト」であり、「誦」である。

原『古事記』とワニ氏系の柿本人麻呂

天武朝の内廷（後の「後宮」「中宮」）で成立したと考えられる原『古事記』に、ワニ氏やオホ氏が関与していると私は書いてきたが、その視点からすると無視できないのは柿本人麻呂である。理由の第一は柿本氏はオホ氏と同じに原『古事記』に関与したワニ氏系氏族であること。第二に仲臣の春日氏・小野氏と同族であること。第三に天武朝に『書紀』によれば柿本猨（さる）という人物が天武十年に「小錦下」を授けられていることである。梅原猛は『水底の歌――柿本人麿論（下巻）』で猨と人麻呂を同一人物と見るが[42]、私は梅原説は採らない。しかし柿本氏と同族の小野氏・ワニ部氏が猿女を出していることからみて、猿女（稗田）と無関係ではない。菊池威雄は『柿本人麻呂攷』に「柿本氏と猨女君」と題する論考を載せ、両氏は密接な関係があることを論証している。[40]第四に、人麻呂が『古事記』に関与していると推測する論者に、川副武胤、[4]坂本太郎、[14]黒沢幸三、[16]伊藤博、[17]尾畑喜一郎、[18]神田秀夫、[19]梅原猛[20]らがいる。川副武胤・梅原猛は人麻呂は原『古事記』への関与と書くが、他の諸氏は原『古事記』とは明記せず、天武朝の未完の『古事記』への人麻呂関与と書いている。これらの見解は梅原猛の論考を除けば、いずれも本格的な論考ではない。私は柿本人麻呂については、拙著の『人麻呂の実像』[43]『人麻呂伝説』[44]で詳述したので、ここでは述べない。ただ第十一章でも述べたが、原『古事記』との関係について書く。

　まず『古事記』の本質は「記（フミ）」以前の「フルコト」である。『記（フミ）』になって『古事記』と書かれたが、「記（フミ）」として書下された『日本書紀』と違って、文字以前から語り伝えられていた「神語」「歌物語」を元にしているから、『古言記』である。「事（こと）」でなく「言（こと）」であることは、序章でも述べたが、原『古事記』に関与したのが皇妃出自氏族や壬生にかかわる氏族であることからみても（そのことは第十三章・第十四章で詳述する）、女の語りである。折口信夫は『万葉集』巻三の持統天皇と志斐嫗との贈答歌を取り上げ、「志斐嫗の属してゐた志斐連が語部であつたことを思へば、これまでの学者の説明してゐた以上に、内容のあることを直観せられねばならぬ。平田篤胤は、語部なる部曲の民の中で、語部の真の職掌を務める者は女であつた、といつてゐる。此志斐嫗は持統天皇の御幼時から、様々な物語を教へてゐた教師であつたらう」（傍点引用者）と書いており、[45]「国文学の発生」では、語部は「第一猿女（サルメ）・第二中臣女（ナカトミメ）・第三天語部（アマカタリベ）、此三つの系統の語部である。猿女・中臣女の如きは、恐らくは時を同じくして併立して居たものであらうが、勢力にはそれ〴〵交替があつた。天語部は後のわり込みで、猿女・中臣女に替つたものと見る事が出来る」と書いて、古い語部は女性であつたと明言している。[46] 語部は「フルコト」を語るがそれよりも神語(かみがたり)を人に伝える「御言持(みこともち)」であったから 猿女はアメノウヅメを祖とする。この猿女と同じ語部を折口は「ナカトミメ（中臣女）」と書くが、本来は「ナカツオミメ」であろう。「ナカツスメラミコト」も女であり、男ではない。黒沢幸三[16]・伊藤博[17]・菊池威雄[40]・橋本達雄[47]らは、人麻呂は男性であっても女たちの館の後宮（「後宮」の呼称は大宝令以降だから「内廷」）に歌人・舎人として出仕していたと推論し、後宮の女たち（皇后から女官まで）の代作作家とみている（このことは終章で更に詳論する）。

私は拙著『人麻呂伝説』で、「人麻呂は、柳田国男が書くように、女の名にもなっている」と書いたが、[48] 柳田は「人丸大明神」で「播磨の舊記『峯相記』の中には、明石の人丸神、實は女體といふ一説を録してゐる。因幡の某地にあつた人丸の社も、領主龜井豊前守の實見談に、内陣を見れば女體であつたといふ。さうすると芝居の悪七兵衛景清の娘の名が、人丸であつたといふ話もまた考へ合されるる」と書いている。[49] 人麻呂の歌が月経不順に効力があるというのも、人麻呂伝説と女性の関係を示唆している。

伊藤博は「歌人と宮廷」で、『万葉集』の人麻呂作歌の「土形娘子を泊瀬山に火葬(やきはぶ)る時」の歌（巻三・四二八）、「出雲娘子を吉野に火葬る時」の歌二首（巻三・四二九、四三〇）、「吉備津采女の死にし時」の長歌と短歌二首（巻二・二一七、二一八、二一九）や、「人麻呂の構成・提供」と見られる「磐姫皇后の天皇を思ふ御作歌」四首（巻二・八五、八六、八七、八八）。「詩句や発想に人麻呂的な匂いがあるから、何らの形で人麻呂が関与した形跡がある」天武崩御の折に、大后（持統）がうたったといわれる挽歌（巻二・一五九）、天武崩御後、持統八年九月御斎会の夜に女帝が夢の裡に誦したといわれる挽歌などをあげて、これらの歌は「後宮的トネリ歌人」の柿本人麻呂の代作と書く。(17)

前述したように天智・天武の殯宮での挽歌は女たちが作っていて、男ではないが、女たちがうたう挽歌も、人麻呂作歌か人麻呂代作歌である。このことからみて本来は文字による作歌以前の歌は、女たちの誦であったことがわかる。『旧事本紀』によれば鎮魂祭に「挙げる言本（コトノモト）」は、猿女が率いる歌女たちによっているが、この猿女の姓は稗田阿礼の「稗田」である。『西宮記』によると柿本氏と同族の小野氏・ワニ部氏が猿女を朝廷に出している。小野氏・春日氏はオホ氏と同じ仲臣だから、柿本氏も仲臣的人物であったと考えられる。原『古事記』の成立時期とワニ氏系氏族の原『古事記』関与の事実からみても、人麻呂の関与が推測できる。いずれにせよオホ氏とワニ氏が仲臣であったことは、文献に載っていても、その事実を取上げてきたのは私のみである（私は一九七四年刊行の拙著『日本古代試論』で「仲臣のオホ氏と中臣連の藤原氏」と題する論考を発表している）。しかし出版社経営のアマチュアの見解は無視されてきたが、『古事記』の成立を論じる場合、無視できないから私は再び取り上げた。

〔注〕

（1）折口信夫『折口信夫全集ノート編　第二巻』二八三頁～二八四頁（中央公論社　一九七〇年）
（2）西郷信綱『古事記注釈　第一巻』六五頁（平凡社　一九七五年）
（3）筏勲『上代日本文学論集』五五頁～五八頁（民間大学刊行会　一九五五年）
（4）川副武胤「古事記の成立に関する試論（一）」「古事記年報　一」所収（古事記学会　一九七八年）
（5）毛利正守「古事記の音注について（上）」「芸林」一八巻一号
（6）毛利正守「古事記の音注について（下）」「芸林」一八巻二号
（7）小林芳規「古事記の用字法と訓読の方法」「文学」一九七一年十一月号
（8）西田長男「曾富理神」「宗教研究」一八四号
（9）小島憲之「『原古事記』より『古事記』へ」『上代日本文学と中国文学（上）』所収（塙書房　一九六二年）
（10）西宮一民「古事記の成立――偽書説批判および原古事記の比定――」『論集　古事記の成立』所収（大和書房　一九七七年）
（11）梅沢伊勢三「大陸化された古伝説の再国粋化と神孫王者観の主張」『記紀批判』所収（創文社　一九六二年）
（12）三浦佑之「古事記『序』を疑う」「古事記年報　四七」所収（古事記学会　二〇〇五年）
（13）川副武胤「古事記の成立に関する一試論」「古代学」三巻二号
（14）坂本太郎「古事記の成立」『日本史の基礎的研究（上）』所収（東京大学出版会　一九六四年）
（15）岸俊男「ワニ氏に関する基礎的考察」『日本古代政治史研究』所収（塙書房　一九六六年）
（16）黒沢幸三「ワニ氏の伝承」『日本古代の伝承文学の研究』所収（塙書房　一九七六年）
（17）伊藤博「歌人と宮廷」『万葉集の歌人と作品（上）』所収（塙書房　一九七五年）

(18) 尾畑喜一郎「古事記と柿本人麿」『古事記の成立と構想』所収(桜楓社 一九八六年)
(19) 神田秀夫「動揺する古事記の成立――序文の解釈をめぐって――」「国文学――解釈と鑑賞――」一九六四年四月号
(20) 梅原猛「人麿・人生とその歌」『古代幻視』所収(文藝春秋社 一九九二年)
(21) 折口信夫「中臣の語義」『折口信夫全集ノート編 第三巻』所収(中央公論社 一九七〇年)
(22) 折口信夫「中臣の職掌と分派」注(21)前掲書所収
(23) 折口信夫「日本文学の発生――その基礎論――」『折口信夫全集 第七巻』所収(中央公論社 一九六六年)
(24) 柳田国男「立山中語考」『柳田国男集 第九巻』所収(筑摩書房 一九六九年)
(25) 喜田貞吉「中天皇考」「藝文」第六年第一号 一九一五年。『喜田貞吉著作集 第三巻』所収(平凡社 一九八一年)
(26) 井上光貞「古代の女帝」『井上光貞著作集 第一巻』所収(岩波書店 一九八五年)
(27) 折口信夫「女帝考」『折口信夫全集 第二〇巻』所収(中央公論社 一九六七年)
(28) 折口信夫「古代人の信仰」注(27)前掲書所収
(29) 折口信夫「神道に現れた民族論理」『折口信夫全集 第三巻』所収(中央公論社 一九六六年)
(30) 黒沢幸三「ワニ氏の伝承」『日本古代伝承文学の研究』所収(塙書房 一九七六年)
(31) 折口信夫「水の女」『折口信夫全集 第二巻』所収(中央公論社 一九六五年)
(32) 増尾伸一郎「神仙の幽り居る境」『古代東国と常陸国風土記』所収(雄山閣出版 一九九九年)
(33) 中村英重「中臣氏の出自の形成」『古代氏族と宗教祭祀』所収(吉川弘文館 二〇〇四年)
(34) 三宅和朗「古代春日社の祭りと信仰」『古代王権祭祀と自然』所収(吉川弘文館 二〇〇八年)
(35) 志田諄一「『常陸国風土記』と神仙思想」『「常陸国風土記」と説話の研究』所収(雄山閣出版 一九九八年)

(36) 上田正昭『藤原不比等』六六頁(朝日新聞社 一九七九年)
(37) 柳田国男「稗田阿礼」『柳田国男集 第九巻』所収(筑摩書房 一九六五年)
(38) 和田萃『大系日本の歴史 2』九一頁~九二頁(小学館 一九八八年)
(39) 松前健「大嘗祭と記紀神話」『古代伝承と宮廷祭祀』所収(塙書房 一九七四年)
(40) 菊池威雄「柿本氏と猨女君」『柿本人麻呂攷』所収(新典社 一九八七年)
(41) 宝賀寿雄「猿女君の意義(上)」「東アジアの古代文化」一〇六号(大和書房 二〇〇一年)
(42) 梅原猛「年齢考」『水底の歌――柿本人麿論――下巻』所収(新潮社 一九七三年)
(43) 大和岩雄『人麻呂の実像』(大和書房 一九九〇年)
(44) 大和岩雄『人麻呂伝説』(白水社 一九九一年)
(45) 折口信夫『折口信夫全集 第九巻』一二頁~一三頁(中央公論社 一九六六年)
(46) 折口信夫『折口信夫全集 第一巻』一五五頁(中央公論社 一九六五年)
(47) 橋本達雄「柿本人麻呂の地盤」『万葉宮廷歌人の研究』所収(笠間書院 一九七五年)
(48) 大和岩雄「猿丸・人丸伝説と猿女」注(44)前掲書所収
(49) 柳田国男「人丸大明神」(「目一つ五郎考」所収)『柳田国男集 第五巻』(筑摩書房 一九六八年)

第十三章

原『古事記』とオホ氏・尾張氏・大海氏

序文は「朕聞く」で「朕思う」でないのはなぜか

『古事記』が天武天皇の勅命による「正実な帝紀旧辞」でないことは、今まで述べてきた『古事記』の内容からはっきりいえる。『日本書紀』と違って実の兄妹の「不倫」も愛の歌物語として載せており、『日本書紀』では勅命を受けて男らしく活躍するヤマトタケルは、『古事記』では女たちの呪物や、女が海へ身を投げて海難から救われるタケルであり、相手を討つ時にも女装しており、西宮一民が主張する「正実な帝紀・旧辞」ではなく女性主導の歌物語であり、西宮の書く「天武天皇御識見」とはいえない内容である。そこで問題になるのは序文の「朕聞く」である。

梅沢伊勢三は「朕思う」でなく「朕聞く」は異例だと書き、「奏上する者が存在した。奏上者を多氏と考えることは推論として必らずしも不可能ではない」と書いている[1]。梅沢は書いていないが多氏とすれば壬申紀で活躍する多品治（ほむじ）である。

多品治は『日本書紀』の壬申紀によれば湯沐令（ゆのうながし）とある。湯沐令は湯沐邑（ゆのむら）の管理者である。湯沐邑とは東宮や中宮に限られた直轄領をいう。直木孝次郎は湯沐令は「湯沐邑の直轄的性質からいって、一般の官吏とはややことなり、おそらく大海人皇子によって任命され、大海人と個人的な隷属関係をもっていたものであろう」と書く[2]（傍点は引用者）。多品治は天皇になる前の大海人皇子のときから、個人的な主従関係にあった特別な人物である。

「湯沐令」は天武即位前紀（壬申紀）のみに登場するが、中国で「湯沐邑」を設定したのは漢の高祖だから、前川明久は自らを漢の高祖に擬した天武天皇が高祖にならって、「旧壬生部に対する私的呼称」として「湯沐」という呼称を用いたと書く[3]。上田正昭は「『湯沐邑』については『壬生部のごときものであるように思われる』(横田健一「壬申の乱前における大海人皇子の勢力について」『日本古代の政治と文学』所収。直木孝次郎『壬申の乱』)」と、横田説や直木説を引用して書き、更に「壬生と湯沐との間には密接なかかわりがあったと考えてよい。壬生部は別に乳部とも書くように(『日本書紀』皇極天皇元年是歳の条)皇子養育のための部である」と書いている[4]。

大海人皇子は壬申の年(六七二)六月二十三日に、三人の舎人を召して、次のような重大な命令を湯沐令の多品治に伝えるよう命じている。

今聞く。近江朝庭の臣等、朕が為に害はむことを謀る。是を以て、汝等三人、急に美濃國に往りて、穴八麻郡の湯沐令多臣品治に告げて、機要を宣ひ示して、先づ當郡の兵を發せ。仍、國司等に經れて、諸軍を差し發して、急に不破道を塞げ。朕、今發路たむ。

この記事が壬申の乱の発端である。多品治は最初に挙兵し不破の関を守っただけでなく、翌日の六日には美濃から伊賀に出兵し、莿萩野で田辺小隅の軍と戦い撃破している。そのときの多品治を壬申紀は「將軍」と書いている。壬申の乱においてもっと重要な最初の挙兵を、天皇から直接命じられたのが多品治であることからみても、天武天皇の厚い信頼を受けていたことがわかる。

なぜ『古事記』と直接には関係しない壬申の乱のことを、多くのスペースをさいて序文筆者は書いたのか。上田正昭はその理由について、太安万侶の父と見られている多品治が、壬申の乱で活躍していたからとみて、天武朝での『古事記』の編纂に、多品治の関与をみている[4]。

『日本書紀』持統天皇十年八月条に、次のような記事が載る。

直廣壹を以て、多臣品治に授けたまふ。幷て物賜ふ。元より従ひたてまつれる功と、堅く關を守れる事を褒美めたまふなり。

「直廣壹」は正四位下にあたるが、「元より従ひたてまつれる」とは湯沐令として最初に挙兵したことであり、「堅く守った関」は不破の関である。この関をどちらが守りきるかによって勝敗は決する。そのような場所を守るもっとも重要な任務を与えられていたのも、最初に挙兵するように命じられたのも、多品治である。とすれば序文の「朕聞く」も、序文の詳細な壬申の乱の記事も、多品治を意識して多人長が書いたと考えられる。

『日本書紀』天武天皇十四年九月十八日条に、「天皇、大安殿に御して、王卿等を殿の前に喚して、博戯せしむ」とある。「博戯」は双六を用いてする賭事だが、『続日本紀』によれば文武天皇二年七月条に、「博戯遊手の徒を禁ず」とあり、天平勝宝六年十月条では双六も禁じている。このような賭事に多品治が招かれているのは、彼が天皇の側近であったことを示している。

天武天皇と多品治の結びつきの強さは、壬申の乱と博戯だけではない。『日本書紀』天武天皇十三年二月二十八日条に、「是の日に、三野王、小錦下采女臣筑羅等を信濃に遣はして、地形を看しめたまふ。是の地に都をつくらむとするか」とある。この信濃国の造都計画は天武天皇の死によって中止されたが、なぜ信濃国に都を作ろうとしたのだろうか。坂本太郎は「信濃国に天武天皇が関心をもっていた美濃国と湯沐邑とその長官多品治との関係にもとづくのではないか」と推測している。(5) 多品治は信濃の隣国の美濃に居たとき、「隣国の信濃の情報をいろいろ聞いて、その山川と秀麗なことにひそかにあこがれる所があったかも知れず、また実際に天下を巡行して信濃を訪れ、信濃の美しい山川が陪都にふさわしいと信じて、これを天皇に進言したから、天皇はそれを取上げる気持を起こしたのではなかろうか。天皇の信濃に対する関心の深さは、品治の媒介を考えることによって氷解できるのではないかと、私は考えるのである」と坂本太郎は書き、さらに「なお信濃は、国造家が多臣と同族の金刺舎人であり、多氏の同族は広く信濃に蔓延していたと推せられる点もある。（中略）品治の進言は、信濃在住の同族の支持を背景にしたものであったと考えられる」とも書いている。[5] 私も『日本古代試論』に掲載の「天武天皇はなぜ信濃遷都を計画したか」や、『天武天皇論（二）』所収の「天武天皇の造都計画――なぜ信濃に都城・行宮を造営しようとしたか――」と題する拙論で、信濃造都計画は「美しい山川が陪都にふさわしい」という、長野県に別荘を作ろうとする現代人感覚に似た発想でなく、もっと現実的な理由を書いた。[6] その詳論は略すが、坂本太郎も指摘するように、[5] 多品治の進言によって信濃造都計画ははじまったと私も推測する。東国でも特に信濃に都を作ろうとし、造都が無理とわかると行宮を作るほど信濃に執着し、結局天皇の病気でとりやめるまであきらめないのは、信濃に強い関心を天武天皇がもっていたからである。理由は天皇に信濃の事を語った人物が、天皇から厚い信頼を受けていた側近であったからで、その人物が多品治であることを聞かされていた多人長は、序文にあえて「朕思う」でなく「朕聞く」と書いたのではないだろうか。

壬生（乳部）としてのオホ氏と原『古事記』

高橋六二は多品治が大海人皇子の「湯沐令」であったから、「ミブと文学――多氏の職掌をめぐって――」で、多品治は天武天皇の皇子のときの「湯沐令」で壬生（乳部）にかかわるから、「ミブ」は

「ミウブつまり皇子の産養からできた語音が融合したもの」とみる折口信夫の説（『折口信夫全集』六、「万葉集辞典」）を採って、「ミブ」は「元來、皇子誕生への奉仕とその養育に従事」することを言ったと書き、「多品治は、大海人皇子の御生誕以来その養育に仕へる家柄の者だつたのではあるまいか。大和の本貫にゐた時から、皇子に近侍してゐたものと思ふ。したがつて皇子の私封（湯沐邑）として美濃の安八磨の地が定められた際に、その管理責任者＝湯沐令に任命されたのではなかつたか」と書き、「三谷栄一が『古事記』は鸕野皇后（持統天皇）の後宮が集成された、……〈後宮の文学〉として成立したものだとされた（「古事記と後宮の伝承」国学院雑誌62・10）のは、正鵠を射た所論と言へよう」と書いて、結論としてオホ氏が関与した「『古事記』は、その成立上から言つて〈女の文学〉である。しかも、その伝承上の本質は〈産育の文学〉にあると言へよう」と書いている。(7)

『常陸国風土記』（行方郡）に「那珂国造」の「壬生直夫子」とあるが、那珂国造は前述したように神八井耳命を祖とするオホ氏系氏族で、常陸の鹿島神宮を祭祀していた氏族である。このオホ氏系氏族が「壬生直」と記されているのは、孝徳天皇の「癸丑年」（白雉四年・六五三年）に、茨城郡と那珂郡の地を別けて行方郡を作ったとある記事だから、すでに孝徳天皇の時代からオホ氏は壬生にかかわっており、したがって常陸のオホ氏も「壬生直」を名乗ったのであろう。多品治が大海人皇子の湯沐令になったのは、古くからオホ氏が壬生（乳部）にかかわる氏族だったからである。

『古事記』を高橋六二は「女の文学」「産育の文学」と書き、理由としてオホ氏が壬生にかかわる氏族であったからと書いているが、私も第十一章で女性・母性にかかわる「フルコトブミ」であることを詳述した。壬生（乳部）にかかわるオホ氏は皇妃出自氏族のワニ氏と共に、天武朝の内廷（後の「後宮」）にかかわり、内廷で編集された女たちの「フルコトブミ」、私のいう原『古事記』に関与したのであろう。

内廷（後宮）にかかわるオホ氏系の小子部連

オホ氏が内廷に関与していることは、『古事記』の神武記に書くオホ氏系氏族のうち、オホ氏の次に書かれている小子部連の伝承からもいえる。小子部氏はオホ氏と同じに大和国十市郡のオホの地に共に住み、オホ氏の多（太）神社と共に子部神社を祀っている（『延喜式』の神名帳では、多神社を「名神大社」、子部神社を「大社」と書く）。

直木孝次郎は小子部氏について、「小子部氏の率いる小子部も子部の一種であって、小子部氏は子部氏同様、少年を率いて宮廷に仕え、天皇側近の雑務を担当していたのであろう。宦官の制のない日本では、後宮の雑務にも小子部・小子部連が従事していたのではなかろうか」と書き、次の『日本霊異記』の記事を示す。

小子部栖軽は、泊瀬の朝倉の宮に二十三年天の下治めたまひし雄略天皇の随身、肺脯の侍者なり。天皇、磐余の宮に住みたまひし時、天皇、后と大安殿に寝て婚合したまへる時、栖軽知らずして参ゐ入りき。天皇恥ぢてやみぬ。

そして「小子部が後宮に出入するところから生まれたものと考えたい」と書く(8)。黒沢幸三は「雄略天皇の皇居は泊瀬の朝倉であるから、この『磐余の宮』はむしろ皇后の宮とみる方がよいのではなかろうか。『允恭紀』には衣通姫の宮として『藤原宮』『茅渟宮』が記されている。つまりこの話は後宮を舞台にして生まれた話と考えられ、その後宮に『随身、肺脯の侍者』――側近として仕えているのが小子部氏であろう」と書いている。(9)

『日本霊異記』の巻頭に載る小子部の話は雄略天皇の時代の話だが、直木孝次郎は奈良時代に成立された内豎省（豎子所が前身）について、内豎・豎子は「知比佐和良波（チイサワラハ）」と訓じられているから、奈良時代の「チイサワラハ」は、「天皇・皇后に仕えて後宮など宮中内部に侍していた」とみて、「内豎・豎子の制は唐制にならって制定されたものであろうが、律令制成立とともに一旦は消えた小子部の遺制が、そのなかに取り入れられ、形をかえて復活したと考えられる」と書き、小子部氏は後宮氏族とみている。(8) 黒沢幸三も山本信吉の「内豎省の研究」で、「豎子や内豎が光明皇太后・孝謙天皇（女帝）に関連して説かれている」から、「豎子や内豎、さらに小子部が特に皇后と強い結びつきを有していた」と書き(9)（傍点引用者）、直木・黒沢の両氏は奈良時代に入っても小子部氏が後宮とかかわっていたとみている。

『日本書紀』の雄略紀には、小子部栖軽（すがる）を小子部蜾蠃（すがる）と書き、皇后が養蚕をおこなうために「蚕を聚（あつ）めよ」と小子部蜾蠃に命じたら、「嬰児（わかご）」を集めてきたので、天皇は笑って「小子部」という姓を与えたとある。養蚕も内廷（後宮）の女たちの役目であることからも、オホ氏系氏族の役目がわかる。

尾畑喜一郎は天平五年の『右京計帳』に「小子部連阿弥売」が載り、「阿弥」という名が「咄の衆」の何阿弥を連想させることから、小子部氏を「一定の話術の家筋」と書く。(10) 井上正一は小子部氏が属すオホ氏が『古事記』に関与しているので、『日本書紀』や『日本霊異記』に載る小子部氏伝承からみて、オホ氏を古代伝承を伝えていた氏族と書いている。(11)

柳田国男は「一寸法師譚」で小子部連について、次のように書く。

> 蜾蠃（すがる）といふ人を始祖とした小子部連は語部であり、其中でも猿女君氏に次いで、特に面白い話を数多く持ち傳へたる舊家であった。蠶とまちがへて小兒を集めて來るといふ滑稽を演じて、家の名を賜つた由來談も、三諸岳に登つて雷神を迎へ申したといふ功名談も、共に此家に保存せられた昔話であるだけで無く、この二つの語りはもとは連繫したものであつたらしい。さうして雷神の所出であり又田の水の管理者であった大力僧の道場法師と其娘たちも、同じ小子部の一門であるか、又はしか信じられた語り物の主人公であり、之を記録に留めた日本霊異記の著者沙門景戒も、事によるとこの系統に属する人かも知れぬ(12)。

蚕とまちがえて小児を集めてきたので、雄略天皇から「小子部連」という姓を賜ったという話は、『日本書紀』（雄略天皇五年三月条）に載り、雷神を捕えた話は『日本霊異記』の上巻第一に載り、道場法師の話は上巻第三に載る。柳田国男は『日本霊異記』のトップに小子部氏の始祖の功名譚を載せているので、著者の景戒も「小子部の一門」とみている(12)。この小子部氏が『古事記』に関与しているオホ氏ともっとも近い同族で、本拠地を同じにしていることは、柳田国男は述べていないが、柳田国男の直観ではオホ氏も「語部」の氏族であろう。この直観は前述した多氏・小子部氏に関する諸説からも裏づけられる。

壬申の乱の尾張国司の小子部氏とオホ氏

『日本書紀』天武天皇元年六月二十七日条に、

天皇。郡家に及ります此に尾張国司守小子部連鉏鉤、二万の衆を率て帰りまつる。天皇、即ち美めたまひて、其の軍を分りて、処々の道を塞ふ。

とあるが、この記事から二カ月ほど後の元年八月二十五日条に、小子部連鉏鉤について次のような記事が載る。

尾張国司守小子部連鉏鉤、山に匿れて自ら死せぬ。天皇の曰はく。「鉏鉤は有功しき者なり。罪無くして何ぞ自ら死なむ。其れ隠謀ありしか」とのたまふ。

この小子部連鉏鉤の自殺について日本古典文学大系『日本書紀　下』の頭注（笹山晴生の執筆）は、偽って大海人皇子方に帰順し皇子を殺そうとしたが、目的を果せず自殺したという説と、心ならずも大海人皇子方についたことを苦にして自殺したという二説を載せている。『日本古典文学全集　三』の頭注（直木孝次郎の執筆）は、大海人皇子を殺そうとして偽って帰順したが、目的を果せず自殺したという伴信友説がよいと書いている。この見解は直木孝次郎が『壬申の乱』でも述べているが、笹山晴生の書く頭注の説も、直木孝次郎が書くように伴信友説だが、私はこの伴信友説に同調した直木孝次郎・笹山晴生説は採らない。

上田正昭も笹山晴生・直木孝次郎の見解に対して、小子部連の大海人軍への参加は、「天武天皇の乳母大海氏」が尾張氏系であったから、尾張国司を大海氏が大海人側へ引き入れたのではないかとみている。[13] また倉本一宏も上田説を採って、尾張国司小子部連の「配下にあって実際の農民兵の徴発にあたった尾張氏や大海氏あたりの画策があったのかもしれない」と書いている。[14] 上田・倉本の両氏は尾張氏・大海氏を推測しているが、多品治は前述したように大海人皇子の湯沐令で壬申の乱のとき大海人軍の将軍であり、小子部氏と同族の多品治こそ、小子部鉏鉤を裏切らせた最適の人物といえよう。多品治はこのような活躍をしているが、小子部鉏鉤が尾張国の国司になっているのは、オホ氏系氏族が特に尾張国・尾張氏と縁が深かったことに理由がある。

『古事記』は多臣や小子部連と同祖氏族として、「尾張の丹羽臣・島田臣」を記す。丹羽臣は尾張国丹羽郡が本拠地である。『延喜式』の神名帳に「尓波神社」が載るが、この神社の所在地は一宮市丹羽で丹波氏の本拠地だが、祭神はオホ氏の始祖神八井耳命である。丹羽郡扶桑町斎藤に神名帳に載る前利神社があるが、この神社も神八井耳命を祀るのは、丹羽臣の一族の前利連（『続日本後紀』承和八年〔八四一〕四月五日条に、「県主前利連氏益、神八井耳命之後也」とある）の神社だからである。

島田臣については、『姓氏録』に尾張国島田上・島田下の二県に派遣され、悪神を討った仲臣子上が島田臣になったとある（仲臣はオホ臣を名乗る前の姓）。島田上・下県は『和名抄』に載る中島郡・海部郡をいう。中島郡には『延喜式』神名帳に載る名神大社の大神社が所在する。一宮市大和町於保に鎮座するが、祭神は多氏の始祖神八井耳命である。この地はかつて於保村といったが、「於保」は「多」である。『延喜式』臨時祭式には「多神社」とあり、『文徳実録』仁寿三年（八五三）十一月条には、「以二尾張国多天神一、預二於名神一」とある。『和名抄』には大（多）神社のある中島郡に「嶋田郷」が載るから、島田氏の居住地であったことは確かである。

後述するが現存『古事記』に関与した多人長の弟子で、『弘仁私記』序の筆者の島田清田（『日本後紀』の編纂者）は、尾張の大神社を祭祀する島田氏である。この中島郡海部郡は木曾川の東岸にあるが、西岸は多品治が湯沐令をしていた美濃の穴八磨郡である。また尾張の丹羽郡も近くにあり、壬申の乱の頃にはこの地域はオホ氏系氏族の本拠地の一つであった。

久安五年（一一四九）三月十三日に大和国の多神社が国司に提出した『多神宮注進状』によれば、神官について、禰宜従五位下多朝臣常麻呂、祝部正六位上肥直尚弼、祝部正六位下川辺連泰和とある。肥直は『古事記』が多氏同祖としているが、川辺連は竹田川辺連で『姓氏録』（右京神別下）は火明命（尾張連の始祖）を始祖とする。「多神宮注進状」は多神宮の若宮の竹田神社は尾張氏の始祖神天照国照火明命を祀ると書き、川辺郷の川辺連を竹田神社の祝部と書き、この神社を多神社の「若宮」と書いている。また『姓氏録』（河内国皇別）は、「尾張部　彦八井耳命之後也」と書き、彦八井耳命を神八井耳命の子とし「多朝臣同祖」とする。このように尾張国にオホ氏系氏族が居住するだけでなく、大和国の多神社の祭祀に尾張氏系氏族がかかわり、尾張部が多氏系に入っているように、尾張氏と多氏も親しい関係にある。

『日本書紀』持統天皇十年五月八日条に、尾張宿禰大隅に「水田四十町を賜ふ」とあるが、『続日本紀』天平宝字元年十一月条には、尾張宿禰大隅の「壬申の功田四十町」について、壬申の乱の時、大海人皇子のために大隅が私邸を清掃して行宮とし、軍資を供助した功によって与えられたもので、「上功」に相当するから「三世に伝えよと定められた」と記している。このように尾張氏も壬申の乱に多品治と同じに大海人皇子側についている。

近江朝の任命で尾張国の国司になった小子部鉏鉤（さひち）は、尾張国とオホ氏が関係が深いからなったが、壬申の乱がおきて大海人皇子側についた尾張国造や、同族の大海人皇子の湯沐令の多品治の説得で大海人皇子側へ寝返った。しかしその裏切り行為に絶え切れず自殺したのであろう。

以上、壬申の乱の小子部連鉏鉤のことや、オホ氏と尾張氏の密接な関係を述べたのは、両氏が原『古事記』に関与しているからである。なおくわしくは後述するが、大海人皇子を養育した大海氏も尾張氏系氏族であり、オホ氏系（多氏・小子部氏）、尾張氏系（尾張氏・大海氏）はいずれも天武朝の内廷（後宮）氏族である。

皇妃出自氏族の尾張氏の原『古事記』関与

旧版『古事記成立考』で尾張氏について私は次のように書いた。

尾張連も皇妃出自氏族であると共に『古事記』に関係をもっている。例えばヤマトタケル物語は、尾張連の女ミヤヅヒメや、熱田神宮の神宝クサナギノ剣の登場などからして、尾張氏系の伝承が強い。またホムダワケ（応神天皇）の系譜に、『古事記』のみホムダワケの妃の父ホムダマワカ王は、尾張連の祖タケイナダ宿禰の娘シリツヒメが生んだ子だと注をしている。つまりこの注はホムダワケ（応神天皇）の「ホムタ」は、尾張氏の妻の父、ホムダマワカからとった名称であり、その母は尾張連の女であるから、ホムタワケが尾張氏と関係があることを示すためにつけられた注である。ホムダワケ・ホムチワケは日継の御子をいう普通名詞だが、ホムチワケは尾張で作った「二俣小舟」に乗って遊んだとある。この記事も『古事記』のみに載る。日つぎの御子が船に乗った説話は、ホムタワケ説話にも『古事記』独自記事としてあり、母子神説話に共通するうつぼ船漂流譚である。このようにヤマトタケル・ホムチワケ・ホムタワケなど、日つぎの御子説話の代表的物語は、すべて尾張氏が関係している。それがすべて『古事記』独自記事であることからも、尾張氏の『古事記』関与が推測できるが、尾張氏関係氏族の多くが奈良朝平安朝にかけて、内廷（後宮）氏族であったことからしても、この氏族が『古事記』の後宮伝承と無縁でないことがわかる[15]（一部を略し新しく傍点をつけて載せた）。

このように私は書いているが、松前健も「尾張氏の系譜と天照御魂神」で、尾張氏及び尾張氏と同じ火明命を始祖とする尾張系氏族の伝承を検証し、「尾張氏系氏族の朝廷における地位・職掌は、みなそれぞれ違っていて、決して一律のものではなかったが、殆どみな一種の宮廷の側近者、天皇、皇子、皇女の守り役であったことは、共通している」と書き、尾張氏と同族の多治比氏をとりあげ、「『姓氏録』には前述のように反正帝の淡路宮の御井の産湯の話で知られるように、皇子の壬生（みぶ）（産婆）役として奉仕し、天つ神の寿詞を奏するなどの職掌を持っていた。多治比氏の名称は、『日本書紀』の反正の巻及び『姓氏録』のこの条に見える、タヂヒ（イタドリ）の花が、皇子の産湯の中に舞いこんだという故事に由来するといわれる。同じ型の説話が、右京皇別の多治比真人の家の伝承ともなっていた。『宣化紀』に帝の皇子上殖葉皇子の孫多治比古王が誕生の時タヂヒの花が産湯の釜に浮かんだので、丹比公という姓を賜わったと記されている」と書いている[16]。松前健の記述からみても尾張氏系氏族は産育・壬生にかかわるのは、皇妃出自氏族であったからである（そのことはくわしく後述する）。

旧著『古事記成立考』で私はヤマトタケル物語には、尾張氏の関与を示す例が多くあり、『日本書紀』のヤマトタケル関係記事とは、その視点がはなはだしく違うと書いたが、『日本書紀』はヤマトタケルは東征の帰りに、「尾張氏の女宮簀媛（みやづひめ）を娶る」と書くだけだが、『記』は東征前に「尾張国造の祖、美夜受比売の家に入り坐しき」と書き、彼女を国造の祖にしている。そしてタケルはミヤヅヒメと「婚ひせむと思ほししかども」、東征のつとめを果した帰りに「婚ひせむと思ほして」、東国に向ったと書き、二人かわした歌を二首載せている。このように『古事記』はヤマトタケルと尾張氏の娘のミヤヅヒメとの話を詳細に書くのに、『日本書紀』はミヤヅヒメの家に入ったと書くだけである。更に『紀』は伊吹山の荒ぶる神を討つ時、ヤマトタケルは剣をミヤヅヒメの家に置いたまま出かけたとだけ書き、『紀』は単なる剣としてしかみていない。しかし『記』は「草那芸剣」と書き、尾張氏が祭る熱田神宮の神宝の剣の名であることを具体的に書いている。このようなヤマトタケル物語についての『記』『紀』のちがいからみても、『古事記』への尾張氏の関与が推測できる。

尾張氏が皇妃出自氏族である理由と原『古事記』

直木孝次郎は尾張氏について、「美夜受姫の伝承や尾張皇子（敏達天皇の皇子）や尾治王（山代大兄王の子）の存在から考えられるように、天皇の内廷に仕える氏族」と書く[17]。

新井喜久夫は『続日本紀』天平九年九月己亥条に載る「尾張王」、天平十七年十月己未条の「尾張王」、天平宝字元年五月丁卯条の「尾張王」が、いずれも無位から従五位下に叙されていることをとりあげ、この記述は『続日本紀』の錯乱か、三人の尾張王がいたかのどちらかだが、「少くとも尾張王は二人いたと思われる」と書き、この事実は「尾張氏が後宮に関与していたことによる」と書いている。また『続日本紀』（平安九年二月戊午・天平十七年正月乙丑・天平十九年三月戊寅・天平勝宝元年八月乙亥の条に）「命婦尾張宿禰小倉」とあり、（天平宝字五年六月乙卯・神護景雲二年六月丁丑の条に）「命婦尾張宿禰若刀自」とあるから、「奈良時代にも尾張氏の女が後宮に職掌をもっていたことは明らかである」と書いている(18)。

以上述べたように尾張氏が単なる地方豪族でなく、内廷（後宮）氏族であることは確かだが、『古事記』によれば、孝昭天皇の妃は「尾張連の祖奥津余曾の妹、名は余曾多本毘売命」である。また孝元天皇の妃について、「尾張連の祖、意富那毘の妹、葛城之高千那毘売を娶す」とある。崇神天皇の妃も尾張氏出自の意富阿麻比売で、彼女が生んだ八尺入日子命の娘八坂之入日売は、景行天皇の妃になっている。また『古事記』は応神天皇記に次のように書く。

此の天皇、品陀真若王の女、三柱の女王を娶したまふ。一はしらの名は高木入日売命。次に中日売命。次に弟日売命。

このように書いて注記に次のように書く。

此の女王等の父、品陀真若王は五百木入日子命、尾張連の祖、建伊那陀宿禰の女、志理都紀斗売を娶して生める子なり。

わざわざ尾張氏系の三人が応神天皇の皇后や妃だと注記している記事は、『古事記』のみに載ることからも、尾張氏が原『古事記』に関与していることが確かめられる。孝元天皇記の尾張氏出自の女性が皇妃になったとある記事も、『古事記』独自の記事である。

尾張氏は孝昭・孝元・崇神・景行・応神の古い時代の五天皇以外に、『古事記』は継体天皇の皇妃について次のように書く。

尾張連の祖　凡連の妹、目子郎女を娶して生みませる御子広国押建金日命。次に建小広国押楯命。
広国押建金日命は安閑天皇、建小広国押楯命は宣化天皇である。『日本書紀』は継体紀に、

　尾張連草香が女を目子媛と曰ふ。二子を生む、皆天下を有す。其の一を勾大兄皇子と曰す。是広国排武金日尊とす。其の二を檜隈高田皇子と曰す。是武小広国排盾尊とす。

と書く。「皆天下を有す」とあるように、兄は安閑天皇、弟は宣化天皇である。応神以前の天皇は伝承上の天皇だが、安閑・宣化天皇は尾張氏の女性が生んだ実在の天皇だから、両天皇を生んだ母方の尾張氏の内廷（後宮）における皇妃出自氏族としての力が、前述したような古い時代の天皇の皇妃に、尾張氏の女たちが皇妃になっている伝承を生んだのであろう。

　阿部寛子は「古事記と尾張氏——その後宮との関連において——」で、私が前述した『古事記』のみに載る尾張氏の皇妃出自氏族系譜を示して、この系譜は「尾張系氏族の主張に他ならない」と書く。そしてこのような系譜や『古事記』に載る尾張氏関係伝承は、「後宮的な発想によるもの」と書き、尾張氏の『古事記』関与を主張している。

　そして『日本書紀』は「後宮に宴す」とか、「後宮に納れたまふ」とか「後宮」を明記しているのに、まったく同じ記事を『古事記』は載せていても、「後宮」という表現をまったくせず、「采女」とも書かないのは、後宮で書かれたから「そうした表現は必要ではなかった」と書く[19]。

　阿部寛子は和銅五年（七一二）成立と書く序文の記事を認めるから、大宝元年（七〇一）成立の『大宝令』に載る「後宮職員令」からはじまる「後宮」表記は、当然『古事記』本文に載ってよいはずだという前提で、この記事を書いている。しかし『古事記』本文の大部分（原『古事記』）は、「大宝令」

以前の天武・持統朝の内廷（後の「後宮」）で成立しているとみられるから、「後宮」表記が見当らないのである。

阿部寛子が推論する女たちの奉仕する内廷によって、『古事記』が成立したであろうとみる見解は、『古事記』の母性・女性的内容からもいえる。更に皇妃出自氏族のワニ氏・尾張氏や（ワニ氏の原『古事記』関与は前章に書いた）オホ氏のような内廷出仕氏族が関与しており、具体的には大海人皇子の湯沐令が多品治であったことからみても、原『古事記』は天武朝の内廷で編纂されたと考えられる。

天武天皇の養育氏族の大海氏とオホ氏

オホ氏と尾張氏の関係の深い事については前述したが、大海人皇子を養育したのは尾張氏系の大海氏である。朱鳥元年（六八六）八月二十七日の天武天皇の殯庭（もがりのにわ）で、最初に「壬生（みぶ）の事」の誄（しのびこと）をしたのは、大海宿禰蒭蒲（あらかま）と『日本書紀』は書く。大海氏が天武天皇を養育したから、天武天皇の皇子名は「大海人皇子」なのである。大海蒭蒲は『続日本紀』（大宝元年三月十五日条）によれば「凡海麁（あら）鎌（かま）」と書かれているから、日本古典文学大系『日本書紀　下』の補注は、「姓氏録、右京・摂津の神別に凡海連を載せ、綿積命の後とする。天武天皇の幼名大海人皇子は、この氏に由来すると思われる」と書く。綿積命は安曇氏の祖だが、横田健一[20]・上田正昭[21]は大海人皇子を養育した大（凡）海氏を、安曇氏系でなく尾張氏系とみる。理由は崇神紀に「尾張大海媛」が見え、崇神記では「意富阿麻（大海）比売」を尾張連の祖としていること。『旧事本紀』（天皇本紀）でも火明（ほあかり）命（尾張氏の始祖）七世の孫に、大海姫命が記されていることをあげ、壬申の乱に尾張氏が大海人皇子側に立って協力したのは

（そのことは『記』『紀』に書かれている）、「尾張の大海」である「天武帝の乳母大海氏」が媒介したからだと、横田健一[20]・上田正昭[21]ら日本古代史の碩学たちは書いている。両氏はあげていないが、『姓氏録』（未定雑姓・右京）に「凡海連　火明命の後なり」とあり、『尾張国風土記』逸文に「凡海部忍人」の名が見える。もし大海人皇子を養育した大（凡）海氏が安曇氏系なら、当然壬申の乱に安曇氏が大海人皇子に協力していなければならないが、そのような記事は壬申紀になく、壬申紀にあるのは尾張氏であることからも、大（凡）海氏は尾張氏系である。

大海人皇子は吉野で挙兵したが大和へ向わず、まず尾張・美濃へ向い、尾張氏の私邸を「行宮」とし「軍資」の提供を受けているのも（『続日本紀』天平宝字元年十一月九日条）、尾張氏が大海人皇子の養育氏族の大海氏と同族であったからである。大海氏が大海人皇子を養育した氏族なら、大海人皇子の湯沐令として、皇子養育にかかわる私領や財政の管理をしていた多品治は、大海氏の人々と大海人皇子を通して親しかったであろう。

大海氏の居住地は尾張国でなく大和国の葛城の忍海郡である。その論証は拙著『天武天皇論（一）』で詳論したが[22]、「忍海」は「大海」「凡海」とも書く。池田末則も忍海郡の「忍」を『奈良県史―地名』で「大」「凡」の意と書き[23]、『奈良県の地名』（日本歴史地名大系　三〇）も「忍海」は「大海」「凡海」と書く[24]。

尾張氏の本貫地については、神武紀に葛城の高尾張に「赤銅（あかがね）」のヤソタケルが居たとあるから、尾張国と大和国の葛城を本拠地とみる二説がある。私は本貫地は尾張国とみるが、葛城の地も無視できない。『旧事本紀』は尾張氏の祖大海媛の別名を「葛木高名媛」と書く。この媛は五百木（いおき）部の祖だが、五百木部は伊福部とも書くが、『姓氏録』（大和国神別）に尾張連と同じ天香山命を祖とする伊福部連が載る。伊福部氏は『延喜式』の神名帳に載る大和国忍海郡の名神大社葛木坐火雷神社の祭祀氏族である。忍海に居住する尾張氏系の大海氏は『続日本紀』大宝元年（七〇三）三月十五日条に、「凡海宿禰麁鎌を陸奥に遣して金を冶たしむ」とあり、冶金技術氏族であったが、伊福部氏も冶金などにかかわる。延暦三年（七八四）の奥付のある「伊福部臣古志」（亦の名「伊福部氏系図」）には、「禱祈を以て気を飄風に変化す。これを書して姓を気吹部臣と賜ふ」とある。「イフク」「イツキ」は金属精錬のため、高熱の火をおこす送風装置の踏鞴を使う氏族と見る説を、香取秀真[25]・樋口清之[25]・近藤喜博[25]・前川明久[25]らが述べている。谷川健一は伊福部氏も大海氏と同じ金属精錬氏族とみて、「葛城の高尾張に居た『赤銅』のヤソタケルは伊福部氏であったかも分らない」と書く[26]。

この伊福部氏や大海氏が忍海で氏神として祀っていた火雷神社は、神社名が示すように祭神は火雷神である。『常陸国風土記』逸文には伊福部岳の伊福部神は雷神とあるが、前述したように柳田国男はオホ氏族の小子部連の祖は「三諸岳に登って雷神を迎へ申した功名談」をもつと書く[27]。『日本霊異記』のトップに「雷を捉える縁　第一」とあり、オホ氏系の小子部連の祖の小子部栖軽が、雷を捉えた話が記されている。『日本書紀』（雄略天皇六年三月七日条）には小子部蜾蠃が三輪山の神を捉えてきたので、天皇は小子部雷と名を改めさせたとあるから[27]、この二つの説話を重ねて柳田国男は「三諸岳に登って雷神を迎へ申した」と書いているのである。このようにオホ氏系氏族には、尾張氏系氏族と同じに雷神信仰があり、重なっているが、両氏族は壬生にかかわり、特に天武天皇の内廷氏族として、天武天皇の殯庭で誄のことのトップに「壬生の事」を述べたのは大海蒭蒲（天武天皇の皇子名はこの氏族の名をとっている）だから、大海人皇子の湯沐令であった多品治と交流があった事は確かだろう。原『古事記』は天武天皇の内廷（後の後宮）で成立したと推察されるから、原『古事記』に二人（大海蕤蒲と多品治）は関与していたであろう。その一例を次に書く。

『古事記』のみに載る大久米命と大海氏とオホ氏

『続日本紀』養老三年（七一九）十一月二十四日条に、

忍海手人広道に久米直の姓を賜ひて並に雑戸の号を除く。

とある。「手人」は「工人」の意だが、忍海広道が久米直になったのは養老三年（七一九）で、天武・持統朝より三、四十年後だが、急に久米直になったのではなく、天武・持統朝の頃から久米直と忍海手人の間に、なんらかの結びつきがあったからであろう。『記』と『紀』では「久米」についてまったく一致しない。『記』は忍海手人広道がなった「久米直」のみが載るが、『紀』には『記』の「久米直」は載らず、「来目臣」「来目舎人造」「来目部」とある。この三氏の記事は『記』にはまったく載らない。『記』『紀』は神武天皇東征記事で「クメ」の活躍を記し、『記』は「久米」「久米の子」と書くが、『紀』は「大来目」「大来目部」と書く。『記』は久米直の祖の大久米命の記事を載せるが、『紀』には大久米命の活躍はまったくない。『記』『紀』の「クメ」関係記事の比較表を次に示す。

この比較から次の五つの違いがわかる。

一、久米直や大久米命は『記』のみの記載。

二、『紀』は久米氏は大伴氏の部下だが、『記』の久米氏は大伴氏と同列と書いている。

	古事記	日本書紀
天孫降臨の条	天忍日命、天津久米命の二人……御前に立ちて仕へ奉りき。其の天忍日命此は大伴連等の祖。天津久米命此は久米直等の祖。	時に大伴連が遠祖天忍日命、来目部が遠祖天槵津大来目を帥ゐ……天孫の前に立つ。（第四の一書）
神武東征の条	大伴連等の祖、道臣命。久米直等の祖、大久米命の二人、兄宇迦斯を召びて、罵りて云ひけらく……	大伴氏が遠祖日臣命、大来目を帥ゐ……遂に菟田の下県に達る。
神武即位の条		大伴氏が遠祖道臣命、大来目部を帥ゐ密策を奉承り、能く諷歌・倒語を以ちて妖気を掃蕩へり。
神武皇后撰定	大后とせむ美人を求ぎたまひし時、大久米命もうしけらく、「ここに媛女有り。是を神の御子と謂ふ。…… ここに大久米命、其の伊須気余理比売を見て、歌を以ちて天皇にもうしけらく、…… ここに大久米命、天皇の命をもちて、その伊須気余理比売に詔りし時、その大久米命の黥ける利目を見て、奇しと思ひて歌ひけらく、 （歌が入る） ここに大久米命、答へて歌ひけらく。	
来目（久米）邑撰定		大来目を畝傍山より以西の川辺の地に居らしめたまふ。今し来目邑となづくるは、これ其の縁なり。

三、『紀』は大伴氏は久米部を率いて秘策を練り、諷歌・倒語を巧みに用いて妖気を払い、賊を平定したと書くが、『記』にはそのような記事はまったく載らない。

四、一方で大久米命が神武天皇の皇后を選んだという『記』の記述は、『紀』にはない。

五、『紀』は来目邑（現在の橿原市久米町）を載せるが『記』はまったく無視している。

この『記』『紀』の違いから見えてくるのは、『紀』の大来目部は大伴氏に率いられているが、『記』の久米直は大伴氏にまったく従属していない氏族である。「部」は部民だが「直」は地方の国造をいう姓（かばね）で、このことでも『記』と『紀』はちがう。久米直は伊予に居る。伊予国久米郡天山郷の戸主に「久米直熊鷹」（『写書所解』天平十年四月二十五日付）が居り、伊予国久米郡人として久米直雄田麿の名がある（『類聚国史』天長四年正月甲申条）。『日本書紀』清寧天皇二年十一月条に、山部連の祖の伊予来目（久米）部小楯が、播磨国赤石郡縮見屯倉の長、忍海部造細目の家の新築祝で行方不明になっていた億計・弘計の二皇子を発見したとある。弘計王は顕宗天皇になるが、この天皇を「来目稚子（くめわくご）」（顕宗天皇即位前紀）という。このように久米（来目）と忍海がかかわっているが、「久米（来目）稚子」といわれている二皇子を呼び寄せたのは、『古事記』の清寧記によれば彼らの叔母の忍海郎女であり、『古事記』は「忍海郎女、亦の名は飯豊王、葛城の忍海の高木の角刺宮に坐（いま）しき」と書く。このような『記』『紀』の記述からも、葛城居住の忍海手人が久米直になったのだろうが、養老三年（七一九）に久米直になったのには、古くから（清寧天皇の時代の忍海郎女の頃から）久米直と縁があったからであろう。久米直の原郷の伊予国久米郡は今の松山市とその周辺である。松山市には北久米町・南久米町がある。ところが『古事記』はオホ氏同祖氏族として「伊余国造」を記す。久米国造は松山市、伊余

（予）国造は今治市を中心とした地域だが、古代はオホ氏系のイヨ国造の勢力が強かったからイヨ（伊余）国になっていることからみても、久米直の祖大久米命が『古事記』のみに載るのは、オホ氏の関与が考えられるが、忍（大）海手人が久米直になっているから、同じ忍海の手人の大海氏の関与も考えられる。大海人皇子の養育にかかわる湯沐令の多品治と、大海人皇子を幼児のとき養育した大海蒲の大海氏は、大海人皇子をとおして親しかったので、両氏が伊余と忍海でかかわる久米直の祖の大久米命を、『古事記』独自伝承として原『古事記』に入れたのであろう。

久米直関係記事は『古事記』独自記事として、ヤマトタケル物語にも見られる。『日本書紀』はタケルの従者として、「七掬脛を以ちて膳夫としたまふ」とあるのに、『古事記』は「久米直の祖、七拳脛、恒に膳夫として従ひ仕へ奉りき」と書き、特に「久米直の祖」を記している。また軽太子・軽大郎女の悲恋物語でも、『日本書紀』は軽太子は都で自害しており、『古事記』のような伊余での兄妹の自死（心中）物語にはなっていない。特に伊余が選ばれていることからも、伊余国造と同族のオホ氏の関与によって『古事記』独自の伊余の歌物語になったと考えられる。『古事記』は特に「伊余の湯」が記されているが、この温泉は道後温泉だから久米国造・久米直とかかわる。

以上述べたように『古事記』独自記事の久米直と久米直の祖の大久米命の記事からみても、オホ氏と大海氏が原『古事記』に入れた記事と推測できる。

『古事記』のみに載る丹塗矢伝説とオホ氏と大海氏

『古事記』独自記事として神武記に載る丹塗矢伝説があるが、この伝説にも大久米命が登場する。神武天皇が「大后と為む美人を求ぎたまひし時、大久米命白さく」とあり、彼がこの美人を天皇に推薦している。この記事は丹塗矢伝説だが、神武記の記事をそのまま示す。

大久米命曰さく、「ここに媛女あり。是を神の御子といふ。その神の御子といふ所以は、三島溝咋の女、名は勢夜陀多良比売、その容姿麗美しかりき。故、美和の大物主神見感でて、その美人の大便まる時、丹塗矢に化りて、其の大便まる溝より流れ下りて、その美人の富登を突く。ここにその美人驚きて、立ち去り伊須須岐伎。乃ち其の矢を将ち来て、床の辺に置けば、忽ち麗しき壮夫に成りき。即ちその美人を娶して生みし子、名は富登多多良伊須須岐比売命と謂ひ、亦の名は比売多多良伊須気余理比売と謂ふ（是は其の富登と云ふを悪みて、後に改めし名ぞ）故、是を以ちて神の御子と謂ふなり」とままをしき。

この記事も『日本書紀』には見当らない『古事記』独自伝承だが、大久米命の登場する丹塗矢伝説につづいて、神武天皇の皇妃を選ぶ妻問いの歌物語が『古事記』に載る。この歌物語は神武天皇が主役であるべきなのに、伊須気余理比売（丹塗矢によって生れた児）と歌をかわす大久米命が主役である。そして神武天皇の皇后になった伊須気余理比売を母とするオホ氏の始祖の神八井耳命が登場するから、オホ氏の始祖は丹塗矢伝説にも間接だがかかわっているが、この話にも大久米命が登場しており、オホ氏・大海氏関与の『古事記』独自伝承である。

ところで丹塗矢伝説の丹塗矢は、山城国の賀茂神社の伝承では雷神である。『山城国風土記』逸文の「賀茂社」の項には、

所レ謂丹塗矢者　乙訓郡社坐　火雷神在

とあり、火雷神とある。『秦氏本系帳』は、

戸上之矢、即為二雷公一（中略）故鴨上社号二別雷神一

と書き、いずれも丹塗矢を雷神にしているのは赤く塗った矢は雷神イメージだからである。ところでオホ氏系の小子部氏（小子部の本拠地はオホ氏と同じ奈良県田原本町多であり、この地に式内名神大社の多神社と式内大社の小子部氏が祀る子部神社がある）の祖は、雄略紀によれば小子部連蜾蠃（すがる）を天皇の命名で「雷（いかずち）」に改めている。理由は三輪山の神が雷光となって出現したのを小子部氏の祖が捉えたからである。『日本霊異記』のトップにも「雷を捉える縁」と題して、小子部栖軽（すがる）が雷神（三輪山の神）を捉えた話を載せているが、丹塗矢に化して川上から流れて来た神は、『古事記』によれば三輪山の大物主神である。

これらの伝承を見れば丹塗矢は雷神の化身であり、雷神の性格が大物主神にあったから、丹塗矢に大物主神は化身しているが、雄略紀では小子部氏の始祖が捉えてきた三輪山の神は雷神であったから、雄略天皇から小子部雷という名を賜ったとあり、『古事記』独自の丹塗矢伝説は雷神の大物主神伝承になっているから、三輪山信仰にかかわるオホ氏系の小子部氏が雷神を捉えた話になっているのであろう（第六章でオホ氏が古くから三輪山祭祀にかかわっていたことを詳述した）。また丹塗矢伝説には大久米命が登場するから、忍海の久米直を通して大海氏も関与している。このようにオホ氏と大海氏は共に丹塗矢伝説にかかわっている事からみても、大海人皇子の養育に共にかかわった壬生・内廷氏族の多品治・大海薦蒲の原『古事記』関与が推察できる。

海語連や山部の久米直らが伝える独自伝承

『続日本紀』養老三年（七一九）十一月七日条に、

少初位上朝妻手人竜麻呂に海語連の姓を賜ひ雑戸の号を除く。

とある記事が、前述した忍海手人広道の記事の前に載る。忍海手人と朝妻手人の居住地は隣接しているから、同時に姓が変ったのは意味がある。久米直は山部だが、山部は語部でもあることは、西田長男が「古事記・日本書紀・風土記の原資料――「山部」の伝承を通路として――」で述べている。[28]この事実からすると同時に葛城の同郷の忍海と朝妻（この地は共に現在の御所市とその周辺）の手人が、語部（久米直・海語連）の賜姓を受けているのは、養老時代に入って突然語部氏族になったのではなく、前々からその性格があったからの賜姓であろう。西田長男は飯豊王の忍海郎女が呼びよせた二皇子（億計王・弘計王）が漂泊中、「山代の猪甘」の「面黥ける老人」に食糧を奪われたと『古事記』は書くが、山部の久米直の祖の大久米命の目も『古事記』は「黥ける利目」と書くので、西田長男は「山代の猪甘」も「広くいふならば山部」と書いている。そして「久米の稚（若）子」と呼ばれる二皇子の漂泊譚を、山部の語る「貴種流離譚」とみて、「久米稚子と称する方に顕宗天皇の外にもう一人、用明天皇の皇子で聖徳太子の弟の来目皇子（『記』には久米王）が居られ、同じような貴種流離譚――山路の笛の物語を伝える。これも亦久米部の語部の伝承であったのであろうか」と書き、山部赤人も語部とみている。[28]

折口信夫は「唱道文学」で「山人・山部及びその類の神人の間にあつたのが、早く詞章を短縮した歌殊に短歌の方に趣いたのは、神遊(カムアソビ)詞章の特殊化であつた。（中略）海部の浄瑠璃、山部の小唄。即前者は、平安朝の末まで、長い叙事詩を持ち歩き、後者は早く奈良朝又は其前にすら短歌を盛んに携行したものと見られるのである。たとへば、山部宿禰赤人、高市連黒人、皆山部に関係深い人々である」と書いている。[29] 山部としての久米直の祖の大久米命が、『古事記』独自伝承として丹塗矢伝説・神武天皇妻問い歌物語に登場するのも、語部としての登場といえるが、忍海手人の久米直と同時に朝妻手人は「海語連(あまかたり)」になっている。土橋寛は「『天語歌(あまかたりうた)』と『神語(かみがたり)』歌――宮廷語部の歌――」で、伊勢の海部駈使(はせつかい)が天語歌にかかわり、「国造本紀」（『旧事本紀』所収）によれば、天語連も伊勢の海部の統率者（伊勢国造）も、共に天日鷲命を祖としているから、海語連と天語連は同族とみている。そして海（天）語連は宮廷出仕の海部駈使(はせつかい)が、「宮廷の語りを専門的職能にするようになったところから「海語部」と呼ばれることになり、その首長であった海部直は『天語連』（「海部連」の好字表記）の氏姓を与えられて、京に移住するようになったものと思われる」と書く。[30] 岩橋小彌太も「海語連の海(あま)は天(あま)と同訓で、文字は借物に過ぎない。この海語連は姓氏録の天語連であろう」と書いている。[31] 私は土橋・岩橋説を採る。

この海（天）語連のかかわる「天語歌」や「神語」は『古事記』のみに載る（歌謡番号2・3・4・5）が、『姓氏録』（右京神別上）は天語連について、「神魂(かみむすび)命の七世孫、天日鷲命の後なり」とある。ところが前述した大久米命を祖とする久米直について（前述したように『古事記』のみに大久米命関係説話が載る）、『姓氏録』は「神魂命の八世孫、味日(うましひ)命の後なり」とあり、七世と八世の違いがあるが天（海）語連と久米直は神魂命を始祖とする同族である。

忍海手人が久米直になった同時期に朝妻手人が海語連になっているが、両氏に語部要素があることが、両氏にかかわる伝承や歌物語が、『古事記』にのみに載っている理由だが、久米直・海語連になった忍海と朝妻の手人らと結びつくのが、同じ手人（冶金工人）の忍（大）海に居た天武天皇を養育した大海氏である。さらに久米直の原郷の伊予国の伊予国造は『古事記』によれば、オホ氏と同祖氏族であり、海（天）語歌などは大歌師のオホ氏とかかわるから、久米直だけでなくオホ氏も天（海）語連とかかわる。

以上、さまざまな角度から述べたように、オホ氏の多品治、尾張氏系の大海氏の大（忍）海蒭蒲は、大海人皇子の養育に関与しているから、多品治と大海蒭蒲は大海人皇子を通して密接な関係にあった。多品治は大海人皇子の湯沐令として最初に挙兵しており（多品治は将軍として活躍している）、大海氏と同族の尾張氏は大海人皇子に居宅を提供しているが、両氏は壬生（乳部）にかかわる内廷（後の「後宮」）氏族であるから、彼らが関与した原『古事記』は、女性・母性的な視点の「フルコト」の「フミ」であり、歌物語なのである。

〔注〕

（1）梅沢伊勢三「序文に現われた古事記撰録の目的」『記紀批判』所収（創文社　一九六二年）
（2）直木孝次郎『壬申の乱』九六頁（塙書房　一九六一年）
（3）前川明久「壬申の乱と湯沐邑」「日本歴史」二三〇号
（4）上田正昭「和風諡号と神代史」『上田正昭著作集　2』所収（角川書店　一九九八年）
（5）坂本太郎「古代史の信濃」『日本古代史叢考』所収（吉川弘文館　一九八三年）
（6）大和岩雄「天武天皇の造都計画——なぜ信濃に都城・行宮を造営しようとしたか——」『天武天皇論（二）』所収（大和書房　一九八七年）
（7）高橋六二「ミブと文学——多氏の職掌をめぐって——」「国学院雑誌」一九六六年二月号
（8）直木孝次郎「小子部について」『日本古代兵制史の研究』所収（吉川弘文館　一九六八年）
（9）黒沢幸三「小子部氏の伝承と一寸法師譚」『日本古代の伝承文学の研究』所収（塙書房　一九七六年）
（10）尾畑喜一郎「小子部連蜾蠃考」『古代文学序説』所収（桜楓社　一九六八年）
（11）井上正一「小子部蜾蠃について」「日本歴史」第九九号
（12）柳田国男「一寸法師譚」『柳田国男集　第七巻』所収（筑摩書房　一九六八年）
（13）上田正昭「和風諡号と神代史」『上田正昭著作集　2』所収（角川書店　一九九八年）
（14）倉本一宏『壬申の乱』九八頁～九九頁（吉川弘文館　二〇〇七年）
（15）大和岩雄『古事記成立考』二三四頁～二三五頁（大和書房　一九七五年）
（16）松前健「尾張氏の系譜と天照御魂神」『古代伝承と宮廷祭祀』所収（塙書房　一九七四年）
（17）直木孝次郎「県主と古代の天皇」『日本古代の氏族と天皇』所収（塙書房　一九六四年）

(18) 新井喜久夫「古代の尾張氏について」「信濃」一七巻一号
(19) 阿部寛子「古事記と尾張氏――その後宮との関連において――」「お茶の水女子大学人文科学紀要」二七巻一号
(20) 横田健一「神武紀熊野高倉下説話の一考察」「史泉」三五・三六合併号
(21) 上田正昭「和風諡号と神代史」『赤松俊秀教授退官記念国史論集』所収 一九七二年。注(13) 前掲書所収
(22) 大和岩雄『天武天皇論(一)』一五一頁～一五五頁(大和書房 一九八七年)
(23) 池田末則『奈良県史 地名』四一〇頁(名著出版 一九八五年)
(24)『奈良県の地名(日本歴史地名大系30)』一五二頁(平凡社 一九八一年)
(25) 香取秀真『日本の鋳金』六五頁～六六頁。樋口清之『日本古代産業史』三九一頁～三九二頁。近藤喜博『伊福部管見』「日本古代史研究」四巻四号。前川明久「壬申の乱と湯沐邑」「日本歴史」二三〇号
(26) 谷川健一『青銅の神の足跡』八一頁(集英社 一九八一年)
(27) 柳田国男 注(12) 前掲書所収
(28) 西田長男「古事記・日本書紀・風土記――「山部」の伝承を通路として――」『日本古典の史的研究』所収(理想社 一九五六年)
(29) 折口信夫「女帝考」『折口信夫全集 第二〇巻』所収(中央公論社 一九六七年)
(30) 土橋寛「『天語歌』と『神語』歌――宮廷語部の歌――」『古代歌謡の生態と構造』所収(塙書房 一九八八年)
(31) 岩橋小彌太「語部」『上代史籍の研究』所収(吉川弘文館 一九五六年)

第十四章

原『古事記』成立時期と息長氏

原『古事記』に関与した息長氏の祖は新羅王子

原『古事記』関与氏族として皇妃出自氏族のワニ氏（第十二章）、尾張氏（第十三章）と、関与人物として大海人皇子の壬生（みぶ）にかかわる多品治と大海蒭蒲の二人をあげた。他に関与氏族として息長氏があげられるが、息長氏は『古事記』によれば次頁の系譜が示すように尾張氏・ワニ氏と結びつく（この系譜は『古事記』のみに載る）。

次頁の息長氏の系図では、なぜか息長帯比売（おきながたらしひめ）の父方の系図は、開化天皇の妃のワニ臣出自の袁祁都比売で、同じ皇妃出自氏族のワニ氏と結びついている。また息長帯比売が生んだ応神天皇の皇后は、尾張氏系の中比売命である。この系譜には載せなかったが中比売命の姉の高木入日売命、妹の弟日売命も、応神天皇の妃になっている。またワニ氏系の宮主矢河比売命も妃にしている。しかもワニ氏の祖の天神帯日子命の母は孝昭天皇の妃で尾張氏の始祖の余曾多本毘売命である。このように『古事記』は原『古事記』に関与した皇妃出自氏族のワニ氏・尾張氏・息長氏を応神天皇の母と妃で結びつけているが、『日本書紀』はこのような系譜は載せていない。

息長氏は仲哀天皇の皇后息長帯比売命以外に、『古事記』によれば応神天皇の妃の息長真若中比売、継体天皇の妃の息長真手王の娘の麻組郎女（をくみのいらつめ）、敏達天皇の妃になった息長真手王の娘の比呂比売（ひろひめ）を記している。この息長氏の父系に対して、母系の系譜は四九五頁のように、新羅王子の天之日矛になっているのは、新羅征討伝承をもつ息長帯比売の系譜として、無視できない問題を含んでいる。

この新羅王家と結びつく母系系譜を載せる。『古事記』は、応神記では次のように書く。

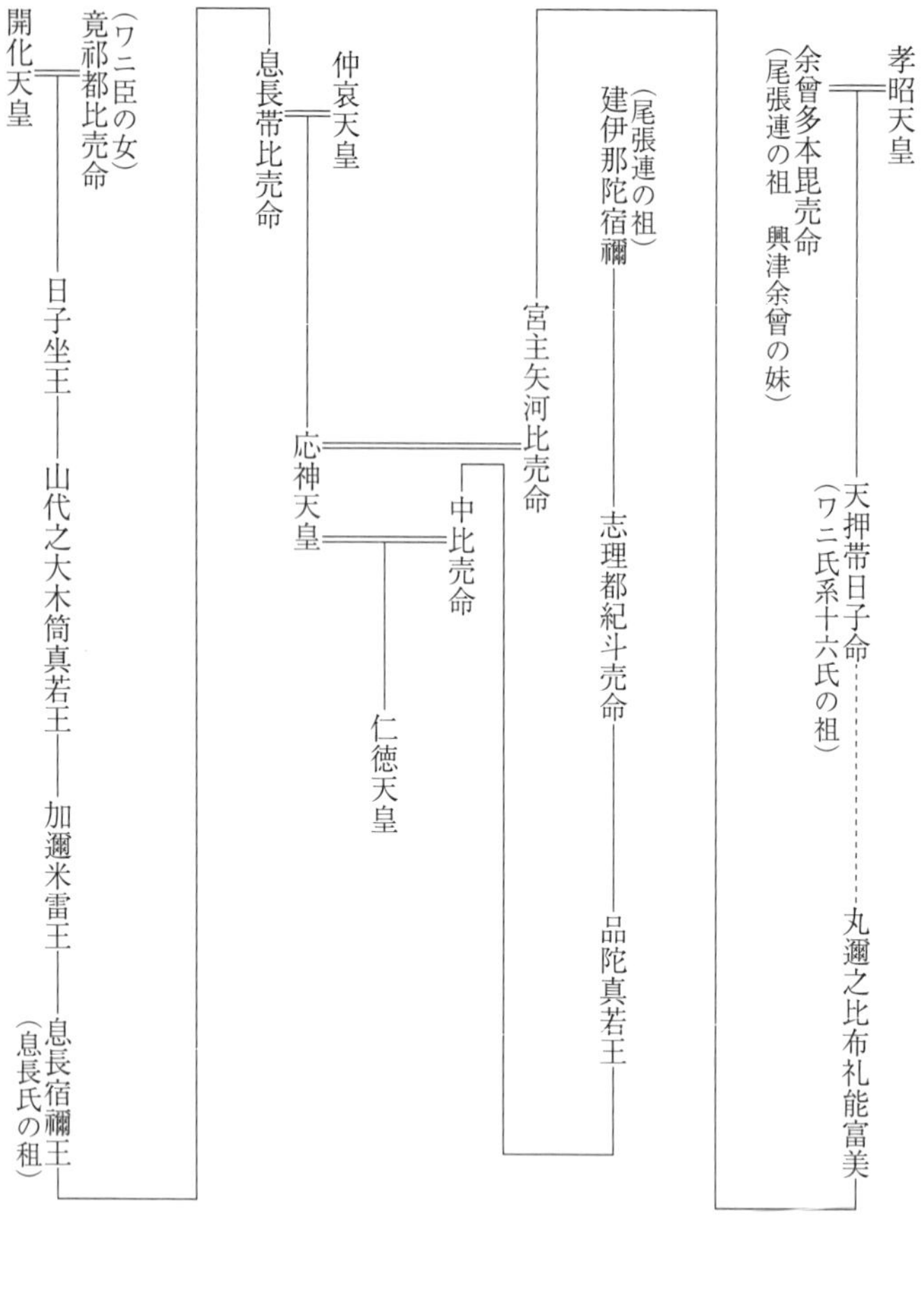

孝昭天皇
余曾多本毘売命
（尾張連の祖　興津余曾の妹）
天押帯日子命
（ワニ氏系十六氏の祖）
丸邇之比布礼能富美
（尾張連の祖）
建伊那陀宿禰
志理都紀斗売命
品陀真若王
宮主矢河比売命
中比売命
仲哀天皇
息長帯比売命
応神天皇
仁徳天皇
（ワニ臣の女）
竟祁都比売命
開化天皇
日子坐王
山代之大木筒真若王
加邇米雷王
息長宿禰王
（息長氏の祖）

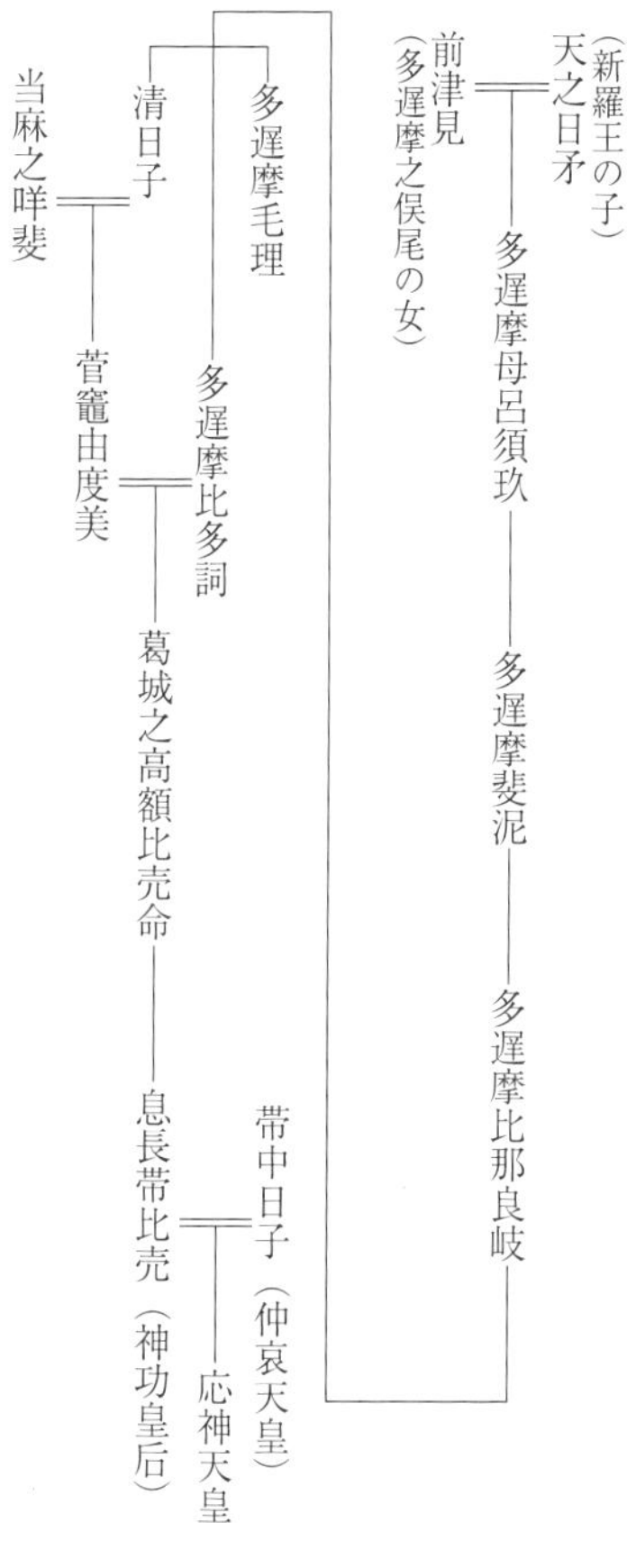

昔、新羅の国主の子有りき。名は天之日矛と謂ひき。是の人参渡り来つ。参渡り来つる所以は、新羅国に一つの沼有り。名は阿具奴摩と謂ひき……。

この「アグ沼」のほとりで昼寝をしていた女性の「陰上」を日光が射し、「赤玉」を生んだ。その「赤玉」が「美麗しき乙女」になって天之日矛の嫡妻になった。しかし天之日矛が「心奢りて妻をののしる」ので、彼女は「吾が祖の国に行かむ」といって日本へ来たので、新羅王子も妻を追って日本へ来て、各地を転々として、最後に「多遅摩（但馬）国」に落着いたとある。日光感精伝承は『古事記』独自伝承だが、『日本書紀』は垂仁記本文に「新羅王子天日槍来帰り」と書き、一書に「僕は新羅国王の子なり。日本国に聖皇有すと聞き、則ち己が国を以ちて弟知古に授けて化帰り」と書く。日本の王は「聖皇」で、新羅の王子は「僕（やっこ）」と書く『日本書紀』の書き方に注目してほしい。このように書くのだから、舒明天皇を息長足日広額天皇と書く『日本書紀』は、当然息長帯比売を新羅王子の子孫とする『古事記』の記事を載せるはずはないのである。『日本書紀』は「帰化」と書き、『古事記』は「渡来」と書く、この違いをはっきり認識すれば、安易に「記紀」といえないのである。

『古事記』と『日本書紀』の新羅征討譚の相違

『記』と『紀』の違いはいわゆる新羅征討譚にはっきり出ている。『紀』は「神功皇后紀」を作っているが『記』にはなく、記には「神功皇后」という書き方もない。『紀』は『記』の息長帯比売の新羅遠征記事の三・五倍強の記事を、新羅征服譚にあて、『記』の新羅行きは一回かぎりだが、『紀』は九年・四十九年・六十二年の三回と書く（神功皇后は九年の第一回のみに遠征しているが、『記』の三・五倍の記事は九年の遠征記事である）。この『日本書紀』の記事について、西郷信綱は「いわゆる新羅征討譚について」で、「この征討譚の語りくちはひどくむくつけて、おぞましいものとなっているのは否むべくもない。書紀の本文においてとくにそれはいちじるしい」と書き、『日本書紀』の文章を引用して、「何とも空虚で、あさましいことばの行列、つまり相手を言辞で卑しめることによって己れの優越を得ようとする魂胆の見えすいた文章」と書き、「本文を書き写してみると、そのことが嫌というほど指さきから伝わってくる。何とも空虚であさましい」と書く。そして「金銀まばゆいとされる国を一瞬のうちに降服させ、その王を『天皇』の『馬甘』にし、城下に朝貢を誓わせるという記紀の新羅征討譚」は、「朝鮮諸国の王の方が中国との封冊関係のなかでは伝統的に倭国の王より上に位して

いたから、このライヴァル意識の劣等感」が書かせた記述だと書く。(1)
しかしその「劣等感」による「ひどくむくつけて、おぞましい文章」は、「書紀の本文においてとくにそれはいちじるしい」と書いているから、「おぞましい」『日本書紀』の文章の一部を示す。

新羅の王、是に、戦戦慄慄きて厝身無所。則ち諸人を集へて曰はく、「新羅の、國を建てしより以来、未だ嘗も海水の國に凌ることを聞かず。若し天運尽きて、國、海と爲らむとするか」といふ。是の言未だ訖らざる間に、船師海に満ちて、旌旗日に輝く。鼓吹聲を起して、山川悉に振ふ。新羅の王、遥に望りて以爲へらく。非常の兵、將に己が國を滅さむとすと。讋ぢて志失ひぬ。乃今醒めて曰はく、「吾聞く、東に神國有り。日本と謂ふ。亦聖王有り。天皇と謂ふ。必ず其の國の神兵ならむ。豈兵を挙げて距くべけむや」といひて、即ち素旆あげて自ら服ひぬ。素組して面縛る。圖籍を封めて、王船の前に降す。因りて、叩頭みて曰さく、『今より以後、長く乾坤に與しく、伏ひて飼部と爲らむ。其れ船柂を乾さずして、春秋に馬梳及び馬鞭を献らむ。復海の遠きに煩かずして、年毎に男女の調を貢らむ』とまうす。

新羅王がこのように言っているのにかかわらず、日本兵が殺そうとしたので皇后は、

「殺すは不祥し」といひ其の縛を解きて飼部としたまふ。遂に其の國の中に入りまして、重寶の府庫を封め、図籍文書を収む。即ち皇后の所杖ける矛を以て、新羅の王の門に樹て、後葉の印としたまふ。故、其の矛、今猶新羅の王の門に樹てり。爰に新羅の王波沙寐錦、即ち微叱己知波珍干岐を以て質として、仍りて金、銀、彩色、及綾、羅、縑絹をもたらして、八十艘の船に載せて、官軍に従はしむ。是を以ちて新羅王、常に八十船の調を以ちて日本國に貢る。其れ是の縁

なり。

ここに引用した『日本書紀』の文章は新羅征服譚の一部に過ぎないのに対し、『古事記』の新羅征服譚らしき記事は、次の短かい記事である。

軍を整へ船を双べて度り幸でます時、海原の魚、大き小さきを問はず、悉に御船を負ひて渡りき。爾に順風大く起りて、御船浪の従にゆきつ。故、其の御船の波瀾、新羅の国に押し騰りて、既に国半に到りき。是に其の国王、畏惶みて奏言ししく、「今より以後、天皇の命の随に、御馬甘と為て、年毎に船を双べ、船腹乾さず、柂檝乾さず、天地の共与、無退に仕へ奉らむ」とまをしき。故是を以ちて新羅国は御馬甘と定め、百済国は渡の屯家と定めたまひき。爾に其の御杖を、新羅の国王の門に衝き立てて、即ち墨江大神の荒御魂を、国守る神と為て祭り鎮めて還り渡りたまひき。

このように『記』『紀』の記述のほんの一部を示しても、『記』『紀』の記述は大きく違う。この違いは『古事記』が息長帯比売を新羅王子の天之日矛の子孫にしていることにある。

新羅王の門前に立てた『記』の杖と『紀』の矛

『記』『紀』の視点の違いは新羅王の門前に立てたのが、『記』は杖、『紀』は矛である事に示されている。倉野憲司は岩波書店版『古事記・祝詞』の注記で、「住吉大神を新羅国を守護する神として祭り、鎮座せしめて、海を渡って日本へお還りになった」と書く[2]（傍点引用者）。『紀』の記事に合わせず『記』のみの記述を読めば、倉野のような解釈になる。しかしその後に刊行した『古事記全註釈第六巻』(一九七九年)では、「杖は上代においては占有権を表はす」から、「新羅の国を我が領有する意」と書くが、杖が「占有権を表はす」具体例を示さない。(3) しかし西郷信綱はイザナギの禊の段(六ノ四)の「御杖に成れる神の名は衝立船戸神」とある『記』の記事を示し、「フナトの神は境を守るサへの神」だが、この杖を「突きたてたことは土地占有を示す」と書く。(4) したがって西郷は衝立船戸神が載る所では、『道饗祭祝詞』のフナトの神の記事「下行かば下を守り、上往かば上を守り、夜の守り日の守り、守り奉り斎ひ奉れ」を引用し、杖は境に立てられる守護神の形式と書き、更に土地占有の意味もあると拡大解釈している。(5) それは倉野憲司も同じである。倉野はこの神を本居宣長が『古事記傳』で「道祖神」と書き、「旅だちに祭る」神で「旅行く人の手向する神」つまり旅の加護をする神と書いているから、「境に立って悪霊邪鬼の侵入を防ぎとめる」守護の神と書くが、やはり西郷と同じに、新羅王の前に杖を立てたとある記事を意識して、強引に杖を立てたこちら側は「人間の占有地」、あちら側は「悪霊呪気の世界」と書き、占有説に結びつけている。(6) しかしこの説明は新羅征討譚に合わせた付会である。

西郷信綱は更に『播磨国風土記』(宍禾郡御方里)の伊和大神が形見として、「御杖を此の村に植てたまひき。故、御形といふ」とあるのを、占有のための杖と書く。しかし「此の村に植てた」のは神の占有のしるしではなく、神が村を守護するために立てたのである。また西郷は『出雲国風土記』の国引き神話の八束水臣津野命が、最後に「今は、国は引き訖へつ」といって「意宇の社に御杖衝き立てて、云々」とある記事について、「やや趣を異にするけれどこの杖はやはり『神の鎮座地の標示』(古典文学大系)といわれる」と書き、占有説に近づけるが、(4) この杖も道祖神的杖である。

以上のように西郷信綱は書くが、一方では杖についての伝承は「多義的」とも書いて、「弘法大師の杖立伝説」などがあることをあげるが、「新羅王の門に衝き立てたというこの杖は、書紀に矛とあるのでも知れるように軍事的色合いの強いものといっていい」と書く。[4] この見解は通説の「記紀の新羅征服譚」に拠っているが、『記』が『紀』の矛でなく杖なのは、新羅征服譚以前の視点（原『古事記』の視点）に拠っている。その視点を本章で詳述する。

柳田国男は西郷の書く弘法大師が大地を杖で突いて清水を湧出させた、「杖立清水」の伝承は全国にあることを、『日本の伝説』に「大師講の由来」として詳述している。[7] また『神樹篇』に「杖の成長した話」を載せて、各地にある日蓮上人の杖立の大木、信州更級郡佐野の西行法師の杖突の桜、美濃郡上郡上保の秦澄大師の杖桜、三河額田郡樫山の桜井寺の弘法大師の杖桜、四国の各地にある弘法大師の杖杉・杖立杉など、全国各地の杖が成長して霊木になる例を紹介している。美濃の不破郡岩手村の杖立神社の神杉は、「日本武尊の御杖」が成長したといわれている。杖が「神木」になる理由として（当時は神仏習合だから弘法大師らは神と見られていた）、柳田国男は「垂仁紀の一書には天皇倭姫命を以て御杖と爲したまひ、天照大神に貢ぎ奉りたまふとある」例を示し、杖は神の依代であったからと書く。そして「神自ら杖を御携へなされた例証」を数例示し、[8]「勧請の木」と題する論考では、「神宮の最高巫女を御杖代（みつえしろ）と云ひ、諏訪の神人が祭の日に杖を執ると云ふ其杖は、因（もと）より歩行を扶ける用具では無い」と書き、「各地に無数に存立する杖立の伝説、杖を立てたら生育繁茂したと云ふ話は、此意味に於て神木の根原譚とするに足りるのである」と書いている。[9] 一般に神の守護・加護を祈るのは神や人の占有権の確認ではない。柳田が書く杖（神木）の伝承もそうした祈願に依っている。

柳田国男の論考に見られるように、新羅王の門の前に立てた「御杖」は住吉大神の御杖代であり、「杖立清水」や「杖の成長した話」の神木の意味で、『紀』の矛のような武力イメージはない。後述するが住吉大社の神宮寺は「新羅寺」といわれているのは、神社や寺の財政的援助を新羅系氏族がおこなっていたからだが、『古事記』は息長帯比売の始祖を新羅王子にしている。なぜこのような記事を載せているかは、『古事記』が『日本書紀』と違って反新羅でないからだが、そのことを『記』『紀』を比較して述べる。後述するが三品彰英[10]・本位田菊士[11]・倉塚曄子[12]・阪下圭八[13]は、『記』の息長帯比売と応神天皇の記事に母子神伝承をみている事からも、「軍事的意味」は杖にはない。

原『古事記』の新羅関係記事と『日本書紀』の相違

『古事記』には新羅敵視観がない事を『日本書紀』と比較して示す。

○垂仁天皇

『紀』は天皇が任那王に贈るため任那人に持たせた赤絹百匹を、新羅人が奪ったのが、二国の仲を悪くさせたと書くが、このような記事は『記』にはない。

○仲哀天皇・神功皇后

神功皇后の新羅関係記事は前述したが、『紀』は新羅蔑視観に満ちた征討物語だが、『記』はそのように書かない。結びの記述も『紀』は征服の証（あかし）として、新羅王宮の門に矛を立てるが、『記』は杖を立て住吉神を新羅の国の「国守りの神」として「祭り鎮」めている。

○応神天皇

『紀』には新羅の調船が武庫の港で失火し船を多く焼いたので、新羅人を責めたら、新羅王は恐れ驚いて木工技術者を献じたとあるが、『記』にはそのような記事はない。また『紀』には「高麗人、百済人、任那人、新羅人、並に来朝(まうけまゐりきた)り。時に武内宿禰に命じて、諸々の韓人等を領(ひき)ゐて池を作らしむ。因(よ)りて池を名(なづ)けて韓人池と号(い)ふ」とある記事を、『記』は「新羅人参渡り来つ。是を以ちて建内宿禰命引き率て、堤池に役(えだ)ちて、百済池を作りき」と書き、『記』では新羅人が百済池を作ったという、まったく理屈に合わない記事になっている。これは原典は『紀』のような記述で、「韓人池」または「百済池」であったのを、「諸々の韓人」を「新羅人」に変え、「高麗人、百済人、任那人」を削り、「韓人池」も削ろうとした。しかし「百済池」を削り忘れたので、新羅人が百済池を作ったという奇妙な記事になったのだろう。なお『紀』では「高麗人、百済人、任那人、新羅人」と書く。新羅人をとってつけたように最後に書いているのは、『記』の新羅人のみにした記事と正反対の書き方である。なお応神記には新羅王子の天之日矛伝承や天之日矛関係説話（秋山之下氷壮夫・春山之霞壮夫の話）が豊富に載るが、『紀』は垂仁紀に簡単に載るだけである。『記』が応神記に載せたのは、応神天皇の母が天之日矛の子孫だったからであろう。

○仁徳天皇

『紀』は新羅が朝貢しないので、上毛野君を新羅征討に派遣し、「数百人を殺し、四の邑(むら)の人民(たみ)を虜(とら)へて帰りぬ」と書くが、『記』にはそのような記事はない。また『紀』は茨田(まむた)堤築造物語として、茨田連衫子(ころもこ)と武蔵人強頸(こはくび)の話を詳細に載せ、付記として「新羅人朝貢(みつぎたてまつ)る。則ち是(こ)の役(えだち)に労(つか)ふ」と書く。朝貢して来た新羅人を使役したことだけを書くが、『記』は「秦人を役(えだ)ちて茨田堤及茨田三宅を作り、又丸邇池、依網池を作り、又難波の堀江を掘りて海を通はし、又小椅江を掘り、又墨江の津を定めたまひき」と書く。「秦人」は私が『秦氏の研究』で詳述したように、新羅・加羅系渡来人である。この秦人がすべての土木事業をおこなったと書くのは『記』のみである。

○允恭天皇

『記』は『紀』が新羅を悪く書いたり蔑視したりして書く記事は、いっさい載せていないが、逆に『紀』が載せない新羅に好意的な記事は前述したように載せている。その典型というべき記事が、允恭天皇のときの新羅からの医派遣記事である。『紀』は「三年春正月、使を遣して良き医を新羅に求む。秋八月に医、新羅より至でたり。即ち天皇の病を治めしむ」と書くのに対し、『記』は天皇即位のとき「新羅の国主、御調八十一艘を貢進りき。爾に御調の大使、名は金波鎮漢紀武と云ふ。此の人深く薬方を知れり。故、帝皇の御病を治め差やしき」と書く。『紀』は日本側から医を求めたと書くが、『記』は医の名まで記し新羅側から即位の祝として医を派遣したと書き、主体を『紀』は我が国に置くのに『記』は新羅に置いている。この『記』『紀』の違いからみても『記』の視点がわかる。また『紀』は天皇崩御の時に来た新羅の弔使が大和国葛城の琴引坂で新羅なまりで云った言葉が、「采女に通じた」と誤解され捕えられ、誤解とわかって釈放されたが、その後新羅はそのことを恨んで貢上品を減らしたと書く。こうした新羅に都合の悪い記事は『記』はまったく載せていない。

以上の事実は、新羅王子を祖とする息長氏が原『古事記』に関与していたからだが、『紀』の異常な新羅敵視は、編纂に新羅に国を滅亡させられた亡命百済史官が関与していたからであろう。

天智・天武・持統朝の対新羅外交の大きな相違

拙著『日本古代王権試論――古代韓国との関連を中心に――』掲載の「天武天皇の時代――新羅との関係――」で、大海人皇子は壬申の乱の時から新羅と密接な関係にあった事を詳述したが[14]、即位後も天武朝は新羅と親密であったことを『日本書紀』で示す。

二年六月　王族の韓阿湌（従三位相当）の金承元ら「騰極を賀し」、一吉湌金薩儒ら「喪を弔ふ」ために来日。

　九月　金承元らを難波に饗す。

　十一月　金承元ら帰国。

四年二月　王子の忠元ら来日。

　四月　忠元ら難波に饗す。

　八月　王子の忠元ら帰国。

五年十一月　沙湌（正五位相当）金清平ら来日。

六年三月　金清平らを京へ召す。

　八月　金清平ら帰国。

七年　新羅使遭難し、八年正月助かった大奈末（正六位相当）、加良井山らを京に召す。

八年十月　阿湌（正四位相当）金項那ら来日。

九年六月　金項那ら帰国。

十二月　沙飡（正五位相当）金若弼ら来日。
十年八月　金若那ら帰国。
　十月　一吉飡（従四位相当）金忠平ら来日。
十一年二月　金忠平ら帰国。
十二年十一月　沙飡（正五位相当）金主山ら来日。
十三年三月　金主山ら帰国。
十四年十一月　王族の波珍飡（正三位相当）金智祥ら来日。
朱鳥元年五月　金智祥ら帰国。
　九月　天武天皇崩。
次に、天智朝の新羅使の来日記事を示す。
天智七年九月　級飡（従五位相当）金東厳ら来日。
　十一月　金東厳ら帰国。
八年九月　沙飡（正五位相当）督儒ら来日。
十年十月　沙飡（正五位相当）金万物ら来日。
　十二月　金万物ら帰国。
使者の数が天武朝にくらべて極端に少ないだけでなく、天武朝の新羅の使者には王子・王族が居り、王子・王族以外の使者も日本の官位にあてれば正三位・従三位・正四位・従四位が各一名、正五位相当が三人である（正六位相当の新羅使は遭難で助かった送使で大使ではない）。ところが天智朝の大使は正五位相当が二人、従五位相当が一人で、天武朝の大使に較べて官位が大きく落ちている。

　では日本側の新羅使派遣はどうか。天智朝では、九年九月の安曇連頰垂の派遣の一回だけである。天武朝になると四年七月に大伴連国麻呂、五年十月物部連麻呂を大使として派遣している。八年九月に「新羅に派遣した使人帰り拝朝」とあるが、出国の時期と大使名は不明。十年七月には采女臣竹羅、十三年四月には高向臣麻呂が大使として派遣されている（竹羅は翌年二月まで七ヵ月滞在しているが、麻呂の帰国時期は不明）。このように五回も天武天皇は新羅に使者を出し、半年以上も滞在させている。

持統朝の対新羅外交と『日本書紀』の作文記事

　では持統朝の新羅との関係はどうか。
元年九月　王子の金霜林ら、国政を奉請し調賦を献る。筑紫大宰、天皇の崩を金霜林らに告ぐ。
二年正月　十二月に勅使に任じられた路真人迹見が、霜林らに天皇の崩を告ぐ。
　二月　金霜林らを筑紫館に饗す。霜林ら帰国。
三年四月　級飡（従五位相当）金道那ら、天皇の喪を弔うために来日。
　七月　金道那ら帰国。
六年十一月　級飡（従五位相当）朴億徳ら来日。
七年二月　沙飡（正五位相当）金江南ら、神文王の喪を告ぐ。
　三月　朴億徳ら帰国。
九年三月　王子の金良琳ら来日。

持統元年、二年、三年の記述は天武天皇の崩御に関する来日であり、それ以降が持統朝と新羅との外交関係だが、持統六年まで新羅から使者の派遣はなく持統朝になると新羅との関係は疎遠になっている。そのことを『紀』の持統三年五月二十二日条の記事で示す。

新羅の使者金道那に対し土師麻呂は、二年に田中法麻呂らを遣して天武天皇の喪を知らした時、新羅側は蘇判（従二位相当）が会うといったので、法麻呂らは詔を伝える事をやめた。理由は孝徳天皇崩御を知らせるため巨勢稲持等を遣した時、翳飡（正二位相当）の金春秋が会っているからである。また天智天皇崩御の時には一吉飡（従四位相当）が来日しているのに、天武天皇崩御の時には級飡（従五位相当）を派遣し、前例と違っている。このような行為以外にもさまざまな無礼をおこなっていると、新羅使に対して述べたと『日本書紀』は書き、さらに次のように書く。

> 又新羅、元来奏して云さく。「『我が国は、日本の遠つ皇祖の代より、舳を並べて檝を干さず。奉仕れる国なり』とまうす。而るを今一艘のみなること、亦故き典に乖へり。又奏して云さく。『日本の遠つ皇祖の代より、清白き心を以て仕へ奉れり』とまうす。而るを竭忠し本職を宣べ揚ぐることを惟はず、而も清白きことを傷りて、詐りて幸き媚ぶることを求む。是の故に、調賦と別に献れるとを、並に封めて還す。然れども我が国家の遠つ皇祖の代より、広く汝等を慈みたまひし徳、絶ゆべからず。故、弥勤め弥謹みて、戦々兢々りて、其の職任を修めて、法度に遵ひ奉らむ者をば、天朝、復広く慈みたまはまくのみ。汝道那等、この勅したまふ所を奉りて、汝が王に奉宣れ」とのたまふ。

この記述に続く文章を『日本書紀　下』（岩波書店版）、『日本書紀　三』（小学館版）の頭注は、『後漢書』（順帝紀・光武帝紀）に拠った文章と書く。借物の文章で新羅を非難しているのに、小学館版の頭注者は『後漢書』の引用文と書きながら、この文章は、「矛盾に満ちている新羅の応待を指摘し、情理を尽して諭す文章」と書いている。この記述はおかしい。西郷信綱が『紀』の新羅征討記事について指摘するように、中国の文献まで引用して、「相手の言辞を卑しめることによって己れの優を保とうとする魂胆の見えすいた文章[1]」とみるのが、正しい理解である。理由を示す。

第一は孝徳天皇の死を知らせた時は正二位相当の金春秋が応待したのに、今回は従二位相当だからといって日本側は報告をやめている。しかし日本の官位でいえば正と従の違いに過ぎず同じ二位である。しかも金春秋は来日して孝徳天皇に会っているのだから、孝徳天皇の喪の報告に特に彼が会ったのは特例であり、極端に官位の低い人物ならともかく、従二位相当の高官が会うというのを拒否する理由はないから、この記事は作文である。

第二に持統元年九月に新羅の王子金霜林が、級飡金薩慕・級飡金仁述・大舎蘇陽信らと共に来日しているが、この来日は天武天皇の弔使であり、新天皇に対する祝使であるから、王子が来日している。しかし『日本書紀』は「国政を奏請し、且調賦を献る」と書く。しかし国政奏請・調賦献上は従来級飡（従五位相当）クラスだから、この王子の来日の正しい理由を書いていない。理由は持統三年の級飡金道那の来日を弔使にして、事実を曲げて記載したからである。つまり持統三年五月二十二日条の作文を載せるため、弔使として来た新羅王子の派遣を単なる国政奏請・調賦献上に意図して変えたのである。

第三は持統三年四月の使者が弔使なら、天武天皇の死後二年七カ月もたっている。天智天皇の弔使は間に壬申の乱があったにもかかわらず、死後一年九カ月後に来ている。また、持統三年四月来日の使者が弔使なら、天武天皇の死後三年近くたって派遣された事にこそ抗議すべきなのに、その事にまったくふれていないことからも、この記述も作文である。

第四にいずれの記述も作文であることは、『日本書紀』の記事の混乱が示している。持統三年五月二十二日条には、「二年に田中朝臣法麻呂等を遣して」と「二年」とはっきり書いているのに、持統元年春正月十九日の条には、田中法麻呂らを「新羅に使して天皇の喪を赴けしむ」とある。この「元年」が正しい。「二年」が作文であることは「二年」には月日が記していない事からいえる。作文は田中法麻呂は「三年正月八日」に帰国したことになっている。この記事に元年正月派遣を結びつければ、満二年も新羅に居たことになるが、そのような事実はあり得ない。「二年」と作文したからその作文に合わせて「三年」を作文したのである。

天武朝では大伴国麻呂が四年七月に新羅に行き翌年二月に帰国しており七カ月滞在。五年十月に出発した物部麻呂は翌二月に帰国で四カ月滞在、采女竹羅は十年七月に行って翌年二月に帰国で七カ月滞在である（他の二名の新羅使については滞在月数は不明）。いずれも七カ月が最大で満二年も居ることはない。大使としての派遣の人物でも一年弱なのだから、喪の報告者に過ぎない人物が二年間も居るはずはない。三年正月帰国の記事は二年派遣と作文したのに合わせた作文記事であることは、持統元年正月十九日の記事を消し忘れて、そのまま残っていることからもいえる。

以上述べたように持統紀の対新羅外交記事は、『紀』の編纂に関与した亡命百済人らの作文記事で、その意図は新羅蔑視・敵視観の主張である。その主張は前述した『紀』の神功皇后紀にもあり、他にも詳論しないが多く見られるが、『記』にはそのような記事はまったくなく、親新羅の視点で書かれており、息長帯日売の始祖を新羅王子と、『記』のみが書いているのと一致する。したがって、この親新羅記事が親新羅の天武朝に原『古事記』に書かれたことを示している。

新羅征討譚に関する諸説と原『古事記』

以上述べたような親新羅観の『古事記』だから、息長帯比売は新羅王子だという系譜を載せている。このような新羅王室に結びつく系譜をもつ息長氏が、原『古事記』に関与していたから、原『古事記』には新羅王が馬甘になったとある短文はなかったであろう（この部分は多人長が入れたのであろう）。息長帯比売の伝承地について、三品彰英は『記』『紀』『風土記』の天之日矛伝承と重ねて、次頁の天之日矛と息長帯日咩関係図を示し、「この二者の伝説地は、その地理的分布において驚くべきほど一致している」のは「民間伝承の示唆するところ」と書いて、息長帯比売の伝承は民間伝承の天之日矛の渡来・遍歴伝承に根があるとみている。そしてその民間伝承は新羅征討譚でなく「海の母神と御子神」の伝承と書く[15]。

三品説に依拠せずに似た見解を他にも述べている研究者たちが複数居る。倉塚曄子は「胎中天皇の神話」と題する論文で、神功皇后の新羅征討譚を「何らかの歴史的事実の反映をみようとする従来のよみ方には賛成できない」と書いている。倉塚は「オキナガタラシヒメはまず巫女的な女性として登場する。と同時に後の話でわかるように、御子をみごもったまま新羅にわたり、大和に帰還後も御子の成長を見守るなど、母としての風貌も顕著である」と書き、いわゆる「新羅征討譚」を「応神天皇

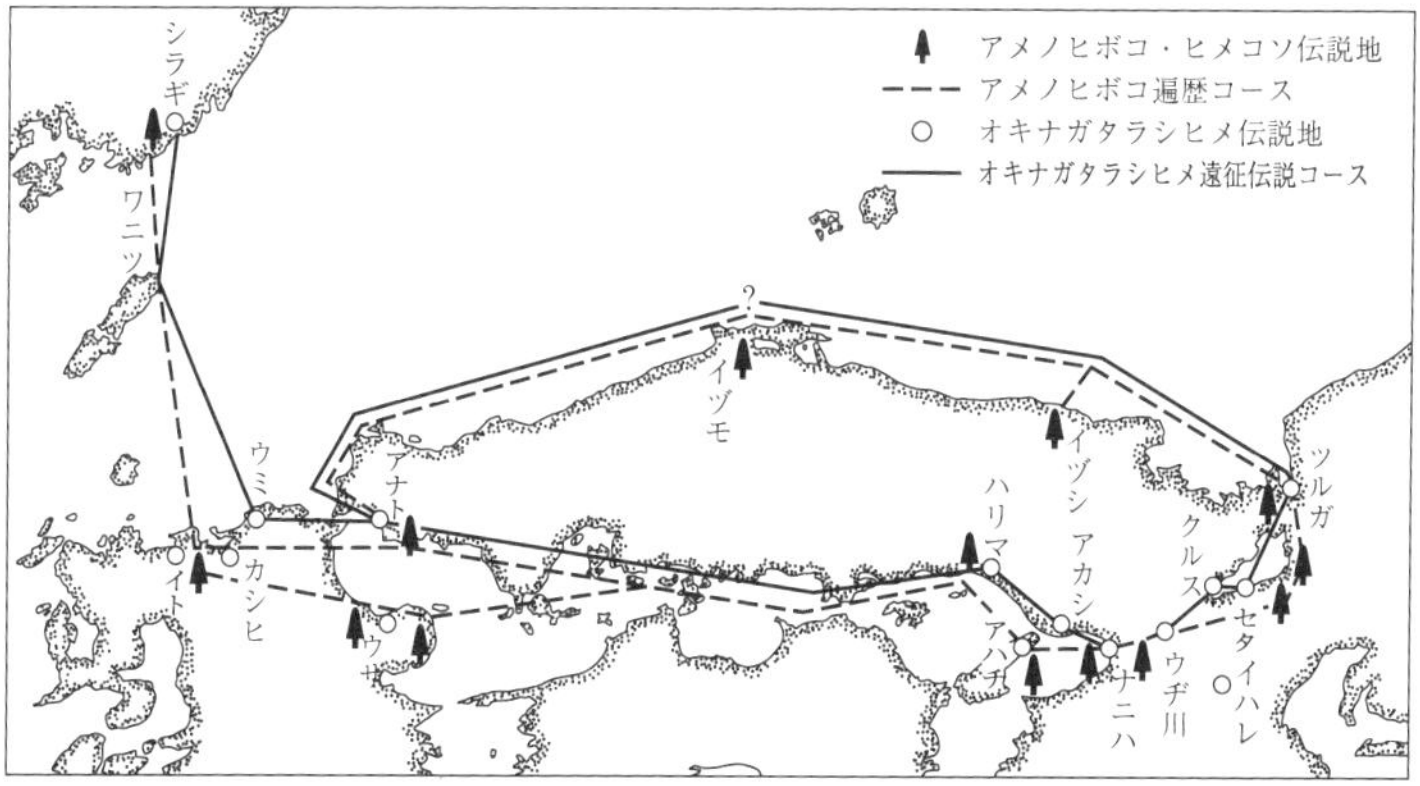

アメノヒボコ・オキナガタラシヒメの伝説地

が息長帯比売の胎中にて住吉大神から宝の国（新羅）を授かり、胎中にあってこれをことむけ、筑紫で誕生する」、御阿礼（誕生）神話とみて、『古事記』の記述を次のように書く。

　応神を皇統につなぐためには仲哀の子としなければならなかった。しかし物語の上では父仲哀はまるで神言を疑って死ぬためにのみ登場するかのごとくである。皇統譜作成のためという要請によって仲哀が関与している部分を除けば、物語は母なる神とそれに守り育てられる御子という古くからの神話的パターンにのっとっているといえる。神の御子は普通神秘的な乗物もしくは器にこもって他界をめぐった後、この世に聖誕する。ニニギノ命がくるまった真床覆衾（書紀）、ヒコホホデミが海神宮に行く時乗ったマナシカツマの船（記・紀）、桃太郎・瓜子姫のこもっていた桃や瓜などみなそうした器であり子宮の象徴にほかならなかった。そして応神は、まさしく子宮そのものを乗物として他界韓国をめぐり、新生の王として筑紫に誕生する。そうした神秘的な出生をした王であることを語ろうとしたのが、いわゆる胎中天皇のモチーフであろう。

このように書いていながらも「記紀」と書いて同じ勅撰書と見る観点に立つから、「記紀によると、神功皇后は御腹に御子（応神）をやどしたまま新羅を征服したという。よって応神は後に胎中天皇とよばれた」と書く。

倉塚は三品と違って天之日矛についてまったくふれていないが、三品と同じに母子譚から新羅征服譚になったとみる（三品・倉塚は『記』と『紀』は違うと明言していない）。しかし両氏より前の一九六四年に本位田菊士が発表した論考、「応神天皇の誕生と神功皇后伝説の形成」では、『記』は『紀』の新羅征討譚と違った母子神伝承とみている。

応神（胎中の御子）が仲哀に代り授けられた権限は、古事記による海表の金銀国だけでなく、より広い「天下」、すなわち大和国家の統治権そのものであるような印象を与えることが注意される。それに「胎中の御子」といったまだ生まれてもいない応神を対象としているのはなぜか。古事記に建内宿禰が「御腹に坐す御子は、何の御子か」と神に問い、神が「男子ぞ」と答えたとある意味はなにか。このような記述を綜合して考えると、応神は仲哀と神功間の正常な父子関係によって生まれたのではなく、神の御子と考えられる。……この物語は最初から「金銀財宝の国」という漠然とした地域として構想され、朝鮮など特定の地域や国を対象としたものではないのではないか。……伝説の構想は半島経略の史実とは全く無関係な別の意図や目的を反映したものと考えれば問題は解決される。(11)

このように本位田菊士は書いているが、なぜか息長帯比売の母方の祖が新羅王子と『古事記』が書いていることを無視している。三品彰英が天之日矛にふれるのは古代朝鮮の研究者だから当然だが、他の研究者たちは『記』の神功皇后新羅征服譚が新羅王子を息長帯比売の祖にしていることにまったくふれていないのはどういうことか。五一一頁の図で示したように、新羅王子の天之日矛と息長帯比売の民間伝承が一致しているのは、天武朝の原『古事記』に載る天之日矛を祖とする息長帯伝承が民間で伝えられたからである。一方百済からの亡命帰化人らの史官が関与した『日本書紀』は、官製の神功皇后新羅征服譚を創作したのである。この違いを更に検証し、原『古事記』の実体を示す。

新羅系母子神説話が日本化した息長帯比売伝承

『筑前国風土記』逸文には怡土県主等の祖の五十跡手（伊蘇志とも云う）は、「高麗の国の意呂山に天より降り来し日桙の苗裔」とある（意呂山は新羅と高麗の境の蔚山だから高麗と書いている）。この「天より降り来し日桙」だから「天之日矛（天日槍）」と書かれて新羅王子になっているが、息長帯比売の鎮懐石伝承では胎中天皇を生んだ地は、『記』『紀』共にこの「イト」の地になっている。したがって三品彰英はこのイトの地は天之日矛の「古い根拠地」で、息長帯比売の「祖神の地」と書く。また『播磨国風土記』揖保郡に載る天之日矛と大帯日売命（息長帯日売命）の記事に登場する伊都村は「イツ」と読まれているが、「イト」とも読めるから「ヒボコ族にとって因縁の深い地名」とも書いている。(16)

このように『古事記』に載る息長帯比売を新羅王子天之日矛の子孫とする伝承は、母子神伝承で胎中天皇を生む出産譚であるが、阿礼の地が天之日矛伝承地の九州のイトであることからみても、伝承の根は新羅に近い九州の新羅系渡来人の伝承といえる（三品は新羅系母子神神話を『三品彰英著作集　第五巻』で詳述している）。三品は述べていないが拙著『神社と古代民間祭祀』や、『秦氏の研究』に掲載した「香春神社[17]」（福岡県田川郡香春町）で、この神社は『延喜式』神名帳には「辛国息長大姫大目命神社」。『三代実録』（貞観七年二月二十七日条）には「辛国息長比咩神社」とあることを書いた。「辛国」は「韓国」、「息長大姫・息長比咩」は息長帯比売（姫）のことである。『豊前国風土記』逸文に香春神社のある「鹿春郷」について、「昔者、新羅の国の神自ら度りきて此の河原に住みき。即ち名づけて鹿春の神と曰ふ」とあり、新羅の神に「息長」をつけている。更に田河郡の鏡山については次のように書く。

昔者、気長足姫尊。此の山に在して、遥に国形を覧て、勅祈ひたましく。「天神も地祇も我が為に福へたまへ」とのりたまひて、乃便ち、御鏡を用て、此の処へ安置きたまひき。其の鏡、即ち石と化為りて山の中に見在り。因りて名づけて鏡山といふ。

この「鏡山」は香春岳が視界をさえぎる現在の鏡山でなく香春岳であることは、拙稿「香春神社」で論証[17]したが、『豊前国風土記』は「息長足姫尊」とはっきり書いている。田村圓澄も香春神社の宮司職を相伝した赤染氏は、「新羅から香春に移住した集団の首領格」と書いている[18]。平野邦雄も赤染氏について詳細に検証し、秦氏系氏族であることを論証している[19]。赤染氏と共に香春神社の祭祀氏族の額賀氏については、拙著『秦氏の研究』所収の「香春神社——秦王国の母子神——」で書いたように、「ツヌガ」は応神天皇がイザサワケ神と名変えをした地（『記』は「角鹿」「都努賀」と書く）で、息長帯比売と胎中天皇の母子譚に関連する地である[20]。韓国の「息長比咩神社」と呼ばれている香春神社の神宮が、新羅から渡来した赤染・額賀氏であることは、新羅王子を祖とする息長氏と結びついており、正史（『日本書紀』）が無視する伝承を民間伝承はきちんと伝えており、『古事記』の息長氏が新羅王室の血を引く氏族であるという、伝承の根深さを証している。

私は「香春神社」と題する論考に「秦王国の母子神」のサブタイトルをつけたが、[20]『隋書』倭国伝に「竹斯（つくし）国に至り、又、東して秦王国に至る」とある。秦王国については、『日本にあった朝鮮王国――謎の『秦王国』と古代信仰――』と題する拙著で、その地は香春神社・宇佐八幡宮の信仰圏で、豊前の地と詳論した。[21]そのことは拙著『秦氏の研究』でも詳述した。[22]そして『秦氏の研究』所収の「宇佐八幡宮――秦王国の神から日本の神へ――」[23]や、『神社と古代王権祭祀』所収の「宇佐八幡宮――『ヤハタ』信仰の原像と新羅・加羅系氏族――」[24]などの拙論で、祭神が息長帯比売と応神天皇の母子神になっているが、本来は新羅の母子神であったことを詳論し、最初の祭祀氏族は新羅系氏族の辛（韓）島氏で、宇佐八幡宮の信仰の元は香春神社であることも詳述した。田村圓澄も「宇佐八幡は、元来は韓国の神である」と書いているが、[18]香春神社・宇佐八幡宮は、いずれも母子神を祭神にしており、母（息長帯比売）と胎中（応神）天皇の『記』の物語と重なる。息長帯比売の始祖が新羅王子であるように、『風土記』は息長帯比売を祭神とする香春の神を新羅神と書く。この事実からも『古事記』の息長帯比売の物語は、新羅から渡来して日本に住んだ人々が伝えていた母子神神話で、胎中の王が新羅と日本の王になったという伝承であった。それが亡命百済史官らに拠って、息長帯比売が「神功皇后」に変って正史（『日本書紀』）に載り、新羅征討譚が一般化したのである。しかしかつての秦王国の地の香春神社・宇佐八幡宮には、原『古事記』に載る伝承が残っていて、息長帯比売を新羅の神と結びつけているのである。

三品彰英は「八流の幡を天降して、日本の神となれり」と宣し、日本の辛国城に降臨したという『八幡宇佐宮御託宣集』に、「日本の辛国城は蘇於峯」とあることを取上げ、「蘇於(ソホリ)という降臨地の名は新羅の王都ソフルと同名で、新羅の始祖伝説によれば、神童赫居世（閼智）が天降った聖林に由来する神話的古語」と書き、また八幡神の最初の女性禰宜の辛国勝乙目の「勝」は「帰化族のカバネ」と書く[25]が、辛国は前述したように韓国である。このように新羅系母子神神話は日本化して、新羅系渡来人が祀る神社の祭神になっているが、「息長」を名乗る神になっているのは、古くから民間にあった伝承によっているのであって、『古事記』はその伝承を載せたのである（『古事記』が一般に読まれるのは江戸時代に入ってからだが、すでに『延喜式』や『三代実録』に香春神社の祭神が韓国の息長の神になっている事からいえる）。

神宮寺が新羅寺の住吉大社と難波の新羅系氏族

『住吉大社神代記』（田中卓は天平三年〔七三一〕原撰、延暦初期〔七八二〜七八五〕書写説。坂本太郎は元慶三年〔八七九〕以後の説）の「船木等本紀」に、「息長帯比女、住吉大神を船辺に坐奉(ましまし)て辛国に渡り坐して、方定(くさぐさ)に進退鎮(たばかりしづ)め給ひて、辛嶋恵我須須己里(からしまのえがのすすこり)を召して、即(かれ)、還行幸(みゆきかへ)りて坐す」とある。韓国のことを「辛国」と書き、その国の住人を「辛嶋」と書いているが、前述したように、「其の御杖を、新羅の国王の門に衝き立てて、即ち墨江大神の荒魂を、国守る神として祭り鎮めて還り渡りたまひき」とある。「御杖代(みつえしろ)」という言葉があるように、住吉大神の荒魂を杖にこめて新羅の国守りにしたのである。矛を立てて征服のしるしにしたのではない。したがって住吉大社の神宮寺は神仏分離で明治初期になくなるまであったが、新羅寺といった。そのことを今井啓一は『帰化人と社寺』所収の「高麗寺・新羅寺・鶏足寺」で、次のように書いている。

住吉大社にも明治維新の神仏分離までは神宮寺があって神社の祭祀に与ったのであって、この神宮寺の旧号を新羅寺といった。寺領三百六十石。本尊薬師仏をまつる。（中略）「勘文」によれば、「本尊は三韓より伝来の尊像にして、彼国新羅寺仏頂に納むる所也。然るに我朝に渡りついて本尊とす。古来、秘仏にして聊かも蓋を発く無し。元是新羅寺の仏像故に新羅寺と号す」とある。[26]

神功皇后新羅征服譚を信じたい人々は、新羅から仏像を奪ってきて本尊としたから新羅寺と言ったといいたいだろうが、新羅寺に伝わる「勘文」では「伝来」「渡りついて」とある。このような記述は今井啓一によれば、江戸時代の『住吉名勝図会』『摂津名所図会』『摂津名所大成』などに載っているというから、新羅征服譚を否定している。もっとも神功皇后新羅征服譚を喜びそうな民衆の読む読物に、はっきり伝来・渡来とあることに、私は注目したい。

『姓氏録』摂津国諸蕃の「新羅」に「三宅連。新羅国王の子、天日桙命の後なり」とある。「三宅」の氏名は屯家（屯倉）の管理者であったからだが、難波屯倉は西成郡讃楊郷（大阪市南区高津町付近）にあった。天平宝字四年（七六〇）十一月十八日の日付のある「摂津国安宿王家地倉売買券」には、「西成郡擬少領少初位三宅忌寸広種」とあり（三宅連が三宅忌寸になったのである）、「西成郡擬大領従八位上吉志船人」という名もある。「吉志」は『姓氏録』（摂津国皇別）に「難波忌寸同祖。大彦命之後也」とあるが、「難波忌寸」の前は「難波吉士（師）」といっていた（安康紀に難波吉師日香蚊、敏達紀に難波吉士木蓮子が載る）。吉士は新羅の官位十七等のなかの十四位で、新羅系渡来氏族が皇別の阿部氏に入ったのである。三宅連（後に「忌寸」）も、その前は三宅吉士であった。『日本書紀』の賜姓記事（天武十三年十月）に三宅吉士が三宅連になっている。『姓氏録』（摂津国蕃別）には秦忌寸・秦人が載るが、太田亮（『日本国資料叢書　摂津』）、吉田晶（「地域史からみた古代難波」『難波宮と古代国家』所収）は、この秦氏を西成郡人と書いている。『古事記』（仁徳記）のみの記事だが、「秦人を役ちて」、「難波の堀江を掘りて海に通はし、又小椅江を掘り、又墨江の津を定めたり」とあり、新羅系渡来氏族の秦氏も、難波の開発に関与している。

　このように難波は新羅系氏族がかかわるが、「墨江」は「住吉の江」だが、息長帯比売の子（応神天皇）は住吉大神の子を暗示する記述が『古事記』に載る。また豊前の宇佐八幡宮の『託宣集』には、新羅に行く前に息長帯比売は住吉大明神と夫婦になったと記されている。

　住吉大社の神宮寺が新羅寺と呼ばれたのは、この神社の財政支援や信仰に三宅吉士・難波吉士・秦氏らがかかわっていたからである。住吉の神が登場する息長帯比売と胎中天皇の物語は、日本と新羅の国守りをする住吉神にかかわる母子神伝承であったから、『古事記』では新羅王子天之日矛の子孫の息長帯比売の物語になっているのである（三宅吉士も天之日矛の後裔）。その物語を新羅に滅ぼされた百済の亡命史官たちが関与した『日本書紀』が、神功皇后の新羅征討譚に変えたのであろう。

『住吉大社神代記』は「猪加志理の神」の地について「元、住吉の大神居坐して」と書くが、この神は式内社の坐摩神社である（神名帳に「大社」とある）。私は拙著『神社と古代王権祭祀』で坐摩神社について詳論したが、一部を引用する。

山根徳太郎は現在の坐摩神社のお旅所（坐摩神社の旧社地）を応神天皇の大隅宮の所在地とみる（『難波王朝』一一〇頁、一九六九年）。応神天皇の実在を疑問視する説もあり、大隅宮の史実性にも問題があるが、坐摩の神が「大宮地の霊」（『古語拾遺』）といわれていることからみても、この地が「難波王朝」「河内王朝」といわれている五世紀の王権にとって重要な聖地であったことは確かである。……前掲の『住吉大社神代記』の記述から、山根は坐摩神社の旧地を住吉大社の最初の鎮座地とみて、「住吉の大神と坐摩の神は同体」と書く。……坐摩神社の旧地のお旅所には、方五丈の「神功皇后の鎮座石」といわれる巨石があるから「石町」という。……嘉永五年（一八五二）四月、皇子（明治天皇）安産の祈願がなされた。慶応四年（一八六八）に明治天皇は大阪へ行幸の時、坐摩神社を親拝している。神功皇后伝承があり、宮中で安産の神として崇拝されていたことからも、坐摩の神の性格がわかる。[27]

私はこのように書いたが、『延喜式』神名帳の宮中神に「座摩巫祭神五座並大、月次新嘗」とあり、『古語拾遺』は「是れ大宮地之霊」とある。「大宮地之霊」が安産の神なのは、大地が植物を生み育てる母だからである。宮廷が奈良や京都の地にあっても、難波の海辺にあった神を「大宮地之霊」とするのは、かつて難波に都のあった頃の祭祀を伝統として受けついできたからであろう。

「神功皇后の鎮座石」はこの神社が安産の神であることからみても、『古事記』が書く鎮懐石である。この石のある地は天平勝宝二年（七五〇）四月十三日の日付のある「東大寺諸国庄文書」に載る「新羅江庄」の地である。この地を渡辺といったが南渡辺の人たちは豊臣秀吉の大阪城築城の時、坐摩神社とともに船場の西の現在の坐摩神社の地に移り（東区渡辺町）、北渡辺の人たちは元禄年間に現在の浪速区西浜町に移った。この地も明治時代は渡辺村といったが、村の唯一の神社は白木（新羅）神社である。明治四十年（一九〇七）に政府の神社合併政策で坐摩神社に合祀されたが、今は白木神社は浪速区西浜町北通り四丁目にあり、坐摩神社の夏祭（七月二十二日）の翌日に祭りがおこなわれている。この事実からみても、住吉大社の元の神社といわれる坐摩神社が新羅江庄にあり、新羅神社であったのは、新羅系氏族が多数難波に居り、しかも有力氏族であったからである。したがって住吉大社の神宮寺が新羅寺といわれる理由がわかるし、『古事記』のみが住吉の神の形代の杖を新羅王の門前に立てたのは、新羅の国守りの為であることもわかる（杖のもつ意味については前述〈五〇〇頁〉した）。

新羅王子を祖とする息長帯比売伝承と難波

摂津国の式内社は、どの郡でも三社以上ある。西成郡は『和名抄』によれば令制の郡の区分からすると「上郡」であり、南摂津郡四郡のなかでもっとも郷数が多いのに、式内社が坐摩神社一社なのは、この神社が西成郡の人々にとって特別の意味をもっていたからである（前述したように西成郡の擬大領、擬少領は新羅系氏族で、西成郡居住の三宅氏は新羅王子天之日矛を祖とし、新羅系氏族の秦氏も居住し難波の堀江を作っている）。

東生郡の郡司も『正倉院文書』によれば、元は難波または日下部の「吉士」であった新羅系の日下部忌寸であり、この郡には『延喜式』神名帳では、住吉大社と共に神社として最高の格の「名神大社」の比売許曾（ひめこそ）神社がある。この比売許曾の女神は『古事記』によれば、天之日矛の妻で難波に上陸して祭られた神である。

この東西の「ナリ」郡（東は「成」、西は「生」と書く）の「ナリ（成・生）」は、文字どおり「生成」の意味だが、私は『日本の神々　3』所収の「比売許曾神社」で、次のように書いた。

> 新羅から渡来した天之日矛の妻を祀る比売許曾神社や、元住吉大社の坐摩神社（新羅神社）、また新羅江庄がある東西の「ナリ」郡は、『和名抄』は「奈理」と訓している。「奈（na）」は朝鮮語では古くは「生」「成」の意味をもっていたことは、三品彰英が詳述している（『建国神話の諸問題』）。このnaはnarやnariの転訛だから「奈理」に「生」「成」をあてるのである。この「奈理」は新羅の「奈乙」「奈勿」と関連し「日」の意味がある（実在の王名といわれている奈勿王以降の新羅王は「奈勿王……世之孫」とあるが、奈勿（nar）は新羅では太陽のことである。奈勿は奈乙（nar）と書いて土地名になっているが、『三国史記』新羅本紀は二十一代炤知王九年条に、「神宮を奈乙に置く。奈乙は始祖初王の処なり」とある。末松保和は太陽（nar）の地に奈勿（nar）王を祭ったと書くが（『新羅史の諸問題』）、今西龍は始祖赫居世を祭ったと書く（『新羅史研究』）。「居世」は敬称で「赫」は太陽をいうから今西説がよいが、奈勿王の名も太陽王である）。「奈良」は朝鮮語では宮殿・王・国の意味があるが、東西「ナリ郡」の「奈理（nar）」も同じ意味がある。応神の大隅宮、仁徳の高津宮、孝徳の長柄豊碕宮、さらに難波宮の推定地は、学者によって見解の相違はあっても、すべて「奈理」の地に推定されている。東生（ナリ）・西成（ナリ）の郡名は天平年間の文献に初めて見られるが、その前から「奈理」といわれていたであろう[28]。

このように私は書き、さらに「難波」について『日本書紀』が「ナニハ」という理由を、「難波の碕に到るとき、奔潮ありて太だ急きに会ひぬ。因りて以て名づけて浪速国と為す」と書いていることを述べ、この『紀』の浪速説について、吉田東伍が『大日本地名辞書　上方』(一九〇〇年)、松岡静雄が『日本古語大辞典　語誌篇』(一九二九年)で否定していることを書いた。特に松岡は「ナ(魚)ニハ(庭)の意、魚の多い海面」説を新しく主張している。天坊幸彦は『上代浪華の歴史地理的研究』(一九四七年)でこの松岡説を自説のごとく書くので、藤本篤は『大阪府の歴史』(一九六九年)で、天坊説を「支持する人も多く、定説化してしまった」と書く。しかし福尾猛次郎は魚庭説を否定し『紀』の浪速説を採る(「『浪速』『難波』の名義に関する復古的提唱」「上方文化」二号、一九七三年)。この二説以外に滝川政次郎は難波の枕詞の「押し照る」に注目し、「ナニハ」は「ナミニハ」の約言で、波静かな海面に太陽が照り輝いていることから「押し照る」の枕詞が生まれたと、主張している(「難波の比売許曾神社鎮座考」「神道史研究」六巻五号、一九七〇年)。「押し照る」については本田義憲が「難波津に日の御子を迎える太陽神儀礼」との関連から、「霊威満ちて照る」の意と述べている(「原八十嶋神祭歌謡をめぐる覚書」「万葉」六九号、一九六八年)。

このような従来の「ナニハ」地名説を私は紹介し、「ナニハ」は枕詞からみて太陽にかかわるし、東西の成(生)郡の地名も新羅では太陽にかかわるから、「ナニハ」と「ナル」に共通性があるとみて、私は「アマテラスの源像」[29]「古代祭祀とナニハ」[30]「比売許曾神社」[31]などで、「ナニハ」の枕詞からみて、「ナ」は新羅の太陽の意のnarとかかわり、太陽を仰ぐ庭、迎日の場所、日神の祭場の意味で、坐摩神社や八十島祭の祭祀にかかわると書いた。

「古代祭祀とナニハ」は読売新聞の一九七六年十一月四日と五日の学芸欄(夕刊・大阪)に載せた拙

論だが、私説を読んだ当時大阪外国語大学に勤めていた金思燁教授から、「ナニハ」について次のような手紙をいただいた。

朝鮮語では「太陽」は「へ」(해)、日の「ナル」(날)と区別している。しかし「日」(ナル)は、①日の出から日没まで、すなわちday の義。②日・月の日、すなわち太陽。「ナ・ナル」は太陽そのものより、「昼の明るい間」に重点をおいた使い方をする。しかし古代人は「太陽＝光明」として「ナ・ナル」の言葉を使い、「太陽」だけを指称する場合は「へ」という語を使っている。「ナ」は「日」。「ニハ」は古代朝鮮語では「口、門、窓、出口」。「ナニハ」は「日の出」「日の庭」と解さないと意味をなさない。「ナニハ」は「日の出る」聖なる場所である。

東と西のナリ(成・生)郡もナニハという地名も、新羅とかかわるのは、前述したようにこの地に古くから新羅系氏族が居住し、難波の有力氏族であったことから、住吉大社の神宮寺が新羅寺なのだが、この住吉大社が息長帯比売の伝承に登場することからも、『古事記』の伝承とかかわる。息長帯比売は胎中天皇を天之日矛伝承のイトの地で出産し、喪船に乗せて難波に行く。この舟は「空船」と見られたと『古事記』は書くが、折口信夫は「うつぼ舟」と読み「神霊の宿る所・入れ物」と書き、卵の殻・瓢箪などの空洞なもの、箱も「空舟（うつほふね）」と書く[32]。

岡田精司は「『空船』の二字には、もとはウツボブネを意味する訓が付せられていたのではないか、と推定したい。神功皇后伝説の後半の部分は、明らかに海の彼方から訪れる母子神の信仰をその核として成立しているのである。幼童の姿をかりた神が密閉された容器に籠って来臨するという信仰は古くから本邦ならず、周辺の東アジア一帯にも広く行われていた。これはすでに先学によって明らかにされているところである（柳田国男「桃太郎の誕生」「うつぼ舟の話」、石田英一郎「桃太郎の母」）。ウツボブネはこの種の伝承に伴う神の子の乗物としての中空の密閉された舟のことで、一般に『空船』の文字で表わされることが多い」と書き、「ウツボ舟に乗って難波津を訪れる母子神神話の断片」と書く(33)が、難波も前述したように天之日矛を祖とする三宅・難波吉士の居住地で、天之日矛の妻を祭る比売許曾神社があり、『古事記』の伝承でも、天之日矛の妻も、妻を追ってきた天之日矛も、難波に上陸しており、息長帯比売の母と子の物語は、天之日矛とその妻の伝承と重なっている。この地の住吉大神の荒魂の依代の杖を新羅王の門に立てたのは、新羅征討とは逆の新羅の国の国守りのためである。

息長氏の本拠地周辺の新羅系伝承と秦氏

息長氏は系譜上新羅王室に結びつくと、『古事記』は書いているが、系譜以外でも新羅と関係は深い。まず本貫地だが、『延喜式』（巻二一　諸陵寮）に「息長墓、舒明天皇之祖母名曰広姫、在二近江国坂田郡一」とあり、湖北である。私は旧版『古事記成立考』で、「『近江輿地志略』には余呉湖の西北端川竝部落に白木大明神があると記す。いまの新羅崎神社である。また式内社の鉛錬日吉神社が余呉村にある。白木明神江連宮ともいう。『大日本史神祇志』は江連は鉛錬の音読と書くが継体紀二十三年条に、夫智奈麻礼、奚奈麻礼という二人の新羅使の名前がある。奈麻（奈末）は新羅の官職十七等の第十一位である」と書いた。新羅崎神社は明治末年の神社の統合政策で北野神社と統合され、相殿白木（新羅）神社として祀られているが、『滋賀県の地名』は「古代当地を開拓したと伝える新羅王子天日槍を祀ったと伝える」と書き、鉛練比古神社については、「新羅の王子天日槍が当地に来て、坂口郷の山を崩し余呉湖を四分の一とし、田畑を開き余呉庄と名付けたとの伝承があり、日槍塚・日槍屋敷の地名が残る」と書き、文明年間（一四六九〜一四八七）に山王社を勧請し大山咋神を主祭神とする前は、「天日槍を主祭神としていた」と書いている。[34] このように息長氏の本拠地の近くにも天之日矛（天日槍）伝承があるから、天之日矛を息長氏が始祖とする理由は本拠地にもある。

　息長氏の母方の始祖が新羅王子だから、『古事記』の系譜では息長帯比売の母の葛城高額比売の系譜が新羅王子に結びついているが、なぜ葛城のつく高額比売が新羅王子に結びつくのか。それには理由がある。葛城の地が新羅系渡来人の居住地だったからである。林屋辰三郎は葛城の朝妻（御所市朝妻）から新羅系渡来氏族の朝妻手人が、近江の息長氏の本拠地の坂田郡の朝妻郷に移住している事に注目しているが、[35] 允恭紀に新羅の弔使が大和国葛城の琴引坂へ来た時の話を記している。この琴引坂は朝妻にある。金井清一は新羅の弔使が朝妻に来たのは、朝妻の地に新羅系渡来人が多く住んでいたからと書く。[36] 前述したが（五〇三頁）、允恭天皇の即位の時、新羅王から八十一艘の船で祝品がとどき、新羅王は天皇が病気になると名医を大使にして派遣したと『記』は書くのに、『紀』は日本側が要求したから新羅は医師を派遣したと書く。このように『記』は新羅に好意をもって書いているが、『記』『紀』はこの允恭天皇の謚号を共に「朝妻若子」と書く。朝妻に生れ育ったのが允恭天皇だから、新羅王は特別な好意を「朝妻若子」の天皇に寄せて、弔使も朝妻にまで来ている。この葛城の朝妻から息長氏の本拠地へ新羅系渡来氏族の朝妻手人が移住していることからみても、朝妻のある「葛城」を冠した高額比売が、息長帯比売の母として新羅王子に系譜が結びついていることは当然といえる。

『姓氏録』（山城国諸蕃）の秦忌寸条には、渡来して最初に居住した地は「大和の朝津間（あさつま）の腋上（わきがみ）の地」

とある。この朝妻から山城国の葛野郡へ秦氏は移っているが、拙著『秦氏の研究』に「近江の秦氏をめぐって」と題する論考で詳述したように、秦氏は近江に多く居住している。[37] その秦氏は葛城の朝妻から直接近江へ来たか、山城の葛野経由で近江へ来たかのどちらかだが、石原進・丸山竜平の『古代近江の朝鮮』は「古代近江朝鮮関連人名一覧」に、古文献二十二冊から三四三名の人名を探し出している。[38] そのうち二〇五名が秦氏で六〇パーセントを占めている。

近江の秦氏でもっとも多いのは「依知秦（えち）」である。この「エチ」は愛知（えち）郡に住む秦氏のことである。石原進・丸山竜平は天平宝字六年（七六二）から貞観八年（八六六）までの判明する愛知郡内の大領十六名、少領九名は、秦氏出身と書いている。[38] 秦荘町大字松尾寺には湖東三山の一つの金剛輪寺、別名松尾寺があるが、松尾神社は神宮寺である（山城国葛野郡の松尾大社の分社が秦荘の神社や寺である）。次に秦氏が多いのは坂田郡である。坂田郡の秦氏は本拠地の愛知郡に近い現在の近江町（旧息長村・坂田村）で、この地を流れる天野川は古くは息長川と呼ばれ、中世の息長荘の所在地である。このように息長氏の本拠地やその隣のエチ（愛知・朴市）郡にも、新羅系の秦氏が居住し、坂田郡・愛知郡は親新羅の人々の地である。

この地の秦氏は大和の葛城から山城の葛野郡に移住しているが、近江へは山城経由で来たか、直接、葛城から来たかは定かではないが、秦氏関係記事は親新羅記事と共に『古事記』に豊富に載るのは（そのことは本書の各所で述べてきた）、原『古事記』に皇妃出自氏族で新羅王子の天之日矛を祖とする息長氏が関与していたからであろう。『記』は『紀』の「神功皇后紀」のような新羅征討譚は載せていないから（新羅王が馬甘になったという記事は多人長の挿入だろう）、新羅征討譚に合わせて作られたと思われる「神功」という皇后名は『記』にはない。原『古事記』は息長帯比売の母子譚で、新羅征討譚ではなかったと考えられる。

原『古事記』の親新羅の記事と天武朝

直木孝次郎は「神功皇后伝説の成立」で、「津田左右吉は神功伝説の原型の成立をほぼ継体・欽明朝とするが、継体・欽明朝ごろとするよりも推古朝以降、とくに天武・持統朝と考えられる」と書く(39)。吉井巌は「応神天皇の周辺」で神功皇后と応神天皇の伝承は息長氏・ワニ氏が関与していると書き、この伝承は「天武朝前後の時代」と書く(40)。水野祐も「神功皇后論」で天武天皇の時代に息長帯比売や、新羅王子天之日矛を祖とする息長氏系譜が作られたと推論している(41)。

前述したように天武朝は天智朝・持統朝と違って、特別に新羅と親しい政権であったのだから、原『古事記』の親新羅記事は天武朝を無視しては論じられない。

舒明天皇の諡号は「息長足日広額天皇」であり、皇極天皇元年十月十四日の欽明天皇の殯宮では、「息長山田公、日嗣の奉誄る」とあり、息長氏が誄を奉じている。皇極天皇は舒明天皇の皇后で天智・天武天皇の母だが、重祚して斉明天皇になっている。斉明天皇六年に新羅と唐の連合軍によって百済は滅び、わが国に王子豊璋が亡命する。王子豊璋を百済王にして百済国再興を計り、七年三月、天皇は磐瀬行宮（福岡市南区三宅）に入り、五月に朝倉橘広庭宮（福岡県朝倉町山田）へ移り、七月に崩ずると皇太子が称制し、磐瀬行宮を長津宮と改称して移り、八月に安曇比邏夫連、阿倍引田比邏夫臣を将軍にして百済救援に出発させる。そして天智即位前紀には次の記述が載る。

皇太子、長津宮に御す。織冠を以て、百済の王子豊璋に授けたまふ。復多臣蔣敷の妹を妻とす。乃ち大山下狭井連檳榔、小山下秦造田来津を遣はして、軍五千余を率て、本郷に衛り送らしむ

（傍点引用者）

多臣蔣敷は『多神宮注進状』によれば安麻呂の祖父とあるから、大海人皇子の湯沐令の品治の父である。小学館版『日本書紀　三』の頭注（執筆者は直木孝次郎）は、「日本人の女性が百済王の後宮に入ることになり、しかも日本の朝廷の権威を背後にもつ女性として後宮内の地位は高く、その子が王位を嗣ぐようなことになれば日本人の血を引く百済王の誕生となり、日本の百済支配はより強固なものとなるはずであった」と書く。中大兄皇子が立会って結婚式をあげているから、「日本の朝廷の権威を背後にもつ」オホ氏の女性が、百済王の妃になっているのである（豊璋は百済へ帰るとただちに百済王になっている）。

さらに問題なのは秦造田来津が同行していることである。秦造田来津は百済に派遣された翌年（天智天皇元年十二月条）には「朴市田来津」が百済王豊璋と話合をしたと『紀』は書く（『紀』の大化元年九月三日条に「朴市秦造田来津」とあるから同一人物だが、「朴市」は「愛知」で近江の秦氏である）。天智二年二月二日条に新羅軍が百済四州を攻撃したが、居ることができずに去ったのは、「田来津が所計る如し」とあり、天智天皇二年八月二十八日条には、白村江の戦いに敗けたことを記し、「朴市田来津、仰天ぎて誓ひ、切歯りて嗔り、数十人を殺し、焉に戦死せぬ。是の時に百済王豊璋、数人と船に乗り、高麗に逃げ去る」とある。この数人にオホ氏の女性が含まれていたかは不明だが、拙稿で繰返し書いてきた新羅系の秦氏と親しいオホ氏の女性が、天智天皇になる皇太子立会の下に百済王と結

婚しており、秦氏の田来津は王妃になるオホ氏の女性と共に百済へ渡り、白村江で勇戦し戦死している。親新羅のオホ氏の女性が百済王妃になり、新羅系渡来人の血を引く秦造田来津は百済側の武将として戦い、戦死している事実はなぜか。説得力ある説明はできないが、この事実は歴史を単純に割切って解釈できないことを示している。

しかし『日本書紀』と『古事記』が対新羅観では正反対なのは事実である。理由は『日本書紀』は百済亡命史官が関与しているからである。百済から渡来した田辺史など、「史」という姓（かばね）をもつ史官が百済亡命史官を参加させたのだが、バックには藤原不比等がいる。

上田正昭は「藤原不比等がはっきりと史上に登場するのは、持統天皇称制三年二月二十六日、判事に任命された時からであった。その氏姓名は『藤原朝臣史』と書かれている。『史』が本来の諱（いみな）であった。そしてその名は、田辺史大隅らの家に養われたことに由来するとみなしてよいだろう。（中略）不比等の教養に田辺史らの渡来系氏族の知識が与えたであろう影響は、後年の彼の事績などから推察されもする。実際に不比等と田辺史氏との結びつきはかなり深い」と書いている[42]（不比等は「史」の和訓）。

また上田は「草壁皇子愛用の佩刀が藤原不比等に与えられたその背後には、軽皇子の将来を不比等に頼むところがあった持統女帝や草壁皇太子妃たる阿部皇女の意志がはたらいていたにちがいない。（中略）慶雲四年（七〇七）の四月十五日、文武天皇（軽皇子）は藤原不比等に食封を与える宣命のなかで、『汝、藤原朝臣（不比等）の仕へ奉る状は、今のみにあらず、掛けまくも畏き天皇が御世御世仕へ奉りて、今もまた朕が卿として明き浄（きよ）き心を以て、朕を助け奉り仕へ奉ることの、重（いか）しき労（いとお）しきことを念ほし坐す』とのべている。藤原不比等の『仕へ奉る状』を『今のみにあらず』とするのは、こうした先帝いらいの功を意識してのものであった」と書いている。(43)

持統天皇の時から百済から渡来した氏族の田辺史（田辺史については第十五章・第十六章でくわしく書く）に育てられ、「史」の教養を受けた不比等が、『日本書紀』の編纂に関与しないことはあり得ないし、田辺史の関係から百済亡命史官の関与も考えられ、さらに持統朝から反新羅になる理由も、藤原不比等の影響が考えられる。

以上述べたことからみても、親新羅記事の載る原『古事記』の成立時期は天武朝であり、皇妃出自氏族で内廷（後の「後宮」）にかかわる息長氏の関与からみても、天武朝の内廷で編纂されたのが原『古事記』である。本章の最初に提示した『古事記』のみに載る系譜によれば、息長氏はワニ氏・尾張氏の祖とも結びついているが、ワニ氏・尾張氏も原『古事記』に関与していることは、第十二章・第十三章で述べた。この系譜上で三氏が結びつくことも三氏が原『古事記』に関与していたことを示しているが、息長帯比売と胎中天皇の母子譚も、女性が関与した「フルコトブミ」が原『古事記』であることを示している。

〔注〕

(1) 西郷信綱「補考　いわゆる新羅征討譚について」『古事記注釈　第三巻』所収（平凡社　一九八八年）

(2) 倉野憲司『古事記・祝詞』二三二頁の頭注（岩波書店　一九五八年）

(3) 倉野憲司『古事記全註釈　第六巻』二七四頁〜二七五頁（三省堂　一九七九年）

(4) 西郷信綱『古事記注釈　第三巻』四一五頁〜四一六頁（平凡社　一九八八年）

(5) 西郷信綱『古事記注釈　第一巻』二〇五頁（平凡社　一九七五年）

(6) 倉野憲司『古事記全註釈　第二巻』二九二頁〜二九三頁（三省堂　一九七四年）

(7) 柳田国男「大師講の由来」『柳田国男集　第二六巻』所収（筑摩書房　一九七〇年）

(8) 柳田国男「杖の成長した話」『柳田国男集　第一一巻』所収（筑摩書房　一九六九年）

(9) 柳田国男「勧請の木」注(7)前掲書所収

(10) 三品彰英「古代宗儀の歴史的パースペクティヴ――天の日矛の後裔たち――」『三品彰英論文集　第四巻』所収（平凡社　一九七二年）

(11) 本位田菊士「応神天皇の誕生と神功皇后伝説の形成」「ヒストリア」四八号　一九六七年。『日本古代国家形成過程の研究』所収（名著出版　一九七八年）

(12) 倉塚曄子「胎中天皇の神話」「文学」五〇巻二・三・四号　一九八二年。『古代の女』所収（平凡社　一九八六年）

(13) 阪下圭八「神功皇后伝説の形成」「文学」三七巻四号。「神功皇后の物語」「歴史と人物」一九七二年十一月号

(14) 大和岩雄「天武天皇の時代――新羅との関係――」『日本古代王権試論――古代韓国との関連を中心に――』所収（名著出版　一九八一年）

(15) 三品彰英「応神天皇と神功皇后」注(10)前掲書所収
(16) 三品彰英 注(10)前掲書 七〇頁
(17) 大和岩雄「香春神社」『神社と古代民間祭祀』所収(白水社 一九八九年)。『秦氏の研究』(大和書房 一九九三年)
(18) 田村圓澄「宇佐神宮」『日本の神々 1』所収(白水社 一九八四年)
(19) 平野邦雄「秦氏の研究(二)」「史学雑誌」七〇篇三号 一九六一年
(20) 大和岩雄「香春神社——秦王国の母子神——」『秦氏の研究』所収(大和書房 一九九三年)
(21) 大和岩雄「『秦王国』はどこにあったか」『日本にあった朝鮮王国』所収(白水社 一九九三年)
(22) 大和岩雄「日本の中の朝鮮人の国『秦王国』」注(20)前掲書所収
(23) 大和岩雄「宇佐八幡宮——秦王国の神から日本の神へ——」注(20)前掲書所収
(24) 大和岩雄「宇佐八幡宮——『ヤハタ』信仰の原像と新羅・加羅系氏族——」『神社と古代王権祭祀』所収(白水社 一九八九年)
(25) 三品彰英「オホタラシヒメの系譜」注(10)前掲書所収
(26) 今井啓一「高麗寺・新羅寺・鶏足寺」『帰化人と社寺』所収(綜芸舎 一九六九年)
(27) 大和岩雄「坐摩神社」注(24)前掲書所収
(28) 大和岩雄「比売許曾神社」『日本の神々 3』所収(白水社 二〇〇〇年)
(29) 大和岩雄「アマテラスの源像」「日本のなかの朝鮮文化」三六号(朝鮮文化社 一九七七年)
(30) 大和岩雄「古代祭祀とナニハ」読売新聞 一九七七年十一月四日・五日 夕刊
(31) 大和岩雄「比売許曾神社」『神社と古代王権祭祀』所収(白水社 一九八九年)
(32) 折口信夫「石に出で入るもの」『折口信夫全集 第一五巻』所収(中央公論社 一九六七年)

（33）岡田精司「天皇家始祖神話の研究」『古代王権の祭祀と神話』所収（塙書房　一九七〇年）
（34）『滋賀県の地名（日本歴史地名大系25）』三三頁（平凡社　一九九一年）
（35）林屋辰三郎『中世芸能史の研究』七一頁～七二頁（岩波書店　一九六四年）
（36）金井清一「倭の琴弾原の白鳥陵について」「国語と国文学」四二巻四号
（37）大和岩雄「近江の秦氏をめぐって」注（20）前掲書所収
（38）石原進　丸山竜平「古代近江朝鮮関連人名一覧」『古代近江の朝鮮』所収（人物往来社　一九八四年）
（39）直木孝次郎「神功皇后伝説の成立」『日本古代の氏族と天皇』所収（塙書房　一九六四年）
（40）吉井巌「応神天皇の周辺」『天皇の系譜と神話』所収（塙書房　一九六七年）
（41）水野祐「神功皇后論」『古代の出雲と大和』所収（大和書房　一九七五年）
（42）上田正昭『藤原不比等』三六頁～三八頁（朝日新聞社　一九七六年）
（43）上田正昭　注（42）前掲書　九三頁～九四頁

第十五章

『弘仁私記』序と『姓氏録』と『古事記』

多人長の『弘仁私記』について

梅沢伊勢三は「平安時代における古事記」と題して、『古事記』引用文献を次のように示す。(1)

一、弘仁私記　多人長　弘仁年間（八一〇～八二三）
二、新撰亀相記　卜部遠継　天長七年（八三〇）
三、承平私記　矢田部公望　承平六年（九三六）
四、琴歌譜　不詳　天元四年以前（不詳～九八一）
五、本朝月令　惟宗公方　天慶～安和（九三八～九八九）
六、政事要略　惟宗充亮　寛弘五年頃（一〇〇八頃）
七、長寛勘文　清原頼業等　長寛一・二年（一一六三・六四）

この七つの文献以外にも寛平年間（八八九～八九七）の初頭に成立したとみられる『尾張国熱田太神宮縁起』や、平安時代初期の『旧事本紀』にも載る（梅沢伊勢三は『弘仁私記』に載ると書くが正確には『弘仁私記』序に載るである）。

以上が平安時代の『古事記』引用文献だが、いずれも『弘仁私記』序の後である。『弘仁私記』序以前に『古事記』を引用した文献はない（『万葉集』巻二・巻一三引用の『古事記』は異本『古事記』であることは第十章で詳述した）。

なぜ『弘仁私記』序が現存『古事記』を紹介しているのか。『弘仁私記』は弘仁三年・四年に多人長がおこなった『日本書紀』の講義の記録である。鎌倉時代の『本朝書籍目録』は『日本書紀』講義の記録として、次の八冊を示す。

養老五年私記　一巻
弘仁四年私記　三巻　多朝臣人長撰
承和六年私記　　　　菅野朝臣高平撰
元慶二年私記　一巻　善淵朝臣愛成撰
延喜四年私記　　　　藤原朝臣春海撰
承平六年私記　　　　矢田部宿禰公望撰
康保二年私記　　　　橘朝臣仲遠撰
日本紀私記　　三巻

この「私記」のうち弘仁と承和の講義は『日本後記』、元慶は『三代実録』、延喜・承平・康保の講義は『日本紀略』に載り、実際におこなわれた講義の記録であることは確かである。『日本書紀』撰上の翌年の養老五年の講義は、『続日本紀』の養老五年の記述には見当らないから、事実あったかどうか疑問である。しかし大野晋は「日本書紀の古写本には、ヲコト点や、片仮名あるいは万葉仮名による訓読を示すものが少なくないが、その間にあって、訓注に『養老』または『養老説』と付記するものが点々と存在する。また、『釈日本紀』の中にも『養老説』なるものがある」と書き、「養老」「養老説」とある十二例を示し、「すべて奈良時代の古語」であることをあげる。また鎌倉時代後期書写の卜部兼夏筆の「神代紀」の万葉仮名の傍訓の注記に、「弘仁記説」「弘仁説」「弘仁」とある訓注があるが、これらは「奈良時代の用字法に合致している」から、『弘仁私記』が『養老私記』を参考にしたとみて、「直ちに『養老私記』の存在を論ずることは尚早」だが、「奈良時代にすでに日本書紀の講読・加注の行われたことは、もはや疑うことができない」と述べている。(2)

鎌倉時代後期の卜部兼夏の「弘仁」の文字を附した訓注は、たぶん『弘仁私記』を見ての訓注であろう。大野晋はこれらの訓注には上代特殊仮名遣が正しく用いられているので、「上代特殊仮名遣の正しい文献は、平安鎌倉時代の擬作とは到底考え得ない。従って、奈良時代末期から平安極初期にかけての万葉仮名文献の一般例から推して、いわゆる『弘仁私記』は、単に弘仁時代に至ってはじめて行った訓釈だけを筆記した著作ではなく、奈良時代に文字化されていた訓注を包摂したものと解釈される。ことに、墨書の傍訓が多い中に、特に弘仁説と朱書された訓注に、かかる上代特殊仮名遣上の事実がみられるのは、弘仁時代以前に、その部分を含む何らかの成書が存在し、それからの引用であろうことを想像させる」と書いている。(2)

大野晋は多人長の『弘仁私記』に上代特殊仮名遣が正しく用いられていると述べている。とすれば多人長が現存『古事記』を編纂したと推測すれば、彼が平安時代初頭の人物であっても、『日本書紀』の訓み方を講義しているのだから、上代特殊仮名遣を用いることは可能である。

『弘仁私記』は多人長、序は島田清田が書いた

『弘仁私記』の本文・序はいずれも多人長が書いたという前提で、『古事記』序には「安萬侶」とあるのに、『弘仁私記』序には「安麻呂」とあるから、多人長が『古事記』序を書いたという主張は否定されるという主張がある。(3)その主張は成り立たないことは、第七章で詳述したが（「『安萬侶』と『安

麻呂』の違いについて」)、中沢見明は序に「多朝臣人長使講日本紀」とある使講という書き方は、執講者自らの筆でなくして別人の手になったものであろうと書いている。また、「多人長の名の下に『祖稱見上』と注して、太安麻呂と同じく神八井耳命の後なるを稱していることなどは、「執講者自らの筆でなくして別人の手に成つたものの様に見える」と書き、「嵯峨帝の下に『天智天皇之後、柏原天皇之皇子也』と注した如き點に注意して考へると、嵯峨帝崩御の後に、何人かによつてかゝれた文の如くに見える。想ふに此は弘仁三年多人長執講の際の手録に後の人が加へたところの序であらう」と書いており、本文と序文の筆者は別人とみている。

この中沢見明の見解は旧版『古事記成立考』で一部を紹介したが、更に筏勲(『上代日本文学論集』)も武田祐吉(『上代国文学の研究』)も序文は多人長ではないと疑っており、宇佐神正雄も「多人長の作と見ず、その一族の誰かが記したもの」(『日本書紀研究史雑考』)と書いていることを紹介した(4)。とすればオホ氏の一族のうちの誰が書いたのだろうか。『日本後記』(弘仁三年六月戊子の条)に次のような記事が載る。

参議従四位下紀朝臣廣濱、陰陽頭正五位下阿部眞勝等十餘人、讀二日本紀一。散位従五位下多朝臣人長執講。

正史の『日本後記』は弘仁三年に多人長が高級官僚たちに、『日本書紀』の講義をしたとあるが、『弘仁私記』序は弘仁三年の講義についてまったくふれず、弘仁四年に多人長が「外記曹局」で、『日本書紀』の講義をしたことのみを、次のように記す。

冷然聖主　弘仁四年在祚之日　愍舊說　將滅本記合訛　詔刑部少輔従五位下多朝臣人長　使講

日本紀　即課　大外記正六位上大春日朝臣顯雄　民部少丞正六位上藤原朝臣菊池麻呂　兵部少丞正六位上安倍朝臣藏繼　文章生從八位上滋野朝臣貞主　無位嶋田臣清田　無位美努連清庭等受業就外記曹局而開講

弘仁三年の講義は従四位下・正五位下で参議や陰陽頭ら高級官僚たちだが、弘仁四年の講筵は正六位上がトップで、無位の文章生の二人も含まれている下級官僚たちが、多人長の講義の聴講生で、『日本後記』が記す弘仁三年の高級官僚たちへの講義とまったく違う。人数も六人に限定されているから、『日本書紀』の訓み方の研究会というべき集りで、三年の講義が講演なら、四年の講義は学生への講義といえよう。この講義の参加者の中に、「無位島田臣清田」が参加していることが問題である。

私は『弘仁私記』序の筆者を、弘仁四年の多人長の『日本書紀』の講義の時の聴講生の島田清田と推測する。『古事記』は始祖の神武天皇の皇子神八井耳命の子孫に、意富（多・太）臣と共に島田臣を記しており、島田臣は同族である。

島田清田が『弘仁私記』の序文を書いたことを示す例には、中沢見明も書くように[5]、『日本後紀』が記す高級官僚たちに多人長が講義した弘仁三年の講筵を、『弘仁私記』がまったく記さないことからもいえる。もし多人長が『弘仁私記』の序文を書いていれば、正史に載る高級官僚たちに講義をした弘仁三年の講筵を、記載しないはずはないだろう。島田清田が書いたから、自分が多人長から講義を受けた弘仁四年の講筵のみを、『弘仁私記』序に記したのである。

そのことを示す例が『弘仁私記』序の「太朝臣安麻呂」と記す記事である。『古事記』序には「太の特別の表記である。養老四年（七二〇）成立の『日本書紀』は「麻呂」表記がもっとも多く一部に「麻侶」がある。他に「摩呂（侶）」「磨」という表記が使われているが、「萬侶」はない。延暦十六年（七九七）に成立した『続日本紀』は「麻呂」に統一整理されているから、『続日本紀』が書く太安萬侶はすべて「安麻呂」である。『姓氏録』の最高編者が「茨田親王（まむた）」を「萬田」に改めたように、職掌がら表記にこだわるオホ氏は、特に墓誌に「麻」「摩」を好字の「萬」と書き、その「萬侶」を直系のオホ氏で当時の国語・言語学者というべき多人長が、『古事記』序文にも用いた。しかしそのような書き方を知らないオホ氏系氏族でも傍系の島田清田は、当時の一般的表記の「麻呂」を用いたのであり、「麻呂」表記が『弘仁私記』序の筆者が、多人長でないことを示している。

朝臣安萬侶」とあり、墓誌も「安萬侶」だが、この「萬侶」は墓誌と『古事記』序に見られるだけ

『古事記』を宣伝するために書かれた『弘仁私記』序

『文徳実録』斉衡二年（八五五）八月十八日条に、従五位上島田清田は七十七歳で死去したと書かれているが、その記事に「小入學略渉二經史一」とあり、『日本後記』の編纂に小外記・大外記として参加している。このような人物だから『弘仁私記』の序文は当然書ける才能があった。

『弘仁私記』は『日本書紀』の読み方の講義の記録であり、『古事記』とはまったく関係がないのに、序文の冒頭に次のように記されている（注は略）。

夫日本書紀者、一品舎人親王・従四位下勳五等太朝臣安麻呂、奉勅所撰也。

『日本書紀』は「太朝臣安麻呂」が関与したとまず書いている。『日本書紀』の「私記」なのだから、

『日本書紀』そのものについてふれるべきなのに、『日本書紀』は舎人親王と太安麻呂というオホ氏の人物のみが関与したと書いている。しかし太安万侶が『日本書紀』に関与したという客観的史料はない。あるのはこの『弘仁私記』序の記述のみである。第七章で太安万侶について述べたように、安万侶は有能な官僚であっても、文人学者ではないから、『日本書紀』に関与したとは考えられない。しかし太安万侶を登場させたのは、次に続く文章と関連している。その文章は次のような記述である。

先是浄御原天皇御宇之日、有舎人稗田名阿禮年廿八。爲人謹格聞耳聴慧、天皇勅阿禮。使習帝王本記及先代舊事、未令撰録。世運遷代。豊國成姫天皇臨軒之季、詔正五位上安麻呂俾撰阿禮所誦之言。和銅五年正月廿八日、初上彼書、所謂古事記三巻者也。

清足姫天皇負扆之時、親王及安麻呂等更撰、此日本書紀三十巻幷帝王系圖一巻。養老四年五月廿一日。

この文章は『日本書紀』より先に『古事記』が勅撰書として存在していたことを示しているが、『日本書紀』の講義の記録の『弘仁私記』序にとって関係のない『古事記』について詳細に書いており、『古事記』を宣伝するために書かれた記事といってよい。『弘仁私記』序を書いた人物は、『日本書紀』の講義の記録の『弘仁私記』を利用して、『古事記』の存在を宣伝するための序文を書いたといわれてもしかたがないほどの書き方をしている。

中沢見明は『弘仁私記』の「序の中にはその講書日本書紀より古事記のことを比較的詳しくのべている」ことから、「弘仁私記の序なるものは古事記と古事記の編者を推奨するために作られた」と書いており(5)、鳥越憲三郎も「『日本書紀』の訓詁について書いた『弘仁私記』に何の必要があって『古事記』作成の経緯をのべたのか、まことに不可解なことである。あえて『古事記』にまで言及したのには、何かの意図があったのかもしれない」と書いている。[6] その意図は中沢見明が書くように、「『古事記』と『古事記』の編者を推奨するため」である。

多人長の『弘仁私記』に後から序をつけた島田清田は前述したように、師の多人長に言われて現存『古事記』の注の一部に関与したと考えられるが（二人の年齢は多人長が従五位下刑部少輔の時、島田清田は無位・無官であったから、二人の間には二十年ほどの年齢差はあったであろう）、たぶん島田清田は『古事記』の序文をそのまま信じて、音注訓注などの国語学関係以外の、歴史学的関係の注をつけるよう、多人長からいわれるままに、序文の成立年を疑わずに注をつけたのであろう。

姓氏関係の書を厳しく批判する『弘仁私記』序

『弘仁私記』序は多人長が書いたのではないことは、多人長が当時の国語・言語学者として、『日本書紀』の読み方を講義したことを示す例を本文では書いているのに、序文は『日本書紀』の読み方よりも、『古事記』や姓氏関係のことしか述べていない事実が示している。

岩橋小彌太は『弘仁私記』序で多くのスペースをとって姓氏関係の書を批判している文章について、次のように書く。

日本書紀の講録の序文になぜかういふ事を書いたのであらうか。冷然聖主即ち嵯峨天皇が多人長として日本紀を講ぜしめられたのは、氏姓の問題のためだといふ意味に解しなければ、此の一節は意味をなさないのである。しかるに此の書の本文たる弘仁私記にはさういふ問題に関係ある記事は全く見えてゐないので、ただ日本書紀の用語の訓読を示すのみである。序文と本文と殆ど、相容れないのである。……何としても日本書紀の訓み方を示す書の序に、かういふ事を事々しく書いてあるのは、其の意味がよくわからない[7](傍点引用者)。

岩橋小彌太は『弘仁私記』の本文も序文も多人長が書いたという前提で述べているから、本文は「ただ日本書紀の用語の訓読を示すのみ」なのに、序文が主に姓氏関係の書を批判しているから、「其の意味がよくわからない」と書いているのである。

この本文と序文の違いは本文は当時の国語・言語学者というべき多人長が書き、序文は前述した『文徳実録』に「渉二經史一」と書かれている当時の歴史学者の島田清田が書いたからである。『弘仁私記』序が批判しているのは、『諸民雑姓記』『諸蕃雑姓記』『新撰姓氏目録』である。『新撰姓氏目録』は『新撰姓氏録』のことと、中沢見明[5]・太田昌二郎[8]・田中卓[9]・佐伯有清[10]・鳥越憲三郎[6]らは論じている。中沢・鳥越らは、勅撰書の『新撰姓氏録』を直接批判する訳にはいかなかったので、『新撰姓氏目録』と記して、暗に『姓氏録』を批判したのであろうと書いているが、私も同感である。『弘仁私記』序の注記では『新撰姓氏目録』について、「真偽をわきまえず、誤書を抄集し、これを民間に施す。加うるに神胤を引きて上となし、皇裔を推して弟となし、尊卑雑乱し、信を取るに由なし」(本文は漢文)と書いている。

このように注記し、本文で「此の如き書の類は夥しくある」と書き、「此の如き書」は「馬を以つて牛と為し、或は羊を以つて犬と為し」、「有識の号を以つて迷者の名と為す」書籍だと批判する。更に「人を悪み愛さず、遺漏」の多い書が多く見られるが、このような「偽りが多く真の少ない謬」

の書は、「旧記を読まない」からだと書き、「旧記」は『日本書紀』や『古事記』だと注記する。

要するに姓氏関係の書はすべて信用できないと書いて、信用できない代表として『新撰姓氏目録』をあげる。この書は『新撰姓氏録』のことと多くの論者が述べているが、「目」を加えて別の書にしたのは、勅撰書を名ざしで批判するのを避けたためである。第九章で『新撰姓氏録』の茨田関係の記事に影響を受けて、原『古事記』を改変した現存『古事記』の記述を示したが、現存『古事記』は『弘仁私記』序の記述からも、『姓氏録』以後の書であることが推測できる。

なぜ『弘仁私記』序は姓氏関係の書を批判するのか

多人長や島田清田が『姓氏録』を強く意識していたのは、オホ氏に関する姓氏関係記事（特に茨田氏関係記事）に強い不満をもっていたからだが、それだけではない。『姓氏録』の実質編纂者に不満というより強い反感をもっていたからである。

『姓氏録』の上表文の末尾に撰者六人の名が載るが、まず中務卿四品万多（茨田）親王が載る。万多親王（七八八〜八三〇）は桓武天皇の第五皇子だが、次に右大臣従二位藤原園人、参議正四位下藤原緒嗣、正五位下陰陽頭阿倍真勝、従五位上尾張守三原弟平、従五位上大外記上毛野頴人（かいひと）である。この六人のうち問題なのは阿倍真勝と上毛野頴人である。

阿倍真勝は弘仁三年の多人長の『日本書紀』の講筵の時、紀広浜と共に多人長の講義を聴いている。その時は陰陽頭であったが、弘仁五年八月二十八日に刑部大輔になっている（『日本後記』）。この阿倍真勝は弘仁三年に多人長の講義を聴き、阿倍大輔になった時、散位の人長を刑部小輔に仕官させた人物である。

佐伯有清は『姓氏録』の撰者六人のうち、「実際の編纂業務にたずさわったのは阿倍真勝、三原弟平、上毛野頴人の三人であろう」と書く。(11) しかし三人の役職・年齢から見て、実際の実務の責任者は上毛野頴人である。彼は大同二年（八〇七）六月に大外記に仕じられ（『外記補任』）、弘仁七年（八一六）まで十年ほど大外記であった（『類聚国史』）。島田清田が大外記として『日本書紀』の実質編集者であったように、上毛野頴人も『姓氏録』の実務の責任者と考えられる。

阿倍真勝は弘仁三年正月に正五位下に昇進し、同年六月に陰陽頭として多人長の講義を聴いており、弘仁五年八月に刑部大輔に転じ（以上『日本後紀』）、弘仁六年七月の『姓氏録』序には東寺長官とあり、三原弟平については弘仁四年三月に従五位上尾張守になっており（『日本後紀』）、『姓氏録』でも尾張守とあるが、阿部真勝と三原弟平は上毛野頴人・島田清田のように小外記・大外記になっていない。また編纂者として名前を『姓氏録』の末尾に列記しているが、同じに名前がある上毛野頴人と年齢も大きく違う。上毛野頴人は天平神護二年（七六六）生れだから、弘仁五年（八一四）には四十八歳だが、阿倍真勝は天長三年（八二六）九月六日に七十三歳で亡くなっているから（『類聚国史』『日本紀略』）、弘仁五年には六十一歳である。三原弟平については佐伯有清は史料を検証し、『姓氏録』が完成した弘仁五年には六十六歳と書いている。(12) このような年齢の差からみても、阿倍真勝と三原弟平は助言者であって、実際の責任者は『姓氏録』に正六位上石川国助から従七位下内蔵御富に至る八人の名の載る実務者を指導・監督した、従五位上大外記上毛野頴人であろう。

『姓氏録』は佐伯有清が書くように、桓武天皇の延暦十八年（七九九）十二月二十九日の勅から始まっている。平城天皇のときにも編纂事業は継続していたから、平城天皇の大同元年（八〇六）に右大夫・左大夫となり、翌年に大外記になった上毛野頴人は（『外記補任』）すでに平城天皇の大同年間に『姓氏録』の実質編集責任名であった。平城天皇は大同四年（八〇九）四月一日に弟（嵯峨天皇）に譲位し上皇になり、藤原薬子を寵愛し弘仁元年（八一〇）九月六日に「薬子の変」がおきている。詳細は第十六章で述べるが、多朝臣本宗家の従四位下参議の多入鹿は薬子側につき、以後多朝臣本宗家は政治面での活躍は閉ざされた。多人長は大同三年（八〇八）に従五位下に昇進し、殿上人になったが、薬子側に加担したので人長も弘仁三年（八一二）の講筵では「散位」である。上毛野頴人は薬子側についていたが、彼は多朝臣本宗家を没落させた裏切り者になっている。『類聚国史』によれば大同四年（八〇九）に外従五位下を授位しているが、薬子の変の時には外従五位下大外記として、平城上皇や薬子と共に平城旧京に従っていながら、平安京へ戻って上皇側の動向を密告している。『日本後記』の弘仁元年（八一〇）九月十一日条は、次のように書く。

> 大外記外従五位下上毛野朝臣頴人、従二平城一急来言。太上天皇今日早朝、取二川口道一入二於東国一。凡共諸司幷宿衛之兵、悉皆従焉。（中略）外従五位下上毛野朝臣頴人、従五位上、賞二帰順之功一也。

多人長の従五位下より一階級下の外従五位下から、従五位下を飛び越して従五位上に、裏切りの功で昇進している。この記述では「上毛野朝臣」とあるが、『姓氏録』（左京皇別下）は、

> 為二田辺史一、宝字称徳孝謙皇帝天平勝宝二年、改賜二上毛野公一。今上弘仁元年、改賜二朝臣姓一

とあるから、薬子の変の「帰順之功」で「公」から「朝臣」になっている。この改姓は彼の裏切りの

功績によっている。『姓氏録』（左京皇別下）には、

上毛野朝臣。下毛野朝臣同祖。豊城入彦命五世孫多奇汲世君之後也。（中略）以レ解二文書一。為二田辺史一。宝字称徳孝謙皇帝天平勝宝二年。改賜二上毛野公一。今上弘仁元年。改賜二朝臣姓一。

続日本紀合。

とある。「続日本紀合」とあるのは天平勝宝二年三月十五日条に、「賜二中衛員外少将従五位下田辺史難波等上毛野君姓一」とあるからである。

関晃は、上毛野公になった田辺史は「実質的には帰化人であることは間違いない」と論証し、田辺史は「大化以前の新しい帰化人」で仁徳朝の頃に来た古い帰化人ではないと書く(13)。佐伯有清も関晃説に賛成し、皇別氏族でなく百済から来た氏族で、田辺史から上毛野公になったのは、『姓氏録』の書く「天平勝宝二年（七五〇）」で、理由は「八世紀に入つて田辺史難波のとき、彼の蝦夷經營參畫の過程の中で、同じく蝦夷經營に参加していた上毛野氏およびその同族大野氏と接觸した際に生起したものである」と結論している(14)。岩波書店版『続日本紀 一』の補注（一三五）でも、「姓氏録右京諸蕃に載せられる田辺史が漢王の後の知惣より出たとされているように、田辺史は本来は渡来氏族であったと思われる」と書いている。

『姓氏録』（左京皇別下）は上毛野朝臣につづいて住吉朝臣・池原朝臣も「上毛野同祖」と書くが、『弘仁私記』序は『諸蕃雑姓記』で、「田辺史、上毛野公、池原朝臣、住吉朝臣」は百済国から来て、「上野公竹合」（上毛野公竹合の「毛」が欠落）が祖先だと云ったので仁徳天皇があわれんで、「彼の族に混じた」と書いている。「彼の族」とは上毛野氏だが、『弘仁私記』序はこの上毛野公を取り上げて、

崇神天皇の皇子を祖とする皇孫と称しているが、百済系の「蕃人」と書き、特に『姓氏録』と同じに「池原朝臣」「住吉朝臣」と書くのに、「上毛野朝臣」に限って「上毛野公」と書く。このような書き方はオホ氏にとって上毛野朝臣頴人が許せなかったから、あえて『弘仁私記』序でオホ氏同族の島田清田は、薬子の変以前の「公」をそのまま用いて「上毛野公」と書いたのだろう。

『日本書紀』に載る姓氏録的氏族の出自・由来の記事は一〇八氏だが、『古事記』は『日本書紀』の三分の一程度の内容の書なのに二〇一氏載る。その中で両書が共に記載している氏は五十六氏で、『日本書紀』だけが載せている独自氏族は五十二氏に過ぎない。それに対して『古事記』は一四五氏の独自氏族を載せている。この事実からみても『古事記』は姓氏録的要素の強い「フルコトブミ」である。このような内容だから、裏切り者の上毛野頴人の『姓氏録』の刊行に対抗し、原『古事記』の氏族記事に加えて、さらに注記に多くの氏族名をあげて、それらの氏族の祖神・始祖を記し、世に出したのが現存『古事記』であろう。

『姓氏録』的内容をもつ『古事記』と『弘仁私記』序

『弘仁私記』序は『新撰姓氏録』を『新撰姓氏目録』と「目」を加えて批判し、上毛野公が「皇別」と主張しているが、実は「蕃人」だと、特に『姓氏録』の責任編集者の上毛野頴人を意識して書いて、さらに『姓氏録』のことである『新撰姓氏目録』は「舊記を読まず」と批判している。『新撰姓氏録』は序文で、

開二書府之祕藏一。尋二諸氏之苑丘一。臣等。歴探二古記一。博觀二舊史一

とはっきり書いている。特に正史については「日本紀合」「日本紀漏」、または「続日本紀合」「続日本紀漏」と書くから、「旧記を読まず」というのは多分『古事記』をいっているのだろう。したがって『弘仁私記』序に直接関係のない『古事記』の事を詳細に述べたのである。島田清田は師の多人長に命じられるままに、『古事記』の歴史関係の本文に注記したが、彼は『古事記』は序文に書かれているように、和銅五年（七一二）に太安万侶が撰録・撰上した書とみていたから、『古事記』が知られていないことに不満だったであろう。しかし『姓氏録』成立の弘仁五年（八一四）以前に現存『古事記』は世に出ていなかったのだから、『姓氏録』が「古事記合」「古事記漏」と書かないのは当然である。

中沢見明は『古事記論』で次のように書いている。

姓氏録は、「書府の秘蔵を開き諸氏の苑丘を尋ね古記を歴探し舊史を博觀し」たと自負し、日本紀、続日本紀、官符改姓等を比較してゐるのに、書紀より更に詳細な姓氏録の系譜を掲げてゐる古事記を参考にした形迹のないのは、奇怪千萬といふべきである[5]（傍点引用者）。

このような「奇怪千萬」は、『姓氏録』の成立時には、その成立時より一〇〇年前に成立したと『古事記』序文が書く現存『古事記』は、まだこの世に存在していなかったから、「古記を歴探し舊史を博觀し」ても、「古記」「舊史」としての『古事記』を、『姓氏録』の編者は見ることができなかったのである。そのことは『弘仁私記』序も示している。

『弘仁私記』序は『日本書紀』については、

今見二在圖書寮及民間一也、

と書き、『新撰姓氏目録』についても、

正書目録、今在㆓太政官㆒、

と注記している。ところが勅撰書で和銅五年(七一二)に成立したと序文が書く『古事記』については、どこの官庁にあるかまったく記さない。この事実は、このことを記す『弘仁私記』序が、冒頭で勅撰書とする『古事記』が、勅撰書として異例な扱いをされていることを、自ら示している。

なぜ『紀』の講義の記録の『弘仁私記』序は『記』を宣伝するのか

『古事記』は神武天皇の年齢を、

御年壱百参拾漆歳、

と書くが、『日本書紀』は、

時年一百廿七歳、

とあり、『古事記』は『日本書紀』より十歳多い。ところが『弘仁私記』序には、

自神倭天皇庚申年(彦瀲尊第四男諱狭野尊也。庚申天皇生年)至冷然聖主弘仁十年。一千五百五十七歳、

とある。

『弘仁私記』は多人長による『日本書紀』の読み方の講義の記録書だから、当然『日本書紀』の記述にしたがうべきだが、したがっていない。『日本書紀』は神武天皇(神倭天皇)の生年を「庚申年」とは書いていない。『日本書紀』は神武天皇は四十五歳の甲寅年に東征を決意したとあるから、甲寅年から四十五年さかのぼらせると誕生年は庚午年であり、庚申にはならない。『日本書紀』の庚午年に

誕生とすると、弘仁十年までは「一千五百四十七歳」で、十年違う。『日本書紀』の講義の記録の『弘仁私記』の序文は、なぜ『日本書紀』の庚午年による計算をしないのだろうか。

鳥越憲三郎もこの『弘仁私記』序の神武天皇の庚申年誕生の記事に関連して、次のように述べている。

　初代の神武天皇の寿命を、『日本書紀』は百二十七歳としているのに対し、『古事記』は百三十七歳と記し、そこに十年のひらきがみられる。ところが『弘仁私記』序は、さきにのべたように神武天皇の生れ年を、『日本書紀』の庚午年よりも十年早い庚申年だとした。この十年の増加は、『古事記』にみる神武天皇の寿命と合致する。

（中略）

　しかも、『古事記』は紀年を欠いているので、暦法との関係をみることができないが、類推できる唯一の史料は神武天皇の寿命である。ところが神武天皇の生れ年を庚申とし、十年多くしているのは、『弘仁私記』序だけにみられる説である。それが『古事記』と合致することを考えると、あるいは両書が同じ編者の作によるためだといえるかもしれないのである。(6)

このように書いている鳥越は『弘仁私記』序を書いた多人長が『古事記』を書いたとみるが、『弘仁私記』序を書いたのは島田清田である。しかし彼も現存『古事記』に関与しているから、『古事記』の暦法をとったのである。

「庚申年」にすると『古事記』の神武天皇の寿命と合致すると鳥越憲三郎は書くが、「庚申」へのこだわりは、道教の庚申信仰による。陰陽五行説によれば五行（木・火・土・金・水）の「金」は、十干では庚と辛、十二支では申と酉、干支では庚申・辛酉である。『日本書紀』は神武天皇の即位年を「辛酉」と書くのは、「辛酉革命」を意識しての「辛酉」だが、この道教的考え方をより徹底したのが、『古事記』や『弘仁私記』序の記述である。

誕生年を庚申にし『紀』より十歳多くすれば、陰陽五行説からすると、初代天皇としてふさわしい年齢になるからである。一つは神武天皇の即位年の辛酉の辛は、草木が枯死してまた新しくなることをいい、酉は万物が成熟の極に達した状態をいう。つまり、成熟の極に達したものが枯死し、あたらしくなろうとする状態が辛酉である。革命はこういう状態のときにおきる。したがって神武天皇の即位年を辛酉とすれば、陰陽五行説に立てば、誕生年を庚申とすべきである。庚申の庚は辛酉の辛とおなじに、成熟したものが自ら新しいものに改めていこうとする状態である。また、庚申の申は万物が成熟してかたまっていく状態をいい、初代天皇の誕生年にふさわしい。

二つは『日本書紀』は東征の「甲寅」つまり寅の年に四十五歳と書き、誕生年を庚午にしているが、午は万物が繁盛の極を過して衰微の傾向になったことを示しているのだから、初代天皇の誕生年としてふさわしくない。ところが庚申は、即位年の辛酉と同じ五行の金だから、誕生や即位の意味からしても、陰陽五行説ではふさわしいし、合理的である。

『弘仁私記』序の筆者は、このような陰陽五行説によって、『日本書紀』の講義の記録の『弘仁私記』序でありながら、『日本書紀』の神武天皇誕生年の庚午年をとらず、『古事記』の庚申年にしていることからも、『古事記』宣伝のために『弘仁私記』序が書かれたことは明らかである。『古事記』が陰陽五行説を採って『日本書紀』の神武天皇の年齢を十年多くしているのも、陰陽五行説・庚申信仰の盛行は平安時代初頭以降だから、原『古事記』には『日本書紀』と同じ年齢であったのを、多人長が十年多くしたと考えられる。

以上述べたように『弘仁私記』序に初めて現存『古事記』が紹介されているが、この序は『日本書紀』の講義の記録につけられた序というより、『古事記』の宣伝のための序である。

『古事記』の氏族関係記事は『姓氏録』と合う

梅沢伊勢三は氏族の総計は、『古事記』は二〇一、『日本書紀』は一〇八と書く。そして両書に共通する氏族の数は五十六、『古事記』独自の氏族数は一四五、『日本書紀』独自の氏族数は五十二と書く(15)。『古事記』の氏族数は『日本書紀』の二倍もある。しかも『古事記』は三巻なのに、『日本書紀』は三〇巻あり、圧倒的に『古事記』は『日本書紀』より内容がすくないのに、氏族の数は二倍も多いのは、注に多数の氏族を記しているからであり、現存『古事記』の注記者の氏族の祖に対する関心の強さを示している。

梅沢伊勢三はこのような『記』『紀』の注記の氏族の数の違いだけでなく、内容の違いを指摘している。天武天皇十二年の八色の賜姓で「真人」姓は十三氏がなっているが、『古事記』はそのうちの九氏を載せている。しかし『日本書紀』は五氏しか載せていない。また真人・朝臣・宿禰・忌寸の賜姓を受けた一二六氏のうち、『古事記』は八十一氏を記載しているのに、『日本書紀』は四十五氏しか載せておらず、『古事記』は六四パーセント記載しているが、『日本書紀』は三八パーセントで、天武紀・持統紀が『日本書紀』には載るのに、天武十二年の賜姓についての記事は、『古事記』の重視に

対して『日本書紀』が重視していない事に、梅沢は注目している。(16)

この違いについて『日本書紀』は推古朝までの古い氏族を問題にしており、『古事記』は推古朝以後から天武朝までの新しい氏族を取上げているからと書き、本文注記に書かれている次の表を示す。

種別	計	活動時期			
		推古以前のみ	推古以前→以後	推古以後のみ	天武以後のみ
日本書紀独自の氏	一三	一〇	三	〇	〇
記紀両書共通の氏	二二	二	一三	七	〇
古事記独自の氏	三一	一	五	一七	八

更に「記紀両書共通の氏」を記紀独自の氏に加えると、「日本書紀が出自を語っているもの」が三十五氏、「古事記が出自を語っているもの」が五十三氏だが、『日本書紀』の場合は推古天皇以前が二十八氏、以後が七氏なのに対し、『古事記』は推古以前が三氏、以後が五十氏であることを例示し、このような事実から結論として、『日本書紀』より『古事記』が新しいと書く。(16) そして「記紀の文章における『今』の分析（二）」では、『古事記』の「氏族記事が、後代平安朝の正書たる『新撰姓氏録』に意外に近似している」として、梅沢伊勢三は次のように書く。

平安朝に入って完成した『新撰姓氏録』の氏族組織は日本書紀よりも古事記のそれに近いということである。姓氏録には「日本紀合也」として書紀の説を典拠として挙げているようにみえるところが可成りあり、古事記のことは特に記しておらない。けれどもその記述の内容を吟味してみると、必ずしも書紀にそれと合致する記事がなく、むしろかえって古事記の記述と合している場合が少なからず発見される。武内宿禰の子孫とされる諸氏族の記述などは、その最もよい例といってよかろう。則ち、実質的にみて、古事記の記すところは、日本書紀に比して、総じて姓氏録に近いのである。実に『古事記』序文の書く「削偽定実」の結果記定されたという古事記の記述は、日本書紀でなく姓氏録に生きている訳である。姓氏録は勅撰であり勿論その内容は公認のものであるが、古事記の内容がそれに近く、書紀のそれがこれに遠いというのは何故であろうか。従来の偽を削り、実を定めるものとして成立した古事記的な氏族観が、その八年後に一度日本書紀的なものに後退し、更に平安朝初期に、また古事記的なものに帰ったとみることは、まことに不可解である[17]（傍点引用者）。

梅沢伊勢三は『記』『紀』の氏族記述は、「実質的にみて、古事記の記すところは、日本書紀に比して、総じて姓氏録に近い」と書いている（傍点引用者）。したがって現存『古事記』も『姓氏録』と同じに平安時代初期の成立とすれば、その記述は納得のいく説明になる。しかし梅沢伊勢三は『古事記』の成立を序文が書くように和銅五年（七一二）とするから、そのような説明ができない。だから、「古事記的な氏族観が、その八年後に一度日本書紀的なものに後退し、更に平安朝初期に、また古事記的なものに帰ったとみることは、まことに不可解である」と書かざるを得ないのである（傍点引用者）。

しかし「不可解」ですますわけにはいかないので、「書紀の記述は古い旧記の立場の忠実な踏襲であり、その祖形はすでに古事記の成立前に可成りの形に成文化され、殆んど全面的書き改めをすることの困難なまでに固定化しており、その為ある面においては、社会の現状に即しない向も生じていたが、今更全面的にどうするということの出来ぬものとなっていた。そこには「旧記」としての権威も加わっていたのであろう。部分的な修訂など、その全体的傾向を一変し得るものではなかった。そこで古事記はもっと自由な全く新しい構想により、それらの旧記を資料として全面的な書き替えを企て、当代にも即するものとし、それが『後葉』に伝えられて、その氏族観は姓氏録に発展したものとみられるのである」と書く[18]。

この記述はまったく苦しい説明であって、説得力がない。なぜなら『古事記』の氏族観が『姓氏録』に「発展したもの」なら、「姓氏録には『日本紀合也』として書紀の説を典拠として挙げているようにみえるところが可成りあり、古事記のことは特に記しておらない」と梅沢伊勢三が述べている事実と、相反するからである。梅沢説に従えば、「日本紀合也」でなく「古事記合也」であり、「日本書紀のことは特に記しておらない」でなければならないが、『姓氏録』は「日本紀合也」とはあるが、前述したように「古事記のことは特に記しておらない」。この事実は『姓氏録』以前に現存『古事記』は成立していなかったからである。

中沢見明は、「姓氏録は、『書府の秘藏を開き諸氏の苑丘を尋ね古記を歴探し舊史を博覧し』たと自負し、日本紀、続日本紀、官符改姓等を比較してゐるのに、書紀より更に詳細な姓氏録の系譜を掲げてゐる古事記を参考にした形迹のないのは、奇怪千萬といふべきである」と書いている[5]。この事実から中沢見明も『姓氏録』の成立時には、まだ『古事記』は成立していなかったと見ているが、『古事記』の姓氏関係の記事は主に注記に載ることからみても、『姓氏録』に影響を受けて原『古事記』に加えられた注記と考えられる。このような訓み（音注・訓注・声注）でない注記は多人長でなく（音注・訓注・声注は多人長がつけた）、島田清田がつけたと考えられる。

『古事記』の注は多人長と島田清田によるか

神野志隆光は『古事記』の注の分類と用例数を、次のように示す(19)。

	上巻	中巻	下巻	合計
音読注	一九〇	一〇二	一三	三〇五
訓注	四二	一	二	四五
声注	二八	四	二	三四
音引注		二		二

音読注（音注）・訓注・声注は上巻に集中している。西宮一民も次のように音注・声注・声注の数を示す(20)。

	上巻	中巻	下巻	合計
音注	二一四	一〇一	一二	三二七
訓注	四二	一	二	四五
声注	二八	四	二	三四

神野志隆光と西宮一民の示す数は、訓注・声注では一致するが、神野志隆光の音読注と西宮一民の

音注（書き方は違うが同じ意味）は一致していない。しかしこれらの注は『古事記』の上巻（神代巻）に集中していることは事実である。理由については西宮一民は、「上巻が神話だからといふ特質に因ると考へられる。神話であるが故に、神名が重要な役割を果すのであるが、その場合神名をおろそかに発言してはならず、正確に呼ばなくてはならない」と書く[21]。神野志隆光は音読注・訓注・声注の「大部分が上巻の神名に集中」しているのは、「『よめる』ものにするため」で、特に「声注・訓注の神名への集中は、神名がいわば『ヨマ』れて『よま』れること（語形の正確な復原の上での理由）の独自な意味をもって『古事記』のなかにあることを示しているとうけとるべきであろう」と書く（神野志隆光は「ヨム」は音声的復原、「よめる」は理解できるの意と書く[19]）。

注記（訓注・音注・声注）だけでなく本文の表記（内容でなく「読み」）でも、特に上巻（神代記）の神名にこだわっていることは前述したが、注記でも音注・訓注・声注が、『古事記』上巻に集中しているのは、上巻本文への現存『古事記』の編者（多人長）の関心が、注記でも上巻（神代記）であったことを示している（多人長の講義が『日本書紀』の神代紀の第一巻・第二巻であったこと。多人長の講義が主に神代紀の記事の訓み方であったことが、『古事記』に反映している）。しかし音注・訓注・声注以外の歴史関係の注記は、私が調べた結果によれば（次頁の表参照）、主に中巻である。

この違いは上巻に集中している訓み方の注記者と、中巻に集中する訓み方以外の注記者が違うからであろう。上巻に集中している音注・訓注・声注は当時の国語・言語学者で、弘仁三年・四年に『日本書紀』の神代巻（一・二巻）の読み方を講義した多人長がつけたと考えられ、氏族の始祖やその他の注は歴史学者の島田清田がつけたのであろう。たぶん弘仁五年の『新撰姓氏録』の刊行直後、弘仁三年・四年の『日本書紀』の講義の時、参考にした諸文献のうち、オホ氏の家にあった原『古事記』の存在を知った多人長は、『姓氏録』を見てオホ氏関係の記事に不満をもち（詳細は第十六章で詳述する）、『姓氏録』刊行直後に短期間で新しく音注・訓注・声注などの注をつけ、表記を改め、一部の内容を神代記に加え、『姓氏録』のオホ氏関係の記述を否定する工作をおこなった（具体的には茨田氏関係記事だがこのことも次章で述べる）。その上で序文を加えて勅撰書に仕立てた。その成書を同族で多人長の聴講生であった島田清田に見せ、歴史上の注記を加えさせたのであろう。そのような『古事記』を世に知らしめようとして、島田清田は『弘仁私記』序で『古事記』を宣伝し、『姓氏録』を批判する序文をつけたのではないだろうか。

岩橋小彌太は『弘仁私記』序に注がついていることを、「序文の註といふのは極めてめづらしい」と書いているが[7]、この注は先祖のことを記している。『日本書紀』の注記は「一云」と書く別伝を注記する例が多いが、『古事記』は祖を示す注が多い。このように『古事記』の注記が『弘仁私記』序の注記と同じ、であることや、『弘仁私記』序が氏族の出自に強くこだわっていることからみて、『古事記』の注記の一部

	上巻	中巻	下巻	合計
氏族の始祖の注	一一	五六	二	六九
柱（神と皇子・皇女）の数の注	一五	五〇	一四	七九
天皇の崩御の年月日の注		五	一一	一六
「此は人の名」と記す注		三		三
説明の注	四	二三	九	三六
注解の合計	三〇	一三七	三六	二〇三

（主に出自関係）は前述したように島田清田が加えたと考えられる。

『古事記』の孝昭天皇の皇子天押帯日子命の注記には、

春日臣・大宅臣・粟田臣・小野臣・柿本臣・壱比韋臣・大坂臣・阿那臣・多紀臣・羽栗臣・知多臣・牟邪臣・都怒山臣・伊勢飯高君・壱師君・近淡海国造之祖なり

とある。『古事記』の天押帯日子命を『日本書紀』の孝昭紀は皇子天足彦国押人命と書き、「此和珥臣等が始祖なり」と注記する。この「ワニ臣」を『古事記』の注記はまったく欠落している。『古事記』の本文の開化・崇神・仲哀・応神・仁徳・反正・雄略・仁賢記では、「丸邇臣之祖」「丸邇臣」と書き、「丸邇臣口子」「丸邇之許碁登臣」などの活躍を記しているが、ワニ氏関係の注では「ワニ部」を載せず、「ワニ」という表現をまったく無視しているのは、本文と注記の筆者が違い、注記の筆者（島田清田）が動物名の「ワニ」を意図して消したのであろう（四八頁に書いたように当時もワニ部氏はいた）。このような本文と注記の相違から見ても、序文の書く和銅五年（七一二）の頃に現存『古事記』が成立したとは考えられない。

〔注〕

（1）梅沢伊勢三「平安時代における古事記」『続記紀批判』所収（創文社　一九七六年）
（2）大野晋　日本古典文学大系『日本書紀　上』解説（三・訓読）（岩波書店　一九六七年）
（3）田中卓『古代天皇の秘密』八三頁（太陽企画出版　一九七九年）
（4）大和岩雄『古事記成立考』九六頁（大和書房　一九七五年）
（5）中沢見明「古事記と日本紀・弘仁私記序」『古事記論』所収（雄山閣出版　一九二九年）
（6）鳥越憲三郎「『弘仁私記』をめぐって」『古事記は偽書か』所収（朝日新聞社　一九七一年）
（7）岩橋小彌太「日本紀私記考」『上代史籍の研究』所収（吉川弘文館　一九五六年）
（8）太田晶二郎「上代に於ける日本書紀講読の研究」「史学雑誌」五三巻一二号
（9）田中卓「日本紀弘仁講書と新撰姓氏録の撰述」「芸林」一号
（10）佐伯有清『新撰姓氏録の研究・研究篇』二四頁～二五頁（吉川弘文館　一九六三年）
（11）佐伯有清　注（10）前掲書　六八頁
（12）佐伯有清　注（10）前掲書　六四頁
（13）関晃『帰化人』二七頁～二八頁（至文堂　一九六六年）
（14）佐伯有清　注（10）前掲書　五〇四頁
（15）梅沢伊勢三『記紀批判』二一九頁（創文社　一九六二年）
（16）梅沢伊勢三　注（15）前掲書　二二一頁～二二三頁
（17）梅沢伊勢三　注（15）前掲書　二二七頁～二二八頁
（18）梅沢伊勢三　注（15）前掲書　二二八頁～二三〇頁

(19) 神野志隆光「分注」『古事記の達成』所収(東京大学出版会 一九八三年)
(20) 西宮一民『古事記の研究』一六〇頁(おうふう 一九九三年)
(21) 西宮一民「安萬侶の施注の目的と方法」注(20)前掲書所収

第十六章

現存『古事記』を世に出した理由

現存『古事記』を世に出した第一の理由
――弘仁三年・四年に多人長が『日本書紀』の講義をした事――

『日本後紀』は弘仁三年(八一二)、『弘仁私記』序は弘仁四年に、多人長が『日本書紀』の講義をしたと書く。弘仁三年は、参議従四位下紀朝臣広浜、陰陽頭正五位下阿倍朝臣真勝ら十余人に、散位従五位下多朝臣人長が「執講」したとあり、弘仁四年には、正六位上大春日朝臣頴雄ら六人が、「外記曹局」で多人長の講義を聞いたとある。

これらの講義にあたって、多人長は多くの参考文献、古書を調べ読んだであろう。その中に壬申の乱に活躍した天武天皇の側近の多品治が関与した原『古事記』があった。この「フルコトブミ」はオホ家に伝わる秘本として、一般の目にふれてはいないが、多人長は本文を読んで、その内容の重要性を知って世に出そうと考えた。しかし単にそのまま出したのでは注目されないし、権威もなく、効果もないから、オホ氏の中で従四位下民部卿にまで昇進した多人長の祖父と推測される太安万侶に仮託して、序文を偽作したのであろう。

多人長に依ると見られるのは、多人長の『日本書紀』の講義は『弘仁私記』序によれば、神代紀(第一巻・第二巻)に集中しているが、『古事記』の注も神代記(上巻)に集中しているからである。『古事記』には「上」「去」という発声の注があり、訓み方を示している。このような注は他の古典にはないことからも、『古事記』が特に訓み方にこだわっていることを示すが(序文が「誦習」に依ると書くのと結びつく)、『弘仁私記』序によれば多人長は神代紀の訓み方の講義を主にしており、『古事記』

の「上」「去」の訓み方の注と重なる。しかも『古事記』の「上」「去」の表記は三十一例だが、二十八例は上巻（神代記）にあり、上巻に集中していることからも、多人長の講義と一致する。したがって弘仁三年・四年の『日本書紀』の主に神代紀の訓み方の講義が、現存『古事記』を世に出そうとさせた理由の一つと考えられる。

そのことは第十五章で神野志隆光の『古事記』の音注・訓注・声注の数の上・中・下巻の比較を示したが、その比較表からもいえる。音注は上巻は二一四なのに対し、中・下巻の合計は一一三である。訓注は上巻は四十二なのに、中・下巻の合計は三、声注は上巻は二十八なのに、中・下巻の合計は六である。[1] 上巻のみに読み方の注記が集中していることも、多人長が『日本書紀』の神代紀の訓み方の講義を主にしていたことと重なる。

第八章で詳述したが『古事記』のみが「天照大御神」と書く。「大御神」表記は平安時代に入ってからの新しい表記だが、上巻の三十九例はすべて「大御神」なのに、なぜか中巻の二例は「大神」である（下巻には「アマテラス」の記事はない）。理由は多人長が上巻のみに集中して原『古事記』の「大神」を「大御神」に改めたが、中巻は原『古事記』のままだから「大神」が残ったのである。この事実をみても多人長が神代巻の講義をした事が、現存『古事記』を世に出そうとした理由と考えられる（なぜか序文の和銅五年〈七一二〉撰上は、多人長の弘仁三年〈八一二〉の講義のちょうど百年前である。うがった推測をすれば、弘仁三年を念頭において百年前を撰上年にしたとも考えられる）。

現存『古事記』を世に出した第二の理由
——弘仁元年の薬子の変で多朝臣本宗家が没落した事——

大同四年（八〇九）四月一日、平城天皇は「風病」のため弟（嵯峨天皇）に譲位し上皇になった。十二月四日寵愛する尚侍正三位藤原薬子や兄の右兵衛従四位上藤原仲成らをはじめ、公卿・外記局の官人の一部を供奉させ、平城旧京に遷居した。そして翌年の弘仁元年（八一〇）九月六日、薬子らは上皇の重祚をはかって、平城旧京への遷都を命じた。人心が動揺したので九月十日、天皇は上皇・薬子側との対決にふみきり、三つの関を固め、在京の薬子の兄の仲成を捕えて右兵衛府に監禁し、平城旧京に居る藤原薬子の官位を剝奪した。そのことを知った薬子側は上皇と共に伊勢に入ることを計画し、十一日に平城旧京を出発した。天皇側は大納言坂上田村麻呂に命じて、薬子らを追わせ、在京の薬子の兄仲成を射殺した。十二日、上皇・薬子らは大和国添上郡越田村に至ったが、天皇の兵に前途を遮断され、上皇は平城宮に戻り出家し、薬子は自殺し、三日間でこの乱はおさまった。

この薬子の変で破れた平城上皇・藤原薬子・仲成らに登用された人物が、多入鹿である。『日本後紀』『公卿補任』の記すところによれば、延暦二十四年（八〇五）に入鹿は従五位下で少納言だが、平城天皇が即位した大同元年（八〇六）に従五位上近衛少将、次いで中衛少将。大同二年に近衛・中衛少将で尾張守・上野守・木工頭を兼任している。そして大同三年一月に正五位下に叙し右小弁、二月に民部小輔。大同四年二月には、二階級特進して従四位下に叙され、九月一日に山陽道観察使兼右京大夫になり、弘仁元年（八一〇）六月に観察使廃止で参議になっている。参議は大臣・納言に次ぐ重職で三位の者から厳選されるのに、入鹿は従四位下で参議になっているのだから特進である。

オホ氏の最高位は一般に従五位下である。特例は天武・持統朝の直広壱（正四位下相当）の品治と、奈良時代の従四位下の安万侶の二人である。従四位下の安万侶も参議にはなっていないが、平安時代初頭の多入鹿は参議に特進している。薬子の兄の藤原仲成も大同四年六月に北陸道観察使になり、更に従四位下で多入鹿と同じに参議になっており、大同四年の頃は仲成と入鹿は同格である。このように平城天皇の時代に、薬子の変の首謀者と同格の地位までに昇りつめていた多入鹿は、薬子の変が始った弘仁元年九月十日に参議から讃岐守に落され、同月十八日には安芸守に転じ、十月二日には更に讃岐権守に落され、以後『日本後紀』などの文献から消えている。この事実は多入鹿の栄進は、平城天皇・薬子・仲成らに信頼されていた結果だから、藤原式家の薬子らが敗者になれば、多朝臣本宗家も当然没落する。

多人長が従五位下に昇進したのは大同三年（八〇八）だから、入鹿が活躍した平城天皇の時代である。薬子の変のあった弘仁元年の翌々年の弘仁三年（八一二）六月に、多人長は『日本書紀』の講義をおこなっているが、人長は「散位」とある。散位は廃官・病気などで役職を辞任した時に称する。多朝臣一族は参議従四位下多朝臣入鹿を筆頭に失脚したので、薬子の変の一年弱前（大同三年十一月十七日）に従五位下になり、晴れて殿上人になった多朝臣人長も、薬子の変後はなんの役職にもつけなかった。そのことを示すのが「散位」である（推測だが、人長は入鹿の弟と考えられる）。このような状況に置かれた多人長に、『日本書紀』の講義を高級官僚たちにするようとりはからったのが、参議の紀朝臣広浜である。

なぜ紀広浜は多人長に『日本書紀』の講義をさせたのか。『日本書紀』によれば薬子の変が始った弘仁元年九月十日に、従四位下の多朝臣入鹿は讃岐守に落され、乱の終結後の十月二日には更に讃岐権守に降格されているが、紀広浜と同族の従四位下紀朝臣田上は佐渡権守、従五位下紀朝臣良門は肥前権介に落されている（『日本後紀』弘仁元年九月十二日条）。従四位下の紀朝臣広浜は薬子の変後、多入鹿がなった参議になっているのに、同族の紀田上や紀良門は、多入鹿と同じに役職を落されている。このように広浜を除く紀朝臣は、多朝臣と同じ立場にあったことが、「散位」の多人長に同情し、彼に『日本書紀』の講義をさせた原因であろう。

ところで参議の紀広浜と一緒に多人長の講義を聞いた陰陽頭の阿倍真勝の阿倍氏も、従五位下阿倍清継が薬子の変にかかわって安芸権守に落されており（『日本後紀』）、この事実から見ても、失意の多人長のために『日本書紀』の講義を紀広浜や阿倍真勝が計画したことが推測できる。そのことは次の例からもいえる。『日本後紀』弘仁五年八月二十八日条に阿倍真勝は「刑部大輔」になっているが、『弘仁私記』序によれば、弘仁四年の外記曹局に於ける多人長の講義の時の多人長の役職を「刑部少輔」と書いている。この役職は弘仁四年の講義が弘仁五年まで続き、刑部大輔になった真勝が人長を少輔の職につけたためか、真勝の刑部大輔任官後に刑部少輔になった多人長の役職を、序文が「散位」と書くのを嫌って書いたかのどちらかであろう。いずれにせよ阿倍真勝が刑部大輔の時、多人長が刑部少輔に仕官しているのは、真勝のはからいであろう。

オホ氏は紀氏・阿倍氏のような上級氏族ではなく中級であったから、一挙に本宗家は没落し大歌師の多朝臣家と傍系の楽家多氏のみが残った。オホ氏は政治面では没落したので、文化・学芸面での実績を世に示そうとして、多氏の家にあった「フルコトブミ」（原『古事記』）の上巻の一部に新しい記事を入れ、注記を付し、表記を改め、原『古事記』の不統一の上代特殊仮名遣を整理統一し、民部卿にまで昇りつめた祖父の太安万侶が撰録したという序文をつけ、弘仁三年（八一二）のちょうど百年前の和銅五年（七一二）を勅撰書の撰上年に仕立て、薬子の変で没落したオホ氏の復権のため、世に出そうとしたと考えられる。

現存『古事記』を世に出した第三の理由
――弘仁五年成立の『姓氏録』に多氏が強い不満をもった事――

弘仁三年・四年の多人長の『日本書紀』の読み方の講義（詳細は第十四章で述べた）の翌年に、万多（まむた）（茨田）親王編の『姓氏録』が完成している。このように同時期に刊行された『姓氏録』も、現存『古事記』を世に出そうとした重要な理由である。このことについては第九章の「『古事記』に載る平安時代のオホ氏関係記事」、第十五章の「『弘仁私記』序と『姓氏録』と『古事記』」でくわしく述べたので略すが、『姓氏録』の完成・刊行が現存『古事記』を世に出すことになった理由は、大別すると三つある。

一つは、『姓氏録』の最高編纂者の万多（茨田）親王を養育した茨田氏が、『姓氏録』に「多朝臣同祖」と記しているが、第九章で詳述したように、この茨田連・茨田宿禰は『日本書紀』に記されているオホ氏系の茨田連・茨田宿禰ではなかった。したがってそのことを主張するため、『姓氏録』に載る茨田氏は多氏系でないことを示す記述を、新しく『古事記』（神武記）に載せ、『日本書紀』に載る茨田関係の記事を『古事記』では無視、または改変することで、『姓氏録』の記事を否定しようとして、世に出そうと意図したと考えられること。

二つは、オホ氏の家にあった原『古事記』に、姓氏関係の記事が豊富に載っていたから、更に姓氏関係の注記を加え、現存『古事記』を『姓氏録』と同じ勅撰書に仕立て、『古事記』も姓氏録としての「フルコトブミ」であることを、世に示そうとしたと考えられること。

三つは、『姓氏録』の責任編纂者が薬子の変で裏切った上毛野頴人（かいひと）であったことである。この人物によって『姓氏録』が作られたから、対抗心を燃やして、現存『古事記』を世に出そうとしたと推測されること。

第一については、『日本書紀』（継体紀）は坂田大跨王の娘の広媛が、継体天皇の妃になって神前皇女・茨田皇女・馬来田（まくた）皇女を生み、茨田連小望の娘（または妹）の関媛が、茨田大娘皇女・白坂活日姫皇女・小野稚郎皇女を生んだと記す。ところが他の継体天皇の妃が生んだ皇子・皇女は『日本書紀』と『古事記』と合うのに、この「茨田」と記されている記事だけ、『古事記』では徹底して改変されている。まず「茨田連小望」は天武天皇の時、宿禰になったオホ氏系の茨田氏なのに、『古事記』が載せないのは、オホ氏系でない新興茨田氏の祖と見られたくなかったからであろう。したがって茨田小望の娘または妹の「関媛」も消されている。さらに「関媛」の生んだ子を『古事記』は坂田大跨王の娘が生んだ皇女にしており、『日本書紀』の茨田皇女・馬来田皇女・茨田大娘皇女の三人は、「田郎女」という一人の皇女になって、茨田・馬来田の名は消えている。

第九章に「弘仁五年成立の『姓氏録』を見て載ったオホ氏関係記事」、「『姓氏録』を見て茨田関係記事を削除した『古事記』」として述べた文章で、詳細にこの問題について書いたが、吉井巌は「茨田連の祖先伝承と茨田堤築造の物語」で、『古事記』の茨田氏らの祖日子八井命の記事だけを、『姓氏録』を見て現存『古事記』に加えた記事と書くが、[2]第九章でも詳述したが『日本書紀』に載る茨田関係記事は、すべて『古事記』では排除・改変されている。特に茨田連小望（または妹）が継体天皇の皇妃になっていることと、坂田大跨王の娘が生んだ二人の皇女（茨田皇女・馬来田皇女）を削っているのは、徹底した茨田氏排除である。排除された茨田氏は茨田連小望の茨田氏で、仁徳紀が茨田堤を造ったと書く茨田連衫子（ころもこ）の茨田氏である。衫子の子孫が小望だが、この茨田連は天武十年に茨田宿禰になっているオホ氏系氏族である。一方『姓氏録』の茨田連・茨田宿禰は百済系渡来人が、オホ氏系茨田氏を名乗った氏族で、オホ氏にとっては許せない記述であった（三五三頁に書いたが茨田氏は大和国のオホ氏の本拠地を居住地にし、今も田原本町多の近くに茨田の転の満田の地名がある）。このような記述が載る『姓氏録』の茨田関係記事を否定するためにも、『古事記』を世に出そうとしたのであろう。

現存『古事記』を世に出した第四の理由
――薬子の変で薬子側についた秦氏の復権の意図がある事――

薬子の変で薬子側の氏族に秦氏がいる。藤原仲成・薬子の兄妹の父は藤原種継だが（仲成は種継の長子）、種継の母は秦氏の太秦公朝元の娘で、種継の父清成の本妻である。清成の弟の継手も秦朝元の娘で、藤原式家は秦氏と強い血縁関係があり、仲成・薬子の祖母は秦氏である。また仲成・薬子と姻戚関係にあった藤原北家の藤原葛野麻呂は、平城天皇が皇太子時代からの側近で、平城天皇の皇太子の時に従三位で春宮大夫を勤め、大同元年に即位すると参議・式部卿になった。大同二年（八〇七）には東海道観察使、大同三年には中納言に昇った（『日本後紀』）。したがって平城天皇の側近で薬子側であったが、『日本後紀』弘仁元年（八一〇）九月十二日条には、中納言藤原朝臣葛野麻呂は、悪行の首、薬子と姻媾の中であったから重罪にすべきだが、多入鹿の申し述べるところによれば、平城上皇や薬子らが挙兵のため平城京出京の際、諫言している。しかし相手が聞かなかった故に、その行為を認め重罪にはしないとある。葛野麻呂の「葛野」は京都の秦氏の本拠地の葛野で生れたからつけられた名だが、葛野麻呂の母は秦忌寸嶋麻呂の娘である。薬子・仲成の姉弟の祖母は秦朝元の娘、葛野麻呂の母は秦嶋麻呂の娘で、母系は秦氏だから薬子側に秦氏もつき、多本宗家と共に政治面からは没落した。

秦氏とオホ氏の密接なことは本書の各所で述べた。オホ氏の本拠地の大和国十市郡飫富郷（現在の田原本町多・秦庄）では、現在も多氏・秦氏が居住しており、楽家多氏の祖の多自然麻呂は秦氏系が多氏を名乗った人物である。第二章で述べた多くの論者が平安時代に入ってつけ加えられたと主張する大年神系譜も、秦氏系系譜なのは、秦氏と親近であった多人長が、大年神系譜を現存『古事記』に入れたからだと私は書いた。また秦氏の本拠地の山城国葛野郡に、多人長が居住していたと見られる理由があり、稗田氏も秦氏の葛野と縁ある事も書いた（二三六〜二三九頁）。大年神系譜には秦氏とかかわる賀茂神社と関係する神が記されているが、アマテラスとイザナギの天つ神と共に、国つ神の賀茂の神を『古事記』が「大御神」と書いている異例な事実からも、その意図が推察できる。

以上述べた事実から見ても、オホ氏と共に薬子側についた秦氏を復権させるために、現存『古事記』を世に出そうとしたのではないだろうか。

現存『古事記』を世に出した第五の理由
――『姓氏録』に無視された稗田（猿女）氏の存在を示したかった事――

『古事記』の序文には太安万侶と共に稗田阿礼が登場する。この稗田阿礼もオホ氏や秦氏と無関係に登場しているのではない。『日本後紀』大同三年（八〇八）八月三日条に、秦氏の本拠地の山城国葛野郡の「葛野」をつけた「葛野王」が三十歳で亡くなったという記事が載るが、葛野王は「稗田親王」の子とある。光仁天皇の皇子は大和国稗田の地の稗田氏に養育されたから稗田親王だが、稗田親王の四男に葛野王がいる。葛野は秦氏の本拠地だが、稗田親王の子の葛野王も葛野で養育されているから「葛野王」といわれたのである。葛野王の亡くなった大同三年に前述した藤原葛野麻呂は正三位中納言だが（『日本後紀』）、葛野王も葛野麻呂も秦氏の本拠地の松尾神社のある山城国葛野郡で生まれ養育されたからだが、葛野麻呂の母は太秦公島麻呂の娘で、葛野王の母も秦氏の女で、二人は葛野で生れ育ったからつけられた名である。葛野王の父は稗田親王だから、この親王を通して稗田と葛野（秦氏）は結びついている。

ところで問題なのは稗田阿礼の「阿礼」である。このことも第四章で述べたが「御阿礼神事」は葛野郡にある秦氏の氏神である松尾神社の神事であった。その神事が松尾神社と密接な関係のある賀茂神社の神事になって、御阿礼神事に奉仕する男女を阿礼乎止女（をとめ）・阿礼乎止己（をとこ）といった。稗田阿礼は男か女かという論争があり、その代表論者が西田長男[3]と三谷栄一[4]だが、両氏とも稗田阿礼の「阿礼」は

御阿礼神事とかかわる名であることは認めている。柳田国男も稗田阿礼は女性だと明記している。(5)

三品彰英は賀茂神社の御阿礼神事は元は松尾神社の神事だと書き、『本朝文集』の、

松尾社、大宝元年、秦都理始メテ建二立シ神殿ヲ一、立テ二阿礼ヲ一居二斎子ヲ一供奉ス

とある記事を示し、また『本朝月令』所収の『秦氏本系帳』に、大宝元年（七〇一）に松尾神社を創建したとき、

秦忌寸知麻留女、始メテ立ツ二御阿礼一

とあることを示す。(6)

私も拙著『神社と古代王権祭祀』掲載の「賀茂神社」(7)、『神社と古代民間祭祀』掲載の「松尾大社」(8)で、賀茂氏と秦氏の密接な関係を詳述した。『秦氏本系帳』は「鴨氏人を秦氏の聟と為し、秦氏、禰宜として祭り奉るは、この縁なり」と書くが、『延喜式』（内蔵寮式）や、『本朝月令』（賀茂祭条）には、賀茂祭には松尾神社の社司たちが参列したとあり、『寛平御記』（賀茂臨時祭条）は賀茂の祭りは、まず松尾神社を拝することが旧例と書いている。

このように御阿礼神事の元は秦氏の松尾神社であり、賀茂と松尾の神社の一体化からみても、「阿礼」という名は、

稗田——賀茂——秦氏——オホ氏

という結びつきから、序文に「稗田」に「阿礼」という名がつけられた人物が、登場したのであろう。『姓氏録』では猿女君も稗田氏もまったく無視されている。したがって序文筆者（多人長）は誦習者として「稗田阿礼」という人物を創作して登場させたのではないだろうか。『弘仁私記』序も特に

「稗田阿礼」の名を記し、「天鈿女命之後也」とわざわざ注までもしているのは、まったく猿女君・稗田氏を無視している『姓氏録』を意識しての記事であろう。いずれにせよ、猿女君の稗田氏が「誦習者」としてふさわしい氏族であることを、世に知らしめようとして、序文に「稗田阿礼」という人物を登場させたのではないだろうか。

現存『古事記』を世に出した第六の理由
——オホ氏にかかわる鹿島と諏訪の神を世に知らせたかった事——

『三代実録』貞観八年（八六六）正月二十日条に、

　常陸国鹿島神宮司言。大神之苗裔神三十八社在二陸奥国一。（中略）聞二之古老一云。延暦以往。割二大神封物一奉二幣彼諸神社一。弘仁而還。絶而不レ奉。由レ是。諸神為レ祟。物恠寔繁。

とある。第九章で述べたように陸奥国の鹿島社三十八社は、『古事記』がオホ氏と同じに神八井耳命を祖とする磐城国造らが祀っていた神社である。オホ氏系氏族が陸奥で鹿島神を祀っていたように、常陸の鹿島神も常陸のオホ氏系氏族の仲国造が祀っていた。ところが常陸の鹿島神宮の祭祀権が藤原・中臣氏に移り、神護景雲二年（七六八）に常陸から大和国の春日の地に鹿島神は遷り、藤原・中臣氏の氏神となって「春日大社」に祀られる四神のうちの主神となった。しかし陸奥の鹿島社は本来のオホ氏系の鹿島社だったから、常陸の鹿島神宮を祀る中臣氏は本来の鹿島社に敬意を表して、封物・奉幣をしていたのである。

　ところが鹿島神宮や神官の東家所蔵の古文献の『羽入氏書留由緒』『鹿島大明神御斎宮神系代々』

『ものいみ書留』によれば、第九章でも書いたように、大同元年（八〇六）に大和国の「大生大明神」（オホ氏の祭る多［太］神社）を、常陸オホ氏が祀る大生（大）神社に遷座し、翌年（八〇七）に鹿島神宮に遷して祭ったとある。『鹿島大明神御斎宮神系代々』には、鹿島に遷座した事を、

　大生宮遷座［中略］中臣常元祭祀之故大生神印当宮神璽因。

と書く。中臣常元は鹿島神宮の祭祀者だが、「大生神」の神印を鹿島神宮の「神璽」にしたとあることからみても、鹿島神宮の神がオホ氏が祭祀する神であったことは明らかである。

前述した『三代実録』によれば陸奥国の鹿島社に封物・奉幣していたのをやめたのは、「弘仁年間」（八〇一〜八二三）と書く。オホの神を鹿島神宮に遷座して三年後が弘仁元年だから、たぶん弘仁初頭に封物・奉幣をやめたであろう。理由は大和のオホ神社から祭神を遷座したから、陸奥のオホ氏系の鹿島社に封物・奉幣をする必要がないと決めたのである。その決断の結果が鹿島神宮への「諸神為レ祟。物恠寔繁」となったのである。

弘仁三年・四年に『日本書紀』の講義をし、大同三年に従五位下になっている多人長は、当然氏神の大和国のオホ神社の祭神を、常陸の鹿島神宮に移したことや、弘仁年間の陸奥のオホ氏系鹿島社への封物・奉幣のとりやめによっておきた異変は知っていたであろう。したがって「タケミカツチ」と称する神のみ、天つ神と国つ神の二神を作って、この神が藤原・中臣氏の氏神でないことを世に知らしめようとして、現存『古事記』を編纂したのではないだろうか。

国譲り神話で活躍するタケミカツチには、『古事記』のみタケミカツチと力競べをするタケミナカタが登場する。この神も多人長が『古事記』に新しく入れた神であることは、第九章で詳述した。そ

こで書いたが、タケミナカタを祭神とする諏訪大社の大祝でオホ氏系の信濃国造の金刺氏が、多人長や多入鹿と結びつくのは大同年間である。また『三代実録』貞観五年（八六三）九月五日条に、

右京人散位外従五位下多臣自然麻呂賜二姓宿禰一。信濃国諏方郡人右近衛将監正六位上金刺舎人貞長賜二姓大朝臣一。並是神八井耳命之苗裔也。

とあるが、大朝臣になった金刺舎人貞長は諏訪神社下社大祝家出自の人物で、母が病気になって故郷の諏訪へ帰っている（『三代実録』貞観十一年四月二十日条）。

多人長はタケミカヅチ、タケミナカタのオホ氏系の神々を知らしめる意図も、『古事記』と世に出す理由の一つであったと、私は推測している。

現存『古事記』を世に出した第七の理由
──『万葉集』を見て歌物語集の『古事記』を示したかった事──

伊藤博は『日本古典文学大辞典』の「万葉集」の項目で長い解説を書き、「『万葉集』形成史の真の終結は、平城朝に求められる。後世、『万葉集』の形成について平城天皇の撰であるという伝承が生じたのも、いわれのないことではなかった」と書いている。(9) 伊藤博はふれていないが折口信夫は「萬葉びとの生活」と題する論文で、次のように書いている。

父帝（聖武天皇）の崩御に慟哭して起つことの出來なかつた平城天皇は、激情の人であつた澤山の事例を殘して居られる。のみならず、其血は、皇孫行平・業平（在原）に傳つたのである。舊都を喜び、古風を愛でた此の大同上皇（平城）を中心にして起つた藥子（クスコ）の亂も、實はやはり、

故家(フルヘ)の里の執著に根ざして居るのである。

此平城天皇が寧樂の世の文獻の保存・整理を企てられたと言ふ想像は、私にとつて、順調な論理の結果である。まして、學問を好まれたと言ふ事實さへあるのだから、自身も歌を作られ（古今集）、其血統にも歌人が續いて出た（業平の子孫）處から見ても、其文書保存の事業が、家持の大伴集竝びに、朝廷に傳つた歌詠の記録の整理に及ぶのは、あたりまへの事である。

古今集の假名序を見ると、萬葉集は、奈良の宮の代の出來で、醍醐から十代前に出來たもので、百年以上を經て居るとあるが、眞名序には、明らかに大同天子の時に成つたものと書いて居る。年數の勘定は、百年以上も言ふのは、大たいを言うたもので、延喜五年から大同元年迄、百年になるのを斥(サ)したと見てよい。奈良ノ宮は、上皇の御所を言うたものの、代數は、醍醐から起算したものとすれば、眞名序の所謂大同天子の時に出來たものとして居るのは、議論のない話である。（中略）私は、萬葉集の、平城欽定説を主張したい。(10)

この折口信夫説について山本健吉は『大伴家持』で、大伴家持が赦免されて従三位に復したのが、平城天皇が即位した延暦二十五年（八〇六）三月であり、「家持から献上されて東宮坊に残った歌集に、東宮時代に親しんでいた」のが「平城天皇だから」、折口信夫は「『萬葉集』が平城天皇の欽定に成るとの説を取っている」と書いて、折口説に賛同している。(11) 北山茂夫も山田孝雄が「萬葉集と大伴氏」（『萬葉集考證』）で、「その際に（官の手による大伴家持の家財の没収の時に――北山）、この萬葉集も亦官没せられて世から忘れられてしまつたのでは無からうか。さうだとすれば、それが再び世に出たのは平城天皇の朝(ちょう)になつてからではなからうか」と書いている見解を紹介し、「これは、その文脈が示しているごとく一個の推定説である。しかし、わたくしは、没収された家持の私財のなかに『万葉集』が存在したらしいという推断は、すこぶる可能説に富んだ卓説だとおもう」と書いて、平城天皇の時に『万葉集』は世に出たと推測している。(12)

多人長は平城天皇の大同三年十一月、従五位下に昇進し殿上人になっている(『日本後紀』)。私は折口信夫・山田孝雄・山本健吉・北山茂夫・伊藤博らの見解に賛同するが、従五位下に昇進して翌年の弘仁元年に薬子の変にあい、二年後の弘仁三年に『日本書紀』の講義をした多人長は、特に訓み方の講義をしており、同族の多入鹿は平城天皇の股肱の臣であったから、大同年間に世に出た『万葉集』を知らないはずはないだろう。

『古事記』は歌謡集といわれるほど、歌謡・歌物語の豊富な「フルコトブミ」である。またこの頃にオホ氏は大歌所の大歌師として、『琴歌譜』をまとめている。現存『古事記』について武田祐吉は、オホ氏と大歌所のかかわりからみて、オホ氏は「上代は職能は世襲されていたものであるから、太安万侶にさかのぼって宮廷の歌曲をつかさどっていたものと考えられる」と書き、(13)西郷信綱は「記紀歌謡とよばれる雅楽寮の宮廷大歌は多氏が管理していた」と書く。(14)また山上伊豆母は「オホ朝臣は古くから宮廷芸能(大歌所・雅楽寮)の要人を兼ねながら、古代伝承を伝えていたのであろう」と書く。(15)

第十章で述べたが『万葉集』巻二・九〇歌と、巻一三・三二六三歌には、「検古事記曰」という注がある。この『古事記』を現存『古事記』とみるのが定説だが、私は旧版『古事記成立考』で、この注記は『万葉集』巻一七の三九二六歌の左注によれば、天平十八年(七四六)正月の雪の宴に大臣・参議と共に、大伴家持や太徳太理らが招かれたとあり、二人は歌を作っているから、徳太理がオホ家に伝わる『古事記』を大伴家持に見せた。その『古事記』を家持は『万葉集』の注記に引用したと書いた。

　大伴家持は序文つきの現存『古事記』以前の「フルコトブミ」を、太徳太理によって見せられて『萬葉集』に注をした考えられるが、山上伊豆母は『万葉集』巻六・一〇一一歌、一〇一二歌の題詞に載る「歌儛所（うたまひどころ）」が『万葉集』の編纂所となったとみて、歌儛所のメンバーの大伴家持や太徳太理は、天平十八年正月の観雪の宴に招かれて歌を詠んだとみる。理由は二人が歌儛所のメンバーであったからと書く。そして歌儛所はオホ氏が中心になっていたから弘仁年間に創設された大歌所の大歌師にオホ氏がなったとみて、天平十八年（七四六）の観雪の宴に大伴家持と共に、「太朝臣徳太理が加わっていることは、後世にオホ氏が『楽家』と呼ばれていく見のがしえない史料」と山上伊豆母は書いている[15]。このようにオホ氏の歌儛所・大歌所へのかかわりと、『万葉集』が世に出たのが平城朝とすれば、平城天皇の親任を得ていたオホ氏本流の多入鹿や多人長が（二人は兄弟と私は推測している）『万葉集』を見ないわけはない（大伴家持と親しかった太徳太理は多人長の父か親類だが、オホ氏の「太」は慶雲元年〈七〇四〉から宝亀元年〈七七〇〉までで、宝亀二年以降は「多」に戻っている）。

　多人長がオホ氏の家にあった「フルコトブミ」を世に出そうとした原因の一つは、『姓氏録』の成立であったが、『万葉集』の成立も埋れていた歌物語集の「古事記（フルコトブミ）」を世に出そうとした一因になったと考えられる。

現存『古事記』を世に出した第八の理由

――『古語拾遺』を見てオホ氏関与の『古事記』を示したかった事――

『万葉集』と同じに多入鹿・人長が活躍した平城天皇の大同年間（大同二年）に、斎部広成の『古語拾遺』が成立している。この書は大中臣氏に独占された神祇・祭祀に対し、同じ役を職としていた斎(忌)部氏の代表の広成が、朝廷に提出した愁訴状とみるのが一般的解釈だが、大同二年に提出されているから、平城天皇の側近であった従四位下多入鹿や、『日本書紀』の講義をした従五位下多人長が、この書を見ないはずはない（斎部広成も多人長と同じ従五位下である）。

『古語拾遺』の巻頭は次の文章ではじまっている。

蓋し聞く。上古の世、未だ文字有らざるとき、貴賤・老少、口口に相伝へ、前人の言・古人の行跡を、存して忘れず。書契ありてより以来、古を談ずることを好まず、浮華競ひ興りて、還りて旧老を嗤ける。遂に人をして世を歴て弥新たに、事をして代を逐いて変改せしめ、顧みて故実を問ふに、根源を識ること靡し。（中略）故に旧説を録して、敢て以て上聞すと云尓。

この文章のうち「古上の世、未だ文字有らざるとき」から、「書契ありてより以来、古を談ずることを好まず」までの文章を小林秀雄は引用して（「書契」は漢字のこと。つまり文字をいう）、次のように書く。

宣長に言はせれば、この上古の人々の間に、生きて働いてゐた口口相伝の言が、文字に預けられて以来、固定した知識となつて、死んで了つたことを語つてゐるのである。教養とか知能といふものを測る標準が、基本的には読み書きが出来る出来ないで定まって了ひ、誰もこれを疑はない世となつては、そのやうな事を気に掛ける人もない[16]。

このように書く小林秀雄は『古事記傳』を書いた本居宣長も、斎部広成と同じ考えであったと書くが、私は序章でも書いたが、宣長のいう「漢心」は漢字つまり広成の書く「書契」であり、「大和心」は「フルコト」とみる。『古事記』の「古事」を本居宣長も小林秀雄も「古言（語）」と書くのが正しいと主張するが、そのことを斎部広成も著書の冒頭に書いて、斎部氏の主張を「旧説を録す」と書く。したがって「古語」の「拾遺」なのである（この題名は後代につけられたとみられているが、冒頭の文章をヒントにつけられたのである）。

私は多人長は『古語拾遺』を読んで、オホ氏の家にあった「古言（語）」の書を世に出そうとしたのではないかと推測している。理由は第一に多人長が『日本書紀』の神代紀（巻一・巻二）の読み方を講義した人物で、斎部広成と同じに「フルコト」に一般の人よりこだわる人物、というより専門学者であったこと。第二にオホ氏の始祖の神武天皇の皇子神八井耳命は、皇位を弟に譲って神まつりに専念したとあり、始祖伝承では神祇にかかわる氏族であったこと。第三に前述したがオホ氏は神と人との仲を執り持つ仲臣であった。この仲臣の下で卜占に従事していた卜部が、仲臣の称に近づけて「中臣」と称し、仲臣に成り上った事実と、斎部氏の中臣氏に対する『古語拾遺』の見解は、共通しているから、『古語拾遺』を読んだ多人長がオホ氏がかかわった原『古事記』に、新しく序文をつけて世に出そうと考えたのではないか。

そのことは序文に他には見られない「誦習」によって『古事記』は作られたと書いていることが示

している。「誦習」については第六章で「稗田阿礼はなぜ誦習者として登場したのか」で述べたが、「誦」は「声を挙げての語(かたり)」で、そのことに習熟するのが「誦習」だが、『古語拾遺』はその「フルコト」の語(かたり)の大切さを冒頭で述べているからである。

［注記］以下の記述は私の推測だが、多入鹿は平城天皇の寵臣で中級官僚でありながら参議まで昇進している。また多氏は常陸・陸奥の多氏が祀っていた神が藤原・中臣氏の氏神のタケミカツチに変えられていた。したがって藤原・中臣氏批判の『古語拾遺』は、多入鹿の仲介で天皇に上奏されたのではないだろうか。『姓氏録』に無視された猿女の稗田氏が『古事記』序に重要な誦習者として登場しているように、『古語拾遺』でも「天鈿女命者是猿女君遠祖。以所顕神名為氏姓。今彼氏男女皆猿女君此縁也」。また「猨女君氏供神楽之事」と特に猿女君を記している事も、推測を補強する。

現存『古事記』を世に出した第九の理由

――「誦」による「フルコトブミ」を世に出したかった事――

「誦習」によって現存『古事記』が成立したと書く序文は、『日本書紀』『続日本紀』などの歴史書・氏族の姓氏・出自をまとめた『姓氏録』のように、単に文字による「書」ではなく、語り（誦）を記録した「フルコトブミ」であり、序文筆者はそのことを強調したかったのである。誦習者に稗田阿礼が登場しているのは、第六章・第七章で書いたように、太安万侶を撰録・撰上者に仕立てたので、オホ氏以外でオホ氏と親しい稗田（猿女）氏の人物を創作した。理由は稗田（猿女）が「誦」にかかわる氏族だったからである。

猿女君（稗田氏）は鎮魂祭にかかわる氏族だが、『旧事本紀』（天皇本紀・上）には「其鎮魂祭の日は、猿女君等、百歌女（ももうため）を率いて、其言本（ことのもと）を挙（あげ）て、神楽歌舞（かぐらうたまふ）」とある。「言本」は声に節をつけて歌に似るから、「言本（ことのもと）を挙（あげ）」は「誦」であり、そのことに習熟している歌女は誦習者である。猿女（稗田）氏はその誦習者（百歌女）の指揮者として登場しているのだから、稗田阿礼という人物を作って『古事記』序に記すのは当然である。しかしオホ氏も「誦」や「歌」にかかわる。

そのことを筏勲は「古事記のある部分は歴史といふよりも、歌謡集の観を呈してさへゐる。更に想像を拡げると、古事記の仮名遣が書紀に比して一層整頓されてゐる事は、単に年代的な意味ばかりでなくて、歌謡に深い関係のある家の人々にとつては、其の発音やうたひ方や表記法は、普通の人よりも一層細心であり、鋭敏であり苦心されたものであつた筈であり（一定の法則によつて音声音韻など割切ることもあり得たか）、その名残りとして、上とか去とかの記号も伝へられて来たのではあるまいかといふ様なことも考へられる」と書き、オホ氏が誦習にかかわっていたと書く。(17)

山上伊豆母は「オホ氏とその伝承」で、多人長が『日本書紀』講読の講師になったことについて、「平安朝初期において『オホ氏』が〝書紀継承の氏〟として認められていたことを示すともいえよう」と書き、多人長の「人長」という名に注目して、「人名であるとともに、一方では宮廷神楽における〝舞人の長〟をさす呼称でもある」ことに注目し、オホ氏は「『誦習』を継承する」家とみて、次のように書く。

> オホ氏は古典の「誦習」や「講読」を継承する職掌をもち、また権威があったのだろうと思う。もともと寿詞の貢献と宮廷芸能とは発生的に同意義を有し、「帝紀・旧辞」の誦習や継承も史前

の神話的世界を再現する原始劇や歌謡の形式をつたえ、抑揚・曲節をもって行なわれたものであろう。『記』の「神語り」や「天語り」も、その古代宮廷的な託宣芸能や史劇を背景にしてはじめて理解されるものである。

と述べている。(18)

また山上伊豆母は「神語から神楽へ」で、「古代オホ臣族とは呪禱の『カタリゴト』の氏族であったのではないか。『カタリゴト』とは王権祭儀にかかわる『古語』や『神語』であり、それらの奏上が『コトノカタリゴト』」と書き、この「カタリゴト（古語継承）」の家がオホ氏だと書く。そしてこの「カタリゴト」には節がつき、「歌」のようであり、更に「舞」も加わる「古代芸能であり、宮廷における『神楽』の祖型であった」と書き、「オホ臣の『カタリゴト（古語継承）』の『歌舞的』性格は、平安中期の『楽家多氏』をまつまでもなく、すでに太安万侶時代に存したのではないか」と書くのである。(19)

山上伊豆母は安万侶が『古事記』編者とみるからこのように書くが、安万侶のことを除けば、私も山上説に同調する。オホ氏の「カタリゴト」は単なる「カタリ」ではなく、「誦」である。西郷信綱もオホ氏は楽府（大歌所）の楽人であり、「記紀歌謡とよばれる雅楽寮の宮廷大歌は多氏が管理していた」と書き、「誦習」にかかわった氏族とみている。(15)

以上述べたようにオホ氏は「誦習」にかかわる氏族であり、多人長が見た「フルコトブミ」（原『古事記』）は語りの書だから、歌物語が多い。本居宣長は『古事記傳　巻之一』で「古語」は「唱」だから「『上』『去』の抑揚の符号」がついていると書き、「誦」を声に節をつけた語りとみる。『北山抄』は大嘗祭に出仕した語部は「古詞」を奏すと書き、注に「其音似レ祝、又渉二歌声一」と記す。『北山抄』の記述は十一世紀の頃だから、文字を松明で照らして読むとあるが、本来は書いたものを読むのではなく、「フルコト」を誦したのである。しかし文字を読んでも、「其の音は祝」に似て、「歌声」として聞えると『北山抄』は書くが、大歌所（大歌は民間の歌を小歌というのに対し宮廷の歌をいう）のオホ氏はそのような誦習者であった。しかし序文では稗田阿礼という人物を作って誦習者にしたのは、「誦」にかかわるオホ氏からは太安万侶を撰録・撰上者として登場させたので、オホ氏と縁があり「誦」にかかわる稗田氏の人物として「稗田阿礼」という人物を作り、序文に登場させたのであろう。

　小林秀雄は、本居宣長は『古事記』を漢字が入った以後の「漢心」の書とは違った、「文字出現以前」の「大和心」による「語」りの書だから、「古事記」でなく「古言記」とみていると書いている(16)が、斎部広成も『古語拾遺』で前述したように同じ事を冒頭で述べているから、この平城天皇に提出された訴状に「古語」の「拾遺」という題が後からつけられたのである。多人長がこの文章を読んだ頃には『古語拾遺』という題名はついていなかったが、冒頭の文章がヒントになって、序文に『古事記』は特に「誦習」つまり「古語」によって成立したと書いたのではないだろうか。

「書契ありてより以来、古を談ずることを好まず」と斎部広成は書く。序文は「書契」による文章を当時の上表文の慣習によって書いたが、その序文に稗田阿礼の「誦習」によると、特にオホ氏と親しかった猿女氏を登場させたのは、前述したように猿女は鎮魂祭に歌女たちを多数率いて「言本」をあげており、その「コト」は「未だ文字有らざるとき」の語・歌であったからである。したがって誦習者には猿女がふさわしかったから、稗田阿礼という人物を作って序文に登場させたのであろう。

多人長が弘仁三年・四年に『日本書紀』の主に神代紀の訓み方を講義したのも、「古（いにしへ）を談ずることを好まず」の時代に敢えて「古（いにしへ）」の「言（こと）」を談じたのである。このような人物であったから、「誦」による「フルコトブミ」を世に出したかったのであろう。

現存『古事記』を世に出した第十の理由

――大歌師のオホ氏の存在を世に示したかった事――

オホ氏の家には『琴歌譜』が伝わっていた（第十章の「異本『古事記』の「一（ある）古事記」が載る『琴歌譜』」の項でふれた）。この書の巻末には、

　琴歌譜一巻　　安家書
　件書希有也仍自大歌師前丹波掾多安樹手伝写　　天元四年十月廿一日

と書かれている。大歌師の多安樹が伝写した書を多安家が更に伝写したのである。多安家はこの書を「希有」と書くが『琴歌譜』の成立については、土橋寛はいくつかの理由をあげて「弘仁時代（八一〇～八二三）の初期」と推論する。[20] 西宮一民も「琴歌譜の仮名遣と符号」をあげて（土橋寛も弘仁時代初期の文献の仮名遣をあげている）、「上限は平安期の極く初期」と書く。[21] 平野健次は「平安時代初期までさかのぼりえないが、貞観年間以前の成立と考えられる」と書くが、[22]「平安時代初期までさかのぼりえない」理由をまったく述べず断定しているから、私は平野説は採らない。武田祐吉も「『琴歌譜』における歌謡の伝来」で『琴歌譜』の歌謡表記には「音声からの文字表記は、曲名の用字とともに、

上代かなづかいの行なわれていた時代になされたもので、『琴歌譜』はそれを資料とし、一部分をもとの形を保存し、一部分を新しい用字法に変えて、書き綴ったであろう」と書いており、平安時代初期とは書いていないが、詳細な検証の結果、その時代とみている。[23]

『琴歌譜』を書き写した天元四年（九八一）は弘仁時代初期（八一〇〜八一五）より一七〇年ほど後だから、「件書希有也」なのである。天武朝末年（六八三〜六八六）に編纂されたと推測される原『古事記』を、多人長が弘仁三年・四年（八一二・八一三）の『日本書紀』の講義の時、参考文献として読んだとすれば、一三〇年ほど後だから、『琴歌譜』の例から見ても、多家に伝わっていた原『古事記』を多人長が見たという推測は、無理ではない。

『琴歌譜』は現存『古事記』を引用しているから、現存『古事記』が成立した弘仁六年〜八年頃（八一五〜八一七）以降（といっても直後）の成立であろう。多人長は弘仁三年・四年に『日本書紀』の読み方の講義をしていた人物だから、『琴歌譜』にも関与していたかもしれない。大歌所の創設について土橋寛は「大同四年（八〇九）から弘仁七年（八一六）の間」であることを論証しているが、[24]この時期の後半を私は現存『古事記』の成立時期とみている。平安時代初頭に設立されたとみられる大歌所の大歌師に、多氏がなったことが、歌物語集である原『古事記』を再編集して世に出そうとしたのであろう。

『万葉集』『古語拾遺』は大同年間（八〇六〜八〇九）であり、『姓氏録』は弘仁五年（八一四）の成立である。現存『古事記』は『姓氏録』成立から数年の間に、短期間に原『古事記』に手を加えて、序文をつけて世に出したと推測するが、『琴歌譜』は弘仁年間の後半にまとめられ、多人長もかかわったから、現存『古事記』や異本『古事記』の「一古事記」の歌が『琴歌譜』に載るのであろう。

大歌所の大歌師の多氏のところにのみ『琴歌譜』が伝わっているのは、多氏が「琴歌神宴」に「和琴歌師」として参加していたからである。「琴歌」は「神宴」でうたう歌であり、「古言（詞）」と重なる。『古事記』の琴の初見は上巻の大穴牟遅神の受難の神話だが、その琴を「天詔琴」という。本居宣長は『古事記傳　巻之十』で「詔琴」は「詔言」で「神の言」つまり神話と書き、「まず古に何事にまれ、神の御心を問むとて、其命を請申すには、必琴を弾り。于時其神、琴上に降来坐て、人に著て命を詔たまふ」と書く。この宣長の記述は『古事記』の仲哀記、『日本書紀』の神功皇后摂政前紀の琴に関する記事に関連して書かれているが、『日本書紀』は皇后が神主になって武内宿禰に琴を「撫かしむ」とあり、命令されて臣下がひいているが、『古事記』は仲哀天皇が自ら「御琴を控かして」と書く。この記述からみても、『日本書紀』より『古事記』が琴を重視していることがわかるが、この記述と多氏の家伝書に『琴歌譜』があり、この書が大歌師の多氏にかかわることは無関係ではない。

『御遊抄』は清和天皇以後三条天皇までの記事を載せるが、

清和天皇貞観元年十一月十七日戊辰
親王已下参議已上侍二御在所一。琴歌神宴。

とある。この「琴歌神宴」が宮廷神楽になったことは通説だが、この貞観元年（八五九）の記事にあるように、天皇臨席で親王・参議以上の高官たちによる「神宴」に「琴歌」がおこなわれている。この「神宴」の和琴の演奏者について、『御遊抄』は次のように書く。

村上天皇天慶九年十一月十八日己巳
御神楽御遊　和琴重明親王

天慶九年（九四六）は貞観元年（八五九）より八十七年ほど後だから、「琴歌神宴」が「御神楽」になっているが、親王が琴を弾いている。また次のような記事も『御遊抄』に載る。

朱雀院承平二年十一月十五日癸巳
左大臣弾二和琴一　謌二神歌一

承平二年（九三二）には左大臣が和琴を弾いているが、左大臣は臣下で最高位の人物である。このように親王や最高位の人が弾く琴だから、『古事記』が天皇が弾いたと書くのは当然である。『類従符宣抄』の仁和元年（八八五）二月二十五日の官符に、右大臣の宣によって多朝臣安邑は大歌所の別当多朝臣安守の後任として、大歌所の別当になったとある。このように、多氏が別当職を継承しているが、『文徳実録』嘉祥三年（八五〇）十一月六日条の興世朝臣書主の死亡記事には、弘仁七年（八一六）に「能弾二和琴一。仍為二大歌所別当一」とあるから、多氏の世襲とはいえないが、琴の名人が親王や高官がなる別当に、多く大歌師の多氏がなっていることは無視できない。

林屋辰三郎は大歌所の別当について、『職言抄』に「納言已上をこれに補し、上古は親王の中よりまた補した」とある文章を引き、「大歌所の別当は親王や大・中納言以上がなった」と書く(25)。土橋寛は「大歌所の別当は四人で、親王・大納言・参議の三人の別当は輪番で任命されるのに対し、六位別当は専門職である」と書く(26)。多朝臣がなったのは「六位別当」だが、多氏以外の別当は親王や大臣などがなっているから、後代の天慶九年（九四六）でも和琴を重明親王が弾いている。このように親王もなる大歌所の別当に、和琴歌師として多氏がなっていることは（そのことは大歌師の多氏の家に『琴歌譜』が家伝として伝わっていた事が証している）、多氏が特別な氏族であったからで、そのことはオホ（大・太・多）という氏族名が示している。

政治面で多氏は参議までなった多入鹿が居たが、弘仁元年（八一〇）の薬子の変に薬子側に多入鹿が加担したため没落した。そのことは以後、政治面では多氏の人物がまったく登場していないことが示している。しかし多朝臣家は大歌師として活躍しており、また後代の楽家多氏の祖になる多自然麻呂らの多臣家が、宮廷神楽で活躍している（現在も宮内庁楽府に楽家多氏は奉仕している。宮内庁書陵部所蔵の『楽所系図』には、右方に多氏が載り、祖の自然麻呂を「舞楽・神楽等の元祖」と書く）。

このように大歌師として新しい地平を開いたから、多氏の家に伝わっていた歌物語集というべき『古事記』を、太安万侶に仮託して世に出そうとしたのではないだろうか。

〔注〕

（1）神野志隆光「分注」『古事記の達成』所収（東京大学出版会　一九八三年）
（2）吉井巌「茨田連の祖先伝承と茨田提築造の物語」『天皇の系譜と神話　二』所収（塙書房　一九七六年）
（3）西田長男「曾富理神」「国学院雑誌」一九五八年十月・十一月号
（4）三谷栄一「古事記の成立と氏女・采女の伝承——稗田阿礼女性論再考序説——」「国学院雑誌」一九六三年九月号
（5）柳田国男「稗田阿礼」『柳田国男集　第九巻』所収（筑摩書房　一九六五年）
（6）三品彰英「御阿礼考」『古代祭政と穀霊信仰』所収（平凡社　一九七三年）
（7）大和岩雄「賀茂神社」『神社と古代王権祭祀』所収（白水社　一九八九年）
（8）大和岩雄「松尾大社」『神社と古代民間祭祀』所収（白水社　一九八五年）
（9）伊藤博「万葉集」『日本古典文学大辞典（簡約版）』所収（岩波書店　一九八六年）
（10）折口信夫「万葉びとの生活」『折口信夫全集　第九巻』所収（中央公論社　一九六六年）
（11）山本健吉『大伴家持』二四九頁（筑摩書房　一九七一年）
（12）北山茂夫『大伴家持』三二八頁（平凡社　一九七一年）
（13）武田祐吉「古事記における歌謡の伝来」『武田祐吉著作集　第三巻』所収（角川書店　一九七三年）
（14）西郷信綱『古事記注釈　第二巻』二〇八頁〜二一〇頁（平凡社　一九六六年）
（15）山上伊豆母「神話から神楽へ——楽家多氏の成立——」『日本芸能の起源』所収（大和書房　一九七七年）
（16）小林秀雄『本居宣長』五六四頁〜五六五頁（新潮社　一九七七年）
（17）筏勲『上代日本文学論集——古事記・歌経標式偽書論と萬葉集——』七二頁〜七三頁（民間大学刊行会　一

九五五年）
(18) 山上伊豆母「オホ氏とその伝承」『日本書紀研究　第五冊』所収（塙書房　一九七一年）
(19) 山上伊豆母　注(15) 前掲書所収
(20) 土橋寛「琴歌譜」『古代歌謡の生態と構造』所収（塙書房　一九八八年）
(21) 西宮一民「琴歌譜の仮名遣と符号」『日本上代の文章と表記』所収（風間書房　一九七〇年）
(22) 平野健次「琴歌譜」『国史大辭典　4』所収（吉川弘文館　一九八三年）
(23) 武田祐吉「『琴歌譜』における歌謡の伝来」『武田祐吉著作集　第八巻』所収（角川書店　一九七三年）
(24) 土橋寛　注(20) 前掲書　二一六頁
(25) 林屋辰三郎『中世芸能史の研究』一九九頁（岩波書店　一九六〇年）
(26) 土橋寛「神楽と神楽歌」『古代歌謡と儀礼の研究』所収（岩波書店　一九六五年）

終章

『古事記』の本質とはなにか

本居宣長の「古言記」と見る古事記論

本居宣長は序文は「ただ文章のかざりのみに書るところ」とし、「其はみな漢ことにして、要なければなり」と書き、序文を無視している。そして本文は「古語を旨とする」大和心の「古言記」と「訓法の事」（巻之一）で書き、「古語のなほざりにすさまじきことを知べし、これぞ御国の学問の本なりけり」と書く。

また本居宣長は『古事記』には「古語の声の上り下り」が注されているが、「上巻に多くして中下巻にはいと〳〵稀なり。上巻には神名に多し。其は常言と異にして、唱を訛ること多きが故なるべし。（中略）抑神名などを読にも、古はかく声の上下をさへに、正し示したるを以て、すべて語を厳重にすべきことをさとるべし」と書く（巻之一）。宣長は「コト」を漢字では「言」「語」「事」などと書き、適当に使っているのは、漢字では「コト」はどう書いてもよかったからだと書く。しかし漢字の入ってくる以前の古代の日本人の「大和心」からすれば、「古事」でなく「古言」だと書き、「古言を以て傳る」記が「フルコトブミ」だから、「古言は唱」だと「訓法の事」（巻之一）で書いており、「事」より「言」を重視している。

漢字を使いこなす知識人や帰化人が編纂した『日本書紀』に対し、「古言」の「記」の『古事記』こそ真実の古代日本人の真心を伝えていると書く宣長大人の声は、旧版『古事記成立考』を書こうとした時から、私は耳にしている。この声に耳を傾けて私は『古事記』の「コト」表記をしらべてみた。すると「事」でなく「言」に強くこだわっていることを知った。『古事記』は「言」について、

言向（一〇例）、言依（五例）、言挙（二例）、言趣（二例）、言教（二例）、先言（二例）、言離（一例）、言立（一例）、言禱（一例）、言本（一例）、言因（一例）。

事依（三例）、事戸（一例）

の二十八例を記すが、「事」については、

のたった四例のみである。このことからも「フルコトブミ」は本来は『古事記』ではなく、『古言記』である。なぜ「言」の用例は「事」より圧倒的に多いのか。理由は「コト」のもつ行動性を重視したからである。「コトヨサシ」のみ「言依」と「事依」を用いているが（しかし「言依」の用例が「事依」より多い）、他の用例はすべて「言」である。もっとも多いのは「コトムケ」である。言向が十例、言趣が二例で、十一例も用いている。その用例は「言向平和」「言向和平」「言向和」「言趣和」などとあり、「ヤハシ（ヤハセ）」のために「言」を「向（趣）」のである。この「言」は「事」と違ってすべての行動を伴っている。しかも主体的である。「コトヨサシ」のみが「事依」とも書かれているが、「依」は「依頼」という用例があるように、行動性は弱い。ところが「言」表記を用いている用例は、「言向」「言挙」「言教」「先言」「言立」「言禱」など、いずれも行動性・積極性のある表記である。このことからも「言」と「事」の違いは明らかである。

本居宣長は書いていないが、『古事記』は「一言主神」と書くが、『日本書紀』は「一事主神」と書く。この「言」と「事」の違いを見ても『古事記』の「言」へのこだわりがわかる。したがって、この「一言」の神は雄略天皇に向って「吾は悪事も一言、善事も一言、言ひ離つ神」といったと書き、天皇はその一言を聞いて、「大御刀及び弓矢を始めて、百官の人等の服せる衣服を脱がしめて、拝みて献（たてまつ）りき」と書く。ところが『日本書紀』は「一言」でなく「一事」の神だから、神でなく「仙（ひじり）に逢ふごとし」と仙人扱いされ、一事主神は一言主神と違って天皇と共に狩をしたと書く。このように『古事記』は「一言」の「言」のもつ意味を重視しているが、漢字の入った以後の学者たちの編纂による『日本書紀』では、「言」も単なる「事」に過ぎず「一言」の重みがわかっていない。

小林秀雄の本居宣長論と「言霊（ことたま）」

小林秀雄は『本居宣長』と題する大著で、次のように書く。

『古事記傳』の初めにある、「抑（ソモソモ）意（ココロ）と事（コト）と言（コトバ）とは、みな相稱（アヒカナ）へる物にして」云々の文は、其處まで、考へ詰められた言葉と見なければならないものだ。「すべて意（ココロ）も事（コト）も、言（コト）を以て傳（フ）るものなれば、書（フミ）はその記せる言辭（コトバ）ぞ主（ムネ）には有（アリ）ける」とつゞく文も、「意（ココロ）」は「心ばへ」、「事（コト）」は「しわざ」で、「上ツ代」のありさま、人の事態（シワザ）心ばへ」の「徴（シルシ）」としてこの言辭（コトバ）は、すべて露はであつて、その外には、「何の隠れたる意（ココロ）をも理（コトワリ）をも、こめたるものにあらず」といふ宣長の徹底した態度を語つてゐるのである。(1)

「事（コト）」と「言（コト）」は「相稱（アヒカナ）へる」から『古事記』も「コトヨサシ」は「言依」と「事依」の例がある。しかし『紀』の一事主神を『記』が一言主神と書くように、「事」より「言」を重視しているのは、「事」の四例に対して「言」が二十八例もあることからいえる。本居宣長も小林秀雄が『古事記傳』を引用して述べているように、「すべて意（ココロ）も事（コト）も、言（コト）を以て傳（フ）るもの」と書いている。

小林秀雄は前述の記述につづけて、次のように書く。

上代の人々は、言葉には、人を動かす不思議な靈が宿つてゐる事を信じてゐたが、今日になつても、言葉の力を、どんな動的な力からも導き出す事が出來ずにゐる以上、これを過去の迷信として笑ひ去る事は出來ない。「言靈（コトタマ）」といふ古語は、生活の中に織り込まれた言葉だつたが、「言靈信仰」といふ現代語は、机上のものだ。古代の人々が、言葉に固有な働きをそのまま認めて、これを言靈と呼んだのは、尋常な生活の智慧だったので、特に信仰と呼ぶやうなものではなかつた。言つてみれば、それは、物を動かすのに道具が有効であるのを知つてゐたやうに、人の心を動かすのには、驚くほどの効果を現す言葉といふ道具の力を知つてゐたといふ事であつた。(2)

この小林の記述は本居宣長の視点に立っての見解である。宣長は「言霊」を「いともあやしき言靈」と書くが、この表記は『古事記』にはない。あるのは『万葉集』の三例だが、一例は「言靈」と書く山上憶良の歌（巻五・八九四）、二例は「事靈」と書く柿本人麻呂の歌（巻一三・二五〇六、三二五四）である。正宗敦夫編の『萬葉集總索引』（単語編）は「言」の意味で「事」と書いている例を四十六例も載せており、混同している。しかし『古事記』は「言」と「事」だけを記す例は上巻にそれぞれ六例載るが（高木市之助・富山民蔵『古事記總索引』）、すべて「言」と「事」は使い分けている。

小林秀雄は、本居宣長は人の「意（ココロ）」も『古事記』の「事（コト）」も、「言（コト）を以て傳（フ）るもの」であるから、「『言辭（コトバ）』こそが『古事記』の『主』と『古事記傳』が一番主張したかつた」と書き、「靈といふ『こころ』の働きは、『言（コトバ）』の働きであるといふ、微妙な含みのある事」を宣長は述べていると書く。(3) そして「古人の『心ばへ』を映じて生きてゐる『古言（フルコト）のふり』を得る」ことが、「『古事記傳』が到りついた高所」と書いて、(4) 次のようにも書く。

『紀』よりも『記』の方が、何故、優れてゐるかといふと、『古事記傳』に書かれてゐるやうに、「此間の古(ヘノ)傳へは然らず、誰云出し(タガイヒイデ)言ともなく、ただいと上ツ代より、語り傳へ來つるまま」なるところにあるとしてゐる。文字も書物もない、遠い昔から、長い年月、極めて多数の、尋常な生活人が、共同生活を營みつつ、誰言ふとなく語り出し、語り合ふうちに、誰もが美しいと感ずる神の歌や、誰もが眞實と信ずる神の物語が生れて來て、それが傳へられて來た。この、彼の言ふ「神代の古傳説」には、撰録者は居たが、特定の作者はゐなかつたのである。宣長には、「世の識者(モノシリビト)」と言はれるやうな、特殊な人々の意識的な工夫や考案を遙かに超えた、その民族的発想を疑ふわけには參らなかつた。(5)

このように小林秀雄は書いて、私が第十六章の「現存『古事記』を世に出した第八の理由」で書いたように、斎部広成の書いた『古語拾遺』の巻頭の言葉を引用している。「上古の世、未(いま)だ文字有らざるとき、貴賤・老少、口口に相傳へ、前言往行(ぜんげんおうこう)、存(のこ)して忘れず。書契(しょけい)ありてより以來(このかた)、古(いにしへ)を談ずることを好まず」とある記述について（「書契」は漢字のこと）、『古語拾遺』の著者斎部広成の漢字が入ってから「古(いにしへ)を談ずることを好まず」になった「嘆きを、今日、新しく考へ直す要がある事を、宣長ほどよく知つてゐたものはゐなかつた」から、「宣長は、わが國の神代の傳説(ツタヘゴト)の、最初にして最後の覺(さ)め切つた愛讀者であつた」と書いている。(6)

「靈といふ『こころ』の働きは、『言(コトバ)』の働きであるといふ、微妙な含みのある事」に宣長はこだわっていたから、「いとあやしき言靈」を「古事記」に見たと、小林秀雄は書いているのである。

西郷信綱・太田善麿らの言霊論と『古事記』

小林秀雄は本居宣長は「古言（フルコト）」を「いともあやしき言靈」と書いていると、大著『本居宣長』で書くが、『古事記』には前述したように「言霊」表記はない。『日本書紀』にもない。あるのは『万葉集』である。

西郷信綱は『万葉集』巻五・八九四の山上憶良の「言霊の幸はふ国と語り継ぎ」の歌は、「憶良が遣唐使（天平五年）に贈ったもの」で、巻一三・三二五四の「人麿歌集の歌も相聞の部に入っているけれどもやはり遣唐使（大宝二年）に贈ったものであろうといわれる」と書き、「中国にたいし日本をとりたてて『言霊の幸はふ国』といっている」と書く。そして「しかし国学者たちが、このことを日本の言語の特性とみなし、日本語そのものの優秀性の自覚であったかのように理念化したのは神がかりであり、学問的逸脱であった」と批判し、次のように書く。

古語拾遺にいうように、固有の文字をもたず、ついさきごろまで前言往行を口々に相伝えてきた。そうして、漢字の輸入とともにようやく未開の段階から文明の段階によじのぼってきた若い民族が、海のかなたの文字的文化のケンランたる巨大な国にたいし抱いたであろう烈しい憧憬の念の、いわば反対項として、「言霊の幸はふ国」という意識はよびさまされたと見てさしつかえない。（中略）しかし、だからこそ、文字の国に留学しようとする目に、文字以前のものであるところの言霊の力が想い起され、「言霊の幸はふ国」なる観念が目ざめてこざるをえない。この対照がかえってきわだつのである。口ことばから字ことばへ、聞くものから見るものへ、伝承から記載への過程が——とくに外国から文字を借用した場合——いかに革命的であり、両者のあいだに新しい等価関係が成立するのにいかに大きな困難や矛盾に出あわねばならなかったか想像にかたくない。たとえば宣長が「中ツ世迄中々に文字といふ物のさかしら」がなかったので「妙なる言霊」の力が活動したのだといっているのは、価値認識としてはとにかく、この推移を平面的でなく一つの大きな区切りと見ている点で、やはり正当でなくはなかった。[7]

このように書いて、「言霊はおもに祭式言語の属性であり、言語全体に及ぶものではありえなかった」と「言霊論」で書いている。[7] 伊藤博も「万葉人と言霊」で「言霊」について西郷説を採っている。[8] 太田善麿は「『ことだま』について」で伊藤博と同じに（西郷信綱・伊藤博・太田善麿の論文は小林秀雄の『本居宣長』より先行論文だが、小林秀雄はこれらの論を読んでいないようだ）、外国を意識して生まれたとみて、次のように書く。

日本の国が「言霊のさきはふ国」「言霊のたすくる国」であるという考えは、どのような条件にうながされて生まれて来たものなのであろうか。考えられるその条件の一つは、明らかに外国を意識していなければならないということであろう。外国をまったく意識することなしに、自国のことを規定する道理がないからである。よしんば自国において「言霊信仰」はいかに強烈であろうとも、自国だけで自国を「言霊のさきはふ国・たすくる国」と規定することはおこり得ることではあるまい。[9]

以上のような諸見解からみても（なぜか西郷・伊藤・太田の諸氏は『古事記』に「言霊」表記がないことは問題にしていない）、『古事記傳』で『古事記』に載らない「いともあやしき言靈」を取上げるのは、国学的視点であって、『古事記』研究としては問題である。もし「古言」の霊威をいうなら『古事記』がもっとも多く用いる「言向（趣）」「言依」「言挙」などがふさわしい。

西郷信綱は「柿本人麿」で『古事記』のヤマトタケル物語に「悉に荒ぶる蝦夷等を言向け、亦山河の荒ぶる神等を平和し」とあり、また「東の国に幸でまして、悉に山河の荒ぶる神、又伏はぬ人等を言向け和平したまひき」と書くこと、また神武天皇が「かく荒ぶる神等を言向け平和し」、天照大神が此の葦原中国は、我が御子の知らす言依さし賜へりし国なり。故、此の国に道速振る荒振国つ神等の多在りと以為ほす。是れ何れの神を使はしてか言趣けむ」の「言向（趣）平和（和平）」や「言依」について、「政治的に支配するよりは混沌たる世界に神的権威で以て上から秩序を与えるという王権的論理」と書く[10]。王権の「神的権威」が「言」によっているから、『古事記』では雄略天皇も一言主神の前にひれふすが、『日本書紀』では神も天皇も対等とみるから一事主神である。「言霊の幸はふ国」という発想は主に原『古事記』以降だが、漢字の国に対する対抗意識から「言」を主張したのであって、『古事記』には「言霊」表記はないことを確認しておく必要がある。

柳田国男の『古事記』は「女たちの語り」説

小林秀雄は斎部広成が『古語拾遺』の冒頭で、「未だ文字有らざるとき」には、前言（古伝）往行（古人の行跡）を「口口に相伝」していたのに、書契（漢字）が入ってから「古を談ずることを好まず」になったとなげいていると述べて、文字以前の語りを重視するが、その語りは本居宣長も小林秀雄もふれていないが、男にくらべて漢字をあまり用いない女たちによっていた。したがって柳田国男は「稗田阿禮」と題する論考で、『古事記』は女性の立場で書かれていることを力説している[11]（そのことは第十一章の冒頭で詳述した）。

柳田国男は本居宣長・小林秀雄と違って文字（宣長のいう漢心）を知らぬ人々の語り、古言（ふること）（語）を伝えたのは女たちとみるから、「稗田阿禮」で「フルコト」を伝えた「遊行女婦」をとりあげている。しかし「フルコト」を伝えていたのは漂泊する遊行女婦たちだけではないとし、序章でも書いたが柳田は沖縄の宮古島の「アヤゴ」という「フルコト」を伝える女たちを、宮古島の「稗田阿禮」と書いている。そして「アヤゴたちの歌語り」の「古言（フルコト）」を漢字を読み書ける男性が宮古島にも居るようになって、「記（フミ）」にしたのが『宮古島由来記』だと書く[12]。この『宮古島由来記』は「古言」を文字にした『古事記』（正確には「原古事記」）の成立と重なる。柳田国男はまた「現にアイヌの中の稗田阿礼などは、今だつて文字を利用しようといふ念は無いのである」と書いて、アイヌの人たちの「フルコト」の語部も「数限りない稗田阿禮」と書き、女たちと見ている[13]。

『古事記』の応神記には、秋山之下氷壮夫（あきやまのしたびをとこ）と春山之霞壮夫（はるやまのかすみをとこ）の説話が載る。兄のアキヤマノシタヒと弟のハルヤマノカスミが、誓いの賭（宇礼豆玖（ウレヅク））をしたが、兄が弟に負けた。しかし兄は約束を実行しないので、母が兄に呪詛をかけた。兄は「患（うれ）ひ泣きて」母に呪詛を解くよう頼んだので母はその願いを聞いた。この話の注に「此は宇礼豆玖（ウレヅク）の言本（コトノモト）なり」とある。「言本」はこのような呪力をもつが、その呪力は母による。

『旧事本紀』（天皇本紀　上）は鎮魂祭には猿女君が、「百歌女（モモウタメ）を率いて、その言本（コトノモト）を挙（アゲ）て、神楽歌（カグラウタ）舞（マフ）」とある。鎮魂祭でも「言本を挙て」いるが、猿女君が率いる歌女たちが「言本」を挙げており、いずれも女性である。このことからも「古言」としての「言本」は女性によることは確かである。

柳田国男の「遊行女婦」の伝える無数の『古事記』

柳田国男は「阿禮」を神の出現・誕生の意と書き、「神懸りの女性が一様にさう呼ばれるのは当然である」と「稗田阿禮」で書き、この論考の終りに、次のように書く。

奥州の果では今も神の寄りたまふ人をアリマサと謂つて居る。微々たる漂泊の婦女ですらも、ミアレの名の傳ふる限り其言は信ぜられた。一個稗田氏の阿禮の傳誦には限りがあつたけれども、數限りもない彼女等の古事記は、永く平民の間に活き働いて居たのである。(11)

柳田国男は「アリマサ」の「アリ」と「アレ」を同じとみて、「神の寄りたまふ人」の意を「阿禮」とみているが、『古事記』は「阿禮」について、息長帯比売命（神功皇后）が御子（後の応神天皇）を生んだときのことを、次のように書く。

其懐妊臨レ産。即為レ鎮二御腹一、取レ石以纏二御裳之腰一而、渡二筑紫國一。其御子者阿禮。（阿禮二字以レ音）故、號二其御子生地一謂二宇美一也。（傍点引用者）

「アレ」は出産直前を「産（アレ）」、出産を「阿禮（アレ）」、出産後を「生（アレ）」と、書き分けている。このような書き分けは多人長がおこなったと考えられるが、「アレ」でも出産の時のみに「阿禮」を用いていることからも、序文で誦習者の名を特に「阿禮」と書くのには、特別の意味があったのだろう。

その「阿禮」の姓は猿女の「稗田」だが、『西宮記』の裏書の延喜二十年（九二〇）十月十四日条や、天暦九年（九五五）正月二十五日条は、猿女を小野臣・和邇部臣が貢進していたが、旧に復して猿女の稗田氏から出すことにしたとあるから、柳田国男は小野氏らワニ氏系氏族と猿女（稗田）氏の結びつきをこの記事からみて、「『猿女小野氏』とも名づくべき一部曲」が存在していたと書く。そしてこの「猿女小野氏」を前述した「漂泊の婦女」と見て、「數限りもない彼女等の古事記は、永く平民の間に活き働いて居た」と書くのである。[11]

柳田国男は『山島民譚集　一』で、越前萬歳の郷里の「越前今立郡味間野(アジマノ)村」の住民が伝える「宇津保萬歳」について、由緒書に「此の舞ハ人ガ舞フモノニテ、猿トハ関係無キガ如クナレドモ、彼等ガ其家ノ神トシテ天鈿女命即チ世ニ猿田彦神ノ妻トモ謂ヒ、又猿女君(サルメキミ)ノ祖先トモ謂フ女神ヲ祀リテアルコトハ、頗ル注意ニ値セリ」と書いている。この猿女は唱門師だが、柳田国男は味間野の唱門師は「祝言の禱」と「萬歳楽ヲ舞フ」と書く。[14]「祝言ノ禱」は『旧事本紀』が書く猿女君が鎮魂祭の日に、「百歌女(ももうため)を率いて、其言本(ことのもと)を擧(あ)げ」に重なり、「萬歳楽ヲ舞フ」は「神楽歌舞(かぐらうたまふ)」と書くのに重なるから、彼らが猿女君の祖先の女神アメノウズメを祭るのには理由がある。

柳田国男は平民の間に伝わっていた数限りない古事記(ふることぶみ)を伝えた「遊行女婦」として、和泉式部・小野小町・小野於通(おつう)をあげる。この三人は遊行女婦の代表者名で「無数の遊行女婦たちが、生存の為に歌舞物語を運搬した」と柳田は書く。遊行女婦たちは歩き巫女(みこ)といわれた。巫女は神に仕える女だが、なぜ巫女といわれたか。それは猿女がおこなった「言本(ことのもと)」が神語(かみがたり)だったからである。『北山抄』は大嘗祭の日に「語部奏二古詞(ふるごと)一」と書く。「古詞」は前述した「古言」「古語」である。したがって前述したように『北山抄』は「古詞」の注に「其声似二祝一、又渉二歌声一」と書く。「フルコト」は祝人があげる祝詞(のりと)に似ているとあるから、神語であり、それが歌声になっていくのである。女の祝人は巫女だから、歩き巫女（みこ）の遊行女婦の語りは「フルコト」であり、鎮魂祭で猿女君が率いる「言本（ことのもと）」を挙げる「歌女」と遊行女婦（歩き巫女）は重なる。彼女たちは歌物語の「フルコト」を語ったから、柳田国男は「数知れぬ稗田阿礼」と書くのである。

折口信夫の「古事記の本質」論と女達の歌物語

柳田国男は前述したように『妹の力』と題する著書に「稗田阿禮」と題する論考を載せ、『古事記』は女性によって語り伝えられた「フルコトブミ」だと書くが、私はこの見解に『古事記』の本質をみるが、この本質の具体性は「口誦」「語り」である。私は『古事記』序の和銅五年（七一二）成立は疑っている。しかし序文が誦習者の「誦」を文字にして『古事記』が作られたという記述は認める。そのことは『古事記』の内容を検証すればわかることだが、そのこと（語り）は本居宣長や小林秀雄が力説しているが、折口信夫も「稗田阿禮」と題する論考で、次のように書いている。

古代には、口で系図を述べたてゝ、人々の一代記を語り、誰は何處で生れ、何處で誰と結婚し、其結婚に就いてはこんな話があつたといふ風に續けて行つた。そんな長い話や複雑な系図を、果して口ですら〳〵述べたてられたものかといふ疑問もないではなからうが、此は、書物といふ便利なものが出來てから後の事しか考へぬ人の言ふ事で、古代まだ文字・書物もなく、又あつても、極めて少數の人しか利用出來なかつた時代には、後に傳へるべき大切な人々の物語なり様式なりは、此を人の口によつて後へ残すより外にしかたのなかつたものである。現在でも、あいぬ人の間には、此と同様な口誦の事實が存して居て、既に金田一京助先生に數多くの研究がある。更に一つ言うておかねばならないのは、最も大切な言ひ傳への一部分は、筆に書き得る時代になつても、猶、口誦によつてのみ保存したといふ事である。(中略)古事記と日本書紀の本質的の差違といへば、其成立の動機の相違である。古事記は、口頭詞章の歴史・信仰の歴史を一通り整理して見た。口承文藝の臺本みたいなものであつて、正史としての歴史を作るのが、古事記編纂の目的ではなかつた。[15]

このように折口信夫は語っている。

また折口信夫は「古事記の本質」で、「古事記は歌物語の前型だ。……後の歌物語の要素が多すぎるほどある」と書くが、[16]小林秀雄は『本居宣長』で、「折口信夫は『古事記』を『口承文藝の臺本』(上世日本の文芸)とまで呼んでゐる。語部の力を無視して、わが國の文學の思想には、あらがへぬものがあるだらう。少くとも、極く素直な考へで、巧まれた説ではない」と書いている。[17]この「口承文芸」を折口は「歌物語」といっているのである。そしてこの「歌物語」を伝える語部には、第一に猿女、第二に中臣女、第三に天語部があるとし、「天語部は後のわりこみ」と書き、本来は女の語りと書いている。[18]

折口信夫は「国文学の発生(第四稿)——唱導的方面を中心として——」の「二、物語と祝言と」の項で、「かたるとうたふ」について、次のように書く。

旋律の乏しくて、中身から言へば叙事風な比較的に言へば長篇の詞章を謠ふのをかたると言ふ。其反對に、心理律動の激しさから來る旋律豊かな抒情傾向の、大體に短篇な謠ひ物を唱へる事をうたふと稱して來た。此二つの術語は、どちらが先に出來たかは知れぬが、詞章としてはかたり物の方が前に生れて居る。其うちから段々うたひ物の要素が意識せられる様になつて來て、游離が出來る様な形になり、果ては對立の地位を占める様になつて行つた。[19]

この「かたる」と「うたふ」が一つになっているのが、「歌物語」としての『古事記』である。折口信夫はこのように『古事記』を理解して、この歌物語を伝えたもっとも古い時代の語部を猿女とみて、複数の猿女の語部たちを「稗田阿禮」という個人名にしたといい、序文を疑っている。[20] この見解は昭和五年の慶応大学文学部の講義の記録だが、昭和十年に『国語国文学講座』(第十五章所収、雄山閣)に所収の「上世日本の文学」では、前述の見解を封印し「稗田阿禮は女性であつた。其先を猿女君の祖天鈿女命の子孫に置いて居る事が、既に阿禮の女性である事を示して居る」と書き、「あれという語は、神に仕へる女を示す例が多い」とのみ述べているのは、[15] 序文を疑った発言が問題になったので、自ら封印したのである。

もっとも古い語部を折口は猿女とみて、次に古い語部を中臣女と書くが、その代表の中臣志斐連も猿女君も「女戸主の家」と書く。[20] 「フルコト」を語る語部は、もっとも古い時代は女性なのは、神の意志を問い聞く役は、信仰上は女性が適していたからと折口はいい、その神の意志を伝え聞いていた女たちのなかには、男たちにかわって「政(まつりごと)を執つた」女たちもいたと述べる。折口は述べていないが、邪馬台国の女王は、卑弥呼や台与という女性である。折口はこのような見解に立つから、『古事記』はこのような女たちの語りが歌物語になったと書く。[18]

西郷信綱の「女の哀歌」論と『古事記』

西郷信綱は『詩の発生――文学における原始・古代の意味――』に載る「柿本人麿」と題する論考で、「万葉集」巻二の挽歌群を時代順に整理・分類し、もっとも古い時代からうたわれた歌、つまり「記紀歌謡や初期万葉の世界にまだ姿をあらわさぬ地下茎とは具体的に何であるか」と問い、答えとして、天智・天武天皇の崩御にあたって読まれた十三首をあげる。この十三首はすべて女性たちが詠んだ歌である。西郷信綱はこの事実について、「とくに天智天皇の死んだときの歌群は典型で、九首の挽歌がすべて女によってうたわれている。万葉集において、人麿以前に男の作った挽歌が一首も見当らぬ――ほぼ同時代の高市皇子の歌を除き――ということは決して偶然ではないのであり、私はそこに、挽歌あるいは喪歌はそもそも女のうたうものであったという原古の伝統がなお生きつづけ守られているのを見る」と書いている(10)。

そして『古事記』のヤマトタケル物語で、タケルが能煩野（のぼの）で急死したとき、歌われた四歌は、「后たち、また御子たち」がうたったとあり、「天皇の大御葬に歌ふなり」と注しているから、挽歌をうたったのは「女たちの役」と書く。さらに『古事記』が書く天若日子が亡くなった時、妻の下照比売の「哭く声、風のむた響きて天に到りき」と書かれているのは、「葬礼において女が声をあげて泣くという原始古代生活の深い印象が刻みこまれていると思う。また天若日子の喪屋（もや）ではいろいろの鳥たち、とくに雀を碓女（うすめ）とし、雉子を哭女（なきめ）として、八日八夜、鎮魂歌舞したというのだが、もし女の挽歌の歴史を原点まで遡ろうとすれば、それは結局、劇的に狂う原始の哭女なるものに達するのではないかと推測される」と書いている。[10]

また『古事記注釈　第三巻』ではヤマトタケルの死にあたって女たちがうたった歌について、「女と哀歌」と題した補考を書き、まず「歌を地の文から切り離し、民謡次元に還元するのを記紀歌謡研究の本道と考える向きが強いけれど、果たしてそれでいいかどうか」と書き、[21]前述の「柿本人麿」で更に次のように書く。

正真正銘、これは女たちの哀歌である。わたしは以前、万葉集において人麿が出てくるまでの挽歌（哀歌）の作者がほとんど女ばかりであるのに目を止め、それは女の原始的啼泣の伝統を受けついだものであろうと考えたことがあるが、ここの場面を通しても哀歌と啼泣とのそうした関連をうかがうことができる。まずこの四歌の形式だが、みな短い上、何やら舌足らずで不揃いである。これは「哭」が言語表現として分節化したばかりの古い姿を示すものと見ていいのではないだろうか。漢字の「哭」は大口をあけて発する哀歌である。そして淮南子の注に「哭、猶レ歌」とあるとおり、「哭」がすでにそれじたいリズムをもつ一種の歌であった。哀歌はこの「哭」が次第に言語的に分節化し、歌としての形をなしていったものと考えられる。「哭為（ミネナ）かしつつ歌」ったとある点などからも、そう推測できる。そしてその主役は女であった。[10]

このように西郷信綱は書くが、哀歌が女たちによることについては、前述した論考「柿本人麿」で「ギリシャでも『哀歌は、その原始的な、前芸術的な形では、女たちによって歌われた』（トムソン『ギリシャ古代社会研究』下巻）。また南太平洋の島々でも、葬儀において大きな役を演じ、哀歌をうたったり劇的悲しみを表現するのは『とりわけ女性の義務であった』（マリノウスキー『未開人の性生活』)。その他、多くの民族で同様であることが報告されている」と書き、[10]『古事記注釈　第三巻』でも「啼泣と哀歌で女が主役になるのは、むろん日本だけでない。さきにはヘロドトスからエジプトのことを引用したが、古代ギリシャの壺絵などに葬儀のさまを描いてあるのも、ものの本によると哀哭しているのはおもに女たちであり、男はほとんど出て来ぬという。民族誌の類をのぞいても、事態はほぼ同様と見受けられる」と書いている。[10]

西郷信綱が書くように女性が関与するのはわが国だけではないが、日神は男神が一般的なのにわが国では女神である。しかも「啼泣と哀歌」に関与する巫女（日女）が成上って日神になっているから、『日本書紀』本文は日神を「オホヒルメ」と書き、「アマテラス」は亦の名になっている。日神の妻の日女的女性に邪馬台国の女王の卑弥呼・台与がいる。このようにわが国では日神や王に女性がなっている事実は無視できない。

伊藤博の「女歌の命脈」論と『古事記』歌謡

伊藤博は「女歌の命脈」で天智朝以後の男の歌と女の歌の数を例示し、問題点を示すが、その例を表にして次頁に示す（伊藤博は表にはしていない）。

この例を示して伊藤博は「女の一首しか歌を残さぬ歌人には、倭大后・大伯皇女・但馬皇女・笠女郎・狭野茅上娘子等々、すぐれた抒情歌人を立ちどころに摘出することができる。これに対し、男の方ではせいぜい中臣宅守を指摘できる程度である」と書き、「倭大后以下茅上娘子に至る女性たちの歌は、すべて相聞・挽歌に限られ、その抒情の切実さと風韻とにおいて相通ずるものがある。まさし

	男	女
歌を残した総数	一六〇人	七〇人
一首のみの人	一三二人	四六人
三首以上の人	一〇人	一七人
五首以上の人	一人	一三人
雑歌を詠んだ人	一三五人	一八人
相聞・挽歌を詠んだ人	二五人	五二人

く女歌の脈々たる伝統であり、系譜である。万葉集において、女流の専門的歌人は、額田王のほか、せいぜい大伴坂上郎女を数える程度にすぎない。だが『女』と『歌』とのかかわり、女における歌の伝統は、われわれの想像を遠くしのいで深い。これは、ひとえに『歌』がとくに『女』において必須の教養とされる社会的条件を根源とするものと考えられていたからである」と書いている[22]。

『古事記』が歌物語であることと、伊藤博が書く『万葉集』の歌は、歌人が女たちであることで重なる。『古事記』もまた相聞・挽歌を主とする歌物語である（代表としてヤマトタケル物語・軽兄妹の歌物語など）。梅沢伊勢三は次のような表を示す。

歌謡内容	古事記の歌数	日本書紀の歌数
夫婦・相聞または男女に関するもの	五三首	二三首
その他の内容に関するもの	九首	二一首
計	六二首	四四首

この比較からも、『古事記』の歌六十二首のうち、「夫婦・相聞または男女に関するもの」が圧倒的に多く、歌物語といっても女性的視点に立っての歌である。[23] さらに梅沢伊勢三作製の歌謡の『記』と『紀』の作者別分類を示す。[24]

『日本書紀』は皇太子や皇子の妃・夫人、神の妃など女性がよんだ歌はすくないが、『古事記』には多数の歌が載る。また皇太子・皇子の歌も、『紀』に対し『記』は五倍であり、女（母）と子に傾斜していることがわかる。

作者の身分	『記』の歌数	『紀』の歌数
天皇	二一	一五
后、妃、夫人等	七	四
皇太子、皇子	一〇	二
同妃、夫人等	八	〇
神	二	一
同妃	三	〇
臣	七	一二
民	四	一〇
計	六二	四四

伊藤博は『万葉集』の歌を残した男女別の比較をして、女性が多く相聞と挽歌、つまり愛と死についての歌を詠んでいることについて、次のように書く。

> 女たちは、万葉時代において、「歌」の最もよき理解者でありファンであり、享受者であって、それによってみずからの人間像を錬磨したものと思う。そのことが、いつでも、機会に遭遇すればすぐれた歌々を詠出できる能力を培ったのであろう。
>
> 女たちを中心とする無数の「歌の伏流」があってこそ、額田王から人麻呂へ、人麻呂から赤人・金村・虫麻呂・旅人・憶良、そしてさらに家持に

至る専門的歌人の輩出が可能だったのではないか。「女」と「歌」とは、万葉歌の最も肥沃な土壌であった。女たちは、専門的歌人らの歌のこよなき享受者であると同時に、専門的歌人の、したがって「歌」なるものの社会的な育ての親であったといっても過言ではないだろう。[22]

このように伊藤博は書いているが、原『古事記』は「額田王から人麻呂」のころであって、人麻呂から家持に至る人々が活躍した以前の「フルコトブミ」である。人麻呂の登場以降、歌に男がかかわるようになり、専門的歌人が登場する以前は、伊藤博も書くように、歌の伝統は女たちが支えていた。『古事記』の歌謡も前述の表で示したように、「女歌の命脈」によっているのである。

伊藤博は柿本人麻呂を持統朝の「後宮おかかえ歌人」とみていることを、第十一章の「『古事記』の女性的視点と柿本人麻呂と内廷」で書いた。人麻呂は原『古事記』に関与しているワニ氏系氏族の柿本氏である。彼の存在も原『古事記』の成立を論じる時には無視できない（人麻呂が原『古事記』に関与しているのではないかという説については、第十二章で述べた）。

伊藤博は「女歌の命脈」の結びに、「すでに持統朝のころから見られる新しい歌をめぐっての歌語りの流行、万葉集そのものの編纂、万葉以後の歌の命脈が主としては女性によって保たれたこと、そしてその果てに歌物語や女性自身による女のための物語文学が出現したこと等々に関する究極の秘密は、この伏流、この土壌を考慮するのでなければ、真の理解には到達しがたいであろう」とも書いている。[22]

伊藤博が書く「女性自身による女のための物語文学」は、代表作として『源氏物語』を想定しているが、私は貴族向の物語文学への視点だけでなく、柳田国男が書く民衆への視点を重視する。

松本清張の語り物としての『古事記』『平家物語』論

松本清張の古事記観については序章でふれたが、松本清張は「『稗田阿礼』とあっても、これを個人名とみるよりも語り部集団という芸能人群の代名詞と考えたほうがよい」と書き、語り部集団として民衆に語り伝えた琵琶法師に注目する。そして『古事記』を「『語り』の台本」とみて、次のように書く。

> 『古事記』には「上」とか「中」（数は少い）とか「去声」とかいう発声上の記号があるが、おそらく後人が前々から伝わる抑揚発声法にしたがって心覚えを記入したものであろう。（中略）発生の記号があるからには黙読ではない。声を出すことを規定している。それも「厳重」すなわち荘厳を表わすために抑揚を指定しているのである。『古事記』には、司祭官が大嘗祭における「天神之寿詞（あまつがみのよごと）」や大祓（はらい）の際の「祓詞（はらいのことば）」のように、節や抑揚をつけて奏するような機能が設定されていたのである。(25)

松本清張の指摘する「上」「去声」などの注記は、神代記（上巻）の神名の読みに限定されているから、本居宣長も「神名などを読むにも、古へはかく其声の上下をさへに、正し示したるを以て、すべて語を嚴重（おごそか）にすべきことをさとるべし」と『古事記傳　巻之一』で述べている（多人長が『日本書紀』の講義で主に神代紀の読み方、神名の訓み方を講義したことは無視できない）。

山下宏明は「『平家物語』の成り立ち」で、「語りの音声言語が、語り手と聞き手の知覚的把握を必要条件とするのに対し、文字言語による伝達は、むしろ聞き手の根源的不在を条件とする。語りの過程で、歴史的事実にこだわる立場から見れば史実から離れるかのように見えながら、むしろ事件が示唆する社会的な意味は、聞き手との交流の中で行為される語りの方が的確にとらえている」と書き、「語りを文字化するとは、どういうことか。ここに想起するのが『古事記』の成り立ちである」と書く[26]。

ところで『平家物語』は盲目の琵琶法師の語りであり、琵琶が重要な意味をもっているが、山上伊豆母は「『琵琶の語り』の成立」で、「『古事記』が発生において口誦文芸であったことは疑いなかろうが、それが記録されるとき相当修飾や変容を免れなかったとおもうなかに、古代歌謡などの部分はほぼ唱謡の原型を残したと考えられる。(中略)平安末から鎌倉にかけて、琵琶法師が口誦しつつあった間の軍記物の語りは、『語りごと』であり『もの語り』ではない」と書いて、松本清張と同じに「語りごと」の『平家物語』の原型を『古事記』に見ている[27]。更に「『ことのかたりごと』の系譜——琴と琵琶——」[28]で、琵琶の前は平安時代初頭の宮廷でおこなわれた「琴歌神宴」を取り上げ、琴であったと書くが、オホ氏は大歌所の大歌師で琴歌師であったから、平家物語を語る琵琶法師とは違うが、琴歌師として「フルコト」を語ったのであり、宮廷の琴の「カタリゴト」が民間の琵琶の「カタリゴト」になったのである。

本居宣長は『古事記傳　巻之十』で「まず古(イニシヘ)に何事(ナニゴト)にまれ、神の御心を問むとて、其命(ノミコト)を請申(コヒモウ)すには、必(ズ)琴を彈(ヒキ)り。于時(トキニ)其(ソノ)神(ノ)、琴上に降來坐(オリキマシ)て、人に著(カカリ)て命(ミコト)を詔(ノリ)たまふ」と書く。この宣長の記述は『古事記』の仲哀記、『日本書紀』の神功皇后摂政前紀の琴の記述に関連して書かれているが、「言(こと)」にかかわる「音(おと)」は「神言(かみこと)」であり、琴歌師として宮廷の「神事(かみこと)」にかかわっていたのがオホ氏なのは、オホ氏が古くから「古言（ふること）」としての「神言」にかかわっていたからであり、したがってオホ氏は「大歌師」になっており、『古事記』や『琴歌譜』を伝えていたのであろう。

松本清張は前述のように述べて『古事記』を『平家物語』と重ね、「『平家物語』も平曲むきの調子で語られている。『古事記』から『平家物語』に共通して流れる言葉のリズム『語りの調子』は『平家物語』からさらに『太平記』にうけつがれ、江戸時代の庶民むきの「語り」として「講釈」にも流れているのである」と述べている。[25] この視点はすでに柳田国男が「稗田阿礼」で書いている。[11]「庶民むきの語り」は民話・昔話だが、柳田は漂泊の巫女たちの語りを「数限りもない彼女等の古事記は、永く平民の間に活き働いて居た」と書く。松本は「庶民」、柳田は「平民」と書くが、民衆の間に語り伝えられていた「フルコト」の視点を無視すべきではない。

石田英一郎の比較民族学視点と『古事記』

柳田国男の稗田阿礼は柳田民俗学の視点から、『古事記』は女性の視点で書かれていると述べている。[11] そのことについては序章・第十一章・本章でも述べたが、「稗田阿礼」と題する論考は『妹の力』と題する著書に載る。この著書と関連するのが『桃太郎の誕生』と題する著書である。この二冊の著書で民俗学視点からの母と子の物語を述べ、民話・昔話の主流にこの物語を置くから、女の視点といっても母性の視点を欠落したのでは、柳田民俗学の本質は理解できない。

石田英一郎は民族学視点からこの問題を取上げ、『桃太郎の母――母子神信仰の比較民族学研究序説――』の冒頭で次のように書く。

桃太郎や一寸法師など、これまで歴史家の捨ててかえりみなかった昔ばなしの中にも、人類太古の大地母神の信仰と相つらなるものがある。本稿は、日本民俗学の成果を比較民族学研究と結合することにより、これら《水辺の小サ子》の背後にひそむ母性の姿を消え行く過去の記憶から引き出して、人類文化史の重要な一側面に解明の光を投じたもの。わが八幡の信仰も、南欧の処女マリアの崇拝も、その源流は、遠く古代ユーラシア大陸の原始大母神とその子神とにさかのぼることを示す。(29)

この文章を私が本書の終章に取り上げるのは、石田英一郎は『古事記』については全八巻の著作集では専門外だから論じていない。しかし石田が『桃太郎の母』で書く母子神信仰は、『古事記』に色濃くみられる。

石田英一郎は「母子神信仰の研究課題」と題する文章で、瓜子姫・桃太郎・一寸法師譚や、「神話の少彦名神は白蘞（かがみ）の皮で作つた舟に乗り、鷦鷯（さざき）の羽衣を着て潮のまに〳〵流れ寄つた」記事や、「霊ある幼児が、山川の流れには桃や瓜の実にかくして善心ある者の手に拾はれ、海の潮にはうつぼ舟に身を託して人里に漂着した物語」などを示す。そして「これら水界の小サ子の蔭に絶えず髣髴として現はれるのは、其の母なる女性の姿」と書き、いくつかの昔話の例を示し、「国々の磯辺に漂着したうつぼ舟の中には、父知らず受胎してその神異の嬰児と共に流された処女が入つていた」例として、大隅正八幡縁起の「うつぼ舟型の伝説」をあげ、「元来我が八幡信仰の根底には或る尊い母子神の古い信仰が存在していて、記紀に伝へる様な応神天皇や神功皇后の事蹟は後に附加されたものであることは、幾多の資料からほぼ確実に推論しうる」と書く。そして「母子の人柱、即ち母と子の二人を人柱に沈めてから此の母子を永く永遠の守護神に祀つたといふ全国共通の人柱伝説が、しばしば八幡信仰と相絡み合つていること」を例証とする。[30]

石田英一郎も一般的理解に立って「記紀に伝える様な」と書いているが、私は本書で繰返し書いたように、『記』と『紀』では違う。『記』の序文を信用して同じ勅撰書とみて「記紀」と書くが、『記』には「神功皇后」という表現はない。そのことにふれて『記』と『紀』の違いを第十四章で詳述したが、「神功皇后の事績」の新羅征服譚は『紀』には多くのスペースをとって記されているが、『記』にはない。原『古事記』の息長帯比売の記述は水辺の母子譚である。胎中天皇と共に海を渡り、異国へ行き、また海を渡って故国へ戻って出産し、出産した幼児と共にうつぼ舟で難波へ行く物語で、「うつぼ舟」としての瓜・桃の瓜子姫、桃太郎伝説と同じ母子譚である。石田が「後に附加された」と書く新羅征服譚は、『古事記』(原『古事記』)には本来はなかった(五一〇～五一六頁参照)。

石田英一郎は前述のように述べて、母子神信仰を比較民族学の視点からみて、「西洋の小サ子説話からマリア信仰に至るまでの民間信仰に結びつく」と述べる。そして「母子神信仰の歴史を調べる一つの手懸りを、アジア大陸を中心とするシャーマニズムの信仰圏に求めたい」と書き、「太平洋の島々や沿岸に分布する諸民族」にある「母祖神信仰」「父無き子を孕む女護島型説話」などから、更に「古代印度のシャクテイ崇拝をはじめ、西南アジヤから東地中海をめぐる古代オリエントの大地母神と之に従属する男性の子神の信仰」にまで発展させて説いている。そして「此の信仰は後世の基督教文明の中に残存して、嬰児キリストを抱く処女マリアの崇拝の形をとり、他方太古に溯っては、旧石器時代以来連綿として一定地域の土の中にその信仰の痕跡を残す大地母神像、所謂 Magna Mater

とも相繋がるのではないか」と述べている。[30]

石田英一郎は、我が国の母子神信仰と古代オリエントの信仰を、「文化の伝播という様な簡単な言葉で関係づけるのではない」とことわった上で、「少くともこれら一群の信仰の根底に、嘗て地球上の或る広大な区域を支配した母系的な社会関係や婚姻形式が、共通の母胎として横たわっていたのではあるまいかという推測を抱かざるを得ない」と書く[30]（傍点引用者）。この石田見解を私が紹介するのは、わが国でもっとも古い「フルコト」が、女性・母性の視点で語られているからである。この事実から見ても『古事記』を単に古典研究の一環としてのみ、論じるべきでない。

柳田国男・折口信夫などの先駆的学者の民俗学視点と（そのことは本書で繰返しふれた）、ここで紹介した石田英一郎の代表著作の『桃太郎の母』などの比較民族学視点は、私の古事記観から無視できないが、石田は前述の著書に「母子神信仰の比較民族学研究序説」というサブタイトルをつけているが、『古事記』の代表説話のヤマトタケル物語は姨（母）と子の物語である。姨からおくられた衣服・剣・火打石その他が、タケル（子）の生命を救っている。また息長帯比売と応神天皇の母子譚も、うつぼ舟伝説であることは、空船に乗って九州から難波に向ったと書かれていることや、息長帯比売の母胎をうつぼ舟と見立て、胎中天皇が海を渡った話であることからもいえる。『古事記』独自伝承では、住吉の大神と息長帯比売の神婚で応神天皇が生まれている。この神婚譚・処女懐妊譚はキリスト誕生神話に通じる。このように『古事記』研究には、比較民族学の視点も無視できないことを、本章でつけ加えておく。

『古事記』の本質としての母子譚をめぐって

以上述べた諸氏の見解を通して本章で私が主張したいことは、本居宣長・柳田国男・折口信夫・西郷信綱・小林秀雄・松本清張らが述べるように、「フルコト」は「古事」でなく「古言」で、古い語りの書である。文字が外から入ってから、「フルコト」は「書（ふみ）」に記録されるようになるが、『懐風藻』を読めばわかるが漢詩の作者はすべて男性である。しかし折口信夫や西郷信綱・伊藤博が書くように和歌・歌物語は違う。理由は柿本人麻呂以前の歌人は女性であり、文字以前の古い歌語りの主は女たちだったからである。その人麻呂も人麻呂伝説では女と見られている。

拙著『人麻呂伝説』でも書いたが、[31]柳田国男は「目一つ五郎考」で、「播磨の舊記『峯相記』の中には明石の人丸神、實は女體といふ一説を録してゐる。因幡の某地にあつた人丸の祉も、領主亀井豊前守の實見談に、内陣を見れば女體であつたといふ。さうすると芝居の悪七兵衛景清の娘の名が、人丸であつた」と書いている。[32]吉田修作は「人麻呂伝承を語って歩いた女の伝承者」が「人丸」と呼ばれたと、「伝承の人麻呂」で書くが、[33]人丸神社の御神体が女性と主に言われているのだから、吉田説だけで解釈はできない（拙著『人麻呂伝説』でも書いた人丸神社は全国各地にある）。人麻呂の歌が月経不順に効力があるというのも、人麻呂伝説で人麻呂を女性と見る視点とかかわりがある。

人麻呂の柿本氏も原『古事記』に関与しているワニ氏系氏族であり、持統朝の内廷に仕えた御用歌人で、伊藤博が書くように女歌の代表者である。[22]人麻呂以降は男の作歌者が登場するが、天武朝の女たちの内廷（後の「後宮」）で、歌物語としての「フルコト」の語りが、「書」としてまとめられたのが、原『古事記』であろう。

折口信夫は「古事記の本質」で、もっとも古い時代の語部を猿女や中臣女とみて、彼女たちは「水の女」として壬生にかかわり、母と子の物語を伝えたとみる。(16) 柳田国男も「稗田阿禮」で折口と同じ見解を述べている。したがって両氏は昔話の主人公の桃太郎や一寸法師、また瓜子姫・カグヤ姫などの小さ子説話を重視する。

柳田国男は「稗田阿礼」が載る著書『妹の力』に、「雷神信仰の変遷――母の神と子の神――」と題する論考を載せる。その論考で雄略紀に載る小子部（ちいさこべ）連螺贏（すがる）の話を紹介する（小子部はオホ氏と同族でオホ氏の本拠地奈良県田原本町多の地に居住し、式内社の子部神社を祀るが、柳田は小子部氏がオホ氏系氏族であることには気づいていない）。雄略紀では小子部氏の祖は三輪山の神を捉えてくるが、三輪山の神は雷神で蛇体だったと書く。小子部螺贏は「栖軽」と書かれて『日本霊異記』のトップに、「雷を捉ふる縁」とある話の主人公として登場する。『日本霊異記』は弘仁年間（八一〇―八二三）に刊行された沙門景戒の著書だが、柳田は「雷神信仰の変遷」で『日本霊異記』の著者の景戒は、「一般の想像を進めるならば、かの書の巻頭に精細なる一異伝を載せた小子部栖軽の子孫」と書く。(34) また「一寸法師譚」では一年前に発表した「雷神信仰の変遷」について、「一寸法師を生むべき母神の側から、この神秘な問題に近よつて行かうとしたもの」と書き、さらに次のように書く。

> 私の意見では、螺贏といふ人を始祖とした小子部連氏は語部であり、其中でも猿女君氏に次いで、特に面白い話を数多く持ち傳へたる舊家であつた。蠶とまちがへて小兒を集めて來るといふ滑稽を演じて、家の名を賜はつた由來談も、三諸山に登つて雷神を迎え申したといふ功名談も、

共に此家に保存せられた昔話であるだけで無く、この二つの語りはもと連繫したものであつたらしい。さうして雷神の所出であり又田の水の管理者であつた大力僧の道場法師と其娘たちも、同じ小子部の一門であるか、又はしか信じられた語り物の主人公であり、之を記録に留めた日本霊異記の著書沙門景戒も、事によるとこの系統に属する人かも知れぬ。(35)

このように柳田は書いているが、景戒が小子部の一族とする史料は見当らないから、私は柳田説は採らないが、『日本霊異記』が弘仁年間に成立していることに私は注目する(『日本古典文学大辞典』〈岩波書店〉、『国史大辭典　11』〈吉川弘文館〉は成立を弘仁十三年とみる説をあげ、十三年でないとしても弘仁年間の成立と書いており、この見解が定説)。注目する理由は、現存『古事記』の成立を私は弘仁年間後半とみるからだが、更に柳田も重視する『霊異記』のトップに載る小子部氏が、オホ氏系氏族である事に私は注目している。柳田が小子部氏は猿女君と同じに「面白い話を数多く持ち傳へていた舊家」と書くのは、猿女の稗田氏が『古事記』の誦習にかかわっていたと序文に書かれているからである。したがって小子部氏がオホ氏系氏族と柳田が知っていれば、『古事記』と太安万侶のオホ氏との関係に、もっと強い関心をもったであろう。

柳田国男が小子部氏を重視するのは、昔話・民話の主流の母子譚の中核に、チイサコ説話をみているからだが、チイサコの背後には母または女性がおり、父または男性ではない。理由は文字以前の「古語（フルコト）」の語りは女たちであり、女たちの語りの核は母子譚・恋愛譚だったからである。例えば大穴牟遅神が焼けた大石を受けて死んだのを、「御祖（みおや）（母）」が「母の乳汁」を塗って再生させた神話や、オホ氏の祖の神武天皇皇子の神八井耳命らを異母兄が殺そうとした時、実母が歌で危機を知らせた歌物語。小碓命（日本武尊）が姨（倭姫）から賜った御衣・剣・火打石などで敵を討ち、命を救われる話（姨は母のイメージ）。また息長帯比売の物語は『紀』では神功皇后新羅征服譚だが、『記』は母子譚である。このように『記』は母の力を描いているが、こうした母子譚は『古事記』に関与するオホ氏が祀る多神社の祭神が母子神であることと、無関係ではないだろう。

多神社の祭神は前述（二三〇頁）したように母子神で、しかも天照大神とその子（天忍穂耳命）である。このような祭神になっているのも弥生時代からの三輪山から昇る太陽祭祀場であったからである（二二八頁〜二三三頁）。しかし伊勢神宮のように日神だけを祭神とするのでなく、御子神を祀るのは、同じ地域に小子部氏が祀る式内大社の子部神社があり（多神社は大和国十市郡の唯一の式内名神大社）、母子神信仰の聖地だからである。この母子神信仰がわが国の日神信仰に強くかかわるから、日本国の太陽神は男神ではない。女神でしかも母神イメージである。

日女（ひるめ）は日神に奉仕する女性だが、太陽の光を受けて（日神と聖婚して）日の御子を胎み生む母である。『記』の上巻は「天照大御神」としてのみ表記されているが（この「大御神」表記は多人長に拠ることは第八章で詳述した）、『紀』の本文は次のように記す。

是（ここ）に共に日神を生みたまふ。大日孁貴（ひるめむち）と號（まを）す。一書に云はく、天照大神といふ。一書に云はく、天照大日孁尊といふ。

「天照」は冠詞で「ヒルメ」が本名だが、「ヒルメ」は「日女（ひるめ）・日妻（ひるめ）」だから、成り上って日神になったのであり、わが国の日神は多神社の祭神のように母子神である。この事実からも母子神信仰がわが国の信仰の中核であったから、太陽神が女神、正確には母神であり、大日孁貴（天照大神）は日の御子（天皇）とセットなのである。石田英一郎はわが国ほど母子譚・チイサコ譚の多い国はない、と述べているが(29)、理由は日神祭祀は母子神信仰で、日神が日の御子を生む母神になっていることからもいえる。このような日神観の成立する時期に、天武朝の内廷でまとめられたのが原『古事記』だから当然、女性・母性視点の「フルコトブミ」である。この視点は古くからの「カタリゴト」として、口伝えに伝えられてきた考え方であって、新しく入ってきた漢字による新知識ではない。しかし平安時代初頭にもなると、その古い考え方が重視されなくなった。そのことをなげいた言葉を、古くから神まつりに奉仕してきた氏族の斎部広成が、『古語拾遺』の冒頭で述べている（前述したが重要だから再録する）。

> 蓋し聞く。上古の世、未だ文字有らざるとき、貴賤・老小、口口に相伝へ、前言（古くからのいい伝え）往行（古人の行跡）、存して忘れず。書契（漢字）ありてより以来、古を談ずることを好まず。

この文章は前述したように小林秀雄・西郷信綱も取上げて、わが国の文学・歴史理解の基本、『古事記』の本質を示す言葉としている。「未だ文字有らざるとき」の「フルコト」（この「コト」は「事」でなく「言」）を「書」にした『古事記』は、最終成立時期が平安時代初頭であったとしても、本文の大部分は、「文字有らざるとき」に「口口に相伝へ」た「フルコト」の「フミ」である。

その「フルコト」の語りは女たちが歌を加えて伝えてきた語りである。したがってその語りを「書」にした『古事記』（正確には原『古事記』）は、日本最古の古典だが、天武朝の内廷でワニ氏・息長氏・尾張氏などの皇妃出自氏族と、大海人皇子（後の天武天皇）を養育した大海蒭蒲や、大海人皇子の湯沐令でもあった多品治など、壬生にかかわる人物が、原『古事記』の成立に関与している。このことからみても、序章や本章で書いた『古事記』の本質を見すえた上で、現存『古事記』の最終成立を認めなければ、単なる偽書論者の偽書説になってしまう。

頑固に序文を盲信して私説を排除する論者たちにも、『古事記』は偽書だから価値なき書とする論者たちにも、私は与しえない。現存『古事記』の成立は序文に依拠して私見を批判する多くの論者たちが認識しているような、単純な成立ではない。そのことを本書で述べてきたが、序章や本章で私が主張してきたように、『古事記』は文字以前から私たちの先祖が伝えてきた「フルコト（古言）」「カミコト（神言）」の語り・歌物語を「フミ（記）」にした、日本最古の古典であることは、最終成立年代が平安時代初期であっても、変わらないのである。

〔注〕

（1）小林秀雄『本居宣長』四二一頁（新潮社　一九七七年）
（2）小林秀雄　注（1）前掲書　四二三頁
（3）小林秀雄　注（1）前掲書　五四五頁
（4）小林秀雄　注（1）前掲書　四五六頁
（5）小林秀雄　注（1）前掲書　五〇二頁
（6）小林秀雄　注（1）前掲書　五六四頁〜五六八頁
（7）西郷信綱「言霊論」『増補・詩の発生――文学における原始・古代の意味――』（未来社　一九六四年）
（8）伊藤博「万葉人と言霊」『萬葉集の表現と方法　上』所収（塙書房　一九七五年）
（9）太田善麿「『ことだま』について」『古代日本文学思潮論（Ⅳ）――古代詩歌の考察――』所収（桜楓社　一九六六年）
（10）西郷信綱「柿本人麿」注（7）前掲書所収
（11）柳田国男「稗田阿礼」『柳田国男集　第九巻』所収（筑摩書房　一九六九年）
（12）柳田国男「宮古島のアヤゴ」『柳田国男集　第一二巻』所収（筑摩書房　一九六九年）
（13）柳田国男『柳田国男集　第七巻』三四八頁　一九六八年
（14）柳田国男「女性と民間伝承」『柳田国男集　第八巻』所収（筑摩書房　一九六九年）
（15）折口信夫「稗田阿礼」『折口信夫全集　第一三巻（「上世日本の文学」）』所収（中央公論社　一九六六年
（16）折口信夫「古事記の本質」『折口信夫全集ノート論　第三巻』所収（中央公論社　一九七一年）
（17）小林秀雄　注（1）前掲書　三三五頁

(18) 折口信夫『折口信夫全集 第一巻』一五五頁(中央公論社 一九六五年)
(19) 折口信夫 注(18)前掲書 一四九頁
(20) 折口信夫「猿女の語部」『折口信夫全集ノート編 第二巻』所収(中央公論社 一九七〇年)
(21) 西郷信綱「女の哀歌」『古事記注釈 第三巻』所収(平凡社 一九八八年)
(22) 伊藤博「女歌の命脈——大伯皇女をめぐって——」『萬葉集の歌人と作品 上』所収(塙書房 一九七五年)
(23) 梅沢伊勢三『記紀批判』四八六頁(創文社 一九六二年)
(24) 梅沢伊勢三『続記紀批判』三〇九頁(創文社 一九七六年)
(25) 松本清張「『記・紀』のプロット構成」『古代探究』所収(文藝春秋社 一九七四年)
(26) 山下宏明「『平家物語』の成り立ち」『平家物語 上』所収(岩波書店 一九九一年)
(27) 山上伊豆母「『琵琶の語り』の成立」『古代祭祀伝承の研究』所収(雄山閣出版 一九七二年)
(28) 山上伊豆母「『ことのかたりごと』の系譜——琴と琵琶——」注(27)前掲書所収
(29) 石田英一郎「桃太郎の母——母子神信仰の比較民族学的研究序説——」『石田英一郎全集 6』所収(筑摩書房 一九七一年)
(30) 石田英一郎「母子神信仰の研究課題」注(29)前掲書所収
(31) 大和岩雄『人麻呂伝説』二六一頁(白水社 一九九一年)
(32) 柳田国男「目一つ五郎考」『柳田国男集 第五巻』所収(筑摩書房 一九六八年)
(33) 吉田修作「伝承の人麻呂」『古代の文学と民族』所収(岩崎書店 一九八七年)
(34) 柳田国男「雷神信仰の変遷」注(11)前掲書所収
(35) 柳田国男「一寸法師譚」注(13)前掲書所収

〔付録〕

『古事記』の成立を疑う諸説一覧

『古事記』の成立を疑う諸説は、次の四つに分類できる。
一、本文・序文とも和銅五年（七一二）以降。
二、本文は和銅五年。序文は和銅五年以後。
三、本文は和銅五年以前。序文は和銅五年。
四、本文・序文は和銅五年。後から新しい記事・表記を書き入れた。

私説は四つに分類した見解のいずれにも入らない。本文については大部分は原『古事記』のままと見るから、三の「本文は和銅五年以前」である。但し四の「後から新しい記事・表記を書き入れた」を認め、さらに旧記事・表記の改変を見る。序文は弘仁五年（八一四）以降に太安万侶の孫と考えられる多人長が書いたと推測するから、二の「序文は和銅五年以後」である。このように私見は一の「本文・序とも和銅五年以降」とする偽書説ではない。二・三・四の見解の一部をミックスした見解である。私見以外の成立を疑う説は本文でくわしく述べたが、さらに整理して示す。

『古事記』偽書説、序文偽書説の十五人

寛延年間（一七四八〜一七五〇）に**多田義俊**は『日本神代記』で『古事記』序を疑っている。**賀茂真**

淵も明和五年（一七六八）に本居宣長に出した手紙で記序を疑い、同年に出版した『祝詞考』でも、序文は太安万侶が書いたのではないと書いている。文政二年（一八一九）に**沼田順義**は『級長戸風』と題する著書で、序も本文も含めて偽書だと主張している。しかし本居宣長の『古事記傳』四十四巻・附巻一が、寛政二年（一七九〇）に刊行開始され、没後の文政五年（一八二二）までに全巻が刊行された以降は、『古事記』の成立を疑う論考は、ぱったりとだえた。

大正十三年（一九二四）に伊勢の僧侶の**中沢見明**が「史学雑誌」に「古事記は偽書か」と題する論文を発表し、昭和四年（一九二九）に『古事記論』を刊行し、再び偽書説が世に出た。中沢見明が『古事記論』を刊行した翌年の昭和五年（一九三〇）に、**折口信夫**は慶応大学文学部でおこなった日本文学史の講義で『古事記』を論じ、稗田阿礼は実在せず阿礼が「誦」したのではなく、「宮廷の物語と関係の深い猿女から出た稗田氏の単なる伝えかもしれぬ」といっている。さらに「古事記序文をみると太安万侶のとき、阿礼は生きていて、その口誦するところを筆記したことになっているが、この話もあやしい。記全体を疑わずとも、序文は第一に疑うべきものである」と述べている（「猿女の語部」『折口信夫全集ノート編　第二巻』所収）。また第二章で述べた大年神系譜についても、平安時代初期の攙入説を主張している（『折口信夫全集ノート編　第三巻』八八頁）。

中沢見明の『古事記論』や折口信夫の見解が語られた昭和四年・五年頃はまだよかったが、以後の時代は忠君愛国の軍事体制のなかで、『古事記』は単なる古典にとどまらず、聖書的扱いを受けて聖典化した。太平洋戦争が始まると中沢見明は国賊扱いを受け、憲兵隊に呼ばれて『古事記論』は絶版させられた。

戦後になると**松本雅明**が一九五三年に「紀記における異伝歌謡——古事記の成立年代についての一疑問——」（熊本史学」四号）、一九五五年に「古事記奈良朝後期成立について」（「史学雑誌」一九五五年八月号・九月号）を発表し、一九五五年には**筏勲**が『上代日本文学論集——古事記・歌経標式偽書論と萬葉集——』を刊行して、平安朝初期成立を説いているが、筏説は原『古事記』が多氏の家にあって、その原典に手を加え、新しく序文がつけられて世に出たと推論している。一九六〇年には**藪田嘉一郎**が「古事記序文考」を発表している。藪田は序文を偽作とし、「古事記擁護論者はアカデミーという虎の威を借りていつも語気勇壮で、敵の非論理性を衝くこと鋭きにかかわらず、自己の非論理性を寛容すること頗る大である。これは遺憾に堪えぬ」と書く。一九六二年に**西田長男**は「壬申紀の成立と古事記」を発表し、『古事記』序は『日本書紀』の壬申紀を見て書いたと主張し、一九六五年に西宮一民が「古事記序文の成立について」で西田説を批判すると、同年に「曾富理神——古事記の成立をめぐる疑惑——」を発表し西宮説に反論し、曾富理神の載る大年神系譜は平安朝初期の系譜と論証する。一九六四年には**神田秀夫**が「動揺する古事記の成立——序文の解釈をめぐって——」で、本文は「白鳳暦の作品であることは動かない所である」から、疑わしい序文は切捨てればよいと主張し、太安万侶は序文を書いていないと断定する。一九六九年には**友田吉之助**は『日本書紀の成立の研究』で、『古事記』序に対する疑惑を書き、更に一九七七年に「古事記の成立と序文の暦日」を発表し、序文を否定すると共に本文も疑っている。一九七一年に**鳥越憲三郎**は『古事記は偽書か』と題する書を刊行して、序文・本文は平安時代初期に『日本書紀』を講義した多朝臣人長が書下したと主張する。一九七四年には**松本清張**が『古代探求』で「藪田嘉一郎の論旨は強い説得力がある」と書き、藪田説にさらに自説を詳細に加えて、序文は偽書と断定する。

一九七五年に私、**大和岩雄**は『古事記成立考』、一九七九年に『古事記偽書説の周辺』、一九八八年に『『古事記』偽書説は成り立たないか』を刊行した。

私説の発表後の三十年間は、拙論に対する批判・賛成論文は発表されたが、独自の成立論の発表はなかった。しかし平成十六年（二〇〇四）度の「古事記年報」に古事記学会で講演した、**三浦佑之**の「古事記『序』を疑う」が載った。三浦佑之はさらに平成十九年（二〇〇七）に『古事記講義』『古事記のひみつ――歴史書の成立――』を刊行し、自説を述べ、同年の「文藝春秋」五月号に「古事記『序』は後世の偽書」と題する論考を発表している（この論文で『古事記』の序文を疑っている私を、「今も発言し続けているのは大和岩雄だけである」と書いている）。

攙入説・多元的成立説・紀前記後説の十人

『古事記』の成立を序文の和銅五年（七一二）よりも後代にするか、成立は和銅五年であっても後代に書き入れられた記事があるとするか、主張には違いがあるが、『古事記』は稗田阿礼の誦習を太安万侶が撰録し、和銅五年に撰上したとする一元的成立を否定する説がある。

すでに**柳田国男**は一九一〇年刊行の『石神問答』で大年神系譜は「後人」が書き入れたと書き、「『舊事記の古き偽撰なることは殆ど通説に候へば之を批評するは大いに心安く相成候」と白鳥庫吉への手紙に書いており、一九二七年に「早稲田文学」に載せた「稗田阿禮」（『柳田国男集　第七巻』所収）では、稗田阿礼を特定の人物と見ずに猿女君の代表者名とみて、漂泊する語部の女たちを「無數の稗田阿禮」と書いている。
折口信夫も大年神系譜を「こんな系圖が昔から傳はつたと思わぬ。私はこの系図は後からの攙入と思ふ」という（『折口信夫全集ノート編　第三巻』八八頁）。柳田・折口の両氏は平安時代初期の加筆を認めるから、柳田は偽書の『旧事紀』を例に出し、折口は前述したように「序文は第一に疑ふべき」と述べている。

中沢見明や西田長男は、もっとはっきり大年神系譜を代表例として、平安時代初期成立説を述べるが、**西郷信綱**は「大年神の系譜も平安朝に入ってからの加上である」と書いている（『古事記注釈　第三巻』一五〇頁）。西郷信綱は「系譜は」でなく「系譜も」と書いているが、他の「平安朝に入ってからの加上」の例は述べていない。しかしこのように書いている西郷見解は、無視できない。

折口信夫は中沢見明の『古事記論』に触発されて述べているが、**原田敏明**も「開闢神話の構成」（「宗教研究」第七巻三号・四号）を一九三〇年に発表し、「開闢説に関する『古事記』の文の内容は、『書紀』の諸一書所説の内容を前提することなくして不可能」と結論して、『記』は『紀』を見ての編纂であると述べ、注記に「中沢見明氏は『古事記論』に『古事記』をもって平安初期の偽作と断じていて、極めて卓見に満ちた所説が多い。直ちにこれに従うことを控えるが、少なくとも本論文の関係する個所では『書紀』の文が『古事記』のそれよりも以前にあったものと考えたいのである」とも書いている。一九五八年に発表した「古事記の神」（『古事記大成』第五巻所収）でも、『日本書紀』の神名の「命」が『古事記』で「神」「大神」になって行くのは、『紀』より『記』が新しく「平安時代に入ってからの特徴」と、明記している。

太田善麿は一九六二年刊行の『古代日本文学思潮論（II）——古事記の考察——』で、『日本書紀』より『古事記』は新しいと書き、注で「『古事記は書紀より新しい』ないし『古事記は書紀を見て作られている』という類の観点をいちはやく立てられたのは、恐らく原田敏明教授の達眼だった」と書いて、「筆者らも大学生の時、当時の原田講師の特殊講義を聴講する機会にめぐまれて、その暗示に富む所説を直接うかがうことができた（当時は太平洋戦争直前であったから、『その暗示』にも容易ならぬ勇気が必要であったと思われるが）のであった」と書いている（「原田講師」は東京帝国大学講師）。このように書く太田善麿は、『古事記』と『日本書紀』を一般に「記紀」と呼んで同じ勅撰書と呼ぶことに疑問をなげかけ、『記』より『紀』が古いと見ている。

高木市之助は一九四一年に刊行した『吉野の鮎——記紀萬葉雑攷——』に、「記紀歌謡の比較に就て」「古事記歌謡に於ける假名の通用に就ての一試論」を載せる。「古事記歌謡に於ける……」の冒頭で高木は、「古くは沼田順義、近くは中沢見明氏の偽書説がある」が、『古事記』は「決して偽書でない事は推定し得られると信じる者である」と書いている。なぜこのようなことわりを入れているのか。この著書が刊行された年の十二月、太平洋戦争が始まっているが、当時『古事記』は聖典化され、中沢見明は憲兵隊に呼ばれて『古事記論』は絶版させられ、中沢は「国賊」といわれた。当時文部省製作の『古事記』を師範学校や旧制高等学校の教科書にしたが、その文部省版は軽太子と実妹との恋物語など、『古事記』に特に多い不倫譚はすべて削られていた。理由は「聖典」にふさわしくなかったからである（旧制高校で古典科が作られ、古典科の教科書になったが、師範学校では本科生、専攻科生の教科書になった）。

高木市之助は「古事記歌謡に於ける假名の通用に就ての一試論」と題する論考の冒頭に、「私は偽書論者ではない」とことわりを書いているのは、この論考は偽書説といわれ易い『古事記』の多元的成立論だったからである。太田善麿も加・爾と迦・邇の表記を検証し、多元的成立論を述べている（「古事記歌謡の原本」「歴史と国文学」二五巻一号）。

倉塚曄子も『古事記』の表記を検証し多元的成立論を述べ、特に迦・邇の用例は主に平安時代に入ってから用いていることを示している（「旧辞に関する覚書」「都大論究」五号）。

梅沢伊勢三は一九六二年刊行の『記紀批判』の第二章「記紀両書の記事の比較による文献的相互関係の検出」で、詳細に『記』『紀』の神代記事の検証をおこない、結論として『紀』の編者は『記』を見ていないが、『記』の編者は『紀』を見ていると書き、一九七六年刊行の『続記紀批判』を加えるとA５判で総計一二二〇頁の大著で、記前紀後説を主張している。しかし偽書論者と言われたくないので、『紀』を養老四年（七二〇）の成立でなく、和銅五年（七一二）成立以前とする。このような主張をするなら、なぜ『続日本紀』が『日本書紀』の成立を「記前」の養老四年にしているか、説明する必要があるが、一二二〇頁に及ぶ論考のなかにまったくない。梅沢説は真の紀前記後説は偽書説になってしまうから、それを避けての紀前記後説である。

吉井巌は一九六五年発表の「古事記における神話の統合とその理念」（「国語国文」三四巻五号）で、『記』は「天の理念を神話統合の理念として、もっとも徹底して活用している」のに対し、『紀』は「この理念が不徹底」であり、『紀』から『記』へという流れであることを詳細に論証している。したがって一九六九年発表の「茨田連の祖先伝承と茨田堤築造の物語」（「萬葉」七一号）では、『古事記』

の神武記に載る茨田連の祖先伝承は、弘仁五年（八一四）成立の『姓氏録』の後に書かれたと結論している。

川副武胤は一九七八年発表の「古事記の成立」（『古事記年報　二一』）で、「序文の撰者と記本文の用語・用字と構造の撰定者（すなわち本文著作者）・用字と構造の撰定者（すなわち本文著作者）とは異る」から、序文の筆者は本文を書いていないと書き、理由として「原古事記」をそのまま載せたのが本文だから、序文の用語・用字と一致しないと書く。

以上述べた諸氏は、はっきり偽書だとは書かないが、それぞれの主張に違いがあっても、『古事記』の序文と本文が和銅五年に一元的に成立したとは見ていない。平安時代初期の記述のあることを認めている。そこまで主張しない学者も、『紀』より『記』に新しい記述があることを認めている。

〔追記〕矢嶋泉『古事記の歴史意識』批判

拙著脱稿後の二〇〇八年九月に刊行された矢嶋泉の『古事記の歴史意識』は、偽書説を批判している。取上げているのは拙著でも書いた沼田順義・中沢見明・筏勲・松本雅明・西田長男・三浦佑之の見解だが、三浦佑之については三浦の著書『古事記のひみつ』を記すのみで、三浦見解についてはふれていない。もちろん私は学者ではないから、私の著書や論文はまったく無視している。

奥付の著者紹介を見ると青山学院大学教授で、主要著書として五冊（『歌経標式注釈と研究』『藤氏家伝注釈と研究』『上宮聖徳法王帝説注釈と研究』『出雲風土記』『播磨風土記』）が載るが、すべて共著で著書はない。『古事記』関係の著書もない。したがって『古事記』の表記が『日本書紀』や『万葉集』より整理統一されていることについては、次のように書く。

> 複数編者により分担して編纂されたことが明らかな『日本書紀』や、持統朝のころから桓武・平城ころにわたって数次の編纂過程を経て現在の形に成長を遂げた『万葉集』の仮名字母の種類が多様であるのは当然すぎるほど当然で、最終的に太安万侶によって統一が図られた『古事記』との比較はほとんど意味はない（二二頁掲載、傍点引用者）。

矢嶋泉は「多様」な表記は複数、「統一」は一人の人物によるから、数の問題として理解するのが「当然すぎるほど当然」と書く。しかし拙著では、本居宣長・柳田国男・折口信夫・小林秀雄などの論考は、旧漢字・旧仮名遣で載せたので、表記は統一されていないが、著者は私一人である。表記の違いは引用筆者の新旧の違いであって、数の問題ではない。

拙著の第五章で『日本書紀』『万葉集』『古事記』の歌謡表記を比較し、「『古事記』は一人だが『万葉集』は多数の人によるから、表記が『古事記』より多様だという意見も出るだろうが、そのような見解は成り立たない」と書いて、私は具体例を示して否定した（拙著二〇六頁〜二〇七頁）。また拙著で書いた国語学者・言語学者の大野晋・西宮一民・小林芳規・山口佳紀・毛利正守らも、矢嶋泉のように執筆者・編者の「数」で表記が複雑になると主張している人は一人もいない。『古事記の歴史意識』の著者が、「矢嶋」と書いて「矢島」と書かないのも、古さに固執して新しい「島」表記を用いないからである。これも新旧の問題である。

矢嶋泉は「『古事記』は稗田阿礼の誦習した皇位継承次第である『帝皇日継』と『先代旧辞』から成る歴史なのである」と書く（一一三頁）。とすると『日本書紀』が天武十年三月十七日に皇子・王・重臣らを大極殿に召集し、「令レ記二定帝紀及上古諸事一」と記すのと同じではないか。「帝紀」は「帝皇日継」。「上古諸事」は「先代旧辞」である。なぜ稗田阿礼という「舎人」一人に、天武十年詔と同じ「皇位継承次第」を語らせたのか。三浦佑之は「おなじ人間が二つの事業を、同時進行で行わせたのだとしたら、なぜ二つの『帝紀・旧辞』を、同時進行させたのか理由を示すべきです」と書き、「この疑問に対して、きっちりとした説明ができないかぎり、古事記の序文は怪しいのではないかと、思うわけです」と、二〇〇五年に古事記学会で刊行した『古事記年報（四七）』に、「古事記『序』を疑う」と題して掲載している。矢嶋泉は三浦佑之が問題にする二つの『帝紀・旧辞』が、なぜ同時進行したのかという問に対して、その理由を明らかにすべきである。

矢嶋泉は天武十年三月の「帝紀と上古諸事の記定事業」は、「草壁皇子立太子から二〇日ほどを経過したときに命じられている」から、「『古事記』成立の原点」も、草壁皇子の立太子にかかわると書いている（二三〇頁）。そして草壁皇子が亡くなったので稗田阿礼の誦習も中断したが、草壁皇子の孫の首皇子の皇位を「保証する史書」の「正史『日本書紀』」が、「編纂の進捗状況から見て、和銅四年の段階では首皇子が元服を迎える和銅七年六月までには完成の目処が立っていなかった」ので、「かつて草壁皇子（首皇子の祖父）を保証する歴史として帝紀とともに編纂が進められた上古諸事（稗田阿礼が誦める勅語の旧辞）に目が向けられたのは、こうした事情によると考えると整合的に理解できる」と書く（二三四頁）。この見解は、『古事記』の和銅五年成立を主張する矢嶋泉の基本的根拠である。

矢嶋泉は『記』・『紀』を「皇位継承次第」を書いた歴史書と書く。したがって天武十年の天武天皇の勅命によって編纂された正史と、『古事記』の二書は、草壁皇子の死によって中断されたとみる。とすれば、同じ史書がなぜ同時進行したか説明すべきだが、その説明はない。また壬申の乱という武力闘争の結果勝ち取った、天武政権の皇位継承者の草壁皇子即位用なら、なぜそのことを示すために『古事記』は天武朝まで記さないのか。その説明もない。

矢嶋泉の主張は、序文の書く和銅五年成立を認めると、さらに説得力がなくなる。矢嶋は「正史」と傍点をふって『日本書紀』を書き、その「正史」が首皇子が元服を迎える和銅七年に間に合わなかったから、和銅五年に『古事記』を正史の代用として完成させたと書き、『古事記』は「皇位継承次第」の帝紀・旧辞だと書く。だとするなら、『日本書紀』には壬申紀が載り、天武紀・持統紀が載るのに、『古事記』はなぜ推古朝で終っているのか。また仁賢天皇以降は、なぜ簡単なのか。皇位継承用なら、天武・持統朝までくわしく載せなくては意味がないではないか。序文には壬申の乱のことが書いてあるのに、なぜ推古天皇以降を書かないのか。

『古事記』の序文は、中断していた稗田阿礼の「誦習」を元明朝に再び続けたという。とすれば当然草壁皇子の皇位継承用の『古事記』に、更に新しい時代の天皇紀を加えなければ、草壁皇子用から首皇子用になった意図は果せない。ところが最終編纂時の『古事記』も、推古天皇で終っているのだから、稗田阿礼は元明朝になにを首皇子用に誦習者として新しく加えたのか。納得できる具体的説明をすべきである。でなければ「整合的に理解できる」のは、矢嶋泉の独合点（ひとりがてん）に過ぎない。

『古事記』は正史（『日本書紀』）と違って歴史学者だけでなく、国文学者の研究対象としても重視されている。この両書の違いに留意せずに、単に両書の「歴史意識」のみにこだわっての偽書説批判は、一面的で説得力はない。

あとがき

三四年前の一九七五年に『古事記成立考』を刊行した。この旧版に対して本書は新版として書いた。季刊雑誌「東アジアの古代文化」に五年間にわたって発表した拙稿、「『古事記』偽書説をめぐって」を元原稿にして、新しく単行本として整理し、書き下したのが本書である。

本文でも書いたが、私は専門の古事記学者ではないから、三四年前刊行の旧著は無視されてもよいのに、多くの学者が私見を取上げ、批判を書いてくださり、古事記学会は、私の論文をいくつか載せ、古事記学会の会員に加えてくださった。上代文学会も『古事記』の偽書説をめぐるシンポジウムに、講師として呼んでくださり、学会は無視しなかった。無視はしなかったが、私見は認めなかった。理由は私見の一部だけを取上げて批判している見解が多かったからである（その例は本文で示した）。しかし最大の理由は、拙論が充分に説得力をもった論説になっていなかったことである。

旧著を刊行した後、一九七九年に『古事記偽書説の周辺』（名著出版・刊）、一九八八年に『古事記』偽書説は成り立たないか」（大和書房・刊）を刊行した。その後私は『古事記』研究から離れた。私が今まで刊行した三四点の著作（詳細は奥付に代表著書を記すが、三四点は作家の黒岩重吾と共著の『卑弥呼と邪馬台国』・『藤ノ木古墳と六世紀』を含む）が示すように、私は『古事記』の研究家ではない。『古事記』への関心が戻ったのは五年前だが、古事記学会の平成十六年版年報（『古事記年報』四七）に、三浦佑之は「古事記『序』を疑う」と題する、古事記学会での講演を掲載し、私説を取上げた。さらに二〇〇七年の『文藝春秋』五月号に、「古事記『序』は後世の偽書」と題した論考を発表し、その論考で『古事記』序が危（あや）しいと、「今も発言し続けるのは大和岩雄だけである」と書いている。この論考に勇気づけられ、私は新版の『古事記成立考』を世に問うことを決意したのである。

本書は、三四年前に刊行した旧著の私見についての批判と、その批判に対して諸雑誌で反論・再反論をした原稿の一部を載せているが、私も八一歳だから、論争をした学者の多くも亡くなっている。しかし本書に載せた批判文は、生存中に相手は読んでおり、死後に反論出来ないのを承知で批判した文章は一つもない（発表した論文名と発表時期は本文・注で明記した）。

私は専門学者ではないが、私なりに専門学者の論文や諸文献を検証し、独断を避けて書いたのだから（そのことは索引の文献書名・人名を見てほしい）、三四年前の旧版と違い、新版はきちんと読んで批判してほしい。

旧版『古事記成立考』でも書いたが、『古事記』の内容の大部分は古く、日本最古の古典である。しかし最終成立時期は序文が書く和銅五年（七一二）ではなく、平安時代初期と私は推測するから、平安時代に書き下されたと主張する偽書説とは違う。そのことをより明らかにするために、新版の『古事記成立考』を書いた。この新版は、制作の佐野和恵、校正の杉村静子の協力なしには、刊行できなかった。

二〇〇九年二月一五日　八一歳の誕生日に

◎書籍名索引

【あ行】

【か行】

【さ行】

【た行】

【な行】

【は行】

【ま行】

【や行】

【ら行】

【わ行】

◎論文名索引

【あ行】

【か行】

【さ行】

【た行】

【な行】

【は行】

【ま行】

【や行】

【ら行】

【わ行】

◎書籍・論文筆者名索引

【か行】

【さ行】

【た行】

【な行】

【は行】

【ま行】

【や行】

【わ行】

◎人物名索引

【あ行】

【か行】

【さ行】

【た行】

【は行】

【ま行】

【や行】

◎神名・神社名索引

【な行】

【は行】

【ま行】

◎氏族名索引

【わ行】

◎事項名索引

【た行】

【な行】

【は行】

【ま行】

【や行】

【わ行】

索　　引

【主要著書】

『日本古代試論』一九七四年　大和書房
『古事記成立考』一九七五年　大和書房
『日本古代王権試論』一九八一年　名著出版
『天照大神と前方後円墳の謎』一九八三年　六興出版
『日本国はいつできたか』一九八五年　六興出版
『天武天皇論（一）（二）』一九八七年　大和書房
『神社と古代王権祭祀』一九八九年　白水社
『神社と古代民間祭祀』一九八九年　白水社
『信濃古代史考』一九九〇年　名著出版
『人麻呂の実像』一九九〇年　大和書房
『人麻呂伝説』一九九一年　白水社
『秦氏の研究』一九九三年　大和書房
『鬼と天皇』一九九二年　白水社
『遊女と天皇』一九九三年　白水社
『日本にあった朝鮮王国』一九九三年　白水社
『天武天皇出生の謎』一九九三年　臨川書店
『古事記と天武天皇の謎』一九九三年　臨川書店
『十字架と渦巻』一九九五年　白水社
『魔女はなぜ空を飛ぶか』一九九五年　大和書房
『魔女はなぜ人を喰うか』一九九六年　大和書房
『天狗と天皇』一九九七年　白水社
『神々の考古学』一九九八年　大和書房
『新邪馬台国論』二〇〇〇年　大和書房
『箸墓は卑弥呼の墓か』二〇〇四年　大和書房

新版 古事記成立考

二〇〇九年四月一〇日 第一刷発行
二〇一一年三月 一 日 第二刷発行

著者 大和岩雄
発行者 佐藤 靖
発行所 大和書房
東京都文京区関口一-三三-四 〒一一二-〇〇一四
電話番号 〇三-三二〇三-四五一一
郵便振替 〇〇一六〇-九-六四二二七

装丁 福田和雄
本文印刷 シナノ
カバー印刷 歩プロセス
製本所 小泉製本

ISBN978-4-479-84071-8

http://www.daiwashobo.co.jp